Blé Richard Lorou

»Erinnerung entsteht auf neue Weise«

Widmung

Meinem Sohn Lorou Lida Junior Ulrich, meiner Frau Laure Seyne Lorou sowie meinen verstorbenen Eltern, Lorou Lida Antoine und Séri Ohoua Jeannette, widme ich dieses Buch. Für ihre besondere Unterstützung vergesse ich Frau Affouet Françoise, Herrn und Frau Kaziri, meine Geschwister Lida Clarisse, Lida Justin, Lida Joséphine nicht.

Blé Richard Lorou

»Erinnerung entsteht auf neue Weise«

Wende und Vereinigung in der deutschen Romanliteratur

Kiel 2003

Ludwig

Gedruckt mit Unterstützung
des Deutschen Akademischen Austauschdienstes

Bibliografische Information Der Deutschen Bibliothek

Die Deutsche Bibliothek verzeichnet diese Publikation in der Deutschen Nationalbibliografie; detaillierte bibliografische Daten sind im Internet über http://dnb.ddb.de abrufbar.

Westring 431–451
24118 Kiel
Tel.: +49-(0)431-85464
Fax: +49-(0)431-8058305
e-mail: info@verlag-ludwig.de
www.verlag-ludwig.de

Gedruckt auf säurefreiem und alterungsbeständigem Papier
Printed in Germany

ISBN 3-933598-83-4

Danksagung

Das vorliegende Buch wurde vom Institut für Neuere Deutsche Literatur und Medien der Christian-Albrechts-Universität zu Kiel als Dissertation angenommen. Der Tag der Disputation war der 22. November 2002.

Bei der Ausarbeitung vorliegender Studie erhielt ich von verschiedenen Seiten wertvolle Hilfe und Unterstützung.

Mein besonderer Dank gilt dem Betreuer der Dissertation, Prof. Dr. Albert Meier, für zahlreiche Kritiken, Fragen, Anregungen und seinen diskreten, aber umso spürbareren Druck. Dem Zweitgutachter, PD Claus-Michael Ort, und Dr. Heide Hollmer, der Frau meines Mentors, danke ich auch.

Mein Dank gilt des weiteren dem Deutschen Akademischen Austauschdienst (DAAD), der diese Arbeit durch ein verjähriges Stipendium finanziert hat. Dr. Astrid Arndt, Dr. Anja-Franziska Scharsich und die anderen Kommilitonen des internationalen Doktorrandenkolloquiums von Prof. Meier waren mir in Textkorrektur und korrigierenden Hinweisen eine große Hilfe. Für ihre Korrektur der letzten Fassung des Manuskripts bin ich Mareike Wolf zu einem herzlichen Dank verpflichtet.

Inhaltsverzeichnis

1. EINLEITUNG

1.1. FRAGESTELLUNG

Die Gründung zweier deutscher Staaten ging mit der Entwicklung zweier Literaturen einher, die ihre Besonderheiten hatten. Während in der BRD die demokratische Staatsordnung das Oeuvre der Schriftsteller nicht beeinträchtigte, hatte man in der DDR mit einem völlig anderen Literaturtypus zu tun, dessen Grundlinie in den meisten Fällen durch den sogenannten ›demokratischen Zentralismus‹ geprägt war. Dort, wo der westdeutsche Autor die Zensur nicht zu fürchten brauchte, hatte sein DDR-Kollege der Sozialistischen Einheitspartei die Treue zu halten. Zu diesen unterschiedlichen Schreib-Bedingungen notiert Heide Hollmer:

»Im Westen pflegte man seit den späten 70er Jahren eher die postmoderne Multi-Perspektivität, im Osten lieber ein der Wahrheit und der Moral verpflichtetes Erzählen. Während sich die westlichen Autoren überwiegend vor politischer Parteilichkeit hüteten, hat die Mehrheit der DDR-Autoren am Ethos des Sozialismus grundsätzlich festgehalten. Ihre Kritik galt strukturellen Entgleisungen, Reibungsverlusten und der gesellschaftlichen Stagnation, keineswegs aber der Substanz des sozialistischen Gesellschaftsentwurfs. Nicht nur Christa Wolf engagierte sich leidenschaftlich in diesem Sinn. Auch Christoph Hein beantwortete – Ende Oktober 1989 – die Frage nach seinem politischen Traum kurz und bündig mit dem Satz: ›Ich wünsche mir, daß aus der DDR ein sozialistisches Land wird.‹«[1]

Diese beiden Literaturtraditionen dauerten bis zur Maueröffnung in der Nacht vom 9. auf den 10. November 1989. Der Fall der Berliner Mauer markierte eine einschneidende Wende in der DDR und darüber hinaus in ganz Deutschland. Volker Wehdeking beschreibt die Lage folgendermaßen:

1 Heide Hollmer, Von den Schwierigkeiten, den ›Wahnsinn‹ zu erzählen – die deutsche Literatur zum ›Mauerfall‹ und zur ›Wende‹. In: Manuskript für eine Sendung der Reihe ›Sonntag um Sechs‹. Südwestrundfunk (SWR) September 2000, S. 7f.

»Die eruptiv nachgeholte Erschütterung in der DDR, die der seit 1985 im Stasi-Staat Honeckers nicht zur Kenntnis genommenen ›Perestroika‹ und ›Glasnost‹ Gorbatschows geschuldet war, führte zum rasch und endgültig von niemandem in West und Ost vermuteten Eintreffen von dessen Prophezeiung zum vierzigsten Jahrestag des Regimes: ›Wer zu spät kommt, den bestraft das Leben.‹«[2]

So gesehen, machen die Wende in der DDR und die daraus folgende Wiedervereinigung beider deutscher Staaten eines der wichtigsten politisch-gesellschaftlichen Geschehnisse unserer Zeitgeschichte aus. Ihre Bedeutung wird nicht zuletzt daran ersichtlich, daß diese Themen literarisch rasch rezipiert wurden. Es entwickelte sich eine Literatur, die die politischen Umwälzungen in der DDR, die Maueröffnung und die daraus resultierende Wiedervereinigung Deutschlands mit all ihren Folgen zum Motiv machte.

Mein Thema fußt gerade auf dieser Umbruchssituation, die sich in einer umfangreichen literarischen Produktion niederschlägt. Der Bücherflut gegenüber, die sich mit der deutschen Wende und der damit zusammenhängenden Wiedervereinigung auseinandersetzt, mache ich es mir zur Aufgabe, das Forschungsvorhaben anhand von drei Romanen sowohl auf die Krisenphase als auch auf die Nachgeschichte der deutschen Vereinigung einzugrenzen. Mit anderen Worten: Es interessiert mich die Zeitspanne von 1989 bis 1994. Psychologische Kosten der Einheit, wirtschaftliche Probleme des Zusammenwachsens, der schwierige Umgang mit der DDR-Vergangenheit, Sehnsucht nach der verlorenen Heimat tauchen in dieser Zeit schon auf. Der Kontrast zwischen den Ost- und den Westdeutschen mündete in die Entstehung ideologischer Begriffe wie ›Ossis‹ und ›Wessis‹. Es entstand die Rede von einer »neuen Mauer in den Köpfen«. Der damalige Bundespräsident Richard von Weizsäcker wies auf die entsprechenden Schwierigkeiten treffend hin:

»Sich zu vereinen, heißt teilen lernen. Keine so kluge Theorie, keine noch so ausgefeilte Kalkulation ersetzt die grundlegende Erfahrung der Menschen aller Kulturen und Religionen, daß der Mensch sich dem anderen erst dann wirklich zuwendet, wenn er mit ihm teilt. Wirklich vereint werden wir erst sein, wenn wir zu dieser Zuwendung bereit sind.«[3]

2 Volker Wehdeking, *Die deutsche Einheit und die Schriftsteller. Literarische Verarbeitung der Wende seit 1989*. Stuttgart, Berlin, Köln 1995, S. 7.

3 Richard von Weizsäcker, Herzensbrücke zur inneren Einheit. In: *Scala* 5/Oktober-November 1991, S. 4.

Es sollen Romane als poetisch komplexe Widerspiegelungen dieser historischen Vorgänge analysiert werden: Der Zeitraum sowie die leitmotivisch auftretenden Themen und Konzepte, auch die jeweiligen Figuren werden untersucht. Wissenswert ist, ob dahinter eine bestimmte Intention zum Tragen kommt: Was kritisieren oder loben die Autoren? Mit welchen poetischen Mitteln erklären sie die politischen Geschehnisse? Herrscht Konsens über die Bewertung der deutschen Vereinigung? Wie erklären die Schriftsteller die Schwierigkeiten des Zusammenlebens? Welche Lösungen oder Alternativen haben sie vorzuschlagen?

Im Fokus meines Interesses stehen *Nikolaikirche* von Erich Loest (Leipzig 1995), Brigitte Burmeisters *Unter dem Namen Norma* (Stuttgart 1994) sowie Günter Grass' *Ein weites Feld* (Göttingen 1995). Die Wende und die Vereinigung werden damit aus der Sicht von zwei Ostdeutschen und einem Westautor dargestellt. Insofern ist es von Bedeutung, ob sich Differenzierungen und Ähnlichkeiten in der Darstellung der Wende/Vereinigung zwischen den Ostautoren und Günter Grass beobachten lassen: Worauf legen die einen Wert? Was betont der andere?

1.2. Begründung der Textauswahl

Die drei Autoren stehen für zwei Generationen: Erich Loest ist Jahrgang 1926, Günter Grass 1927 geboren, Brigitte Burmeister gehört dem Jahrgang 1940 an. Sie stehen aber auch für unterschiedliche Herkunft: Obwohl Erich Loest seit 1981 in der BRD lebte, stammt er doch aus der DDR; die Ostberlinerin Brigitte Burmeister hat die deutsche Wende hautnah bzw. von innen miterlebt. Mit Günter Grass will ich die Balance suchen, um auch einen westdeutschen Blick auf die Wende-Ereignisse zur Geltung kommen zu lassen. Hinzu kommt, daß *Nikolaikirche*, *Ein weites Feld* und *Unter dem Namen Norma* in ihrer Stoffwahl die drei Etappen der deutschen Wende abdecken: die Zeit vor, während und nach der Wende. Hier verstehe ich unter dem Begriff ›Wende‹ den politischen Umbruch in der DDR, der in der Hauptsache von der Maueröffnung und der Wiedervereinigung markiert wird. Ich unterscheide dabei bewußt zwischen ›Wende‹ und ›Vereinigung‹. Die ›Wende‹ sehe ich in den riesigen Demonstrationen, in deren Mittelpunkt das DDR-Volk stand und die zum Fall der Mauer führten. Darauf folgten die politischen Konsequenzen, über die das Volk keine direkte Kontrolle mehr hatte. Hans-Georg Soldat weigert sich in seinem Essay, die Wende präzis zu datieren:

(...) Ein genauerer Blick zeigt weiter, daß die Wende meist nicht als Ereignis wahrgenommen oder zumindest dargestellt wird, das genau lokalisiert oder präzise zeitlich definiert werden kann. Was Wende ist, hat in der Literatur eine enorme Spanne; mir scheint die Schlußfolgerung erlaubt, daß Wende eher als Prozeß denn als etwas Punktuelles empfunden wird. Entsprechend überwiegen in der Literatur indirekte Beschreibungen: Wende als Aufhebung geographischer Trennungen (bei Christa Schmidt in *Rauhnächte*) und noch mehr örtlicher Einschränkungen (Irina Liebmann in ihrem Roman *In Berlin*). Wende weiter als gewissermaßen ›Vorher-Nachher‹-Betrachtung, als Räsonnement, als verbale Auseinandersetzung mit der eigenen Rolle im gesellschaftlichen Geflecht der früheren DDR. Volker Braun hat diese Form in der ›Unterhaltung‹ (wie er selbst nennt) *Der Wendehals* vielleicht am reinsten dargestellt. Daniela Dahn wählt in ihren Essays eine Mischform aus beiden. Auch Marion Titze wäre zu nennen, die mit *Unbekannter Verlust* ebenfalls in diese Kategorie gehört.«[4]

Stefan Schulze unterscheidet zwischen

»Literatur der Wende, also jenen Texten, die während der unmittelbaren Wende-Ereignisse, im Herbst 89, entstanden sind, und Wende-Literatur, die sich in den Folgejahren direkt oder indirekt, sei es in ästhetischer, dokumentarischer oder publizistischer Weise, auf den politischen Umbruch und den anschließenden gesellschaftlichen Transformationsprozeß bezieht.«[5]

Wie man den Begriff ›Wendeliteratur‹ auch betrachten mag, so muß doch folgendes festgehalten werden. Die Nähe von Literatur und Historie betont den doppelseitigen Charakter der Fragestellung. Weil die poetischen Werke von geschichtlichen Daten durchzogen sind, kommen in ihnen bestimmte historische, politische, aber auch soziologische und ideologische Ziele des jeweiligen Autors zum Ausdruck.

Wie unterschiedlich dasselbe Thema ›Wende‹ wahrgenommen wird, zeigen die drei ausgewählten Texte:

Loest zum Beispiel läßt seinen Roman mit der riesigen Leipziger Demonstration des 9. Oktober 1989 enden und betont damit deutlich den Aspekt

4 Hans-Georg Soldat, Die Wende in Deutschland im Spiegel der zeitgenössischen deutschen Literatur. In: *German Life and Letters* Nr. 50; April 1997, S. 133–134.

5 Stefan Schulze, *Der fliegende Teppich bietet wenig Raum. Schriftstellerinnen der ehemaligen DDR vor, während und nach der Wende: Brigitte Burmeister, Jayne- Ann Igel, Helga Königsdorf, Angela Krauß und Christa Wolf. Biographische, textkritische und literatursoziologische Diskurse.* Philosophische Dissertation: Leipzig 1997, S. 8.

der kollektiven Leistung. Grass seinerseits rückt den Fall der Mauer in den Hintergrund und greift weit in die deutsch-preußische Vergangenheit zurück, wobei er alle geschichtlichen Etappen bis zur Wiedervereinigung attackiert. Burmeister hingegen psychologisiert die deutsch-deutsche Szene nach der Wiedervereinigung.

Aus dieser differenzierten Simulation ein- und derselben Thematik lassen sich entsprechende Themenkomplexe ableiten. Vorwiegend soll der Fragestellung nachgegangen werden, wie Wende und Wiedervereinigung den Schaffensprozeß dreier Romanautoren geprägt haben: Welche Schwerpunkte werden narrativ gesetzt?

1.3. Zur Vorgehensweise

Die vorliegende Arbeit zielt primär darauf ab, die historischen Vorgänge ›Wende‹ und ›Vereinigung‹ in ihrer literarischen Verarbeitung durch Romane zu untersuchen. Die Romane sollen deshalb vorwiegend auf der Basis der literarischen Texte betrachtet werden, wobei die geschichtlichen Fakten im Hintergrund bleiben. Aber dort, wo für das Verständnis der Textsituation historische Erklärungen vonnöten sind, sollen Geschichtserinnerungen systematisch abgerufen bzw. in Fußnoten erläutert werden. Auf diese Weise läßt sich die Grenze zwischen Realität und Fiktionalität betonen.

Im Interesse einer Vertiefung der Diskussion kommen auch biographische Hinweise, Manuskripte, Interviews in Form von Fragebogen (im Fall Loest), Geschichtsbücher, Zeitungsartikel, Essays sowie Gedichte ins Spiel. Die folgenden Siglen *Feld*, *Norma* und *Nikolaikirche* gelten für die drei Romane: *Ein weites Feld*, *Unter dem Namen Norma* und *Nikolaikirche*.

»Was hinter uns liegt,
Wissen wir. Was vor uns liegt,
Wird uns unbekannt bleiben,
Bis wir es
Hinter uns haben.«[6]

6 Heinz Czechowski, Die überstandene Wende. In: *Von einem Land und vom andern. Gedichte zur deutschen Wende*. Herausgegeben von Karl Otto Conrady. Leipzig 1993, S. 7.

2. ROMANE UND DEUTSCHE WENDE / VEREINIGUNG: ANALYSE DER AUSGEWÄHLTEN WERKE

2.1. »Mut macht schön«:[7] Die theologische Dimension der Wende in Erich Loests *Nikolaikirche*

2.1.1. Inhaltsangabe

Der von Erich Loest im Jahre 1995 publizierte Roman *Nikolaikirche*[8] rückt die Konfrontation zwischen der protestantischen Kirche in Leipzig und dem Staat bzw. der Staatssicherheit in den Mittelpunkt. Mit vielen Rückblicken setzt Erich Loest die Opposition von Kirche und Staat zu einer Leipziger Familie in Verbindung und läßt diesen Konflikt mit der riesigen Demonstration am 9. Oktober 1989 in Leipzig enden. Der Roman besteht aus einem Prolog und dreizehn Kapiteln.

Die Familie Bacher besteht aus fünf Mitgliedern. Der Vater Albert Bacher, der General bei der Volkspolizei gewesen war, hatte im Zweiten Weltkrieg in der Sowjetunion als Partisan gegen die Deutschen gekämpft und war später Mitglied der SED geworden. Durch seine kompromißlosen Methoden hatte er sich bewährt und dafür viele Auszeichnungen erhalten. Er war der Partei bis zu seinem Tod im Jahre 1984 treu geblieben. Eine Straße in Leipzig ist nach ihm benannt.

Marianne Bacher, die Witwe des Generals Albert Bacher, »hat eine Funktion in der Veteranenkommission der Partei und hilft gelegentlich als Reiseleiterin aus.« Nach dem Tod ihres Mannes lebt sie in ihren Erinnerungen an

7 Zitiert nach dem Roman: *Nikolaikirche* von Erich Loest. München 1997 (Ungekürzte Ausgabe), S. 397. So wird das 11. Kapitel betitelt.

8 Erich Loest, *Nikolaikirche*. Roman. München 1997 (Ungekürzte Ausgabe).

die einstige Liebesbeziehung zu dem Fotografen Linus Bornowski, einem DDR-Bürger, der das Land verließ, um in der BRD weiterzuleben. Linus Bornowski besucht Marianne Bacher ab und zu in Leipzig. Diese Besuche werden von der Staatsicherheit bespitzelt. Marianne Bacher hat zwei Kinder: eine Tochter und einen Sohn. Astrid Protter, Mariannes Tochter, ist Architektin und arbeitet in der Abteilung für *komplexe Perspektive*. Zu ihrem Chef Katzmann hat sie jedoch kein gutes Verhältnis. Astrid ist mit Harald Protter verheiratet, ihre gemeinsame sechzehnjährige Tochter Silke ist Schülerin. Astrid Protters Bruder, Alexander Bacher, genannt Sascha, tritt seinerseits in die Fußstapfen seines verstorbenen Vaters. Nach dem Abitur an der Offiziersschule in Potsdam macht Alexander Bacher eine erste Ausbildung in Magdeburg und in Halberstadt, kehrt danach aber nach Potsdam zurück. Er absolviert in Berlin eine Spezialausbildung und wird anschließend als Leutnant nach Leipzig versetzt, wo er als Oberleutnant bzw. Hauptmann bei der Staatssicherheit der DDR tätig ist. Eines Tages tritt Alexander Bacher im Rahmen seines Dienstes ins Rampenlicht der Leipziger Geschichte.

Im März 1985 erhält Hauptmann Bacher durch einen Stasi-General einen Befehl:

»›Die neue Maßnahme‹, begann der General, ›ist nirgends so wichtig wie in Leipzig. Wir müssen herausfinden, was sich im Umkreis der Kirchen abspielt, wer subversive Aktionen betreibt oder dahinter steckt. Nach gründlichen Beratungen sind wir zu der Meinung gekommen, daß Sie, Genosse Bacher, dafür der Richtige sind.‹« (*Nikolaikirche*, 7)

Ohne Zögern, ja sogar mit Stolz übernimmt Alexander Bacher die Aufgabe, deren Ziel es ist, »über alle wichtigen Personen im Sektor der ideologischen Diversion einen lückenlosen Überblick zu gewinnen und zu wissen, wen wir im Ernstfall aus dem Verkehr ziehen müssen.« (*Nikolaikirche*, 8)

Die Schwerpunkte, die im Mittelpunkt dieser Aufgabe stehen, sind:

»Nikolaikirche, Michaeliskirche, Theologisches Seminar und das Dorf Königsau, dazu Gruppen und Grüppchen, die neuerdings aus dem Boden schössen. Beispielsweise formiere sich eine Verbindung ehemaliger Bausoldaten. Ein Architekt rotte Leutchen um sich, um angeblich die Geschichte Leipziger Kirchen zu erforschen, aber versteckt werde gegen die Sprengung der Unikirche gehetzt. ›Es hat aber sein Gutes, Genossen, daß manche Kirchen ihre Türen öffnen, da haben wir das renitente Pack hübsch auf einem Haufen.‹« (*Nikolaikirche*, 8)

Die Maßnahme ist eine Reaktion auf die seit zehn Jahren im Dorf Königsau abgehaltenen Friedensgebete. Der an Leukämie erkrankte Pfarrer von

Königsau, Henning Reichenbork, ist ein besorgniserregender Fall für die Stasi. In Königsau werden Friedens- und Umweltseminare abgehalten. Im Keller der Königsauer Kirche formieren sich die »Wespen«, eine Frauengruppe, die politisch aktiv ist. Dem Pfarrer Reichenbork steht der gescheiterte Theologiestudent Martin Vockert zur Seite. In der Nikolaikirche, die in der Schußlinie der Stasi steht, beten Christen außerdem »jeden Montag für den Frieden.« Dort hat Pfarrer Ohlbaum einen Gesprächskreis für Ausreisewillige ins Leben gerufen, ohne den Kirchenvorstand zu informieren. In der Tatsache, daß Ohlbaum seinen Kirchenraum Ausreisewilligen zur Verfügung stellt, sehen Alexander und die Stasi eine Bedrohung für die innere Stabilität des Landes. Daher wird Ohlbaum von Inoffiziellen Mitarbeitern (IM) überwacht, die sich unter die Teilnehmer an den Montagsgebeten mischen. In diesen Gesprächskreis bringt jeder eine andere Person mit. Das Bindeglied zwischen den Gemeinden von Königsau und der Nikolaikirche bildet Vockert.

Um der ihm zugeschriebenen Aufgabe nachkommen zu können, deren ersten Bericht er in vier Wochen vorlegen soll, entwickelt Alexander Bacher seine Strategie: »Er mußte Daten von anderen Abteilungen aufnehmen und umsetzen. Er brauchte einen Stellvertreter Operativ und eine Handvoll Genossen für die Arbeit ›am Objekt‹ – die Terminologie war wichtig, er würde nicht dulden, daß sich Laxheit einschlich.« (*Nikolaikirche*, 73)

Bacher hofft auch, »bis zum vierzigsten Jahrestag der Deutschen Demokratischen Republik« Königsau mit Inoffiziellen Mitarbeitern zu füllen. Während Alexander Bacher sich mit seiner neuen Aufgabe befaßt, stürzt seine Schwester Astrid Protter in eine große Depression. Die Studie, die sie über die Sanierung von sieben Schulen in Leipzig gemacht hatte, wird von ihrem Chef abgelehnt, denn »wir können das Erbe des Kapitalismus nicht im Nu beseitigen.« (*Nikolaikirche*, 25) Was Astrid geleistet hat, gehöre in keine »***komplexe Perspektive***, sondern ins Gebiet der stadtbezirklichen Reparaturleistung.« (*Nikolaikirche*, 25) Astrid Protter lehnt es ihrerseits ab, eine kommunale Studie zu unterschreiben, die »stinkige Schulklos einfach übersieht.« (*Nikolaikirche*, 69) Bacher besucht seine niedergeschlagene Schwester und geht anschließend zum ersten Mal nach Königsau, um sich einen Eindruck von den dortigen Christen zu verschaffen: Diese scheinen ihm »mit dem Staat auf gutem Fuß stehen zu wollen, und versteckt kochen sie ihre schwarzen Süppchen.« (*Nikolaikirche*, 120) Gleichzeitig nutzt Alexander Bacher die Gelegenheit, um sich mit Schmalbank, dem politischen Kreisleiter von Königsau, zu unterhalten. Dieser erklärt sich bereit, ihm bei seiner Aufgabe weiterzuhelfen.

Inzwischen nehmen einige IM die Predigt Pfarrer Ohlbaums in der Nikolaikirche auf. Ohlbaum bittet in der Predigt die Kirchengemeinde darum, der DDR einen internen Kampf anzusagen, anstatt sie zu verlassen.

Bachers Schwester wird aufgrund ihrer Depression in die Klinik von Prof. Huhnfeld eingeliefert. Dort lernt sie Gabriele Heit kennen, eine Frau aus Grimsen, die dort ebenfalls behandelt wird. Sie hat einen ihrer Zwillinge verloren, der im Alter von 14 Jahren von einem Panzer überrollt wurde. Als Astrid einmal anfängt, von ihrer Tochter zu reden, bricht Gabriele Heit zusammen. Einige Zeit danach lädt Gabriele Heit, die Christin ist, Astrid Protter in die Nikolaikirche ein, in der am Montag gebetet wird. Die kirchliche Stimmung, die Astrid Protter »interessant« findet, scheint ihren Erwartungen zu entsprechen. Die anwesenden IM informieren den Stasi-General Tinnow. Dieser erzählt seinerseits Alexander Bacher, daß seine Schwester dem »Wespennest« beigetreten ist. Nach Ansicht von General Tinnow geht Astrid Protter »politisch fremd«. Eine solche Attitüde findet er gefährlich für Alexander Bacher, der im »nächsten Jahrtausend« General werden könnte. Von nun an will sich Alexander Bacher, der seine Karriere gefährdet sieht, persönlich um den Fall Astrid Protter kümmern. Inzwischen verläßt diese die Klinik, und ihr Chef kommt zu ihr zu Besuch.

Katzmann macht Astrid Protter neue Arbeitsvorschläge, an denen sie jedoch anscheinend nicht interessiert ist. Danach stattet Alexander Bacher seiner Schwester einen Besuch ab. Sie unterhalten sich über Astrids ungewohntes Engagement für die Kirche, insbesondere bei den »Wespen«. Alexander Bacher redet dazu von der Losung: ›Der Friede muß *unbewaffnet* sein‹, die in der Nikolaikirche steht, wobei er an ihren verstorbenen Vater denkt: »Was meinst du wohl, wie Vater das fände: Ein Schild, auf dem diese windelweiche pazifistische Losung aufgemalt ist, und seine Tochter trottet hinterher.« (*Nikolaikirche*, 324) Sascha gelingt es jedoch nicht, seine Schwester von ihrer kirchlichen Arbeit abzubringen. Sie attackiert im Gegenteil das ganze Vorgehen des MfS. Das Gespräch mit seiner Schwester Astrid hinterläßt Spuren bei Hauptmann Bacher, der sich unsicher fühlt. Er setzt sich daraufhin kritisch mit dem bisherigen Kurs der Partei und deren Politik auseinander und denkt anschließend an seinen verstorbenen Vater.

Auf diese Beunruhigung folgt eine Hiobsbotschaft: Die Oberen des MfS machen deutlich, daß Bachers Liaison mit Claudia Engelmann, einer Dozentin im Leipziger Herder-Institut und zugleich Umweltschützerin, mit Saschas Beruf als Polizist nicht vereinbar sei. Claudia hat sich einer ökologischen Gruppe der Michaeliskirche angeschlossen, ohne Bacher ins Vertrauen zu ziehen. In diesem Rahmen befand sie sich auf einer Exkursion mit ihren Studenten, auf der sie zusammen Filme in einer Gegend aufgenommen hatten, wo ein Atomkraftwerk gebaut werden soll. Darüber wußte Alexander, ihr Liebhaber, nicht Bescheid. In Claudias Akten, die Alexander inzwischen zur Kenntnis genommen hat, steht: »dubiose Filmaufnahme, Kontakte zur Berliner Zionskirche und zu einer kritisch- tendenziösen Umweltbibliothek in Zwickau, Teilnahme an sogenannten Rüstzeiten in Altenburg.« (*Nikolaikirche*, 363) Nach dem Treffen mit seinem Vorgesetzten bittet Alexander Bacher Claudia Engelmann um ein Gespräch. Aus dem geführten Gespräch geht hervor, daß Hauptmann Alexander Bacher großen Wert auf seine Karriere legt. Seine Beziehung zu Claudia Engelmann bricht deshalb auseinander. Diese ist von der getroffenen Entscheidung verletzt und entscheidet sich dafür, ihren Einsatz für den Wandel in der DDR von nun an entschlossener fortzusetzen.

Nach dem Scheitern seiner Beziehung zu Claudia Engelmann muß sich Alexander um die ersten deutlichen Zwischenfälle kümmern, die sich zwischen den Christen von Königsau und der Leipziger Staatspolizei ereignen. Die Gemeinden von Königsau und Grimsen veranstalten nämlich ein Freilicht-Gebet für Umweltschutz. Gabriele Heit, die an dem Gebet teilnimmt, wird nervös und beschimpft die bewaffneten Polizisten, die in dem organisierten Friedensgebet eine Provokation sehen. Als Folge dieses Friedensgebets wird Martin Vockert verhaftet. Die anwesenden IM machen ihn dafür verantwortlich, die Initiative ergriffen und auf diese Weise die Polizei provoziert zu haben. Martin Vockerts Verteidiger, der bekannte Anwalt Schnuck, ist IM seit sieben Jahren und nimmt seit fünf Jahren anscheinend die Interessen der Kirche wahr. Königsau erleidet bald darauf einen weiteren Schicksalsschlag: Pfarrer Henning Reichenbork stirbt an Leukämie. An seiner Beerdigung nehmen die Stasi und die IM teil, die Unruhen befürchten. Es kommt zu einem neuen Ausbruch Gabriele Heits: »‹Lieber Gott, gib, daß Mächtige nicht meinen, sie müßten ihre Macht mit Härte gleichsetzen. Herr, ich weiß, daß Martin Vockert für mich büßen muß, und ich bitte dich, laß es nicht zu, daß sein Herz versteint. Laß nicht zu, daß sich jemand an den Krieg gewöhnt. Laß unsere Regierenden nicht zu Kriegsverbrechern werden. Amen.›« (*Nikolaikirche*, 315)

Die staatlichen Behörden, die ihrerseits keinen Einfluß auf die Ernennung von Pfarrern besitzen, sind darum besorgt, wer den verstorbenen Pfarrer ersetzen wird. Der Tod von Pfarrer Reichenbork entschärft die angespannte Lage in Königsau nicht, ganz im Gegenteil. Diese Zuspitzung der

Konfrontation bewegt Kirchenvorstand und Staat zu Verhandlungen. Bei diesem Treffen wirft die Kirche dem Staat vor, eine Vogelstrauß-Politik zu praktizieren. General Tinnow erwidert und dämonisiert dabei die Kirche, und vor allem die Gemeinde der Nikolaikirche um Pfarrer Ohlbaum: »Die Kirche hätte sich die Antragsteller nicht selber hereingeholt – da kann ich doch nur herzlich kichern. Wer denn, wenn nicht Ohlbaum? Nikolaikirche – offen für alle, von wem stammt denn das? Also auch offen für Staatsfeinde!« (*Nikolaikirche*, 349)

Endlich wird der Superintendent der Kirche aufgefordert, die Situation in den Leipziger Kirchen zu entschärfen. Diese Entscheidung hilft jedoch nicht weiter. Immer mehr Leute engagieren sich für die Protestaktionen gegen die DDR. Die Stasi wird ihrerseits nervöser und nimmt nach den Montagsgebeten wahllos Verhaftungen vor. Die Lage spitzt sich mit den Kommunalwahlen zu, die organisiert und zugleich massiv gefälscht werden. Unter den Gruppen aus den Kirchen, die wegen dieser Fälschung die Ergebnisse überprüfen, befindet sich Astrid. Ihr Mann Harald Protter, der sich der Situation bewußt wird, kommt auf die Idee, seine Frau in ihrem Engagement zu unterstützen: »Ich komme mit (…), weil du meine Frau bist (…) Ein Mann sollte seine Frau in einer derartigen Situation nicht allein lassen.« (*Nikolaikirche*, 410)

Danach hängt Astrid in ihrem Büro Zeitungen aus, die von den Wahlfälschungen berichten. Natürlich machen diese Meldungen die SED für die Wahlmanipulationen verantwortlich. Da Astrid Protter die Wahlergebnisse in Frage gestellt hat, wird sie dazu gezwungen, die Partei bzw. die SED zu verlassen. Claudia Engelmann, die sich ihrerseits vermehrt am Kampf gegen die Umweltverschmutzung in der DDR beteiligt, wird ebenfalls ausgeschlossen: »Die Leitung hätte bezweifelt, ob sie mit derartigen Aktivitäten ausländische Studenten im Sinne der internationalen sozialistischen Solidarität erziehen könne.« (*Nikolaikirche*, 434f.)

Die Unruhe steigert sich bis zum 9. Oktober 1989, an dem eine riesige Demonstration stattfindet. Diesmal liegt eine spürbare Anspannung in der Luft. Alle Parteien sind zur Konfrontation bereit. Von staatlicher Seite sind u.a. der anonyme General, Hauptmann Alexander Bacher und mehrere hundert bewaffnete Polizisten anwesend. Unter den Demonstranten, die sich an diesem Montag auf den Leipziger Straßen befinden, macht sich Astrid bemerkbar, indem sie Flugblätter verteilt. Dafür wird sie von der Polizei festgenommen, kurz danach jedoch befreit. Claudia Engelmann, die Ex-Freundin von Alexander Bacher, ist ebenfalls anwesend. Auch Gabriele Heit nimmt an der Demonstration teil. Das Ehepaar Kölpers gerät seinerseits »in einen Zustand der Furchtlosigkeit.« Viele anonyme Frauen sind mit ihren Kindern gekommen. Harald Protter unterstützt seine Frau zusammen mit ihrer Tochter Silke. Martin Vockert, der gescheiterte Theologiestudent und Assistent des verstorbenen Pfarrers Henning Reichenbork, ist ebenfalls anwesend. Die Demonstranten bestehen sowohl aus Christen aller Leipziger Kirchen als auch aus Umweltschützern, Ausreisewilligen, Pazifisten und Tausenden von anonymen Bürgern. Der Staat, der Gerüchte verbreitet hatte, es würde diesmal geschossen, kann diese Massenbewegungen nicht einschüchtern. Inzwischen erklären einige prominente DDR-Bürger, u.a. ein Kabarettist, ein Theologe und der Kapellmeister des Gewandhauses, die sich in einem Komitee zusammengeschlossen haben, ihre Bereitschaft zu Gesprächen mit der Regierung. Die Resolution, die sie daraufhin verabschieden, wird in den östlichen sowie in den westlichen Medien verbreitet. Der General des Ministeriums für Staatssicherheit, der den Einsatz leitet, lehnt den Gesprächswunsch freilich ab. Die beiden Parteien befinden sich damit weiterhin auf Konfrontationskurs, diesmal in Anwesenheit von westlichen Medien wie ARD, ZDF, französischem und kanadischem Fernsehen. Auch wenn die meisten Christen sich an diesem 9. Oktober 1989 für die Demonstration entschieden haben, ruft sie der Kirchenvorstand zur Besonnenheit auf.

Dieser Appell ändert aber nichts an der Lage. Vielmehr demonstrieren Christen, Pazifisten, Umweltschützer mit Tausenden von Kerzen und motiviert von Sprechchören wie: »Wir sind das Volk«, »Neues Forum zulassen«, »Gorbi hilf«. Die riesige Demonstration führt zu einer enormen Spannung, die die Staatssicherheit handlungsunfähig macht. In demselben Raum, in dem ihm im März 1985 der Überwachungsbefehl erteilt wurde, erinnert sich Alexander Bacher an seinen verstorbenen Vater. Und der anwesende Stasi-General verzichtet nach einigen Überlegungen darauf, seine Faust beim Ausgehen zum alten Rot-Front-Gruß zu erheben. Er gedenkt aller Toten, insbesondere des Vaters von Alexander Bacher. Er denkt ebenfalls an Honecker. Nichts hilft ihm jedoch, sich aus seiner Einsamkeit zu befreien.

2.1.2. Erzählhaltung

2.1.2.1 Schreiben in Rückblicken

Die Handlung des Romans *Nikolaikirche* setzt im März 1985 ein. An diesem Tag erhält Hauptmann Bacher den Befehl, von nun an die Kirchen in Leipzig zu beaufsichtigen. Den Kampf gegen die Kirchen und insbesondere gegen die Nikolaikirche und das Dorf Königsau führen Alexander Bacher und die Staatssicherheit von diesem Tag an bis zum 9. Oktober 1989. Zwischen März 1985 und dem 9. Oktober 1989 liefert die Handlung auch Informationen über bereits Vergangenes. Es handelt sich um den Lebenslauf und die Karriere von Alexander Bachers Vater, Albert Bacher. Alles hatte bei Albert im Jahre 1932 angefangen. Nachdem der junge Albert in jenem Jahr einen SA-Mann ermordet hatte, war er mit drei Kumpeln, Heinz, Achim und Römisch, in die Sowjetunion geflohen. Nach Ausbruch des Zweiten Weltkriegs hatte er sich am russischen Partisanenkrieg in Weißrußland beteiligt. In diesem Einsatz hatte er einen deutschen Gefangenen, den seine Partisaneneinheit festgenommen hatte, hinterrücks liquidiert. Als Albert nach dem Krieg nach Deutschland zurückgekehrt war, hatte er sich mit Marianne und Linus Bornowski angefreundet. Später nahm Albert Marianne zur Frau, hielt aber trotzdem das Freundschaftsverhältnis zu Linus aufrecht. Dann wurde Albert als »Offizier im besonderen Einsatz des MfS« tätig. Im Rahmen seiner Arbeit hatte er die Vergiftung und die Entführung seines Freundes Linus Bornowski organisiert, weil Linus »das Foto des alten Stalin auf seinem letzten Parteitag« aufgenommen hatte und verkaufen wollte. Linus war in Anwesenheit von Albert vernommen und danach ins Gefängnis gebracht worden. Der Fall Linus hatte ein derart großes Echo in den Zeitungen Westberlins gefunden, daß Albert Bacher aus dem MfS »ehrenvoll« ausscheiden mußte. Er war daraufhin nach Leipzig gewechselt. Auch politisch hatte sich Albert engagiert und war als »Mitglied des Politbüros« der SED »zuständig für ideologische Reinheit« gewesen. Albert Bacher, der »Klasseninstinkt« gehabt hat, ist 1984 als General bei der »Bereitschaftspolizei« gestorben.

Hauptmann Alexander Bacher übernimmt seine Aufgabe des Kampfes gegen die Leipziger Kirchengemeinden im März 1985, d. h. ein Jahr nach dem Tod seines Vaters. Saschas Geschichte wird zwar chronologisch erzählt, neunmal wird sie aber auch durch das Temporaladverb »damals« unterbrochen. Momentaufnahmen aus dem Leben des verstorbenen Vaters werden in die jetzige Erzählung eingeschaltet, so daß sich die Handlung im Roman auf zwei Zeitbenen abspielt. Die Erzählperspektive wechselt dabei zwischen Vergangenheit und Gegenwart, zwischen der Sicht des alten Bacher und der seines Sohnes. Eine solche Erzählkunst nennt Eberhardt Lämmert die Rückwendung. Sie ist: »die Unterbrechung der fiktiv-gegenwärtigen Handlungsfolge und Einschub von Ereignissen, die schon früher stattgefunden haben und jetzt nachgetragen werden.«[9]

Es stellt sich die Frage nach der Bedeutung dieser Konstellation aus »damals« und »jetzt«.

Die häufigen Rückblenden bzw. Retrospektiven verfolgen eine methodologische Zielsetzung. Sie bringen dem Leser nahe, wie die deutsche Wende eine Gärungsphase durchlief. Diese Vorgeschichte ermöglicht das Verständnis dessen, was dann im Spätherbst 1989 passierte. Das Vergangene dient dazu, den Rahmen bzw. den Hintergrund zu formieren. Eine Stimmung entsteht, in der sich der Gegensatz zwischen den Kirchengemeinden und dem DDR-Staat manifestiert. Um diese Atmosphäre zu verschärfen, spielt Loest bewußt mit den Erwartungen des Lesers. Er schildert Fakten aus der Mitte der 80er Jahre und projiziert zugleich den Blick des Lesers auf das, was »damals« war. Mehrmals ähnelt die Erzählhaltung der historischen Dokumentation, die sich darum bemüht, Erinnerungen abzurufen, um die Genesis dessen zu erklären, was sich in der Gegenwart abspielt. Allerdings ist der Zusammenhang zwischen »damals« und »jetzt« nicht evident, d. h. nicht von Loest schon kausal verarbeitet. Die Episoden aus der Laufbahn des Vaters stehen dem Leser offen, der auf diese Weise Affinitäten, Korrespondenzen und Kausalitäten zwischen Vater und Sohn daraus ableiten kann. Jede mögliche Korrelation zwischen Vergangenheit und Gegenwart entwickelt auf diese Weise einen gespannten Impetus. Denn was aus diesen nicht explizit ineinander verworbenen Momentaufnahmen von »damals« und »jetzt« entsteht, wird im Laufe des Romans als Geduldspiel entziffert, das das Interesse des Lesers übersteigert. In dieser Mischung aus Erinnerungen und gegenwärtiger Handlung stellt Hans-Georg Soldat eine psychologische Diagnose des Verfalls der DDR fest, wobei dem Gewalt-Motiv viel Bedeutung verliehen wird:

»(...) Und genau diese Stimmung trifft Loest in einigen Passagen seines Buches meisterhaft. Dabei benutzt er Rückblenden, die dokumentieren, wie brüchig, in welchem Maße von institutioneller und persönlicher Gewalt durchlöchert das geistig-ideologische Fundament des Staates DDR war. Eine ausgesprochen hellsichtige Diagnose, wird doch im allgemeinen Gewalt eher als Motiv für inneren Zusammenhalt interpretiert. Freilich könnte man, um im Bilde des Zerfalls zu bleiben, auch von einer staatlichen Osteoporose sprechen, während Staatsrechtler trocken eine schleichende Legitimationskrise feststellen würden. Loests Retrospektiven reichen dabei weit zurück in

9 Eberhardt Lämmert, *Bauform des Erzählens*. Stuttgart 1970.

die Vergangenheit – bis zum Ausgang der Weimarer Republik, zur Flucht des damals noch jungen Bacher in die Sowjetunion, bei der er Verrat andeutet. Eine andere Rückblende schildert die Emigration Alberts Bachers, der sich den sowjetischen Partisanen angeschlossen hatte, von denen er ›zur Bewährung‹, zweifellos, aber auch aus stalinistischem Kalkül, dazu mißbraucht wird, deutsche Kriegsgefangene hinterrücks zu liquidieren.«[10]

Ich will über diese generelle These über den Zusammenbruch der DDR hinausgehen, die der Realität entspricht. In der Ergänzung dieser These möchte ich Wert auf die Charakterbildung des Sohnes Alexander legen, die Ähnlichkeiten zwischen ihm und seinem Vater aufweist. Dazu führe ich Beispiele an, die diese Gemeinsamkeiten zwischen beiden Figuren beleuchten.

Die parallele Schilderung beider Stasi-Helden zeigt die Analogie ihrer Schicksale auf: Alexander Bacher geht den gleichen Weg wie sein Vater Albert. Der Vater ging in seinem Lebenslauf über Leichen: »So hatte er 1932 einen von den Kommunisten zur SA übergelaufenen Genossen kaltblütig erstochen und 1943 als Partisan auf sowjetischer Seite einen deutschen Gefangenen in einen Sumpf getrieben.«[11] Im Jahre 1957 war Albert auch an der Vergiftung und Entführung seines Freundes und ehemaligen Nebenbuhlers Linus Bornowski beteiligt. Linus wurde vernommen und ins Zuchthaus Bautzen geschickt. Sascha bespitzelt seinerseits denselben Linus im September 1986. Die Operation trägt den Decknamen »Bruno Linse«. Als Linus Bornowski beispielsweise zur Leipziger Messe fährt und sich mit Marianne trifft, läßt Alexander Bornoswkis Stuhl eine Duftkonserve mit Hilfe von IM-Kellnern des Hotels Merkur entnehmen. Sascha erhofft sich auf diese Weise, Linus mit Spürhunden verfolgen zu können. Daraus wird ersichtlich, daß das, was Albert getan hat, von seinem Sohn Alexander wiederholt wird. Vater und Sohn entwickeln ein Äquivalenzpotential sowie eine gegenseitige Faszination. In diesem Sinne kann eine Szene interpretiert werden, die sich kurz vor Alberts Tod abspielte. Albert hatte sich gewünscht, daß Alexander, sein Sohn, den von ihm begonnenen Kampf beim MfS fortführt. Das war 1984: »Nach seinem siebzigsten Geburtstag würde er (Albert Bacher, L.B.R.)

10 Hans-Georg Soldat, Die Wende in Deutschland im Spiegel der zeitgenössischen Literatur. In: *German life and Letters*, Nr. 50, April 1997, S. 142.

11 Karl-Heinz J. Schoeps, Erlöst von der DDR ? Erich Loest und die Wende. In: *Schreiben im heutigen Deutschland. Die literarische Szene nach der Wende.* Herausgegeben von Ursula E. Beitter, Frankfurt am Main, Berlin (u.a.) 1997, S. 180.

mit Sascha sprechen. Das wäre wie ein Vermächtnis: Setz meinen Kampf fort. Nichts für Astrid.« (*Nikolaikirche*, 270) Der Sohn selbst scheint jetzt im Geist des »Vermächtnisses« zu handeln. Alexander nimmt jede Gelegenheit zum Anlaß, um sich die Vater-Figur zu vergegenwärtigen. Nach einem Gespräch mit Astrid fragt sich Alexander beispielsweise, wie der verstorbene Vater reagieren würde, wenn er wüßte, daß seine Tochter jetzt bei den »Wespen« aktiv ist. In diesem Rahmen rufen die Rückblicke auf »damals« die Charakterzüge des Vaters ins Bewußtsein des Lesers, der auf diese Weise beide Protagonisten in Verbindung setzen kann. Es wird deutlich, wie sich Alexander an der Laufbahn seines Vaters Albert orientiert. Albert war hart und erbarmungslos, wie das Magazin *Der Spiegel* auf den Punkt bringt: »Einen SA-Mann hat er abgemurkst, den Freund und Nebenbuhler bei seiner in der Liebe schwankenden Frau, einen Fotografen, aus West-Berlin entführt und in den Knast nach Bautzen gebracht. Unnachgiebig steht dieser Stasi-JR zu den Idealen seines Vereins. Als den Tschekisten-Veteran der Schlag trifft, weiß er sein Haus bestellt.«[12]

Diese Härte des Vaters, seine Treue zur SED und zur Stasi, die ihm viele Auszeichnungen eingetragen haben, sind die Inspiration, aus der sich das Handeln des Sohnes Alexander vom März 1985 bis 9. Oktober 1989 speist.

Der Sohn bewegt sich im Schatten des Vaters und läßt sich von dieser Vater-Figur leiten. Außerdem lebt Alexander in der permanenten Angst, den toten Vater zu enttäuschen. Diese Macht Alberts über seinen Sohn, die von den Rückblenden nachdrücklich dokumentiert wird, durchzieht den Roman von Seite 46 (Damals I, 1956) bis Seite 396 (Damals IX). Wenn die explizite Auseinandersetzung des Textes mit Albert Bacher damit endet, prägt Alberts Phantombild den Sohn Alexander doch noch am letzten Tag der Roman-Handlung. Am 9. Oktober 1989 – als Folge der Entschlossenheit der Demonstranten – wird die Stasi handlungsunfähig. Plötzlich will Alexander beispielsweise »die Verbindung zu seinem Vater herstellen, denn der Kampf war ja nicht beendet (...)« (*Nikolaikirche*, 515). Ich komme in weiteren Teilen meiner Analyse (2.1.3.2. Abschied von alten Vorbildern) auf diese Vater/Sohn-Beziehung wieder zu sprechen, die Alexander zwar prägt, ihn aber nicht zum Sieg über das Kirchenvolk führt.

12 Teuflische Idiotie. In: *Der Spiegel* 42/1995, S. 264.

2.1.2.2. Fiktionalität und historische Wirklichkeit

Mit dem Blick sowohl auf die Erzählhaltung wie auf einige Romanfiguren soll hier die Frage erörtert werden, wie historische Realität und Fiktionalität in Erich Loests Roman *Nikolaikirche* zusammenspielen.

Der Ausgangspunkt im Roman ist ein Prolog, der sich im März 1985 im Leipziger Stasizentrum abspielt. Der Raum wird in vielen Details genau geschildert: Substantive wie »Form«, »Türen«, »Balkon«, »Vorzimmer«, »Korridoren«, »Treppen« (*Nikolaikirche*, 7) zielen auf Präzision ab. Sie machen zugleich die Besonderheit des Raums aus, mit der der Erzähler selbst sich vertraut gemacht zu haben scheint. Heide Hollmer zeigt auf, daß eine solche Schreibweise keinem Zufall zu verdanken, sondern vielmehr kalkuliert sei:

»Dank seiner (Loest, L.B.R) Biographie und auf ausgiebige Recherchen gestützt, konnte er (...) einen eindringlichen Rückblick auf das Leipzig der 80er Jahre entwerfen. Wo seine Erinnerung lückenhaft war, da half ihm – bitter genug – das Mammutgedächtnis der Staatssicherheit nach, die ihn selbst nach seiner Ausreise in den Westen noch auf Schritt und Tritt verfolgt hatte. Allein zwischen 1975 und 1981 war ein Konvolut mit 31 Ordnern zu je 300 Blatt entstanden. Von diesem inhaltlich und strukturell aufschlußreichen Materialkorpus profitiert auch der 1995 erschienene Roman *Nikolaikirche*.«[13]

In dieser realitätsnahen Darstellung treten Polizisten auf, von denen zwei in besonderer Weise auffallen. Der eine ist General, der andere ist Hauptmann. Ersterer erteilt einen Befehl, den letzterer entgegennimmt, wie es bei normalen Polizisten, in einem wirklichen Polizeirevier, Alltag ist. Die Botschaft des Befehls sowie die ideologisch gefärbte Sprache, wie sie für die DDR typisch war, verschärfen den realitätsnahen Charakter der Erzählung: »Ziel der Maßnahmen ist, über alle wichtigen Personen im Sektor der ideologischen Diversion einen lückenlosen Überblick zu gewinnen und zu wissen, wen wir im Ernstfall aus dem Verkehr ziehen müssen.« (*Nikolaikirche*, 8) Auch die Schwerpunkte, die im Mittelpunkt dieser Maßnahmen stehen, d.h. u.a. »Nikolaikirche« und »Königsau«, sind historisch ähnlich belegbar. Der Name Nikolaikirche ist in Deutschland sehr gängig. Was aber Königsau

13 Heide Hollmer, Von den Schwierigkeiten, den ›Wahnsinn‹ zu erzählen- die deutsche Literatur zum ›Mauerfall‹ und zur ›Wende‹, in: Manuskript für eine Sendung der Reihe ›Sonntag um Sechs‹. Südwestrundfunk (SWR) September 2000, S. 15.

angeht, so weiß Karl-Heinz J. Schoeps in seiner Rezeption des Romans, wie Loest auf den Namen gekommen ist:

»Durch Vermittlung seines Sohns Thomas, Student der Theologie, las Loest in Königswalde, einem Ort bei Zittau, aus seinem Manuskript Spurensuche vor und lernte dabei den todkranken Pfarrer Mathias Jung und dessen Helfer kennen, der später verhaftet und vom Stasispitzel Rechtsanwalt Schnur verteidigt wurde.«[14]

Damit entsteht in *Nikolaikirche* die Gemeinde »Königsau« nach dem Vorbild von »Königswalde« bei Zittau, und der »todkranke Pfarrer Matthias Jung und dessen Helfer« haben das Muster für Personen in der Romanwelt vorgegeben: Es sind der leukämiekranke Pfarrer Henning Reichenbork von Königsau sowie sein Helfer Martin Vockert. Darüber hinaus identifiziert Heide Hollmer in Rechtsanwalt Schnuck, der Vockert verteidigt, den realen Rechtsanwalt Wolfgang Schnur. Ähnlich verhält es sich mit weiteren Romanfiguren, wie Karl- Heinz J. Schoeps nachweist:

»Paul Fröhlich, einstweiliger SED-Bezirkssekretär von Leipzig, unter dessen Anleitung in den sechziger Jahren die Leipziger Universitätskirche am Marx-Engels-Platz gesprengt war, geistert mit vollem Namen durch den ganzen Roman, wie auch Siegfried Wagner, der SED-Kulturreferent für Leipzig, sowie Loests Stasi-Beschatter Major Tinneberg, der nur leicht verfremdet als Major Tinnow erscheint. Hinter Loests fiktivem Pfarrer Ohlbaum verbirgt sich der Pfarrer Führer von der Leipziger Nikolaikirche.«[15]

Daraus geht hervor, daß Loest historische Figuren aufgreift, die er aus seiner Erfahrung als DDR-Bürger kannte, um aus ihnen Romanfiguren zu machen. Von daher agieren die im Text eingeschalteten Protagonisten nur als fiktive Figuren. Zwar stellen Namen und Vorstellung der Kontrahenten eine gewiße Affinität zur historischen Realität her; was aber diese Protagonisten im Realleben gemacht haben, ist nicht mehr entscheidend. Es zählt nur, wie sie sich über diese Wahrscheinlichkeit hinaus in der Romanwelt bewegen. Das Beispiel der Familie Bacher mag in dieser Hinsicht angeführt werden.

Alexander Bachers Mutter Marianne ist in der »Veteranenkommission« der SED tätig. Ihre Tochter Astrid ist Architektin, übt also einen Beruf aus,

14 Karl-Heinz J. Schoeps, Erlöst von der DDR? Erich Loest und die Wende. In: *Schreiben im heutigen Deutschland. Die literarische Szene nach der Wende.* Herausgegeben von Ursula E. Beitter. Frankfurt am Main, Berlin (u.a.) 1997, S. 177f.
15 Ebenda, S. 178

der seit der Gründerzeit der DDR Symbolkraft besitzt. Alexanders Nichte Silke gehört der FDJ an, und ihr Vater, Harald Protter, ist Ingenieur. Hinzu kommt Albert Bacher, der zwar bereits verstorben ist, aber »damals« hart und kompromißlos gelebt haben soll. Loests Darstellung der Familie Bacher suggeriert ein besonderes Personal, das man im DDR-Alltag finden konnte. Die Genauigkeit der Informationen über jedes »im Apparat« arbeitende Familienmitglied scheint manchmal die Fiktionalität zu transzendieren und den Leser in die Realität der ehemaligen DDR zu versetzen. Loest selbst bestätigt die Existenz solcher Familien, die typisch für die DDR waren: »Solche überzeugten, im Apparat arbeitenden Familien gab es reichlich.«[16] In *Nikolaikirche* drückt sich die generell starke Realitätshaltigkeit von Loests Werken aus, die Karl-Heinz J. Schoeps wie folgt bestätigt:

»Seine Texte sind keine formalästhetischen Experimente, sondern realistische Erzählungen; ja, ein Buch wie *Es geht seinen Gang* (1975) spiegelt die real existierende Wirklichkeit im DDR-Sozialismus wie kaum ein anderes Buch aus der DDR und in jedem Falle weitaus treffender als alle Werke des sogenannten sozialistischen Realismus. ›Man riecht geradezu DDR-Wirklichkeit‹ schrieb Christa Wolf nach der Lektüre von *Es geht seinen Gang.* (…) Erich Loest ist ein journalistischer Literat oder ein literarischer Journalist; seine Anfänge bei der *Leipziger Volkszeitung* sind nicht ohne Widerhall geblieben. ›Der Schriftsteller Loest wurzelt im journalistischen Loest.‹«[17]

Darüber hinaus stellt sich jedoch die Frage, ob das Hin und Her in der Roman-Handlung der historischen Realität auf der ganzen Linie und immer entspricht. Gerade hinter dieser Frage steht die Differenz von Realität und Fiktionalität, die ich an der vierjährigen Handlung zeigen möchte.

Vom März 1985 bis zum 9. Oktober 1989 wird in einer Art journalistischer Chronik erzählt. Die Fakten, Monat für Monat geschildert, vermitteln den Eindruck der Geschichtserzählung, wie Heide Hollmer betont:

16 Lorou/Loest, Interview in Form eines Fragebogens, den ich Loest schickte. Er antworte auf meine neun gestellten Fragen und schickte mir den Fragebogen zurück. Hier geht es um die 4. Frage auf der Liste und lautet:(Lorou) »Die Familie Bacher (Vater Albert Bacher, Frau Marianne Bacher, Sohn Alexander Bacher, Tochter Astrid Protter) handelt in der von Ihnen entwickelten Logik der Typisierung. Finden Sie die Bachers repräsentativ genug für die ehemalige DDR- Gesellschaft? (Loest): »Solche überzeugten, im Apparat arbeitenden Familien gab es reichlich."

17 Karl-Heinz J. Schoeps, Erlöst von der DDR? Erich Loest und die Wende. In*: Schreiben im heutigen Deutschland. Die lietrarische Szene nach der Wende*. Herausgegeben von U.E. Beitter. Frankfurt am Main, Berlin (u.a.)1997, S. 184 f.

»(…) Über die Veranstaltungen in der Nikolaikirche, über Besucherzahlen und über die Konflikte mit der Staatsmacht wurde regelmäßig und ausführlich berichtet.«[18] Der Romanfluß geht aber seinerseits über diese medialen Bilder hinaus, um seine eigene Logik zur Sprache zu bringen. In diesem Sinne können die Predigten und Gebete von Pfarrer Reichenbork in Königsau und von Pfarrer Ohlbaum an der Nikolaikirche interpretiert werden. Dialoge unter den jeweiligen Protagonisten, d.h. unter Christen, Pazifisten, Ausreisewilligen, Umweltschützern und Stasipolizisten, kann keiner authentisch belegen. Mit anderen Worten: Die historische Materie zeigt an dieser Stelle ihre Grenze, indem sie in Fiktion übergeht. Einen weiteren plausiblen Beleg findet man am Ende des Romans. Die riesige Demonstration, mit der Erich Loest sein Buch beendet, ist historisch korrekt. Am 9. Oktober 1989 findet nämlich eine Demonstration mit über 70.000 Leuten statt, wie Hannes Bahrmann und Christoph Links es dokumentieren:

»Am Abend (des 9. Oktober 1989, L.B.R.) erlebt Leipzig die größte Protestdemonstration der DDR seit dem 17. Juni 1953. Ausgehend von der Nikolai-Kirche, wo ein Abgesandter aus Dresden über die Erfahrungen des Vortages berichtet, ziehen schließlich 70.000 Menschen durch die Innenstadt. Der Georgi-Ring ist menschenübersät. Die Polizei hat sich fast vollständig zurückgezogen, greift nur noch verkehrsregelnd ein. Angehörige der Kampfgruppe werden umringt und in Diskussionen verstrickt. Immer wieder erschallt der alles bestimmende Ruf: ›Wir sind das Volk.‹ Mit ihm wird den Herrschenden das Recht abgesprochen, weiter im Namen des Volkes zu agieren. Er geht zugleich an die Grundfesten der oft beschworenen Einheit von Partei und Volk, die als Legitimation für die Vorherrschaft der SED diente.«[19]

Wenn sich aber das historische Faktum mit dem Romanereignis trifft, stößt die Mimesis doch an ihre Grenze. Zum einen wird Gehörtes wiedergegeben: »Meldung von Hauptmann Weisert« (*Nikolaikirche*, 486), »Meldung vom Dezernat I« (*Nikolaikirche*, 487), »Meldung aus Nikolaikirche«*(Nikolaikirche*, 487) Zum anderen werden Uhrzeiten präziser angegeben: »16 Uhr 50 Michaeliskirche zirka 1500 Personen; 16 Uhr 55: Starker Zustrom zur Re-

18 Heide Hollmer, Von den Schwierigkeiten, den ›Wahnsinn‹ zu erzählen – die deutsche Literatur zum ›Mauerfall‹ und zur ›Wende‹. In: Manuskript für eine Sendung der Reihe ›Sonntag um Sechs‹, Südwester Rundfunk (SWR), September 2000, S. 25.

19 Hannes Bahrmann, Christoph Links, *Chronik der Wende. Die DDR zwischen 7. Oktober und 18. Dezember 1989.* Berlin 1989, S. 18.

formierten Kirche.« (*Nikolaikirche*, 491); »18 Uhr 11 ›Die Partei‹« (*Nikolaikirche*, 502), »18 Uhr 22, 18Uhr 39: Im Bereich Nikolai Sprechchöre; 18 Uhr 49 »Vor der Hauptpost Formierung eines Demo-Zugs in Richtung Hauptbahnhof.« (*Nikolaikirche*, 503) Sogar einem Teilnehmer an dieser Demonstration würde es nicht gelingen, diese Genauigkeit so zu gestalten, wie die Romanhandlung es tut. Man bräuchte die Bilderflut der Fernsehkameras, um eine solche Präzision sowohl zu prüfen als auch deren Authentizität unter Beweis zu stellen. Dazu kommt die Tatsache, daß die Erzählperspektive andauernd zwischen Christen aus allen Leipziger Kirchen, Umweltschützern, Pazifisten, Ausreisewilligen, normalen Bürgern und den Stasi-Leuten wechselt. Eine solche Genauigkeit würde das Erinnerungsvermögen historischer Augenzeugen sicher überfordern. Das betrifft auch die Gefühlswelt, in die sich der Erzähler versetzt. Bacher will beispielsweise »die Verbindung zu seinem Vater herstellen«, und der leitende Stasi-General weiß seinerseits nicht mehr, »mit wem er jetzt zusammen sein wollte.« Daß hier in auktorialer Weise Gefühle bzw. Gedanken von Protagonisten geschildert werden, zeigt, inwiefern der Romantext die Dokumentationsebene verläßt und durch Fiktion ergänzt.

Loest befreit sich von der historischen Authentizität. Denn dort, wo historische Fakten jedem zugänglich bleiben, weil medial vermittelt, kann der Schaffende seinen Anspruch auf Autonomie erheben. Auf diese Weise geht Loest in *Nikolaikirche* differenziert mit der »aristotelischen Verpflichtung der Poesie auf das Allgemeine« um. Letztendlich geht es um Stilisierung bzw. um Ästhetisierung von historischen Fakten, niemals um eine bloße Widerspiegelung der historischen Wahrheit. Das historisch Wahrscheinliche wird durch die Fiktion übersteigert. Jedes reale Faktum unterliegt allein der Imaginationskraft des Erzählers, der sich auf diese Weise von jeder Realität entfernt. Vorgänge, die sich in der Wirklichkeit abgespielt haben, werden im Text in den Grund gestellt. Das hat zur Implikation, daß Realität und Fiktionalität in einer Wechselbeziehung stehen, die den Roman *Nikolaikirche* wie ein roter Faden durchzieht.

2.1.3. Theologische Einflüsse auf die Demonstranten

2.1.3.1. Wenn Gebete zu Motivationsfaktoren werden

In dem Befehl, den der Stasi-General erteilt, wird Hauptmann Alexander Bacher dazu aufgefordert, herauszufinden, was sich im Umkreis der Kirchen abspiele, wer subversive Aktionen betreibe und dahinter stecke. In den Kirchen sollen Bacher und seine Mitarbeiter »einen lückenlosen Überblick über alle wichtigen Personen gewinnen« und »wissen, wen wir im Ernstfall aus dem Verkehr ziehen müssen.«(*Nikolaikirche*, 8) Denn es habe sein Gutes, (...) daß manche Kirchen ihre Türen öffnen, da könnten Bacher und seine Kollegen »das renitente Pack hübsch auf einem Haufen« (*Nikolaikirche*, 8) haben. Was die Schwerpunkte angeht, so seien zwei für die Staatssicherheit besonders bedrohlich: In Königsau hätten Christen »schon vor zehn Jahren mit diesem Friedensgesülze angefangen.« (*Nikolaikirche*, 9) Dort werde »jeden Montag« für den Frieden gebetet. Bacher denkt daran, wie er als »Fremdkörper auffallen« (*Nikolaikirche*, 10) müsse und wie alle »den Braten riechen« (*Nikolaikirche*, 10) würden, selbst wenn er sich in Jeans und Pullover einschleichen würde. Vor dem 40. Feiertag der Deutschen Demokratischen Republik will Bacher die Gemeinde Königsau mit Inoffiziellen Mitarbeitern füllen. Auf diese Weise könnten Predigten und Friedensgebete aufgenommen und gewertet werden.

Das Gleiche gilt für die Leipziger Nikolaikirche. Pfarrer Ohlbaum hat dort einen Gesprächskreis gegründet, weil er »nach innen wie nach außen leben« möchte. Martin Vockert gegenüber fügt er noch hinzu, daß die Stasi bei aller Mühe und Niedertracht bei weitem nicht herauskriegen könne, was Gott sieht. Auch werde durch das Evangelium jene Gerechtigkeit Gottes offenbart, kraft derer den Christen der gnädige Gott Bestätigung auf dem Weg des Glaubens zuteil werden lasse. Damit lebe der Gerechte aus dem Glauben.

Mit Blick auf diese Opposition zwischen Kirchengemeinden und Staatssicherheit soll hier untersucht werden, wie entscheidend die Gebete für die Christen in *Nikolaikirche* sind und welche Gottes- Vorstellung dahinter steckt.

Die Worte des Stasi-Generals und die Entschlossenheit Bachers setzen deutliche Zeichen. Aus Angst vor den Gebeten, die in den Kirchen stattfinden, wird den Schwerpunkten Nikolaikirche, Michaeliskirche, Theologisches Seminar und Dorf Königsau der Kampf angesagt. Aus der Perspektive des MfS gehen die Kirchengemeinden nicht nur politisch fremd, sondern es wird dort auch regelmäßig, d. h. »jeden Montag« für den Frieden gebetet. Die Nikolaikirche hat ihrerseits einen Gesprächskreis gegründet, wo auch montags gebetet wird. Daraus geht hervor, daß der Streitpunkt zwischen der Staatsmacht, die vom MfS vertreten ist, und den Leipziger Kirchengemeinden die Gebete sind. Während die Christen den gesellschaftlichen Wandel in der DDR beim Beten suchen, kommt der Glaube an Gott der Staatssicherheit als existenzielle Bedrohung vor. Das hat damit zu tun, daß die Gebete selbst etwas Besonderes an sich haben. Durch ihre Ritualisierung (sie finden an jedem Montag statt) erhalten sie einen spezifischen Charakter, der die christlichen Figuren in fast allen Situationen motiviert. Dazu sollen einige Beispiele angeführt werden.

An einem Montag erklärt Ohlbaum, warum er einen Gesprächskreis in der Nikolaikirche ins Leben gerufen hat. Er wisse, daß dies »Neuland« sei und er alles ohne Rückendeckung riskiere. Der Superintendent habe abwesend genickt, als er von der Idee wie nebenbei geredet habe. In einem Wachtraum kommt Ohlbaum ins Gespräch mit dem Reformator Martin Luther, der seinerzeit ähnliche Konflikte mit der Kirchenobrigkeit auszutragen hatte. Der imaginäre Reformator warnt ihn: »Pfarrerlein, du gehst einen schweren Gang.« *(Nikolaikirche,* 61) Ohlbaum denkt aber an den »Psalm fünfundsechzig(...), Verse sechs bis neun«, um Luther und darüber hinaus die Kirchengemeinde zu überzeugen: »‹Gott, unser Heil, der du bist die Zuversicht aller auf Erden und fern am Meer, der du die Berge festsetzest in deiner Kraft, der du stillst das Brausen des Meeres und das Toben der Völker, du machst fröhlich, was da lebet im Osten und im Westen.‹ Diese Erfahrung wünsche ich uns hier im Osten und denen im Westen. Amen.« (*Nikolaikirche*, 144f.)

Das kritische Bleiben, »gekennzeichnet von dem Bemühen um kollektiven Protest und um die stetige Balance zwischen Sich-Einmischen und Sich-Verweigern, zwischen Widerstand und Ergebung, getragen vom Vertrauen in Jesus« (*Nikolaikirche*, 144), manifestiert sich in der Inspiration, die Ohlbaum in einer biblischen Situation findet. Zwar ist sich Ohlbaum dessen bewußt, wie risikoreich der Gesprächskreis ist. Die Rückendeckung Gottes aber, die durch den Abruf vom »Psalm fünfundsechzig« zustande kommt, baut bei Ohlbaum jedes Angstgefühl ab und gibt ihm Kraft und Mut, um den internen Kampf gegen die Staatsmacht führen zu können.

Dieses Vertrauen auf Gott, das Ohlbaum unter Beweis stellt, kommt auch in einer anderen Situation zur Sprache, als Astrid und Gabriele Heit eines Tages die Nikolaikirche zusammen besuchen. An diesem Abend werden Fürbitten gesprochen. Mitglieder eines Arbeitskreises baten »den Herren, sich für alle einzusetzen in diesem Land, die für Gerechtigkeit und Abrüstung eintraten. Der Herr solle sich derer annehmen, die deshalb inhaftiert worden seien; ein Name nach dem anderen wurde verlesen. Eine Frau: ›Wir bitten dich, Herr, für die Kinder und Jugendlichen, für die Studenten an Hochschulen und Universitäten, daß Wehrerziehung, GST-Lager und Zivilverteidigung in ihnen nicht die Sehnsucht nach Gewalt hervorrufen. Gib ihnen Kraft, daß wir Spannungen in Familie, Kirche und Gesellschaft ohne Gewalt lösen.‹« (*Nikolaikirche*, 186)

Ein »Zwanzigjähriger« fügt hinzu: »(...) Herr, bewahre uns vor Angst und Haß.« (*Nikolaikirche*, 187) Daraus resultiert, wie die Gebete nicht nur die Spielräume des Einsatzes, sondern auch die Strategie der gläubigen Figuren bestimmen. Es geht darum, »Spannungen in Familie, Kirche und Gesellschaft« friedlich bzw. »ohne Gewalt«, ohne »Angst und Haß« zu schlichten. Martin Vockert, der an dieser Fürbitte teilnimmt, handelt in diesem Rahmen. Für einen Gefangenen aus dem Dorf Königsau versucht Vockert nämlich nicht, gegen die Staatsicherheit mit Gewalt vorzugehen. Mit der Bitte um Unterstützung und Kraft wendet er sich an Gott:

»Herr, wir bitten Dich, gib Andreas Baumann aus unserem Dorf Kraft in diesen für ihn schweren Tagen. Andreas ist von einer Kaserne in Weißenfels ins Militärgefängnis nach Schwedt gebracht worden, wir kennen die Gründe nicht. Was auch geschehen sein mag, es sollte kein Gewicht haben von einem barmherzigen Gott. Deshalb bitten wir Dich, unseren Gott und Heiland, gib ihm Zuversicht und laß ihn gesund zu seinen Eltern und Geschwistern heimkehren.« (*Nikolaikirche*, 200)

Als Vockert seinerseits wegen einer Protestaktion im Freien verhaftet wird, betet Gabriele Heit aus Grimsen diesmal für ihn: »‹Lieber Gott, gib, daß Mächtige nicht meinen, sie müßten ihre Macht mit Härte gleichsetzen, Herr, ich weiß, daß Martin Vockert für mich büßen muß, und ich bitte dich, laß es nicht zu, daß sein Herz versteint. Laß unsere Regierenden nicht zu Kriegsverbrechern werden. Amen.‹« (*Nikolaikirche*, 315)

Daß Christen beten, ist selbstverständlich. Daß die Protagonisten in *Nikolaikirche* Gebete als Handlungen einsetzen, hierin liegt das Novum. Das Gebet wird zum Kampfmittel gegen die bewaffnete Staatsmacht, um auf diese Weise den demokratischen Wandel herbeizuführen. Dieses Verständnis des christlichen Engagements verdankt man der Theologie der Befreiung, wie sie in Brasilien durch den »roten Bischof« Dom Helder Camara propagiert wurde. In dieser Gotteswahrnehmung geht das biblische Wort über die Sonntagsrede hinaus und wird als Waffe zur Befreiung des Menschen bzw. des Christen aus jeglicher Form diktatorischer Macht benutzt. Der Staatsmacht DDR halten Loests Figuren eine Vorstellung von Gott entgegen, die nicht nur die Seele des toten Menschen angeht, sondern schon den Lebenden zum Sich-Einmischen bewegt. Der Glaube an Gott erlebt in der Romanwelt eine Dynamisierung, indem konkrete Probleme des irdischen Lebens gelöst werden sollen. Was Loests Figuren in *Nikolaikirche* interessiert, ist kein billiger Pietismus, der eine klare Grenze zwischen Diesseits und Jenseits zieht. Vielmehr gewinnen Themen wie »Friede«, »Umweltschutz«, »Familie«, »Demokratie«, »Abrüstung« an Bedeutung. Was daraus folgt, ist eine offene Tür zur Gesellschaft. Der Glaube wird demokratisiert, indem er die verschlossenen Mauern der Kirchen verläßt und gesellschaftliche Interessen berücksichtigt. Daß diese von den Figuren bewußt eingenommene Kampfstrategie über die Staatsmacht in der DDR triumphieren konnte, mag als ein Lob auf die Kraft des Gebets interpretiert werden, die hier in konkrete soziale Veränderungen mündet. In diesem Sieg des Geistigen kommt auch den Kerzen eine große Rolle zu.

2.1.3.2. Zur Sprache der Kerzen

Als die beiden Kirchengemeiden von Königsau und Grimsen eine Protestaktion veranstalten, indem sie im Freien beten, argumentiert Pfarrer Reichenbork demonstrativ vor den Gläubigen und in Anwesenheit bewaffneter Polizisten wie folgt: »Man zündet nicht ein Licht an, so sprach der Herr auf dem Berge, als ihm viel Volk nachgekommen war, und setzt es unter einen Scheffel, sondern auf einen Leuchter; so leuchte es denn allen.« (*Nikolaikirche*, 241)

Reichenbork rechtfertigt damit bildhaft den öffentlichen Einsatz seiner Gemeinde in der DDR, indem er implizit die Kraft eines »angezündeten Lichts« betont. Daß das angezündete Licht nämlich »allen« leuchtet, weist darauf hin, daß das brennende Licht eine bedeutende Rolle für das Kollektiv gewinnt. Hinzu kommt auch die Tatsache, daß das Licht indirekt der Finsternis gegenübergestellt wird. Hierin kommt symbolisch die Opposition von Kirche und Staat zum Ausdruck. In diesem Zusammenhang soll die Doppelbedeutung der Kerzen in Loests Text untersucht werden: die Kerzen als Symbol des Glaubens und des friedlichen Engagements.

Die Verwendung der Kerzen in den Leipziger Kirchen geht auf »damals« zurück. Alles fängt mit dem Besuch Honeckers in einer Kirche an: Als

Honecker damals die Thomaskirche besuchte, waren »Jugendliche von der Nikolaikirche zum ›Capitol‹ gezogen und hatten sich mit Kerzen hingesetzt.« (*Nikolaikirche*, 183) Astrid erinnert sich daran, wie dieser Zwischenfall »im Deutschlandfunk« Aufregung erweckte. Als sie nachher die Nikolaikirche mit Gabriele Heit besucht, entdeckt sie wieder, wie diese Kerzen-Tradition aufrechterhalten wird. Sie sieht an diesem Abend einen »Mann im Parka«, der sich an die Nikolaikirchengemeinde wendet: »(…) Ihr wißt jetzt, wo Kerzen brennen dürfen und wo nicht. Alle werden von draußen sehen, in unserer Nikolaikirche ist Licht.« (*Nikolaikirche*, 187) Daraus wird ersichtlich, daß die brennenden Kerzen ein klares Signal des Glaubens der Nikolai-Gemeinde setzen. Die Gläubigen stützen sich auf die Flamme des Gottesworts in allen schwierigen Situationen, mit denen sie konfrontiert sind. Ihre uneingeschränkte Entschlossenheit und die Hoffnung, die sie demonstrieren, drücken sich gerade in den brennenden Kerzen aus, die den friedlichen Charakter des Engagements gleichzeitig bestimmen.

Niemals im Roman handeln christliche Figuren brutal. Vielmehr setzen sie sich in ihrer Opposition gegen den Staat friedlich zur Wehr. Eine solche Einstellung zum Kerzenlicht – dem Symbol des gewaltfreien Engagements – betont eine Romanfigur: »(…) Wer vor Gott kniet, für den wird der Pazifismus zum Handlungsfeld, zur Richtschnur.« Diese Vision vom friedlichen Miteinander veranlaßt die Kirchengemeinden, die angebliche Friedenspolitik der DDR zu kritisieren. Das belegt beispielsweise eine Losung, die sowohl in der Nikolaikirche als auch in der Lukaskirche steht: »Der Frieden muß unbewaffnet sein.« Natürlich stößt eine derartige Wahrnehmung des Pazifismus auf die Irritation des Machtapparats. Bei einer Beratung zwischen Kirchenvorstand und Politikern zeigt sich der Stellvertreter des Oberbürgermeisters von dieser Losung beunruhigt. Er vertritt die These, »daß eine derartige Auffassung der Friedenspolitik unseres Staates, ja, der elementaren Wirklichkeit diametral entgegengesetzt ist.« (*Nikolaikirche*, 255)

Aus dem Pazifismus der Christen und der Gewaltbereitschaft der Staatssicherheit resultiert ein Gegensatz, der sich am 9. Oktober verschärft. Als die Spannung an diesem Tag zwischen beiden Konfliktparteien spürbar wird, begibt sich der Bischof von Dresden nach Leipzig, wo er zu Wort kommt. Auch er predigt nichts als Pazifismus: »Liebe Brüder und Schwestern, wieder einmal in Leipzig. Ich möchte in allen vier Kirchen zugleich sein, aber das ist in fünfundvierzig Minuten schwer zu machen (…) Damit nicht Blut vergossen wird, bitte ich Sie um Gewaltlosigkeit. Ich wünsche Ihnen gutes Durchkommen. Amen.« (*Nikolaikirche*, 494f.) Schon im September 1989 hatte

Ohlbaum den friedlichen Charakter des christlichen Engagements auf den Punkt gebracht, als er sich an die Kirchengemeinde der Nikolaikirche wandte: »Wehrt euch nicht, haltet die Hände über den Kopf, ruft um Hilfe und schreit eure Namen, aber nennt sie (die Polizisten) nicht Bullen und Schweine, und als einer der Jungen erwiderte, das seien alles Kommunistensäue, hatte er (Ohlbaum) ihm dieses Wort verboten: Christen hätten Würde zu wahren.« (*Nikolaikirche*, 440) Wie sich diese friedliche Botschaft und der Glaube an Gott weiter manifestieren, illustriert die Leipziger Demonstration. An diesem 9. Oktober 1989 ist die Rede von Tausenden brennenden Kerzen: »Die Kerzen am Fuße der Mauer warfen ihren Schein gegen die Simse und die Balkonbrüstung.« (*Nikolaikirche*, 515) Der friedlichen Option der Demonstranten gegenüber fühlen sich Bacher und seine Kollegen der Kampfgruppe handlungsunfähig und schließen sich ein. Trotzdem schenkt Bacher dem Kerzenfeuer Aufmerksamkeit: »Alexander Bacher blieb am Fenster, bis die Letzten vorbei waren, das Kerzenfeuer am Fuß der Mauer erlosch und die Straßenbahnen wieder fuhren.« (*Nikolaikirche*, 515) Die Sprache der Kerzen übt eine gewisse Faszination auf Bacher aus. Damit wird der Sieg des Pazifismus über die Gewalt gefeiert, wie sie Hauptmann Bacher und seine Stasi-Mitarbeiter verkörpern. Es scheint letztlich, als sei die DDR-Polizei auf eine derartige Form des öffentlichen Protests nicht vorbereitet gewesen. Einen solchen Standpunkt vertritt ein DDR-Politiker später, den Karl-Heinz J. Schoeps zitiert: »Gegen alles, gestand später der Volkskammerpräsident der DDR, Sindermann, war die Staatsmacht gewappnet, nur nicht gegen Kerzen und Gebete. Montag für Montag hatten sich von den Friedensgebeten in St. Nikolai aus Menschen in immer größerer Zahl für ihre Forderungen in Gefahr begeben.«[20]

Sindermann faßt mit diesen Worten zusammen, was Vaclav Havel die »Macht der Machtlosen« nennt. Dieses friedliche Mittel konnte im nachhinein aus der Staatsmacht DDR einen nackten Kaiser machen.

20 Karl- Heinz J. Schoeps, Erlöst von der DDR? Erich Loest und die Wende. In: *Schreiben im heutigen Deutschland. Die literarische Szene nach der Wende*. Herausgegeben von U.E. Beitter. Frankfurt am Main, Berlin (u.a.) 1997, S. 177.

2.1.4. Der Kaiser ist nackt oder Die Auflösung der DDR

2.1.4.1. Kirchenfiguren und Bürgerbewegungen als Sympathieträger

Hier wird die Frage erörtert, wie die ökologisch-pazifistische Opposition, die unter dem Dach der Leipziger Kirchen agiert, dem Leser Sympathie abfordert. Dafür sollen ihr Idealismus und die Differenzierung ins Blickfeld gestellt werden, die in der Schilderung zur Sprache kommen.

In *Nikolaikirche* handeln die meisten christlichen Figuren als mutige Gestalten im Kollektiv. Einige von ihnen ragen jedoch heraus: in erster Linie die Pfarrer Reichenbork von Königsau und Ohlbaum von der Nikolaikirche. Schon in den Anfangskapiteln des Romans erfährt der Leser, daß Henning Reichenbork vom Dorf Königsau krank ist: Drei Wochen lang hatten die Ärzte ihn »in einer Leipziger Klinik untersucht: Leukämie in ernstem Stadium. Nun war Reichenbork wieder daheim, schluckte Pillen und lehnte jedes Gespräch über seine Krankheit ab. Einer, der die Medizin für keine exakte Wissenschaft hielt.« (*Nikolaikirche*, 54)

Obwohl er nur »noch drei Jahre oder drei Monate oder drei Wochen« zu leben hat, ist bei ihm keine Spur von Resignation zu spüren. »Kränklich klang« seine Stimme nicht. Vielmehr ist er an allen Initiativen beteiligt, die er für wichtig hält. So organisiert er regelmäßige Montagsgebete in Königsau. Zusammen mit der Grimser Gemeinde findet unter seiner Leitung das erste Gebet zum Umweltschutz statt, in Folge dessen Vockert, sein Helfer, sechs Monate im Gefängnis verbringen muß. Nirgendwo in der Romanhandlung ist Reichenborks Ideal eines ununterbrochenen Engagements für eine bessere DDR-Gesellschaft erloschen. Bei ihm fußt der Idealismus auf dem innigen Glauben an Gott. Reichenbork fasziniert auf diese Weise den Leser. Diese Faszination mündet in Mitleid, wenn die Figur im Januar 1988 stirbt. Pfarrer Landoff aus Grimsen, der die Totenrede hält, reflektiert Reichenborks Ideal in prägnanten Worten: »Herr, schenke ihm ewigen Frieden. Er hatte wahrlich gelitten auf Erden, Bruder Reichenbork hatte sein Leid angenommen und war fröhlich geblieben bis fast zuletzt.« (*Nikolaikirche*, 311f.)

Die andere Verkörperung des christlichen Idealismus ist zweifelsohne Pfarrer Ohlbaum von der Nikolaikirche.

Hier drückt sich der Idealismus in der Gründung eines Gesprächskreises aus, wo wichtige Fragen zur Debatte gestellt werden. Für Ohlbaum geht es darum, die DDR-Bürger davon zu überzeugen, im Land zu bleiben, denn:

»(...) Ortswechsel hilft dir nicht aus deiner Haut – angeblich ist das von Hemingway. Und das Leben sei zu kurz, um auch nur einen Tag in Resignation zu vergeuden.« (*Nikolaikirche*, 145) Vockert warnt Ohlbaum daraufhin: »Der Graben zwischen Kirche und Staat ist sauber ausgeschaufelt, Ausreiseanträge sind eindeutig Staatssache. Und jetzt bastelst du eine Brücke.« (*Nikolaikirche*, 56) Vockert fragt ihn auch danach, ob er sich beim Superintendenten oder bei der Landeskirche abgesichert habe. Auf Vockerts Frage wird mit einem klaren »Nö« geantwortet. Vockerts Frage, ob Ohlbaum keine Angst davor habe, daß seine Wohnung abgehört werde, beantwortet er wie folgt: »Das fragen mich viele. Und ich antwortete dann: Ich will nach innen leben wie nach außen.« (*Nikolaikirche*, 58) Damit etabliert Ohlbaum bewußt eine deutliche Korrespondenz zwischen »innen« und »außen«, zwischen denken und handeln. Er läßt nicht nur seinem Ideal freien Lauf, sondern er versucht auch, der gesamten Kirchengemeinde von St. Nikolai seine Überzeugung beizubringen: »Ja, liebe Freunde, wohin sollen wir gehen? Wo ist das Land unserer Träume, der Erfüllung? Ich kann das Gelobte Land auf unserem Globus nicht finden. Gott ist nicht systemgebunden, nicht abhängig von Pässen und Visa. Er ist in umfassendem Sinn grenzüberschreitend. Also lebt er auch bei uns in der DDR.« (*Nikolaikirche*, 143f.)

Auch er fügt hinzu: »(...)‹Unter diesen Umständen (...) sehe ich sinnvolles Bleiben, das nicht von äußerer Anpassung und innerer Emigration bestimmt ist, kein gleichgültiges Hinnehmen, enttäuschtes Ertragen oder verbittertes Sich-Abfinden.›« (*Nikolaikirche*, 144)

Derartige Worte Ohlbaums, die die Gläubigen zum Handeln bewegen, damit das demokratische Ideal umgesetzt wird, motivieren die Opposition. In diesem Zusammenhang beginnt Ohlbaum die Gruppenabende »oft mit der Bemerkung, sie wollten von der Realpolitik ausgehen, sie seien unter sich.« (*Nikolaikirche*, 360) Diese klare Attacke auf die »Realutopie« der DDR hat zur Aufgabe, die Schattenseiten des politischen Systems der DDR deutlich zu machen, um ihnen eine bessere Alternative entgegenzuhalten, die allein auf christlichem Denken und menschlicher Tat basiert. Zur Gestaltung dieser christlichen Utopie erhofft sich Ohlbaum Menschen, »die sich Grenzen setzen und von den Mächtigen verlangen, daß sie diese Grenzen respektieren.« (*Nikolaikirche*, 442) Damit setzt sich Ohlbaum feste Regeln, die jeden Exzeß ausschließen. Dieses von Ohlbaum gepredigte Motiv des Moralisierens, das auf Prinzipien bzw. »Grenzen« beruht, wird auf die kollektiven Helden der Nikolaikirche eben wie auf die anderen Leipziger Kirchengemeinden übertragen. Die christlichen Kontrahenten in *Nikolaikirche* sind nämlich keine Extremisten, auch wenn ihr Engagement von einem großen Ideal bestimmt ist. Das fällt sogar den Vertretern der Staatsmacht auf. Bacher ist beispielweise der Meinung, die Christen von Königsau seien »schlaue Burschen.« Auch Schmalbank, der politische Bezirksleiter von Königs au, untermauert Bachers Standpunkt:

»Das kannst du wohl sagen! Die Menschen versuchen den Eindruck zu erwecken, daß sie mit dem Staat auf gutem Fuß stehen wollen, und versteckt kochen sie ihre schwarzen Süppchen. Immer mehrere Töpfe gleichzeitig, und wir sollen dann herausfinden, was zuerst gar ist.« (*Nikolaikirche*, 120) Ein IM bringt seine Bewunderung für Ohlbaum unumwunden zur Sprache: »Wir geben uns die wahnsinnigste Mühe, hinter Ohlbaums Schliche zu kommen, und der bleibt cool.« (*Nikolaikirche*, 147) Wörter wie »cool«, »schlau«, betonen den sympathischen Charakter der christlichen Gestalten nicht nur in den Augen der anderen Konfliktpartei (hier die Staatsmacht mit ihren polizeilichen Vertretern), sondern auch in denen des Lesers.

Loest verfällt jedoch in keine Schwarzweiß-Darstellung, die auf einer Dichotomisierung zwischen bösen Polizisten und guten Christen beruhen würde. Sein Blick vermag alles zu differenzieren. Dazu greift er das Beispiel des Kirchenvorstands heraus, dessen eigene egoistische Interessen mit jedem kollektiven Charakter kollidieren. In diesem Sinne handelt zum Beispiel der Superintendent der Kirchen in Leipzig, der in der Kirchen/Staat-Opposition eine fragwürdige Stellung bezieht:

»Mit dem, wofür wir in unseren Kirchen beten, stehen wir nicht vor einer Staatsmacht, sondern allein vor Gott. Wem aber nütze es, sollte er predigen, wenn es zu einer Trennung kommt zwischen Gemeindemitgliedern und Leuten, die Verantwortung tragen in der Kirche? Wem nütze eine Spannung zwischen neuartigen Gruppen und den bewährten, oft betagten Gemeindemitgliedern? Wem nütze es, wenn Zwist aufbricht zwischen Menschen, die behutsam auf Veränderung hinarbeiten, und denen, die sich anschicken, unser Land zu verlassen? Wem nütze es, wenn die Friedensgebete keine Gebete zu Gott wären, sondern Anstiftung zum Aufruhr?« (*Nikolaikirche*, 260)

Solche verzweifelten Fragen verraten nicht nur die Zerrissenheit im Kirchenvorstand, sondern sie vermitteln, daß die christlichen Figuren eine heterogene Gemeinde mit divergierenden Interessen bilden. Loest geht über den Kirchenvorstand hinaus und zeigt, daß auch innerhalb der christlichen Opponenten nicht alles tadellos funktioniert. Ein anonymer Brief an Pfarrer Ohlbaum geht kritisch mit dieser Ambivalenz um:

»(…) Wir sind keine oder nur halbherzige Christen, können aber auch nicht in Anspruch nehmen, überzeugte Atheisten genannt zu werden(…)

Wir sind kleinbürgerliche Opportunisten, die selbst in der radikalsten Phase der Auseinandersetzung mit diesem Staat vorsichtig sind. Wir wollen nichts riskieren, sondern in der Nähe sein, wenn durch andere etwas passiert. Und so hoffen wir jeden Montag, daß die Hierbleiber mit Staat und Gesellschaft ins Gericht gehen, beklatschen jede Äußerung, die uns gewagt erscheint, und kommen uns dabei vor wie Verschwörer. Wir staunen über Wortgewalt und kritische Schärfe, belächeln stumm jene Träumer, die sich um Ausgewogenheit bemühen, bedauern alle, die in diesem materiell und moralisch verwahrlosten Land noch etwas ändern wollen und denken nur das Eine: fort, fort, fort. (...) Wir haben eine Datsche, einen Arbeitsplatz auf Rentnerbasis und ein hübsches Konto. Und nun hocken wir hier unterm Kreuz, erneut auf dem Wege zu einem Optimum. Doch uns kommen Zweifel. Wird unser Opportunismus, unser Zögern bestrafft? Können wir das sinkende Schiff nicht mehr rechtzeitig verlassen? Wir, die Mutterbeispiele der Anpassung, sind am Ende. Wir sind nun bereit, sogar über Jesus Christus nachzudenken. Sehr geehrter Herr Pfarrer Ohlbaum! Wir brauchen diesen Montag, auch wenn diese Andacht und die Kirche solche Gäste nicht verdient haben. Wir brauchen die wenigen Geistlichen, die ohne Rücksicht auf religiöse Theorie und kirchliche Gepflogenheiten zu uns stehen. Wir möchten bei Ihnen weiter Gastrecht genießen und sind Ihnen dafür unendlich dankbar.« (*Nikolaikirche*, 371f.)

Daß der anonyme Brief im Namen des Kollektivs »Wir« geschrieben wird, ermöglicht eine interne Selbstkritik. Der Verfasser macht kein Hehl aus seinem kritischen Geist, indem er Partei ergreift für die »wenigen Geistlichen, die ohne Rücksicht auf religiöse Theorie und kirchliche Gepflogenheiten zu uns kommen.« Das hat zur Folge, daß nur eine Minderheit in der breiten Masse es verdient, Christen genannt zu werden. Vockert, der auf Ohlbaums Rat hin den Brief vorgelesen hat, findet alles logisch; ihm falle deshalb kein Gegenargument ein. Daß eine solche kritische Stimme sich erhebt, ist einem Balanceakt zu verdanken. Es wird dementsprechend deutlich, daß es sich in *Nikolaikirche* um christliche Protagonisten nicht bloß mit Stärken, sondern auch mit Schwächen handelt. Heide Hollmer vertritt diesen Standpunkt: Loests fiktive Figuren seien »keine Übermenschen – weder im positiven noch im negativen Sinn. Eher mittlere Helden. Menschen mit liebenswerten Eigenschaften, aber auch mit Schwächen.«[21]

21 Heide Hollmer, Von den Schwierigkeiten, den ›Wahnsinn‹ zu erzählen – die deutsche Literatur zum ›Mauerfall‹ und zur ›Wende‹. In: Manuskript für eine Sendung der Reihe ›Sonntag um Sechs‹. Südwestrundfunk (SWR) September 2000, S. 16–17.

Daß aber die Figuren sich selbst kritisch darstellen und trotz dieser Schwächen den Sieg über die Parteidiktatur erringen, fordert großen Respekt von seiten des Lesers, der mit der Inkarnation der Zivilcourage sympathisieren muß. Das läßt sich wahrscheinlich damit erklären, daß man generell den Schwächeren in Schutz nimmt, der der polizeilichen Brutalität zum Opfer fällt. Eine gewisse Identifikation bwz. Faszination entsteht zwischen dem Leser und den christlichen Figuren, die mit den bloßen Händen die Staatsmacht herausfordern. Auf diese Weise vermitteln die religiösen Kontrahenten in *Nikolaikirche* dem Leser einen beispielhaften Stoff, damit er mit politischen Problemen im Alltag adäquat umgehen kann. In dieser Opposition geht es um nichts anderes als um eine Differenz zwischen Gläubigen mit Ideal und Ideologen mit politischem SED-Ritual. Erstere finden Kraft und Mut in ihrem Glauben. Letztere lassen sich von ideologischen Reflexen prägen. Natürlich wird kein Leser der Staatssicherheit eine Träne nachweinen, wenn die Staatskritiker letzten Endes erfolgreich sind.

2.1.4.2. Das MfS auf der Verliererseite

Der Prolog bestimmt die Matrix der Romanhandlung. Im Leipziger Stasizentrum wird den Kirchengemeinden und allen, die unter dem Dach der Kirchen agieren, der Kampf angesagt. Der Stasi-General drückt den Wunsch aus, die Orte »der ideologischen Diversion« unter Kontrolle zu halten. Die Stasi will »einen lückenlosen Überblick gewinnen und wissen, wen wir im Ernstfall aus dem Verkehr ziehen müssen.« *(Nikolaikirche*, 8)

Worte wie »ideologische Diversion« artikulieren die marxistische These, daß die Religion das Opium des Volkes sei. Insofern treffen sich der Stasi-General und Karl Marx in ihrem antireligiösen Gefühl. Es ist prägnant, wie der Haß des Stasi-Generals auf die Leipziger protestantische Kirche den anderen Polizisten beigebracht wird. In diesem Kontext ist es kein Zufall, wenn Alexander Bacher eine Kampfstrategie entwickelt. Er hofft nämlich auf diese Weise kirchliche Aktionen unterdrücken zu können.

Die folgende Analyse will erläutern, inwiefern die Vorgehensweise der Staatssicherheit scheitert. Diese Kluft zwischen dem angekündigten Ziel der Polizei und ihrer Niederlage wird an folgenden Beispielen gezeigt werden: der Fotomontage, den empfindlichen Reaktionen, den Gesprächen mit dem Kirchenvorstand und der Gewalt.

Hierbei handelt es sich darum, die bekannten Leipziger Pfarrer auf Schritt und Tritt zu verfolgen, um sie in Verruf zu bringen. Dazu kommt Bacher ins

Gespräch mit einem IM. Er hat vor, Ohlbaum auf einem Photo in Badehose mit einem schönen Mädchen zu zeigen. Der IM fragt nach dem Zweck der Photos, worauf Bacher verärgert reagiert:

»Sieh mal, ich könnte dir antworten, daß du das gar nicht zu fragen hast. Wir sind kein Debattierklub, beim MfS wird befohlen und ausgeführt. Aber mal ausnahmsweise: Wir wollen alles über alle Leute wissen. Was wir dann auswerten und benutzen, ist schon die nächste Frage. Und ich will es auch nicht übertreiben mit dem Disziplinarischen: Bei einem Offizier wie bei mir ist das strenger als bei einem IM.« (*Nikolaikirche*,146)

Darauf folgt ein Treffen zwischen IM Alma, einer Frau, die sich als Astrid vorstellt, und dem Republikflüchtling Linus Bornowski. IM Alma lädt Linus nach Leipzig ein. Im Auftrag von Bacher und General Tinnow übergibt Alma Linus Bornowski montierte Fotos. Auch Alma erklärt dem Gast, es gebe eine heftige Machtprobe in den Leipziger Kirchen:

»Und dann sollten Sie wissen, mit welchen Bandagen innerhalb der Kirche gekämpft wird. Nach außen erscheint alles irre heldisch. Aber einer gönnt dem anderen den Ruhm nicht. Am stärksten spielt sich Pfarrer Ronner auf, der prescht dem Superintendenten bei jeder Gelegenheit in die Parade. Ohlbaum will er auf seine Seite ziehen. Der sucht den Ausgleich, möchte aber auch von den Gruppen in seiner Kirche anerkannt werden. Zur Zeit sind es zweiundzwanzig. Wenn aber Antragsteller fort wären, schrumpften sie wahrscheinlich auf zehn zusammen. Ich weiß nicht, ob das bei Ihnen alles bekannt ist.« (*Nikolaikirche*, 402)

IM Alma hofft, daß Linus diese Worte und die dubiosen Bilder in der Westpresse veröffentlicht. Die Montage zeigt Pfarrer Ronner »im Cowboyhemd, umschlungen mit einem Mädchen. Knutschen war das Wort.« (*Nikolaikirche*, 403) Linus entdeckt jedoch die Verschwörung gegen die Kirchengemeinden und verzichtet darauf, Pfarrer Ronner motivlos zu kompromittieren. Zeigt die Fotomontage, die auf Lüge beruht, keine Wirkung, dann reagiert das MfS übertrieben empfindlich und aufgeregt auf jede Aktion der Kirchengemeinden.

Die Figur Kölpers erinnert sich zum Beispiel daran, wie nervös das MfS anläßlich des Gedenktags der 1968 gesprengten Leipziger Universitätskirche handelt:

»(...) Alles, was denen da oben nicht paßte, erklärten sie sofort zu einem feindlichen Akt, Trauer um ein Gotteshaus machten sie zu einer strafbaren Handlung.« (*Nikolaikirche*, 389) Während die christlichen Figuren Ruhe behalten, handeln damit die Polizisten emotional und rhetorisch. Wie ineffizient aber eine solche Strategie ist, erkennt ein Inoffizieller Mitarbeiter des MfS. Er gibt sich »die wahnsinnigste Mühe, hinter Ohlbaums Schliche zu kommen und der bleibt cool: Der Herr guckt bei der Stasi durch alle Fenster.« (*Nikolaikirche*, 147) Deutlicher ist diese Differenz zwischen den ruhigen Religiösen und den nervösen Sicherheitskräften im Falle Martin Vockert. Der wird beispielsweise wegen eines Gebets im Freien verhaftet. Was ihm vorgeworfen wird, malt sich ein IM mit vielen Details der politischen Rhetorik aus:

»Eine Zusammenrottung mit staatsfeindlicher Tendenz, eine Provokation, das wäre die Ansicht des Vernehmers. Dabei hätten sie nichts anderes im Sinn gehabt als einen Gottesdienst unter freiem Himmel. Er hätte, so der Vernehmer, den kranken Reichenbork zu dieser Aktion gedrängt – was zum guten Teil stimmte -, er als treibende Kraft trüge die Verantwortlichkeit, insbesondere für die Beleidigungen der Kampfgenossen, die da friedlich ihres Weges gezogen wären. Hetze, Aufrieglung.« (*Nikolaikirche*, 297)

Kurz danach teilt der dubiose Anwalt Schnuck, der Vockert verteidigt, General Tinnow mit, »Vockert beabsichtige keine Provokation. Reichenbork im Krankenhaus, Vockert für ein Weilchen im Knast, das würde Königsau zur Ruhe bringen.« (*Nikolaikirche*, 299)

Diese Worte der beiden IM, die die Logik der Empfindlichkeit weiter bestätigen, verraten zugleich den grotesken Charakter des MfS und seiner Mitarbeiter. Alles, was die Kirchen unternehmen, wird absichtlich deformiert, um ein Alibi für die Sanktionen zu haben. Mit anderen Worten: Jede kirchliche Tat wird vom MfS zum Anlaß wahrgenommen, um die schon vorgesehene Strafe zu rechtfertigen. Aber auch dort, wo das MfS aufgeregt agiert, fällt die Bilanz seines Handelns negativ aus. Denn nirgendwo in Loests Text lassen sich die christlichen Figuren von der polizeilichen Hektik beeindrucken oder gar einschüchtern.

Weil ihre Nervosität ineffizient ist, führen die hohen Chargen des MfS ein Gespräch mit einem Mitglied des Kirchenvorstands. Ziel ist, die Kirchengemeinden durch ihre Oberen zu erpressen. Dafür nimmt das MfS die Ausreisewilligen zum Anlaß, deretwegen die Nikolaikirche zum Kernpunkt der Kontrollaktivitäten wird, um eine Diskussion in Gang zu setzen. Es debattieren Leipzigs MfS-General, ein Genosse der Zentralen Auswertungs- und Informationsgruppe, der ZAIG, ein Oberst der Abt. XX aus Berlin und Hauptmann Alexander Bacher.

Sie bewerten Berichte des IM Carlos, der sich auf das Gespräch zwischen dem »Stellvertreter des Landesbischofs und Vertretern der Regierung vom 18.02.88« bezieht. Beide Konfliktparteien vertreten diametral gegensätzliche Meinungen. Staatlicherseits ist folgendes bemerkenswert:

»(…) Das Problem der Ausreisewilligen sei außerhalb der Kirche entstanden, man habe die Leute schließlich nicht hereingeholt. Es sei und bleibe religiöses Anliegen, Menschen in Konflikten, die seelsorgerischen Beistand benötigten, zu unterstützen. Dabei steht nicht das Anliegen der Ausreise im Mittelpunkt, sondern der Mensch mit seinen Sorgen und Ängsten. Es gehe nicht um die Beförderung von Ausreiseanträgen, da die Kirche ja generell die Auffassung vertrete, der Platz eines Christen bleibe hier in der DDR, unabhängig bestehender Probleme.« (*Nikolaikirche*, 347f.)

Auf diese staatliche Position, die in dem kirchlichen Handeln nur den »Menschen mit seinen Ängsten« sieht, reagiert die kirchliche Seite wie folgt:

»(…) Die Kirche ist verwundert, daß der Staat keine realistische Kenntnis der Situation unter Ausreisewilligen besitzt. Die Kirche ist enttäuscht, daß der Staat nicht sieht, daß sie versucht, diesen Personenkreis zu kanalisieren. Es war Motiv kirchlicher Arbeit, Emotionen abzubauen und nicht abzuwürgen, da sonst öffentlichkeitswirksame unkontrollierte Handlungen von diesen Personengruppen ausgehen könnten.« *(Nikolaikirche*, 348)

Zwar hat man hier zum einen mit der Meinung der Regierung zu tun, zum anderen verteidigt der Stellvertreter des Landesbischofs die offizielle Haltung der Kirche zu sozialen Fragen. Von neuem fordert die Stasi die Leipziger Kirchen auf, sich um das Geistige des Menschen zu kümmern und nicht »die Ausreiseanträge« in den Mittelpunkt ihrer Aktionen zu stellen, da dieses Problem die kirchliche Kompetenz überschreitet. Der Vertreter der Kirche kontert seinerseits deutlich: »Es war Motiv kirchlicher Arbeit, Emotionen abzubauen und nicht abzuwürgen.« Anders formuliert: Die Kirche beharrt darauf, daß Gläubige sich auch in gesellschaftliche Fragen einmischen dürfen, um auf diese Weise demokratische Veränderungen zu ermöglichen. Der Stasi-General denkt deshalb darüber nach, ob er Ohlbaum versetzen kann. Weil das nicht möglich ist, schlägt er die Entfernung des Schildes ›Offen für alle‹ vor. Auch müßten »die Friedensgebete abgeschafft werden« oder: »Zumindest: Nicht jeder darf sich dort ausquatschen. Die Regie muß wieder in der Hand der Pfarrer liegen.« (*Nikolaikirche*, 351)

Der scheinbar nonchalante Vorschlag des Stasi-Generals demonstriert seine Skepsis und Verzweiflung. Indem er mit Nuancen argumentiert (das Wort »zumindest« erweckt diesen Eindruck), verliert er selbst an Autorität und an Glaubwürdigkeit. Insofern ähnelt sein Befehl, daß die Regie wieder in der Hand der Pfarrer liegen müsse, einer Flucht nach vorn. Denn die Fortsetzung der Ereignisse zeigt, daß sich nichts an den Ausreisewilligen und an den Friedensgebeten verändert hat, im Gegenteil. So betrachtet, ist das MfS hier auch erfolglos.

Der Lage gegenüber, die von Tag zu Tag außer Kontrolle gerät, wird Gewalt vom MfS als Kampfmittel eingeschaltet. Die polizeiliche Brutalität drückt sich sowohl bildhaft als auch im Handeln aus.

Bacher warnt zum Beispiel seine Schwester Astrid deutlich: »Keiner kam ohne Blessuren aus der SED raus und, wenigstens in ihrem Alter, auch nicht ohne weiteres hinein. Aufsteiger waren rar und Seiteneinsteiger nicht gefragt.« (*Nikolaikirche*,72)

In dieser Logik der Brutalität hat Alexanders Vater, Albert Bacher, seinerseits nach dem Motto gelebt: »Wer ein Krebsgeschwür beseitigen wollte, mußte im gesunden Fleisch schneiden.« (*Nikolaikirche*,102)

Die Ausdrücke »Blessuren« und »gesundes Fleisch« signalisieren die Härte des MfS. Deshalb wird auch Linus Bornowski hart vernommen. Das MfS wirft ihm vor, das Foto des kranken Stalin an die Westpresse verkaufen zu wollen. Überheblichkeit, Arroganz und Süffisanz münden hier in Machtmißbrauch: »Wir haben die Macht und werden sie zu gebrauchen wissen, die nimmt uns keiner mehr weg. Humanität kommt später, dafür bleibt noch unendlich viel Zeit (...)« (*Nikolaikirche*, 272f.)

Im Anschluß an diese Vernehmung wird Linus Bornowski ins Gefängnis gebracht. In Bautzen II sitzt er neun Jahre lang, bevor er in die Normannenstraße gebracht und dort begnadigt wird: »(...) Der Ministerrat der Deutschen Demokratischen Republik, Ministerium für Justiz, habe Herrn Linus Bornowski mit Wirkung vom 23. Juli 1968 begnadigt.« (*Nikolaikirche*, 168) Bemerkenswert ist auch bei Linus die Kluft zwischen seinem angeblichen Fehler – dem Verkauf eines Fotos – und dem Aufenhalt im Gefängnis. Versucht wird, den Gefangenen auf diese Weise psychologisch zu schwächen, um ihn nachher zum Ablenken zu bringen.

Wie die Staatssicherheit mit Linus Bornowski martialisch und brutal »damals« umgegangen ist, hat Parallelen im vierjährigen Handlungszeitraum des Romans *Nikolaikirche*. Das gilt zum Beispiel für eine Szene, die im Mai 1989 stattfindet. An diesem Tag ist das Montagsgebet zu Ende: »Von der Grimmaischen Straße rückte eine Polizeikette vor, Offiziere an den Flügeln, alle in Sommeruniform.« (*Nikolaikirche*, 418) Mehr und mehr werden Ausweise kontrolliert. Ein anwesender Polizist wird nervös: »Ihren Ausweis. Warum beteiligen Sie sich an dieser Zusammenrottung? Ich ordne Ihre Zuführung an.« (*Nikolaikirche*, 418) Darauf reagiert Ohlbaum: »Laßt das sofort! Denkt ja nicht, daß ihr davonkommt, wir merken uns eure Gesichter!« Sofort kommt ein anderer Polizist zu Wort: »Das ist uns scheißegal, das kannst du dir mal merken!« (*Nikolaikirche*, 440) Der Superintendent, der mit dem Leiter der Abt. Inneres telefoniert, beschreibt seinerseits »eine prekäre Situation. Die Absperrung wirkt wie ein Kessel, wieder ist geprügelt worden.« In dieser angespannten Situation will Ohlbaum von nun an »nicht mehr in Jeans und grobem Hemd (...) predigen, sondern im schwarzen Anzug mit schwarzem Schlips, wie er es nur tat, wenn er vor ein Grab trat. Solange der Staat auf Gebete mit Knüppeln antwortete, wollte er sich als Trauernder zeigen.« (*Nikolaikirche*, 443f.)

Derartige Worte machen deutlich, wie der Roman darauf hinweist, daß die Wende nicht immer friedlich vonstatten gegangen ist. Die Kontrastbilder von schlagenden Polizisten und Gläubigen, die »ohne Widerstand« weiter beten, tragen zum einen zur Dekonstruktion des Topos einer ›sanften Wende‹ bei. Zum anderen verschärft die Roman-Handlung die Differenz zwischen Sympathieträgern und abstoßenden MfS-Leuten. Die Polizei, die mit »Knüppeln auf Gebete« antwortet, wird zur Veranwortung für die Gewalt gezogen, wobei der Leser weiter Partei für den geschlagenen Christen ergreift. Anders ausgedrückt: Je mehr die Polizei von Gewalt Gebrauch macht, desto größer wird der Respekt des Lesers vor den betenden Christen, zumal sie sich niemals von der angewendeten Brutalität niedergeschlagen zeigen. Im nachhinein erweist sich diese polizeiliche Brutalität überdies als kontraproduktiv. Das belegt eine Szene zwischen der fiktiven Figur Bacher und dem historischen Staatssicherheitschef Erich Mielke. Letzterer fordert ersteren auf, brutal Festgenommene freizulassen. Für Alexander Bacher ist dieser Befehl wie der Zusammenbruch einer bisher arroganten und gewaltigen Männerordnung:

»Das war jetzt eine der bittersten Konsequenzen seines Lebens. ›Genosse Bacher, Sie fahren wieder raus. Die Entlassungen beginnen sofort. Ihr karrt die Leute trüppchenweise in die Stadt zurück in die Nähe ihrer Wohnungen und nicht gerade bis vor die Haustür. Wiederholungstäter bleiben ein paar Stunden länger. Morgen früh Teeausgabe, Bockwurst oder so. Zielsetzung: Beendigung der Aktion morgen Mittag.‹ Bacher schwieg. ›Noch Fragen?‹ ›Nein, Genosse General.‹ Kapitulation. Das war die Kapitulation.« (*Nikolaikirche*, 480)

Das Wort »Kapitulation«, das einen Verlustdiskurs generiert, faßt die erfolglose MfS-Kampfstrategie gegen die Leipziger Kirchen zusammen. Diese Niederlage, die insbesondere Frauen erzwungen haben, wird im letzten Kapitel des Romans näher dargestellt.

2.1.4.3. Frauen in der Wende

Ich will hier der Frage nachgehen, wie weibliche Figuren in *Nikolaikirche* handeln. Dazu stelle ich zwei Frauentypen dar, denen in meiner Analyse Relevanz zukommt. Die erste Gruppe besteht u.a. aus Astrid, Gabriele, Ursula, Claudia, Silke, die zweite aus Frau Kläsert und Marianne.

Wegen ihrer Depression wird Astrid in die Klinik von Prof. Huhnefeld eingeliefert, wo sie Gabriele Heit kennenlernt. Gabriele Heit ist Christin und kommt aus Grimsen, einer Gemeinde, die mit Königsau zusammenarbeitet. Eines Abends begleitet Astrid Gabriele in die Nikolaikirche, wo montags gebetet wird. In der Folge nehmen beide Frauen an fast allen kirchlichen Tätigkeiten teil und denunzieren die Wahlmanipulation unter dem Dach der Frauengruppe ›Die Wespen‹, die dem MfS viele Schwierigkeiten bereitet. ›Die Wespen‹ – (so nennen die Polizisten diese ›Frauen für den Frieden‹) – werden geleitet von Ursula Kämpe.

»Die Kämpe ist Krankenschwester mit unregelmäßigem Dienst, manchmal macht sie so viele Überstunden, daß sie drei oder vier Tage hintereinander frei hat. Ein Frauentreffen in Magdeburg – sie war dabei. Ständig fuchtelt sie mit sogenannten Thesenpapieren herum, die sich gegen unsere Politik richten. Bei einer sogenannten Wochenendrüste des Arbeitskreises in Beyern im Kreis Herzberg war sie natürlich auch dabei. Sie unterhält Kontakte zur Kirchengemeinde Königsau, dort hat sich neuerdings auch ein Frauenkreis für den Frieden gebildet. Während der Frühjahrsmesse hat sich ein BRD-Journalist an sie herangemacht (...) Der Mann ließ sie wissen, daß er als freischaffender Journalist die alternative Friedensbewegung der DDR unterstützen wolle. Die ging vorsichtig auf seine Absichten ein, ließ sich keine Namen entlocken, versicherte aber, sie sei bereit, sich wieder mit ihm zur Messe in Leipzig oder in Berlin zu treffen. Der Agent versprach Materialien aus dem grün-alternativen Bereich. Wir hätten die beiden festnehmen können, klar, haben es aber für besser befunden, über den Rat der Stadt den zuständigen Superintendenten vom illegalen Treiben seines Schäfchens zu informieren. Die Aussprache muß innerhalb der Kirche selber geführt werden; durch unsere Kräfte werden wir erfahren, ob und wie das abläuft (...) Der angebliche Westjournalist war ein Oberleutnant aus der Normannenstraße (...) Stammt aus Wismar, redet Platt. Wollte die Kämpe bumsen, aber sie hat getan, als könnte sie nicht bis drei zählen.« (*Nikolaikirche*, 233f.)

Bei den ›Wespen‹ ist auch die Dozentin und Ökologin Claudia Engelmann tätig. Diese Ex-Freundin von Alexander Bacher, die wegen ihres Aktivismus vom Herder-Institut entlassen wurde, macht sich auf der letzten Demonstration in Leipzig, am 9. Oktober 1989, bemerkbar. An dieser Veranstaltung beteiligen sich auch die sechzehnjährige Silke sowie Astrid, Gabriele, Ursula und viele andere Frauen.

Neben diesem Frauentyp steht eine zweite Gruppe: Marianne, die Witwe Albert Bachers, ist der SED treu geblieben, in deren Veteranenkommission sie arbeitet. Marianne lebt allein, steht aber Astrid in ihrer Depression bei, bildet auch das Bindeglied zwischen Sascha und seiner Schwester. Da Astrid politisch aktiv ist, habe Alexander »nun gerade ultimativ« verlangt, Marianne solle »ihre Tochter wegen dieser Kirchengeschichten zusammenstauchen.« (*Nikolaikirche*, 448) Marianne ist mit den Kläserts befreundet. Als die politische Lage in Leipzig sich im September 1989 zuspitzt, besucht sie die Familie Kläsert, um Vergangenes zu erwähnen, denn:

»Mit niemandem sonst konnte sie so ausführlich über alte Zeiten tratschen: Volleyballturnier in einem VP-Heim im Harz, bei dem Albert nie der Beste, aber immer der Lauteste gewesen war und die komplizierte Regel des Weiterrückens beherrscht hatte. Mit Kläsert konnte sie über Alberts Pistolenmanie am ehesten spotten. Ein Abend mit den beiden würde für Jahre genügen. Noch fünfzehn Stunden, dann traf sie Linus.« (*Nikolaikirche,* 446f.)

Bei den Kläserts ist an diesem Abend Zeit für die Tagesschau. Bilder aus westdeutschen Lagern werden gezeigt: »Flüchtlinge zwischen Doppelstockbetten, Sachsen sprudelten wild in die Kamera: Am Balaton seien sie im Urlaub gewesen, da hätten sie gehört, die Grenze stünde offen, alle hätten Tag und Nacht an den Radios gehangen. Nun die Freiheit! Tränen.« (*Nikolaikirche*, 448)

Das sei nichts anderes als eine »Schweinerei«, so Frau Kläsert. Die gezeigten Bilder seien »würdelos«; sie fragt sich, ob die sozialistische Erziehung gar nicht genutzt hätte. Jedenfalls weine sie »denen keine Träne nach«. Wenn die Flüchtlinge nach den ersten Enttäuschungen wiederkämen, müßten sie sich bei Wohnraum und Arbeit hinten anstellen. Die Wohnungen von denen müßten sofort wieder belegt werden, wer nicht in einer Woche zurück sei, solle bleiben, wo der Pfeffer wächst, das solle in der Aktuellen Kamera mal deutlich gesagt werden. Peinlich wirke es auf Marianne, wie sich da DDR-Bürger anschmierten, denn es ginge denen doch nicht schlecht, nun schmissen sie alles weg, was ihnen der Staat geboten habe. Alles sei gesichert: »Neubauwohnung und Arbeit und Studienplatz für die Kinder.« (*Nikolaikirche*, 449) Daß sich unter den vor Glück »Heulenden« Genossen befinden, sei »widerlich.«

Es wird zu beleuchten versucht, wie Frauen zu den sozialen Umwälzungen in dem Roman eingestellt sind. Ob die beiden dargestellten weiblichen Figuren zugleich positiv auf den Leser wirken, wird auch belegt werden.

Astrid Protter, Gabriele Heit, Ursula Kämpe, Claudia Engelmann und die junge Silke haben den Mut, den Kampfgeist sowie den Willen zum demokratischen Wandel gemein. Entscheidend bei diesen Protagonistinnen, die Loest hier als Heldinnen zeigt, ist die Tatsache, daß die meisten auf Schwierigkeiten stoßen, ohne in ihrem Engagement nachzulassen. Vielmehr nehmen sie solche Schwierigkeiten zum Anlaß, sich um so hartnäckiger für die Freiheit einzusetzen. Das gilt zum Beispiel für Astrid, die in ihrer Arbeit mit einer konservativen Männerwelt konfrontiert ist, Depressionen entwickelt, zur Behandlung in eine Klinik eingeliefert wird, die Nikolaikirche besucht, endlich zu den Siegern zählt. Was Ursula Kämpe angeht, so läßt sie sich vom MfS und dessen dubiosen Methoden nicht beeinflußen. Claudia Engelmann hatte sich ihrerseits dafür entschieden, die »verdammte SED«, »die verdammte DDR« bis zum Tod zu bekämpfen, als der Karrierist Bacher sich von ihr trennte. Wenn Silke bisher an den Tätigkeiten einer militanten Bewegung teilnimmt (sie übte nämlich: »Wir sind die Kampfreserve der Partei« und sang: »Komm, lieber Mai und mache« eben wie : »Hoch auf dem gelben Wagen.« *Nikolaikirche*, 17), so entfernt sie sich später von solchen Kindereien der FDJ. Sie begleitet beispielsweise Vater und Mutter, die an der Demonstration in Leipzig am 9. Oktober 1989 teilnehmen. In dieser Frauenkonstellation vertritt Silke die jüngere Generation, die auch Tabus zu brechen vermag. Loest zollt anscheinend den weiblichen Figuren seines Buches seine Anerkennung, zumal die besten illegalen Fotos von der Sprengung der Leipziger Universitätskirche von einer Frau stammen:

»(..) Die Sonne stand im günstigen Winkel, so modellierte sie die Vertiefungen des Giebels heraus, die Rosette, die Pfeiler. Die Kamera war geborgt, eine Automatik schoß Fotos in Sekundenbruchteilen, war für Sportwettkämpfe gedacht, für Torschuß und Beine, die über Hürden flogen, und den Zieleinlauf, wenn Brustbreite galt. Blank der Himmel, es wäre irrsinnig, veränderte eine Wolke plötzlich alle Lichtwerte. Viermal hatte sie gerade den Giebel fotografiert mit dem Spitzchen darüber, dieser baulichen Lächerlichkeit. Dachreiter hieß so was und sollte die Idee Turm vortäuschen, des Ragens zu Gott empor.« (*Nikolaikirche*, 393f.)

Deutlich wird das Frauenengagement weiter betont: »Vieles von dem, was unten geschah, bewirkten Frauen.« (*Nikolaikirche*, 393) Hinzu kommt Loests Lob auf die Entschlossenheit der Frauen in der Wende, was Ursula Beitter wie folgt dokumentiert: »Für Loest waren es die Frauen, die in dieser Revolution vorne waren, weil Frauen mehr Interesse an Ökologie, Bewahrung der Schöpfung und friedlicher Erziehung ihrer Kinder hatten.«[22] Während in dem patriarchalischen DDR-Machtapparat nur Margot Honecker in der Regierung saß, machen sich im Romanfluß Frauenfiguren durch ihre heldischen Taten bemerkbar. Es scheint, als wollten sich Frauen hier an dieser von Männern dominierten politischen Ordnung rächen.

Jedoch verfällt Loest keinem grenzenlosen Feminismus. Seine Hommage gilt nur denjenigen weiblichen Gestalten, die das tatsächlich verdienen. Wie immer bleibt sein Urteil kritisch und differenziert. Loest vermeidet jede Euphorie bei der Darstellung aller Frauenfiguren. Das erklärt die Tatsache, daß der ersten Frauengruppe eine konservative Kategorie gegenübergestellt wird.

Marianne Bacher und Frau Kläsert vertreten hier die zweite Typisierung. Indem Marianne und Kläsert sich nicht nur über die Flüchtlinge lustig machen, sondern auch ihre angebliche Undankbarkeit gegenüber der DDR attackieren, stellen sie ihre nostalgischen Töne der ehemaligen politischen Ordnung unter Beweis. Bei Marianne und Kläsert wird nicht für Ideen gekämpft, sondern für materielle Interessen: »Neubauwohnung und Arbeit und Studienplatz für die Kinder.« Die Wiederholung von »und« demonstriert ein angeblich inflationäres Wohlsein in der DDR, das jede Flucht vor diesem Land absurd machen soll. Daß im Munde Kläserts die Worte der historischen Figur Honecker erkennbar sind: »Wir weinen denen keine Träne nach«, stuft Kläsert und Marianne ins Lager des ehemaligen Generalsekretärs der SED ein. Daß aber dieses Lager des Machtapparats besiegt werden konnte, kann als Lob auf das fortschrittliche Denken ausgelegt werden, das Astrid, Gabriele, Claudia, Ursula und Silke im Roman verkörpern. Das kann auch für einen Abschied von alten Vorbildern gehalten werden, auf den ich eingehen will.

22 Ursula E. Beitter (Hg.), *Schreiben im heutigen Deutschland. Die literarische Szene nach der Wende*. Frankfurt am Main, Berlin (u.a.)1997, S. XIX.

2.1.5. Abschied von alten Vorbildern

2.1.5.1. Astrids Rebellion

Die 38jährige Astrid Protter ist die einzige Tochter von Marianne und Albert Bacher. Als Architektin arbeitet sie in der Abteilung für Stadtplanung und *komplexe Perspektive* mit dem allseits geachteten Katzmann an der Spitze. Eines Tages macht Astrid in einer Studie deutlich, daß sieben Leipziger Schulen eine Renovierung nötig hätten – (sie sollte den Baubedarf an sieben Schulen hinsichtlich der Dächer, Heizanlagen, Trockenlegung von Grundmauern und in zwei Fällen der Erneuerung von Fenstern bilanzieren). Ihr Vorschlag, »sich auf drei Schulen zu beschränken, und, da für die Dachreparaturen ohnehin Gerüste aufgestellt werden müßten, auch die Fassaden zu verputzen, wurde abgelehnt.«(*Nikolaikirche*, 25) In fünf Schulen müßten sämtliche sanitären Anlagen herausgerissen werden, weil dort seit dem Ersten Weltkrieg nichts mehr geschehen sei.

Katzmann, der Chef von Astrid, weist ihre Studie zurück, weil sich das Erbe des Kapitalismus nicht im Nu beseitigen lasse. Die Kapazitäten der Abteilung reichten für das aus, was sie sich vorgenommen hätten. Alles andere gehöre in keine *komplexe Perspektive*, sondern ins Gebiet der stadtbezirklichen Reparaturleistung. Astrid weigert sich daraufhin, einer Planung zuzustimmen, »die stinkende Schulklos einfach übersieht.« Astrid bricht zusammen, geht deshalb zur Behandlung in eine Klinik. Dort lernt sie eine andere Patientin kennen, die sie zu den Abendgebeten in der Nikolaikirche einlädt. Die religiöse Stimmung, die dort herrscht, findet Astrid »interessant«. Nach einiger Zeit verläßt Astrid die Klinik, sie bleibt jedoch in Kontakt mit der Nikolai-Gemeinde. Ihr Bruder Alexander bzw. Sascha, der inzwischen dank seines Kollegen Tinnow weiß, daß Astrid im »Wespennest« bzw. in der Frauengruppe aufgetaucht ist, stellt sie zur Rede. Auf Saschas Frage, was Astrid zu solchen Friedensschwestern treibe, antwortet Astrid, sie bewundere die Offenheit und die Geradlinigkeit dieser Frauen. Sascha gelingt es nicht, seine Schwester von ihrem neuen Engagement abzubringen. Er kann sie nur vor angeblichen Schwierigkeiten warnen: »Es langt, wenn einer in der Familie bei der politischen Müllabfuhr ist. Ich will nur, daß du auf dich aufpaßt.« (*Nikolaikirche*, 325) Astrid dankt Sascha dafür. Sie fragt ihn, ob er wisse, wie schwierig es sei, genau zu begreifen, was man fühle und denke. Weg mit all dem Kleister. Das sei noch schwieriger als später darüber zu reden. Astrid wirft Sascha und seinen Kollegen vor, sich in ihrer Burg mit

Decknamen und Geheimnistuerei zu verstecken und keine Frau hochkommen zu lassen, weil die den ganzen Zirkus eines Tages komisch finden könnte und absurd sowieso. Sascha wirft Astrid nun vor, daß sie eigene Wege abseits vom Elternhaus gehen würde, und verläßt seine Schwester. Nach diesem Treffen nimmt Astrid an allen Tätigkeiten der ›Wespen‹ weiter teil, besucht regelmäßig die Nikolaikirche und stellt das Ergebnis von Kommunalwahlen in Frage. Als Folge dieses Verhaltens wird sie gezwungen, die Partei zu verlassen. Ihr Mann Harald, der bisher nur Wodka getrunken hat, erwacht aus seinem politischen Dauerschlaf und begleitet mit seiner Tochter Silke seine Frau zur Demonstration vom 9. Oktober 1989 in Leipzig.

Wie Astrid sich von der herrschenden Ideologie bei den Bachers entfernt und welche Bedeutung diese Rebellion hat, wird im Mittelpunkt meiner folgenden Analyse stehen.

Astrid wird von ihrer Arbeit zunehmend desillusioniert. Ihre Sanierungsstudie, die der Vorgesetzte Katzmann ablehnt, führt sie dazu, sich vom ideologisch geprägten Ambiente in der »Abteilung für Stadtplanung und *komplexe Perspektive*« zu distanzieren. Die kommunale Praxis, die »stinkende Klos übersieht«, motiviert sie zu einer Trotzhandlung. Während alle ihre Kollegen die Planung unterschreiben, geht Astrid eigene Wege. Damit kehrt Astrid der offiziellen SED-Ideologie den Rücken, die bisher auf der Rhetorik der Einheitspartei beruhte. Obwohl die SED keine Andersdenkenden duldet, wie Sascha resümiert: »Wer nicht für uns ist, ist gegen uns, es gibt keinen dritten Weg« (*Nikolaikirche*, 326), sieht Astrid kein Problem darin, sich neue Perspektiven zu eröffnen. In einem Monolog wirft sie einen kritisch kalten Blick auf ihre jüngste Vergangenheit, mit der sie jetzt ins Gericht geht: »Ich finde es seltsam, daß ich erst vor kurzem darauf gekommen bin, warum ich so kaputt war. Ich hab daheim so geredet und auf Arbeit so, mit Silke anders als in der Parteigruppe, habe Zeug unterschrieben, bei dem schon die Fragestellung falsch war.« (*Nikolaikirche*, 324)

Der Bruch mit der Illusion, die der Machtapparat der SED verkörpert, wird zugleich mit dem Einstieg in eine fromme Atmosphäre verbunden, die Astrid nicht anders als »interessant« findet. Eine solche qualitative Veränderung trägt hier die Züge einer Reinigung, die die biblische Wiedergeburt symbolisiert. Der Transformationsprozeß, den die Figur erkennt, mündet in einen praxisorientierten Einsatz, den auch andere Frauen unter dem Dach der ›Wespen‹ führen. Denn für Astrid ist der Kampf für den demokratischen Wandel viel wichtiger als der Glaube an das Gelobte Land: »Sie konnte sich nichts und niemanden da oben vorstellen und wollte es auch nicht. So dreckig es ihr gegangen war, einem höheren Wesen hatte sie ihre Ängste nie aufhalsen wollen.« (*Nikolaikirche*, 220) Seit ihrem ersten Besuch in der Nikolaikirche nimmt Astrid an den Montagsgebeten teil, tritt offiziell aus der SED aus, macht sich sogar lustig über ihren Bruder Sascha und das MfS. Als Sascha nach einer Erklärung für das neue Engagement bei den ›Wespen‹ sucht, antwortet Astrid nämlich sarkastisch: »Sascha, ihr spielt Indianer.« (*Nikolaikirche*, 325) Alexander wirft ihr vor, daß sie klüger sein wolle als die Partei. Jedenfalls ist Astrid nicht mehr ablenkbar. Der Bruder versteht von nun an, daß das Band zwischen ihm und seiner Schwester quasi zerrissen ist, bis beide sich noch einmal am 9. Oktober 1989 bei der großen Leipziger Demonstration treffen. An diesem Tag verteilt Astrid Flugblätter, sogar an die Polizisten, die sie darauf brutal behandeln und kurz verhaften. Diese Erpressungsaktion verhindert aber nicht ihren Sieg über den Bruder. Welche Signifikanz Astrids Rebellion hat, wird im folgenden erläutert werden.

Astrids Rebellion ist die erste Zäsur innerhalb der Familie Bacher, wo die SED-Ideologie bisher zum Rang eines Dogmas erhoben war. Als Architektin, d. h. in einem Beruf von hohem Prestige in der DDR-Intelligenz, sollte sie der SED treu bleiben. Daß sie aber die offizielle Ideologie an den Pranger stellt, kann nicht bloß als Vatermord interpretiert werden, sondern deutet voraus auf den ideologischen Zusammenbruch der ganzen DDR. Loest zeigt am Beispiel dieser zerfallenden Familie, die einst repräsentativ war für den Machtapparat der SED, das Ende einer Ära. Zugleich steht Astrids Revolte aber auch exemplarisch für die Rolle der Frauen bei der Wende.

2.1.5.2. Alexanders Scheitern

Hauptmann Alexander Bacher wird im März 1985 gebeten, die Leipziger Kirchen im Blick zu haben und im Notfall die gefährlichsten Christen aus dem Verkehr zu ziehen. Den Auftrag des Stasi-Generals nimmt er stolz entgegen. Sehr schnell entwickelt er seine Kampfstrategie, besucht Königsau sowie die Nikolaikirche und wendet sich an IM, deren Zusammenarbeit ihm in dieser Opposition gegen die Kirchengemeinden wichtig ist. Über seine Aufgabe informiert er regelmäßig den MfS-Vorstand. Zudem findet er noch Zeit, Linus Bornowski, den ehemaligen Liebhaber seiner Mutter Marianne, zu bespitzeln. Außerdem hat er eine Liaison mit der parteilosen Dozentin Claudia Engelmann. Sowenig General Tinnow Bachers bisherige Arbeit kritisieren kann, sowenig kann er nun diese Affäre mit Claudia dulden: Sascha wird gezwungen, sich von seiner großen Liebe zu trennen.

Inzwischen ist Tinnow über die Aktivitäten von Saschas Schwester Astrid bei den ›Wespen‹ informiert. Noch einmal wird der Bruder aufgefordert, die politisch fremdgehende Schwester zum Einlenken zu bringen. Sascha kommt mit seiner Schwester ins Gespräch, überzeugt aber Astrid nicht. Er denkt an seinen 1984 verstorbenen Vater Albert zurück und stellt sich Fragen über die bisher von der DDR geführte Politik und über die Beziehungen seines Heimatlands zu dem Bruderland, der Sowjetunion. Trotz dieser Selbstreflexion führt Sascha den Kampf gegen die Leipziger Kirchen weiter. Es gelingt ihm freilich nicht, die von Tag zu Tag komplexer werdende Lage in den Kirchen unter Kontrolle zu halten. Pazifisten, Ökologen, Christen und Reisewillige stellen den politischen Kurs der DDR immer nachdrücklicher in Frage, was in der großen Demonstration am 9. Oktober 1989 kulminiert. Während die Demonstranten ihren Sieg über die Kampfgruppe des MfS demonstrativ feiern, schließen sich Alexander und seine Kollegen im Leipziger Stasi-Zentrum hermetisch ein; der Kampf wird noch nicht verloren gegeben, und neue Formen sollen gefunden werden. Schließlich wartet Sascha darauf, daß das Kerzenfeuer der feiernden Demonstranten erlischt, bevor er den Raum verläßt.

Es wird im folgenden erörtert, worin das Scheitern Alexanders liegt. Dazu werden zugleich die wichtigen Etappen in Saschas Laufbahn geschildert werden.

Daß Bacher beim Erhalten des Überwachungsbefehls den Kopf leicht zur Seite neigt, »als ob er damit Aufmerksamkeit und auch Dankbarkeit ausdrücken wollte« (*Nikolaikirche*, 7f.), illustriert seinen Ehrgeiz. Daß aber im nachhinein die »Schwerpunkte Nikolaikirche, Theologisches Seminar und das Dorf Königsau, dazu Gruppen und Grüppchen« (*Nikolaikirche*, 8) das MfS zur Machtlosigkeit zwingen, zeugt davon, daß Alexanders Aufgabe von keinem Erfolg gekrönt sein wird. Wichtige Stationen bestimmen dieses Scheitern: zuerst die Machtillusion, dann die Zweifelsphase und schließlich die Niederlage.

Die Alexander-Figur tritt demonstrativ in die Fußstapfen des Vaters. Hart und kompromißlos war General Albert Bacher gewesen. Gnadenlos und diszipliniert zeigt sich der Sohn in allem, was er während seiner polizeilichen Karriere unternimmt. Diese Identifikation mit der Vater-Figur prägt den Roman. Es ist kein Zufall, wenn der General in ihm den »Richtigen« für den Kampf gegen »den Sektor der ideologischen Diversion« sieht. Daraus resultiert eine Machtillusion, die bei Alexander zunimmt und auf einer Strategie der Spionage beruht. Bacher stattet den problematischen Kirchen Besuche ab und entfaltet Aktivitäten, die auf Inoffiziellen Mitarbeitern, Brutalität,

Erpressung und Bespitzelung basieren. Auf diese Weise glaubt Alexander, die führenden christlichen Figuren wie Ohlbaum, Reichenbork und Ronner auf Schritt und Tritt verfolgen und entmutigen zu können. Diese Methode stößt aber schnell an ihre Grenzen: Weder die konsequente Bespitzelung noch die Gewaltandrohung vermögen die Hartnäckigkeit der friedlichen Opponenten zu schwächen. Trotzdem halten die Stasi-Oberen an ihrer Illusion fest, daß das MfS zuallererst der Treue und Kompromißlosigkeit bedürfe. Blind nimmt Alexander die staatliche Rhetorik für bare Münze. Als er jedoch im Namen seines »Männerordens« die parteilose Freundin verlassen muß, keimen bei ihm Zeichen der Verzweiflung auf.

Diese Phase manifestiert sich in Form von Fragen, die Alexander im Anschluß an das Treffen mit seiner Schwester Astrid aufwirft. Das Gespräch, das im Februar 1988 stattfindet, erschüttert den Stasi-Offizier in alten Gewißheiten. Sein Blick richtet sich erneut auf die Gestalt des toten Vaters: »Er (Sascha) hatte lange nicht so oft an seinen Vater gedacht wie in den letzten Wochen. Nachdem Albert Bacher aus dem Dienst geschieden war, hatte er immer stärker gefunden, alles wäre in bester Ordnung (...)« (*Nikolaikirche*, 335) Diese starke Erinnerung an das für ihn bisher geltende Vorbild verbindet sich mit kritisch-existenziellen Fragen, die Alexander sich stellt, ohne eine Antwort darauf zu finden:

»(...) Aber warum importierten die Freunde (die Sowjetunion, L.B.R.) immer mehr Weizen aus Kanada und gaben einen Teil nur gegen hartes Geld an die DDR ab? Vater, ist es richtig, daß wir das sowjetische Erdöl mit Dollars bezahlen müssen? Sag doch mal, Vater!« (*Nikolaikirche*, 335)

Deprimiert setzt er sich mit dem »berühmten Klassenbewußtsein« auseinander, einem Topos im ideologischen Sprachgebrauch der DDR, mit dem er in seiner bisherigen Karriere so blind argumentiert hatte:

»Claudias Eltern, Mutter Marianne aus Stettin, Albert aus Scheupitz, der Ziegeleiarbeiter aus dem proletarischen Adel, was wissen wir denn, woher unsere Fähigkeiten, Vorlieben, Abneigungen, Ängste und Schwächen stammen, was ist denn das für ein Ding, das berühmte Klassenbewußtsein? Claudia ist kleinbürgerlich verkorkst, und warum bin ich anders als Astrid? Was wird aus Silke, und warum läßt sich Mutter jeden Monat ein Paket vom Feind Linus schicken? Guter alter Albert, allmächtiges Vorbild, Straßennamengeber, wie geht es mit uns weiter?« (*Nikolaikirche*, 335)

Freilich kann der verstorbene Vater diese Fragen nicht mehr beantworten. Ob Albert Antworten wüßte, wenn er noch am Leben wäre, bleibt offen. Seine ungelösten Fragen lassen Alexander klarwerden, daß er einem »Männerorden« angehört, der ihm zwar Disziplin, Treue und Phrasen abverlangt, die Grundlagen des Systems aber nicht erklärt. Daß Bacher seinen Kampf gegen die Leipziger Kirchengemeinden weiterführt, macht deutlich, daß diese Figur mehr aus Reflex denn aus tiefer Überzeugung handelt. Unübersehbar bricht die Identifikation des Sohns mit dem Vater auseinander: »Die Erinnerung an Vater wirkte nicht mehr, was wirkte dann? Es würde keinen Zweck haben, sich hinter Mutter zu stecken.« (*Nikolaikirche*, 326) Natürlich ist in der patriarchalischen DDR kein Platz für eine Mutter-Figur als neues Vorbild. Albert selbst hatte zu seiner Zeit die Gattin Marianne vom MfS ferngehalten. Nicht nur würde es »keinen Zweck haben, sich hinter Mutter zu stecken«, sondern das würde auch zu nichts führen, denn vom MfS-System versteht Marianne nichts. Was Alexander bleibt, sind allein Rituale, Dogmen und Rhetorik. Das beleuchtet zum Beispiel die Affäre mit Claudia, die sein Vorgesetzter für seine Karriere gefährlich findet. Ohne darüber nachzudenken, sagt sich Sascha sofort: »Liebe war mit Klassen-bewußtsein vereinbar, aber das MfS stand darüber« und fügt hinzu: »(...) Wenn mir doch einer haargenau sagen könnte: Klassenbewußtsein heute, das ist das und das. Klasseninstinkt wirkt sich so und so aus.« (*Nikolaikirche*, 354f.)

Der unsicher gewordene Bacher macht dennoch auch weiterhin Gebrauch vom nebulösen Sprachgebrauch und setzt nach wie vor auf Brutalität und Spionage. Diese Mittel erweisen sich aber spätestens am Tag der Demonstration in Leipzig als überholt. Am 9. Oktober 1989, als alle Konfliktparteien sich treffen, sitzt Alexander am Ende auf der Verliererbank. Daß er »die Verbindung zu seinem Vater herstellen will, denn der Kampf war ja nicht beendet«(*Nikolaikirche*, 515), klingt bitter und substanzlos. In dieser Hinsicht darf die Niederlage des MfS als der klägliche Absturz des altmodischen Vorbilds des Vaters verstanden werden. Ein Kontrastbild kann diese These plausibel machen: »Aus der Demonstration im Jahre 1965 auf dem Leipziger Leuschnerplatz ging der Vater als Sieger hervor, nach der Demonstration im Oktober 1989 findet sich der Sohn auf der Seite der Verlierer.«[23]

Was Loest an diesen zwei Generationen von Stasi-Offizieren, Vater Albert und Sohn Alexander Bacher, schildert, ist nichts anders als eine Allegorie des Scheiterns, genauer eine Symptomatik des Verfalls einer nicht nur typischen

23 Karl-Heinz J. Schoeps, Erlöst von der Wende? – Erich Loest und die Wende. In: *Schreiben im heutigen Deutschland. Die literarische Szene nach der Wende.* Herausgegeben von Ursula E. Beitter. Frankfurt am Main, Berlin (u.a.) 1997, S. 184.

DDR-Familie, sondern auch eines ganzen Staatswesens. Das Ende der alten Illusionen, das Vater und Sohn verkörpern, entspricht jedoch auch dem Aufstieg einer neuen anständigen Generation. So gesehen, artikuliert der Abschied von alten Vorbildern eine Dynamik des Optimismus. Das wird mit der Leipziger Demonstration zum Ausdruck gebracht, mit der der Roman endet.

2.1.6. Wende ohne Ende? Der 9. Oktober 1989 als Gipfel der Wende bei Loest

»Abend der Stellvertreter«, so ist das 13. Kapitel überschrieben, mit dem Loest seinen Roman beschließt. An diesem 9. Oktober 1989 findet eine Beratung im Stasi-Zentrum statt, wo im März 1985 Hauptmann Alexander Bacher den Auftrag zur Repression gegen die Kirchengemeinden in Leipzig übernommen hatte. Der Raum ist »eiförmig wie ein Rugbyball, an der gestreckten Wölbungsseite zum Ring hin ein selten genutzter Balkon vorgesetzt.« (*Nikolaikirche*, 481) Alle Pforten mit »Fernsehaugen werden von Offizieren bewacht.« Wer an diesem Tag die Einsatzzentrale betritt, »nahm sofort den Mischgeruch von Zigaretten und Uniformen – die, wenn sie auch aus demselben Stoff wie Anzüge sind, gebieterischer und unerbittlicher riechen -, von Männerhaut mittlerer und älterer Jahrgänge und von Schränken und Regalen aus Sperrholz wahr.« (*Nikolaikirche*, 481) Im Raum wittern »feinere Nasen sogar Anspannung, ja Angst.« (*Nikolaikirche*, 481) Der Stasi-General, der die Operation an diesem Tag leitet, habe »bloß Angst« und neun Telefone vor sich. Direktschaltung zur Bezirksleitung der Partei sei im Moment am wichtigsten. Von den Polizisten, die die verschiedenen Kirchen bewachen, kommen Meldungen: »Nikolai ist voll«, »die Leute strömten zur Thomas.« Für Bacher ist »alles anders als an den Montagen vorher«, denn es liege »über diesem Raum die Vermutung, es würde geschossen werden.« (*Nikolaikirche*, 486) In dieser gespannten Lage wisse die Partei nicht, was einer ihrer Sekretäre treibt, und die Armee habe sich wohl schon aus aller Verantwortung verabschiedet. Bacher konstatiert, daß das MfS ja keine Einsatztruppe besitze, denn gegen sie hätten NVA und Volkspolizei erfolgreich intrigiert. In dem politischen Machtapparat selbst wisse keiner, wer wem unterstellt sei. Inzwischen häufen sich die Meldungen aus den Kirchen weiter: »Meldung von Hauptmann Weisert: Am Vorbau der Nikolai hängt ein gelbes Tuch mit der Inschrift: Leute, keine sinnlose Gewalt. Reißt euch zusammen! Laßt die Steine liegen! Dieses Transparent wird gegenwärtig von Passanten verstärkt betrachtet›.« (*Nikolaikirche*, 486); »Meldung vom Dezernat I«, »Meldung aus Nikolai«; »Meldung vom Dezernat I: Starker Zustrom aus der Innenstadt über Grimmaische Straße von Jugendlichen und Jungerwachsenen, teilweise dekadentes Äußeres.« Allmählich versammeln sich die Christengemeinden in ihren jeweiligen Kirchen. Ähnlich wie beim MfS haben auch Christen große Angst: Sie hätten Angst um sich, ihre Freunde und alle, die ihnen in Uniform gegenüberstünden.

Am Abend gehen Christen, Ökologen und Pazifisten, die sich bisher unter dem Dach der Leipziger Kirchen aufgehalten hatten, massenweise zu einer Demonstration. Auf den Leipziger Straßen prallen beide Konfliktparteien, MfS-Polizisten und Freiheitskämpfer, aufeinander. Astrid Protter verteilt Flugblätter, wird mißhandelt, setzt ihren Kampf aber ebenso fort wie all die tausend anderen, die überall Kerzen entzünden. Angesichts der Entschlossenheit und der großen Anzahl der Demonstranten ziehen sich die hohen Chargen des MfS in ihren Raum zurück und schließen sich ein. Unter den Eingeschlossenen ist auch Alexander Bacher, der am Fenster bleibt, bis die Straßenbahnen wieder fahren. Der General denkt seinerseits an Honecker und an die Ehemaligen bzw. an die Verstorbenen, vor allem an Albert Bacher. Er findet aber keinen, »mit dem er jetzt zusammen sein wollte.«

Im weiteren wird die Frage erörtert, welche Rolle der 9. Oktober 1989 in der Handlungskonstellation von Loests Roman spielt. Zwei Aspekte werden hierzu hervorgehoben: die Niederlage des MfS und die Hommage an die Stadt Leipzig.

Die Handlung endet dort, wo sie 4 Jahre zuvor angefangen hat. Diese Zirkularität verbildlicht die Sackgasse, in die das MfS geraten ist. Im März 1985 ist im Leipziger Stasi-Zentrum im Bewußtsein der eigenen Macht den Kirchengemeinden der Kampf angesagt worden. Am 9. Oktober 1989 aber sieht die Zentrale der Staatssicherheit wie eine Festung aus: »Unpassierbare Scherengitter«, »verriegelte Tore«, »Pforten mit Fernsehaugen«, die von Polizisten bewacht werden, dokumentieren die Besonderheit dieses Tages. Die Lage ist ersichtlich gespannt. »Es war, als ob vor einer Burg die Zugbrücken hochgezogen worden wären und nur noch ein Schlupfloch tief unten im Gebüsch bliebe.« (*Nikolaikirche*, 481) Auch die Kombination von direkter und indirekter Rede sowie das beschleunigte Erzähltempo veranschaulichen die Zuspitzung der Spannungen zwischen den verschiedenen Protagonisten:

»(...) Ein Polizist fragte: ›Woher haben Sie den Zettel?‹, und sie (Astrid) antwortete, den habe ihr jemand vor dem ›Capitol‹ gegeben. Sie solle mitkommen, sie fragte, wohin, und sofort waren Menschen um sie, sie erwiderte laut, sie würde erst mitgehen, wenn sie wüßte wohin. Der Polizist packte ihren Arm und drehte ihn auf den Rücken und schob sie, nach ein paar Metern stand sie vor dem Offizier, eine Haarsträhne war ihr ins Gesicht gefallen, mit der freien Hand umkrampfte sie die Tasche. Der Menschenpulk schloß jetzt auch den Offizier ein, ein Mann brüllte, es wäre empörend, wie da mit einer Frau umgesprungen würde, und jemand weiter hinter rief: ›Schämt euch!‹ Andere griffen diese Worte auf, ›Schämt euch!‹ Ein Sprechchor war das noch nicht. Jetzt war es zu spät, die Tasche fallen zu lassen. ›Woher haben Sie das Blatt?‹ Sie wiederholte, jemand hätte es ihr vor dem ›Capitol‹ gegeben. Aus dem Mundwinkel heraus nuschelte der Offizier zu einem Zivilisten neben sich: ›Personalien feststellen!‹ Der sagte: ›Nee‹.« (*Nikolaikirche,* 507)

Anspannung, Angst und Hektik sind auf polizeilicher Seite spürbar. Auf den General, der für die Operation verantwortlich ist, werden alle Konnotate dieser angespannten Lage übertragen. Er hat »neun Telefone« vor sich, hört Meldungen aus allen Kirchen, erteilt Befehle, antwortet auf Fragen, droht. Alles deutet darauf hin, daß er Angst hat. Er betont zum Beispiel die Ritualisierung der Montage, die dieses Angstgefühl verschärft: »Das bloße Wort Montag hatte schon einen schlimmen Klang.« (*Nikolaikirche,* 490) Dazu kommt der Tag selbst, der gleichsam wie ein Countdown verläuft. Hier wechselt die Erzählperspektive andauernd. Vom Leipziger Raum wird die Aufmerksamkeit des Lesers auf die anderen Leipziger Kirchen gelenkt. Um »halb drei« (*Nikolaikirche,* 482) steht die Nikolaikirche im Rampenlicht. Dort verspottet Pfarrer Ohlbaum die anwesenden Polizisten:

»Die Kirche sei offen für alle, herzlich willkommen. Nur sei erst halb drei, da arbeite das Proletariat noch, deshalb beginne ja das Friedensgebet um fünf. Er bitte um Verständnis, daß die Empore geschlossen bliebe, damit später auch noch ein paar Werktätige und einige Christen Platz finden könnten.« (*Nikolaikirche,* 482f.)

Die Ironie, die Ohlbaums Worte ausdrücken, bringt die Gefühlsdifferenz zwischen ruhigen Christen und hektischen Polizisten zum Ausdruck. Sehr schnell wird der Blick auf andere Handlungsräume geworfen. 16Uhr 50: »Michaeliskirche zirka 1500 Personen, alle Altersgruppen« (*Nikolaikirche,* 491), 16 Uhr 55: »Starker Zustrom zur reformierten Kirche, Gruppenbildung auf der Brücke Friedrich-Engelsplatz« (*Nikolaikirche,* 491); 18 Uhr 11: »Die Partei!« (*Nikolaikirche,* 502); 18 Uhr 22: »Demonstration formiert sich in Grimmaischer Straße« (*Nikolaikirche,* 503), 18 Uhr 49: »Vor der Hauptpost Formierung eines Demo-Zuges in Richtung Hauptbahnhof. Rufe ›Gorbi,

Gorbi‹« (*Nikolaikirche*, 503); 19 Uhr 02: »Operationsgruppe: Spitze Demo am Ostknoten. Harter Kern ruft: ›Erich, mach die Schnauze zu‹.« (*Nikolaikirche,* 503) Die präzisen Uhrzeiten werden aus polizeilicher Perspektive mitgeteilt. Diese Genauigkeit der Details betont nicht nur den realistischen Charakter der Erzählung, sondern auch die Intensität des Tagesverlaufes. In dieser gespannten Konstellation erwecken die MfS-Vertreter, der General voran, keine Sympathie beim Leser. Vielmehr wird der General despektierlich dargestellt: »Dem Mann paßte keine Uniform, entweder spannte die Jacke über dem Bauch oder schob sich unter den Armen hoch.« (*Nikolaikirche*, 484f.) Oder auch:

»Der General trug einen schräggestreiften Schlips, den eine Spange straffhielt. Sein Hemd war am Hals ein wenig angerauht; sicherlich würde es seine Frau zum Dienstleistungskombinat am Sachsenplatz bringen, wo man aus dem Hinterteil einen neuen Kragen nähte. Jetzt war der Mund des Generals so ausgetrocknet, daß sich beim Sprechen ein Spuckfaden von den oberen zu den unteren Zähnen zog. Bacher war versucht zu sagen: Genosse, trink doch mal einen Schluck.« (*Nikolaikirche*, 497)

Als die Christen massenweise mit brennenden Kerzen auf die Leipziger Straßen gehen, reagiert die Polizei brutal, wobei sie Personalien kontrolliert. Später wird der Kampfgruppe des MfS klar, daß ihr die wirksamen Kampfmittel an diesem Tag fehlen.

»Der General gab den Hörer an den Oberstleutnant weiter, der ihn sanft auf die Gabel legte. Für Bacher war es symptomatisch für diese Situation. Diensthierarchie und Akkuratesse stimmten, aber die Bezirksleitung der Partei wußte nicht, was einer ihrer Sekretäre trieb, und die Armee hatte sich wohl schon aus aller Verantwortung verabschiedet. Das MfS besaß ja keine Einsatztruppe, dagegen hatten NVA und Volkspolizei erfolgreich intrigiert.« (*Nikolaikirche*, 490)

Diese Passage zeigt einen in sich zerstrittenen Machtapparat. Den gegensätzlichen Interessen, die hieraus erwachsen sind, fällt das MfS an diesem 9. Oktober 1989 zum Opfer. Daß »NVA und Volkspolizei erfolgreich« gegen das MfS intrigieren, weist darauf hin, wie die Machtinstrumente zerfallen und wie schwach das MfS trotz seines autoritären Charakters geworden ist. Loest beleuchtet damit die Kulissen, er geht über die anscheinend ruhige Fassade der Machtpfeiler der DDR hinaus und schildert eine Dramatik des Zusammenbruchs, in der Intrigen, Verrat und Heuchelei dicht nebeneinander stehen. Er protokolliert ein politisches System, das den Zusammenhalt verliert. Jeder Passus des Roman-Endes belegt einen Mangel, ein Chaos, eine

Fragmentierung an der Spitze des realsozialistischen Staates. Das manifestiert sich in der Kontrastierung des Sieges der Demonstranten mit der Niederlage des MfS. Denn an jenem 9. Oktober 1989, dem Tag, an dem Loests Roman endet, stehen sich Demonstranten und Polizisten direkt gegenüber, wobei persönliche Beziehungen quer durch beide Seiten gehen. Alexander Bacher und Claudia Engelmann treffen sich zum Beispiel in entgegengesetzten Lagern wieder: Sascha als Symbol des Zusammenbruchs des ganzen Systems im Hauptquartier der Stasi im Einsatz gegen die Andersdenkenden, Claudia als Demonstrantin und Opfer der Maßnahmen von Sascha und seinen Kollegen. Wie Karl-Heinz J. Schoeps sagt, »setzt Loest all denen ein Denkmal, die damals den DDR-Staat aus den morschen Fugen hoben, die Frauen und Männer aus den Arbeitskreisen für Ökologie und Menschenrechte, für friedliches Zusammenleben, gegen Haß und Rüstung, gegen Wehunterricht und Wahlschwindel.«[24]

Nur ein einsamer General und Hauptmann Alexander bleiben in diesem Chaos und dieser Intrigenwelt übrig. Sie stellen zwei Ikonen dar, die zwar ums Überleben kämpfen, sich aber diesmal verschließen. Besiegt können sie nur nostalgische Töne ausdrücken: »Im Hinausgehen hätte er (der General) gern die Faust zum alten Rot-Front-Gruß erhoben. Aber es wäre lächerlich gewesen einem neuen Mann wie Schnuck gegenüber.« *(Nikolaikirche*, 517) Damit sind die Würfel gegen das System der DDR gefallen.

In dieser Erzählung vom Sieg der Demonstranten über das MfS wird der Stadt Leipzig ein Loblied gesungen.

Loest feiert Leipzig in seinem Buch. Die Handlung des Romans beginnt in Leipzig, entwickelt sich, kulminiert und endet am 9. Oktober in derselben Stadt mit dem Aufstand der Vernunft. Die Stadt Leipzig präsentiert sich an diesem Tag als eine Heldenstadt, in der der Widerstand revolutionäre Kraft gewinnt. Hegelianisch gesagt: Das Volk, das vierzig Jahre lang als Knecht gegolten hatte, emanzipiert sich nun von der politischen Klasse als seinem Herrn. Diese Befreiung von der vierzigjährigen Diktatur verkündet zugleich die Macht der Vernunft, die sich in den brennenden Kerzen der Demonstranten versinnbildlicht (Vgl. 2.1.3.2: Zur Sprache der Kerzen). An diesem Tag wird eine große Utopie zur Wirklichkeit.

24 Karl-Heinz J. Schoeps, Erlöst von der DDR? Erich Loest und die Wende. In: *Schreiben im heutigen Deutschland. Die literarische Szene nach der Wende.* Hg. Von Ursula E. Beitter. Frankfurt am Main, Berlin (u.a.)1997, S. 184.

Es scheint so, als gäben alle Demonstranten dem Licht der brennenden Kerzen und damit dem rationalen Handeln den Vorzug; denn sie agieren ruhig, zielstrebig und diszipliniert im Gegensatz zu den Polizisten. In diesem Sinne kann der Sieg der Kerzenträger über die verschlossenen Polizisten wie die Krönung des Aufstands der Rationalität über die Bestialität interpretiert werden. Es stellt sich die Frage, ob hierin noch weitere Sinndimensionen zu erkennen sind.

Die Romanhandlung bleibt den geschichtlichen Fakten treu. Historisch ist belegbar, daß die Demonstration am 9. Oktober 1989 mit über 70.000 Demonstranten zu den größten dieser Umbruchsituation zählt. Hier drückt sich ein historischer Realismus aus, obwohl der Text an vielen Stellen seine Souveränität genüber den Fakten deklariert. Kurz: Geschichte und Fiktionalität treffen sich bei dieser Schilderung des 9. Oktober 1989. In der gesamten Konstellation erhebt das DDR-Volk seinen Anspruch auf die Macht (»Wir sind das Volk«) und auf die Beseitigung der SED-Omnipotenz: »Neues Forum zulassen.« (*Nikolaikirche*, 505) Das setzt voraus, daß die Demokratisierung der gesellschaftlich-politischen Ordnung in der DDR den Demonstranten am Herzen liegt. In diesem Rahmen ist es kein Zufall, wenn sie nach demokratischen Vorbildern suchen: »Gorbi hilf.« (*Nikolaikirche*, 505) Gemeint ist die historische Persönlichkeit Michael Gorbatschow, der Vater von Perestroika und Glasnost in der Sowjetunion.

Des weiteren endet Loests Roman am 9. Oktober 1989; das ist bedeutungstragend. Bei der Debatte über eine genaue Datierung der deutschen Wende entscheidet sich Loest explizit für den 9. Oktober 1989. Weder die Öffnung der Berliner Mauer in der Nacht vom 9. auf den 10. November 1989 noch die deutsche Wiedervereinigung vom 3. Oktober 1990 sind für Loest entscheidend, was den Einsatz des DDR-Volkes betrifft. Über die historische Plausibilität dieses Gedankens streiten die Historiker. Loests Sicht ist freilich auch subjektiv und emotional bedingt: »Ich war immer Leipziger, lange Zeit aber Feind der DDR.«[25]). Damit deklariert Loest seine uneingeschränkte Liebe zu seiner Heimatstadt Leipzig und distanziert sich zugleich nicht von der DDR als Staat, sondern vor allem von der politischen Machtstruktur, die ihn 1981 ins bundesrepublikanische Exil gezwungen hatte.

25 Meine Frage an Loest lautete folgendermaßen: »Sie zählen, soweit ich weiß, zu den Autoren, die dem DDR-Untergang keine Träne nachgeweint haben, obwohl Sie Ihrer Heimatstadt Leipzig sehr verbunden waren. Fühlten Sie sich eher als Leipziger oder als DDR-Bürger?“ Loests Antwort: »Ich war immer Leipziger, lange Zeit aber Feind der DDR.« (Vgl. Lorou/Loest, Neun Fragen an Erich Loest).

2.2. »So hatten wir uns die Erneuerung nicht vorgestellt.«[26] Die Nachwendezeit als Ära der Desillusionen in Brigitte Burmeisters *Unter dem Namen Norma*[27]

2.2.1. Inhaltsangabe

Der im Jahre 1994 publizierte Roman *Unter dem Namen Norma* von Brigitte Burmeister ist eine autobiographische Erzählung, die die deutsch-deutsche Szene nach der Wende und die damit verbundene Wiedervereinigung zur Sprache bringt. Die karge, scheinbar zufällige und fragmentarische Handlung, bezieht sich auf zwei weltgeschichtliche Ereignisse: den 17. Juni 1953 und den 14 Juli 1789. Diesen beiden Tagen entsprechen die beiden Teile des Romans.

Bei den Protagonisten handelt es sich um ehemalige Ostdeutsche. Die Ich-Erzählerin Marianne ist die Frau von Johannes Arends. Dieser hat einen Freund, der Max heißt. Norma, eine Arzthelferin, ist Mariannes Freundin. Beide haben sich am 9. November 1989, d. h. am Tag des Mauerfalls, kennengelernt. Um diese Protagonisten herum kreisen weitere Figuren wie Margarete Bauer, Schwarz und Klempner Behr, die mit Marianne auf dem Ostberliner Hof zusammen wohnen.

Im Grunde beginnt der Roman mit dem 17. Juni 1953, dem Tag des Arbeiteraufstands in der DDR, den Marianne als Kind erlebt hat. Die Ich-Erzählerin, die Übersetzerin von Beruf ist, arbeitet an einer Biographie des jugendlich-fanatischen Saint-Just, eines gescheiterten Helden der Französischen Revolution. Während ihrer Übersetzungsarbeit achtet Marianne auf alles, was auf dem Hof passiert:

»Die Sonne scheint auf meinen Arbeitstisch, aber ich ziehe die Vorhänge nicht zu, und das Fenster lasse ich offen. Tagsüber stört mich Stille. Natürlich sind mir nicht alle Geräusche gleich willkommen. Stimmen, Schritte, den geringen Lärm des Schildermalers und der Klempner ziehe ich laufenden Motoren vor, erst recht der Kreissäge, die unser Kohlehändler gelegentlich in Gang setzt. Im zweiten Hof hört sich das alles, vermischt mit fernem

26 Das Zitat wird aus dem Roman *Unter dem Namen Norma* von Brigitte Burmeister entnommen, S. 42.
27 Brigitte Burmeister, *Unter dem Namen Norma*. Roman. Stuttgart 1994, 286 S.

Rollen und Rauschen, anders an als im vorderen Schacht, der Schall schluckt und Echos wirft und eng genug ist, daß die Bewohner, ohne den Fuß vor die Tür zu setzen, Unterredungen führen könnten in jeder Richtung, was aber nicht geschieht. Die Geräusche steigen an mir vorbei, dahin ins Blaue. Sie stören mich nicht. Im Gegenteil. Was mich stört tagsüber, ist die Stille. (...) Jetzt ist Juni.« (*Norma*, 12)

Was mit den Bewohnern passiert, das bewegt auch Marianne. In diesem Zusammenhang ist sie insbesondere vom Tod Margarete Bauers berührt, bei der es sich um eine Frau »mit Kind ohne Mann« (*Norma*, 39) handelt. Ihre Liaison mit einem schon verheirateten Mann bricht nach der Wende auseinander. Ihren Job hat sie verloren und neue Arbeit findet sich nicht mehr. Außerdem soll sie eine Inoffizielle Mitarbeiterin der Staatssicherheit gewesen sein. Eines Tages springt Margarete Bauer vom Balkon. Auf dieses »Opfer unserer unblutigen Revolution« folgen weitere Schicksalsfälle auf dem Hof. Johannes, der sich mit Max für die politischen Veränderungen in der DDR eingesetzt hatte, entscheidet sich dafür, trotz der Bedenken seiner Frau nach Mannheim umzuziehen. Marianne erinnert sich an den Streit zwischen ihr und Johannes, nach dem letzterer in den Westen gegangen ist:

»Doch wozu brauchst du dieses Haß- und Ekelbild von dem Land, in dem du, als es noch existierte, mit den unterschiedlichsten Empfindungen gelebt hast? Du machst den Fehler, sagte ich, eine vertrackte Mischung aufzulösen, damit etwas Eindeutiges herauskommt. Weißt du, woran mich das erinnert? An unsere Marxismusstunden: Notwendigkeit und Zufall, Allgemeines und Besonderes, Wesen und Erscheinung. Dialektik sollte das sein, und war doch nur eine Methode, Widersprüche aus der Welt zu schaffen durch Unterschlagung (...) Irgendwann hörte ich mich schreien: Nun geh endlich in deinen Scheißwesten, und denk bloß nicht, ich komme hinterher.« (*Norma*, 95)

Marianne bleibt in Ostberlin, »am Rande des Niemandslandes zurück. Die Telefonate zwischen Berlin und Mannheim vermögen den Trennungsschmerz nicht abzubauen. Während Marianne weiterhin für die ehemaligen Ostsee-Urlaube zu zweit schwärmt, denkt Johannes vor allem an die Enttäuschungen der 40 verflossenen Jahre zurück. Auch wenn Norma in diesen Krisenphasen zu trösten sucht, kann sich Marianne aus Melancholie und Nostalgie nicht befreien. Ununterbrochen blickt sie zurück auf das große Fest vom 9. November 1989 und auf die anderen bewegenden Ereignisse, an denen sie beteiligt war, und die jetzt bloß noch Geschichte sind. Zwar wird auf dem Hof ein Versuch unternommen, die einstige Stimmung durch Gesprächskreise wieder ins Leben zu rufen. Hier aber kommt ein »Klima öffentlicher

Verdächtigungen und Denunziationen« an den Tag. Marianne wird deutlich, daß sich zwar die Verhältnisse geändert haben, nicht aber die Menschen, und daß das Leben weitergeht. Inzwischen kommt sie auf die Idee, dem Westen einen Besuch abzustatten, der an einem 14. Juli stattfindet.

Im Zug schenkt Marianne allem, was sie sieht, ihre Aufmerksamkeit:

»Die Tracht der Schaffnerinnen sieht hübsch aus, dunkelrot, dunkelblau, weiß, mit einem Halstuch zur Verzierung. Was sie mir auch erzählte, ich sagte nicht: Weitere Informationen entnehmen Sie dem Faltblatt ›Ihr Zugbegleiter‹, ich war ja froh, Emilia zu hören. Sie führte mir einen Zug vor, der wie vorgesehen funktionierte und pünktlich seine Strecke entlangfuhr.« (*Norma*, 179)

Die Reise ist angenehm, und Marianne genießt jeden Augenblick in vollen Zügen. Sie setzt alles, was sie sieht in Verbindung mit dem, was in der DDR war. So vergleicht Marianne Mannheim und die Stimmung, die in dieser Stadt herrscht, mit dem Ostberliner Ambiente:

»Diese Gesichter, strotzend vor Selbstverständlichkeit, und das Gebimmel des Imbißwagens zum soundsovielten Mal, als dürften keine zwei Stunden vergehen ohne Kaffee, Cola, belegte Brote, irgendwas zum Naschen. Dieses dauernde Fahnden nach Zugestiegenen. Ein umtriebiges Team von Kontrolleuren, und würde jenseits der nicht mehr vorhandenen Grenze abgelöst durch ein anderes, das seinerseits an alle herantreten wird, Personalwechsel, das Zugbegleiterteam der Reichsbahn, dem Kollektiv glücklich entwachsen, genauso kostümiert wie die Abgelösten, begrüßt die Fahrgäste an Bord unseres Eurocity und teilt mit, von wo nach wo, über welche Haltebahnhöfe die Reise geht, und zählt wiederum die Annehmlichkeiten auf und sollte endlich Ruhe geben, sich ins Dienstabteil zurückziehen, die Vorhänge zu und nicht mehr stören für den Rest dieser Fahrt, quälend genug. Den Platz verlassen. Herumlaufen wie Emilia. Die Ehemaligen entdecken, ihnen auf den Kopf zusagen: Na, das ist doch etwas anderes hier, als mit der Reichsbahn von Suhl nach Saßnitz, stimmts? Was ist uns nicht versagt geblieben, was haben wir uns bieten lassen, all die Jahre! Kann man jetzt erst so recht ermessen, kommt einem schon unwirklich vor, obwohl, die Erinnerung sitzt tief. Der klebrige Kunststoff, die Rückenlehnen, wie erfunden, um das Schlafen im Zug zu erschweren, das sowieso kaum gelang, mit Wut im Bauch, weil immer irgend etwas fehlte, nicht funktionierte, eine Zumutung war, man sich pausenlos hätte aufregen können, aber wer kann das schon, und Lachen ist ja viel gesünder, also hatte man auch seinen Spaß. Was haben wir gelacht, wenn so ein Trottel erschien und Fahrkarten sehen wollte, wo der Zug mehr stand als fuhr und Verspätungen immer voraussichtlich waren (...)«. (*Norma*, 180f.)

Johannes holt Marianne am Bahnhof ab. Einige Zeit danach erreichen beide Johannes' Viertel. Marianne entdeckt die »Helligkeit und Stille« der Wohnung, die anders als »die graue, grämliche Masse« in Berlin-Mitte aussieht. Sie beobachtet die herumliegenden Wohnungen, findet alles schön, stellt sich vor, was die Leute dort denken, sie fällt Urteile über die Westler und deren Lebensweise, fühlt sich zurückgewiesen. Am Abend veranstaltet Johannes eine Einweihungsparty. Dafür lädt er seine Kollegen und Nachbarn ein. Unter den Gästen ist Corinna Kling, die junge Frau eines Arbeitskollegen von Johannes. Unerwartet erzählt Marianne Corinna eine frei erfundene Geschichte, die sie als ihren Lebenslauf ausgibt. Darin erzählt sie von dem Elternhaus, von ihrem Vater, einem überzeugten Parteigänger und Funktionär der SED. Auch über die in Leipzig verbrachte Studentenzeit teilt Marianne Fiktionen mit: Sie will in einen jungen Mann im Dienst der Staatssicherheit verliebt gewesen sein und deshalb als IM Spitzel-Arbeit geleistet haben. Corinna glaubt Marianne natürlich jedes Wort. Obwohl Marianne Corinna abrät, die IM-Geschichte weiterzuerzählen, zieht Corinna ihren Mann ins Vertrauen. Dieser informiert seinerseits Johannes, der Marianne sofort wütend zur Rede stellt und sich nicht mehr davon überzeugen läßt, daß die IM-Geschichte bloß fiktiv ist. Damit ist die Beziehung zwischen Johannes und Marianne endgültig gescheitert. Scheinbar erleichtert kehrt Marianne in den Osten zurück und informiert Norma über den eintägigen Besuch im Westen. Für Norma, die Mariannes Geschichte für »eine Handlung ohne erkennbaren Grund« hält, ist das nichts anderes als ein Fiasko. Inzwischen gehen beide Freundinnen in eine Kneipe, wo sie Max treffen. Max erfährt von der Trennung von Marianne und Johannes. Beide Frauen bitten ihn, »einen klassischen Freundschaftsbund« zu besiegeln. Nach einer rhetorisch bewegenden Rede ruft Max den gewünschten Bund ins Leben: »(...) Blicken wir beherzt in die Zukunft, kurz oder lang, erheben wir die Blicke zum bestirnten Himmel über uns und die Gläser auf euren Freundschaftsbund. Er ist beschlossen und besiegelt.« (*Norma*, 283)

Der gegründete Bund heißt ›Unter dem Namen Norma‹. Zufrieden gehen Norma und Marianne nach Hause, wo letztere »die gewöhnlichen Geräusche« hört. Auch sie »blieb im Hof stehen, sah den huschenden, springenden Katzen zu und wünschte dabei, daß zuguterletzt Emilia käme (...)« (*Norma*, 286)

2.2.2. Spuren des Nouveau Roman und der Nouveaux Romanciers

Im folgenden wird versucht, die Erzählhaltung im Roman zu hinterfragen. Betont werden dabei die zahlreichen Rückblenden und der sprunghafte Charakter der Erzählung.

Schon auf den Anfangsseiten der Erzählung wird der Blick des Lesers auf ein detailreich dargestelltes Viertel gelenkt. Das beschriebene Stadtviertel heißt »Mitte« (*Norma*, 7) und kommt als ein »Niemandsland« vor. In diesem Stadtviertel steht eine Wohnung, »eine graue, grämliche Masse, in vier Schichten auf das Vorderhaus und die hinteren Eingänge A bis E verteilt.« (*Norma*,7) An diesem anscheinend im Abseits liegenden Ort zählen »Laute«, »Geräusche«, »Stimmen« zum Alltag der Erzählinstanz, die plötzlich mit einem »jungen Mann mit Pferdeschwanz« ins Gespräch kommt. Der junge Mann fragt die Erzählerin: »Suchen Sie jemand?« Aus welcher Erzählperspektive die Handlung auf den Anfangsseiten vermittelt wurde, ist nicht deutlich. Erst die Antwort auf die von dem Jungen gestellte Frage: »Nein, niemand, ich wohne hier« (...), setzt die erste Person Singular als die erzählende Figur in Szene, die sich als Bewohnerin des Viertels »Mitte« vorstellt. Zwar wird beschrieben. Wer aber rubriziert, wird dem Leser nicht explizit nahegelegt, der somit im Unklaren bleibt. Wie die Ich-Erzählerin heißt, erfährt man erst auf Seite 167: »(...) Wer hilft mir beim Sammeln von Erinnerungen? Suche Tagebücher, Briefe, Dokumente aus vierzig Jahren. Marianne Arends, Aufgang B, vier Treppen.« (*Norma*, 167) Oliver Niederhoff bringt die anfängliche Unklarheit beim Erzählen wie folgt auf den Punkt:

»Die Ich-Erzählerin stellt sich nicht vor: Sie tritt nach einigen Sätzen, in denen die Erzählperspektive unklar ist, in Erscheinung. Ihre Profession erfährt der Leser auf Seite 15, ihr voller Name wird erst auf Seite 167 genannt, und dort mit bezeichnender Beiläufigkeit. Zur Altersangabe: Am 17. Juni 1953 war Marianne zehn Jahre alt (*Norma*, 68), sie wurde also zwischen dem 18. Juni 1942 und dem 17. Juni 1943 geboren; nach ihrer Chronik der Wendezeit erhält sie im November 1991 von ihrem Mann 48 Rosen zum Geburtstag (vgl. N, 196f und 202), wurde also erst im November 1943 geboren. Als Erklärung für die zeitliche Differenz kommen in Betracht: Unachtsamkeit der Autorin, Erinnerungsfehler der Erzählerin, Irrtum des Ehemanns. Die Präzision, mit der der Roman erzählt wird, spricht gegen die beiden ersten Möglichkeiten, die Handlung auf Seite 202 legt die dritte nahe (Marianne weint, nachdem sie die Rosen gezählt hat).«[28]

Aus den zitierten Worten geht hervor, daß die Handlung keinen linearen Prozeß darstellt, der auf logische Gegebenheiten rekurriert. Dazu sollen hier Textsituationen aufgegriffen werden, die auf diesen bruchstückhaften Charakter des Erzählens verweisen. Das betrifft beispielsweise den Briefwechsel der Ich-Erzählerin mit Johannes, dem Ehemann. Ohne deutlichen Übergang nach dem Gespräch mit dem jungen Mann »mit Pferdeschwanz« kommt Marianne auf Briefe zu sprechen. Der Leser erfährt plötzlich, daß die Erzählerin den von einem Dritten geschriebenen Brief liest, der an sie adressiert ist:

»Du mit deiner verdammten Freundlichkeit, nur nicht anecken, nicht wahr? Du mußt Rücksichtslosigkeit lernen, steht da, und ich weiß, daß es richtig ist, dennoch: dämmerig und still, dabei bleibe ich, schließlich steige ich jeden Tag durch dieses Treppenhaus, das der Briefschreiber verlassen hat, definitiv, verstehst du?, Schlußstrich, anders kann ich ein neues Leben nicht beginnen, außerdem verbindet mich nichts mit dem alten Jammertal, schreibt er wörtlich, nichts, dich ausgenommen, und schildert dann den Blick auf ferne Berge, über Weinhänge und die Rheinebene hinweg, die heitere Ruhe des Gärtchens und die vollkommen schöne Wohnung.« (*Norma*, 8)

Während Marianne allein den Brief liest, scheint sie die Worte Johannes' zugleich jemandem vorzulesen, indem sie sie kommentiert. Wohin der Briefschreiber gegangen ist, wird erst später bekannt, wenn die Erzählerin ihre Erinnerungen abruft: »(…) Irgendwann hörte ich mich schreien: Nun geh endlich in deinen Scheißwesten, und denk bloß nicht, ich komme hinterher.« (*Norma*, 95)

Marianne erinnert sich an den Tag, an dem Johannes, der Briefschreiber, sie verlassen hat. In Gedanken beschreibt sie ihn und liefert weitere Informationen über Johannes: »Ich stellte mir sein Gesicht vor, den zusammengepreßten Mund, das etwas vorgeschobene Kinn, bei Trotz und Ärger derselbe Ausdruck, wieder freigelegt, seit er sich, kurz vor dem Umzug, den Bart abrasiert hatte, zum Zeichen des Neubeginns und weil er so jünger aussah.« (*Norma*, 107)

Erinnert sich Marianne an Johannes' Abreise, so schaltet sie eine zweite Instanz ein, deren Worte in indirekter Rede stehen. Norma, die als zweite Erzählerin auftritt, äußert sich über Mariannes Ehemann. Marianne weist ihrerseits beiläufig darauf hin, daß Johannes noch nicht umgezogen ist, ob-

28 Oliver Niederhoff, *Die Darstellung der deutschen Wende in Unter dem Namen Norma* von Brigitte Burmeister und *Tanz am Kanal* von Kerstin Hensel. Magisterarbeit. Kiel 1999, S. 8.

wohl sie schon einige Zeit davor Johannes' Umzug in den Westen bestätigt hat. (*Norma*, 95):

»(...) Wie konnte ich mit so einem zusammenleben? Sie (Norma) an meiner Stelle hielte das nicht einen Monat aus, sagte Norma und später, als Johannes' Umzug bevorstand, na also, er gehörte doch längst nach drüben, zu den Erfolgsmenschen, die uns jetzt Manieren und das Arbeiten beibringen wollen. Mit Norma konnte ich über Johannes nicht reden. Mit wem überhaupt? Und wozu?« (*Norma*, 114)

Auch Norma nennt die Stadt, in der sich Johannes aufhält. Indirekt wird Johannes' Umzug erzählt, wobei Norma aus der Perspektive Mariannes vermittelt wird: »Hin und wieder erkundigte sich Norma nach Johannes. Für sie stand fest, daß er in Mannheim bleiben würde. Ich sagte dir, sagte sie, er macht dort Karriere, er gehört längst in den Westen.« (*Norma*, 201) Die Aufenthaltsdauer von Johannes in Mannheim wird in Mariannes' Gedächtnis kurz in einer anderen Textsituation erwähnt: Es ist fast zwei Jahre her, daß Johannes im Westen lebt, obwohl der ganze Roman nur zwei Tage dauert:

»(...) Doch ich stehe mit meinem Gedächtnis dafür ein, daß sie Unrecht hat, daß Sie, meine Damen und Herren Schmiedel, Fehlau, Rübesame, Lechner, Worch und Maier-Oberried für mich bislang nur Lautgebilde sind, die hier sitzen, essen, trinken und sich unterhalten (...) mit meinem Gatten, Ihrem Kollegen, Freund und Hausgenossen, Ihrem Mitbürger seit fast zwei Jahren (...)« (*Norma*, 221)

Solche Erzählsituationen häufen sich in dem Roman. Nirgendwo in *Unter dem Namen Norma* werden Situationen akribisch definitiv geschildert. Vielmehr stehen Erzählstationen nebeneinander, ohne unbedingt etwas miteinander zu tun zu haben. Motive werden aufgegriffen und willkürlich zusammengestellt. Damit bietet das Textgewebe keine streng logische Stringenz; die Rahmenhandlung schwankt andauernd. In diesem Sinne bleiben dem Leser die Erzählsituationen unklar, weil unvollständig beschrieben, und er muß die Informationspartikel selbst miteinander zu verbinden suchen. Der Briefwechsel zwischen Clara Lorentz, die nach Amerika emigriert ist, und ihren Freundinnen, die in Ostdeutschland geblieben sind, kann in diesem Rahmen ausgelegt werden. Ein Auszug aus diesen Briefen lautet folgendermaßen:

»(...) Liebste Minnie, vielleicht hatten meine letzten Zeilen einen lakonischen Unterton und ich bitte um Verzeihung: ›Und wenn ein Freund Dich kränkt, verzeih ihm und versteh, es ist ihm selbst nicht wohl, sonst tät er Dir nicht weh.‹ Das ist der Weg, wie ich fühle im Moment. Die Range ist wie ein Segen, er sagt, er fühlt wie ein Sohn zu uns; denn er hat niemals ein Heim kennen gelernt, seine Eltern waren geschieden. Nun meine liebe gute Minnie, deine Augen sorgen mich sehr, ich kann es garnicht verstehen, warum die Operationen Dir nicht geholfen haben, vielleicht mit der Zeit wird sich der Zustand verbessern, denn die Augennerven werden kräftiger. Schone Dich nur sehr, denn Ruhe tut Wunder. Mein Wunsch ist, ich könnte mir mehr gönnen, aber mit all dem, was ich zu tun habe, ist es almost unmöglich. Will diesesmal nicht ausführlich auf alles eingehen, bis ich weiß, ob die Post ankommt, und wenn, hoffe, ich lebe so lang (…)« (*Norma*, 155)

Um das Motiv ›Briefwechsel‹ herum kreisen zwei Textsituationen, deren Zusammenhang nicht deutlich ist. Man fragt sich danach, was für ein Interesse diese alten Briefe von Clara Lorentz für die Lebensgeschichte der Ich-Erzählerin haben. Nichts deutet darauf hin, daß zwischen der emigrierten Clara Lorentz und Marianne Kontakte aufgenommen worden sind, die eine solche Lektüre legitimieren könnten. Andere Passagen illustrieren diese labyrinthische Erzählweise.

Die Erscheinung von Norma, einer der Protagonisten des Buches, wirkt dieser fragmentarischen Erzähllogik wegen abrupt und sprunghaft. Norma erscheint zum ersten Mal auf Seite 16, ihr voller Name viel später auf Seite 191. Sie heißt: Norma Scholz, geborenene Niebergall, und ist Zahnarztassistentin. Von Norma wird Näheres von Seite 191 bis Seite 193 erzählt: Marianne spricht von einem »Amulett« (*Norma*, 189), das sich auf Norma bezieht. Sogar hier wird Normas Vorstellung mit einer tumultuarischen Nacht in Bezug gesetzt:

»Mein Amulett aus der Nacht, als sie plötzlich neben mir, ganz selbstverständlich mit uns ging. Eine große Gestalt in einem schwarzen Mantel, der mich anwehte, als wir rannten, getrieben, mitgerissen von explodierender Ungeduld, das Unfaßliche selbst zu sehen, zu sehen, daß es kein Gerücht, keine Täuschung war. Ein Taumel in Wirklichkeit, nicht mehr die Wirklichkeit eines unscheinbaren Tages, dahingegangen ohne Vorzeichen, ohne Vorahnung, ein ruhiger grauer Tag, und endete im Lauffeuer der Nachricht vor tatsächlich sich öffnenden Toren. Lachen, Tränen, Schreie, Sprünge, alles durcheinander, ihr und wir und die da in den Uniformen, ein Gewoge und Gestammel die Nacht hindurch.« (*Norma*, 189f.)

Zwei Erzählsituationen werden hier gleichzeitig geliefert, ohne daß die erste – Normas Präsentation – zu Ende geführt würde. Die Aufmerksamkeit des Lesers wird in bezeichnender Simultaneität sowohl auf Mariannes »Amulett« wie auf das »Durcheinander« der Nacht gelenkt. Zu diesen unlogisch eingeführten Erzählsituationen gehört auch Normas Rolle im Roman. Bis zu Mariannes Lügengeschichte, in der sie als IM fungiert, hat die Erzählerin nicht erkennen lassen, daß ihre Freundin Norma unter Stasi-Verdacht stand. Daß Norma Mariannes Freundin ist, war dem Leser bekannt. Daß aber Norma in ihrem Leben einmal mit der Stasi in Berührung gekommen war, darauf hat Marianne vorher nicht hingewiesen. Zwischen Norma, Mariannes Freundin, und Norma, der Figur der Lügengeschichte, hat der Leser es nicht leicht, Normas Verhältnis zu der Erzählerin klar zu definieren. In diesem Zusammenhang bewegt sich auch Emilia, die neunjährige »Tochter« Mariannes.

Als Margarete Bauer Selbstmord begeht, sagt Marianne: »Margarete lebte mit Kind ohne Mann, ich mit Mann ohne Kind.« (*Norma*, 39) Die Ich-Erzählerin macht deutlich, daß sie kinderlos ist. Im Laufe der Handlung tritt jedoch Emilia wie ein Blitz aus heiterem Himmel auf. Die kinderlose Marianne redet plötzlich von Emilia, einem neunjährigen Mädchen:

»Die Stimme ließ mich zusammenzucken. Ich erkannte sie sofort. Ein hohes Krächzen. Kein Mensch klang so piepsig und heiser wie Emilia. Dieser schöne Name – und dann solch eine Stimme! Sie sprach eben zu selten. Auch das war meine Schuld. Immer kam sie, dem ersten Satz hinterher, aus dem Nichts und war schlagartig da, nicht weit von mir, doch selten in Reichweite. Wie gefalle ich dir? hörte ich, darauf sah ich sie knapp über dem Fluß, dem sie, seit jeher wasserscheu, nicht entstiegen war, keinen Tropfen auf der hellen, im Mondlicht silbrigweißen Haut, schimmernd, zart, kein Vergleich mit dem Denkmal auf dem kleinen Platz, natürlich nicht, sie war weder Heldin noch Ungeheuer, sondern meine Tochter und gefiel mir, das mußte ich zugeben, über die Maßen.« (*Norma*, 116f.)

Der Roman gipfelt in den Gesprächen zwischen Marianne und ihrer fingierten Tochter. Emilia wirft beispielsweise ihrer Mutter die Rückblicke auf »damals« vor.

»(...) Du (Marianne) könntest eine Hauschronik schreiben oder eine Stelle zur Koordinierung von Nostalgikern und Vergangenheitslosen, ein Fundbüro für Erinnerungen einrichten, eine Müllverwertungsbastelwerkstatt, ein Trainingslager für arbeitslose Aufarbeiter, ein Beratungszentrum Wohin aus Deutschland und wie weiter?, egal was, es gibt eine Menge zu tun, also tu etwas, rate ich dir. Bewegung ist alles, heutzutage. Ich lachte. Ich nickte. Ich wollte sie nicht wieder enttäuschen.« (*Norma*, 123)

Die Erzähltechnik, die plötzlich unerwartete Motive miteinander in Verbindung setzt, gilt auch für die Übersetzung der Biographie von Saint-Just. An diese Übersetzung geht Marianne nicht konsequent heran, sondern die Arbeitsvorstellung entspricht Momentaufnahmen: »Die Sonne scheint auf meinen Arbeitstisch, aber ich ziehe die Vorhänge nicht zu, und das Fenster lasse ich offen.« (*Norma*, 12) Der Titel des Kapitels, an dem Marianne arbeitet, wird später genannt. Er lautet: »Die Schönheit der Jugend.« (*Norma*, 15) Zwischen Seite 12 und Seite 15 macht sich Marianne Gedanken über Geschichte, erinnert sich an ihre Schulzeit, an den Geschichtslehrer Meinert. Sie weiß nicht, warum sie ihre Gedanken rückwirkend ins Spiel kommen läßt: »Unerfindlich, weshalb an dieser Stelle der Lehrer Meinert auftauchte, der mit Schönheit nichts zu tun hatte, dem es auch nicht eingefallen wäre, uns einen Geschichtshelden auszumalen.« (*Norma*, 13) Bisher weiß der Leser nicht genug davon, warum Marianne an dieser Saint-Just-Biographie arbeitet, welches Interesse sie daran hat. Erst nach mehreren Seiten erzählt sie eingehender über ihre Übersetzungsarbeit:

»(...) Um meinen Arbeitsplatz war es noch hell, aber die Ecke, in der wir saßen, weit vom Fenster, lag im ständigen Dämmerlicht der Berliner Zimmer mit ihren langen Wänden. Die Schrift auf dem Bildschirm konnte ich vom Sofa aus nicht entziffern, ich wußte auch nicht mehr, bei welchem Wort das Geräusch der Türglocke die Geschichte dieses Revolutionärs hatte, der schön gewesen sein soll in seiner Jugend, also fast bis zum Ende, denn er starb mit siebenundzwanzig, und daran gemessen hatte Margarete Bauer lange gelebt.« (*Norma*, 40)

Sogar in der oben zitierten Passage berichtet Marianne über die Saint-Just-Figur, als sie sich plötzlich auf den Selbstmord von Margarete Bauer bezieht, wie sich in den letzten Zeilen herausstellt:

»(...) Daran gemessen hatte Margarete Bauer lange gelebt.« Saint-Just und die verstorbene Bauer haben nichts miteinander zu tun. Die Erzählerin setzt die beiden Personen dennoch in Beziehung zueinander. Die Aufmerksamkeit des Lesers schwankt schnell zwischen der Französischen Revolution und der Wendeszene hin und her. Viel später kommt Marianne auf die Biographie zurück. Die Ich-Erzählerin stellt dann die Tätigkeit der Saint-Just-Figur vor. Das erfolgt erst im zweiten Teil des Romans:

»Mit der Arbeit kam ich gut voran. Saint-Just war bereits Abgeordneter in der Nationalversammlung. Das Jahr 1792 ging zuende, der Prozeß gegen den König begann. Zwei Monate Auseinandersetzungen im Parlament, Saint-Just hielt Reden. Ohne Urteilsspruch, ohne Aufschub, ohne Appell an das

Volk. Die Nachwelt werde sich eines Tages darüber wundern, daß man im 18. Jahrhundert weniger weit gewesen war als zur Zeit Cäsars. Damals wurde der Tyran mitten im Senat hingeopfert, ohne anderes Verfahren als dreiundzwanzig Dolchstöße, und ohne anderes Gesetz als die Freiheit Roms, sagte Saint-Just.« (*Norma*, 213)

Ohne daß die Erzählung über Saint-Just zu einem Ende käme, wird eine andere Perspektive in die Rahmenhandlung eingeführt. Diese Zäsurhaltung wird in einer anderen Passage weiter belegt, in der Marianne ihre Umgebung beschreibt, nachdem sie von der Arbeit an ihrer Saint-Just-Biographie gesprochen hat. Kein Grund ist zu erkennen, warum Marianne zwei Situationen hintereinander beschreibt, die nicht zusammenpassen:

»Es blieb warm. Die Tage begannen wolkenlos und vergingen in freundlichem Gleichmaß. Die Wohnung, die Katze, der Garten und abends Johannes (…) Die Stimme unserer Nachbarin, entzückt über die Rosenpracht in diesem Sommer, und eine andere Dame, vom Frisör kam sie (…)« (*Norma*, 213f.)

Viel später erzählt Marianne im Gespräch mit Norma von neuem von der Saint-Just-Figur. Das wird motiviert auch vom Äußeren eines Jungen, der der Figur der Französischen Revolution ähnlich sieht: »Diese Ähnlichkeit, sagte ich. Ein regelmäßiges Gesicht, klare Züge von starkem und melancholischem Ausdruck, ein durchdringender Blick und glattgekämmtes schwarzes Haar.« (*Norma*, 264) Danach geht Marianne auf die Stationen des Lebens von Saint-Just ein und begründet ihr Interesse an der Figur. (*Norma*, 264f.) Schließlich fragt Norma Marianne: »(…) Warum erzählst du mir das? Darauf antwortet Marianne: »Damit du es weißt. Und weil ich nur nichts ausdenken will.«(*Norma*, 271)

Derartige Schilderungen, die jede Kausalität ausschließen, machen die Zusammenhänge zwischen den jeweiligen Erzählsituationen nicht evident. Die Erzählung integriert Elemente, die mal nicht zueinander passen, sich auch mal widersprechen und deshalb das ganze Gerüst des Textes erheblich in Frage stellen.

Das gilt in anderer Variation auch für den Satzbau des Romans. Am Stil erkennt man solche Zäsuren und Kontraste. Der erste Teil des Romans charakterisiert sich durch lange, fast atemlos aufgebaute Sätze, in denen sich Kommata häufen. Es entsteht der Eindruck, als wollte Marianne die jeweiligen Ereignisse in einem Zug vorstellen. Dazu notiert Wehdeking:

»Die Erzählmeisterschaft der Burmeister erweist sich aus der Struktur eines monumentalen Einsatz-Gefüges, die Erregung teilt sich der Syntax als atemloses Aneinanderreihen von vierzig Jahre zurückliegenden Umständen des Volksaufstandes mit, von der ›mémoire collective‹ vielfältig überlagert und verschliffen, und dort bis ins Detail erinnert und vergeßlich.«[29]

Die folgende Passage, die die Wohnung der Erzählerin darstellt, belegt die Länge der Sätze im ersten Romanteil:

»(...) Zu denen zählte das Haus an der Ecke nicht, durchschnittlich dürftig, wie es war und blieb, so daß jetzt, in neuem Licht, seine Häßlichkeit kolossal erscheint und man beim Anblick des Hauses über die Einwohner Bescheid weiß: eine graue, grämliche Masse, ein vier Schichten auf das Vorderhaus und die hinteren Eingänge A bis E verteilt. Wenn man jedoch eine Weile stehen bleibt, treten aus den Türen Einzelne, die lächeln oder zufällig bunt sind und das Gesamtbild verwischen, so daß sich wenig Allgemeines mehr sagen läßt, außer daß all diese Personen, falls sie nicht bloß zu Besuch sind, in der entsprechenden Spalte ihrer Ausweise denselben Eintrag haben, vielmehr nun dieselbe Korrektur, weil die Strasse, an deren Ecke das Haus sich befindet, zurückgetauft wurde auf den Namen, der bis zur vorherigen Korrektur in den blauen Personalausweisen der langjährigen Hausbewohner gestanden hatte.« (*Norma*, 7f.)

Neben diesen schlichten langen Sätzen des ersten Teils des Romans werden Mariannes Gefühle, Beobachtungen und Eindrücke anläßlich ihres West-Besuches in kurz konstruierter Syntax formuliert:

»Unsere Straße hatte am Hang einen Gehweg aus geschwungenen rötlichen Steinen. Er wurde wenig benutzt, am häufigsten, schien mir, von Hunden, allein oder in Menschenbegleitung. Normalerweise blieb, wer hier wohnte, in Haus und Garten oder fuhr im Auto davon. Auf meinen Spaziergängen grüßte ich alle, an denen ich vorbeikam.« (*Norma*, 210)

Den Sinn dieser stilistischen Differenz erläutert Oliver Niederhoff wie folgt: »Zu den Zügen des Romans, die die Verengung von Mariannes Blick und ihre daraus resultierenden Schwierigkeiten mit dem Erzählen sichtbar machen, gehören die vorübergehenden Änderungen in ihrem Erzählstil, als sie von ihrer Ankunft im Westen berichtet. Auffällig ist die (für diesen Roman) relativ schlichte Syntax, die in ihren Beschreibungen des Westens phasenweise dominiert.«[30]

29 Volker Wehdeking, *Die deutsche Einheit und die Schriftsteller. Literarische Verarbeitung der Wende seit 1989*. Stuttgart, Berlin, Köln 1995, S. 80.
30 Oliver Niederhoff, *Die Darstellung der deutschen Wende in Unter dem Namen Norma* von Brigitte Burmeister und *Tanz am Kanal* von Kerstin Hensel. Magisterarbeit. Kiel 1999, S.55.

Aus dieser Passage zieht Niederhoff die folgende Schlußfolgerung:

»Hier scheint eine andere Erzählerin das Wort zu haben als die Berliner Marianne, die in ›wundersamen Satzschlangen‹ (Hinck 199a) eine Fülle divergierender Einzelheiten mitteilt. Zudem wechselt die Erzählerin bei der Beschreibung ihrer Ankunft im Westen einen Absatz von der ersten in die dritte Person und signalisiert so eine gewisse Distanz zu ihrem, zu dem für den Leser gewohnten Ich.« (Oliver Niederhoff eb.)

Hans-Georg Soldat läßt diese divergierende Schreibweise außer acht und zeigt deutliche stilistische Affinitäten zwischen Brigitte Burmeister und Christa Wolf auf:

»‹Das Vergangene ist nicht tot; es ist nicht einmal vergangen. Wir trennen es von uns ab und stellen uns fremd.‹ Man darf diesem berühmten Beginn von Christa Wolfs *Kindheitsmuster* durchaus die ersten zwei Sätze von Brigitte Burmeister an die Seite stellen: ›es ist ein großes Haus, hundert Jahre alt. Der Stadtteil, in dem das Haus steht, hieß weiter Mitte, als er längst Rand war, dahinter Niemansland, von der Schußwaffe wurde Gebrauch gemacht.‹«[31]

Christa Wolfs Einfluß auf Burmeisters Stil bemerkt auch Katharina Döbler:

»Eine geradlinige Spur vom *Geteilten Himmel* Christa Wolfs zu Brigitte Burmeisters Wiedervereinigungsroman. Da sind sie noch oder wieder, die alten Dualismen (...) Was sie an biographischem Realismus und zielgerichteter erzählerischer Komposition, auch an Romanpersonal aufbietet, lehnt sich unübersehbar bei Christa Wolf und Irentraud Morger an. Vielleicht liegt dieser Anlehnung ein ähnlicher Trotz zugrunde wie der, der die Frau aus dem Hinterhof bei einem Besuch im Westen dazu treibt, einer wohlwollenden Westlerin ›ihre Geschichte‹ zu erzählen.«[32]

Nun stellt sich die Frage nach der Bedeutung dieser gebrochenen Erzählweise in *Unter dem Namen Norma*. Arbeitet Burmeister auf eine bestimmte Zielsetzung hin? Verweist diese Erzählhaltung auf eine literarische Tradition? Mit diesen Fragen möchte ich mich auseinandersetzen.

Unter dem Namen Norma erweist sich als eine Collage aus Szenen und Situationen. Der Roman erzählt und fragmentiert, konstruiert und dekon-

31 Hans-Georg Soldat, Wenn Geschichte beginnt... *Unter dem Namen Norma* – Brigitte Burmeister schrieb den Roman der deutschen Vereinigung. In: *Berliner Zeitung*, 4.Oktober 1994 (Ausgabe zur Leipziger Buchmesse) S. 35.

32 Katharina Döbler, *Unter dem Namen Norma*, ein Wende-Roman von Brigitte Burmeister. In: *Die Zeit*, Nr.4, 4. November 1994 S. 4.

struiert zugleich, läßt Gedächtnisschwächen sichtbar werden, stellt das zusammen, was nicht zusammengehört. Dazu konstatiert Leonore Schwartz:

»Zwangsläufig wird dabei so viel in den Text hineingepackt an Reflektion, Erinnerungen, Umfeld, daß dem Leser buchstäblich Hören und Sehen vergehen, daß er im Wechsel der Figuren, Zeitebenen, Traum- und Wirklichkeitsbilder manchmal die Orientierung verliert.«[33]

Brigitte Burmeister hat selbst auf die Schwierigkeiten ihres Stoffes hingewiesen:

»Wenige von Brigitte Burmeisters Schriftstellerkollegen haben sich literarisch an die Gegenwart der Nachwendezeit gewagt. ›Es ist schwer, weil man zu nah dran ist‹, sagt sie und gesteht, ›daß sie selbst mit ihrem Text nur sehr schwer in Gang gekommen‹ ist. Dicht an den eigenen Erfahrungen wollte sie bleiben, möglichst wenig ausdenken.«[34]

Kerstin Hensel bestätigt das:

»Der Zeitgeist macht es Schreibenden und Lesenden nicht leicht. Er fordert permanent, was einfach nicht entstehen will: den Roman über die ›Wende‹. Brigitte Burmeisters Roman *Unter dem Namen Norma* macht den Anschein, als habe er in Angriff genommen, was schier unlösbar ist.«[35]

Eva Kaufmann setzt sich mit den Unzulänglichkeiten des Erzählens auseinander, indem sie nach den Erwartungen des Lesers fragt:

»In diesem Roman agiert als Ich-Erzählerin eine Frau, die zuweilen nicht erzählen kann, was ihr wichtig ist, gelegentlich aber Brisantes ohne Hemmungen erzählt und nicht weiß, warum. Was kann man von einem Roman erwarten, in dem einer derart belasteten Person das Erzählen übertragbar ist?«[36]

Die Probleme der Autorin mit ihrem Stoff scheinen den heterogenen bzw. disparaten Charakter des Textes zu bedingen:

»Berliner Erlebnisse (Momentaufnahmen), Erinnerung an Kindheit, Jugend, Berufstätigkeit, Ehejahre Reisen, jüngste Vergangenheit und Gelesenes (authentische Lebenszeugnisse einer Nachbarin und eine Saint-Just-Bio-

33 Leonore Schwartz, Die geliebte Unklarheit. Brigitte Burmeister reflektiert die Zeit nach der Wende. In: *Saabrücker Zeitung*, 18. April 1995.

34 Hella Kaiser, Die Tugend der Rücksichtslosigkeit. Die Schriftstellerin Brigitte Burmeister. In: *Stuttgarter Zeitung*, 1994.

35 Kerstin Hensel, Ost? West? Brigitte Burmeisters Roman *Unter dem Namen Norma.* In: *Freitag* (Nr 38) 1990.

36 Eva Kaufmann, Handlung ohne erkennbaren Grund? Brigitte Burmeisters *Unter dem Namen Norma.* In: Neue deutsche Literatur. 42.Jahrgang; 43. Heft, Januar 1994 S. 175.

graphie) dienen dieses Mal als Ingredienzen für einen dreiteiligen- collagierten Roman.[37]

Daraus resultiert, daß in *Unter dem Namen Norma* keine klar homogenen Stationen im Erzählen dargestellt werden. Die verschiedenen Romanepisoden sollen deswegen mit Nachdruck als jeweils ›souverän‹ verstanden werden. Die einander brüsk kontrastierten Episoden haben zur Folge, daß jede Erzählsituation im Roman zuallererst an sich selbst auszulegen ist, d. h. unabhängig von ihrer Position in der Komplexität des Ganzen. Daß der Zusammenhang der Erzählmotive im Text zumeist ausgespart worden ist, hat die Autorin bewußt kalkuliert.

Auf welche literarische Tradition sie sich bezieht, reflektiert Brigitte Burmeister im Gespräch mit Stefan Schulze:

»(…) Also, ich habe diesen Hintergrund des Nouveau Roman und dem sicher viel zu verdanken und habe auch dessen Poetik gebraucht, um selber zu schreiben (…) Ich wollte etwas ausprobieren, was vielleicht erkennbar ist als Möglichkeit, die gegen den Strich des vertrauten Erzählens geht, die auch dazu zwingt, sich ein paar einfache Fragen zu stellen, zum Beispiel: Wie lese ich? Wie kommt beim Lesen das Buch für mich zustande?«[38]

Im Rahmen des Nouveau Roman greift Burmeister auch Motive auf, die sich hier als dichtes Konglomerat lesen. Brigitte Burmeister selbst gibt Auskunft über ihre Inspirationsquelle, wenn sie im Roman schreibt:

»Das Material, sage ich zu ihnen, liegt auf der Straße. Man muß nur hinsehen, hinhören, es wird so viel gesprochen in einem Haus wie diesem, Lebensstoff en masse, jedoch schwer zu bergen. Flitzen durch die Treppenhäuser und sammeln, woran die Leute sich erinnern, treppauf treppab laufen, das Ohr an Wohnungstüren pressen, wer täte das denn. Genau, würden sie mir antworten, deshalb unser Projekt. Gute Mikrophone, geschlossene Fenster, mehr ist nicht nötig. Es wird alles aufgezeichnet, in einem beliebigen Augenblick. Nichts Besonderes muß gesagt werden, ganz im Gegenteil,

37 Stefan Schulze, *Der fliegende Teppich bietet wenig Raum. Schriftstellerinnen der ehemaligen DDR vor, während und nach der Wende: Brigitte Burmeister, Jayne- Ann Igel, Helga Königsdorf, Angela Krauß und Christa Wolf. Biographie, textkritische und literatursoziologische Diskurse.* Philosophische Dissertation: Leipzig, 1997 S. 100.

38 »Im Kopf war ich immer woanders«. Gespräch mit Brigitte Burmeister am 4. Juni 1994. In: Stefan Schulze, *Der fliegende Teppich bietet wenig Raum. Schriftstellerinnen der ehemaligen DDR vor, während und nach der Wende: Brigitte Burmeister, Jayne-Anne Igel, Helga Königsdorf, Angela Krauß und Christa Wolf. Biographische, textkritische und literatursoziologische Diskurse.* Philosophische Dissertation: Leipzig 1997, S. 77.

auf die Alltagsrede kommt es an, die weiterlaufen soll, als würde niemand sie beachten.« (*Norma*, 170)

Dementsprechend – von dieser Collagetechnik ausgehend – scheint es, als befänden sich Erzählmotive und Romanfiguren in *Unter dem Namen Norma* in keinem stringenten Rahmen. Kerstin Hensel ist dieser Meinung:

»Brigitte Burmeister erzählt, spricht, plaudert. Sie hat den registrierenden, beobachtenden Blick. Das Ich läßt sie nur selten tief ins Geschehen steigen – es bleibt fast immer auf Distanz (...) Es ist ein ganz eigenes, zartes Gewebe. Mitunter aber führt die Behutsamkeit der Schreibweise zu erzählerischer Inkonsequenz.«[39]

Was daraus hervorgeht, ist die Legitimationskrise einiger Schlüsselfiguren im Buch.

Das gilt sowohl für Norma, der viele Rollen im Text zukommen, als auch für die dubiose Existenz der Figur Emilia. Als im Text mutmaßlich ›reale‹ Figur wird Norma als Mariannes Freundin präsentiert. Dann denkt sich Marianne freilich eine Lügengeschichte aus, in der sie selbst unter dem Namen Norma agiert. Katharina Döbler zieht diesen widersprüchlichen Charakter der Norma-Figur zur Analyse heran, die sie in die gesamte Konstellation der Erzählhaltung mit einbezieht:

»(...) Das falsche Einverständnis will die Erzählerin strapazieren, und die Strapaze ist eben ›ihre Geschichte‹, die Lebensbeichte der IM Norma. Das Westpublikum akzeptiert dieses Geständnis bereitwillig. Aber es läuft dem biographischen Konstrukt des Romans so zuwider, daß, wenn die Geschichte wahr ist, der ganze Roman gelogen sein muß oder umgekehrt. Brigitte Burmeister hat damit eine erzählerische Teufelei angerichtet, gegen die nur der Glaube hilft. Kann Marianne Arends überhaupt ›Norma‹ sein? Wer oder was ist ›Norma‹? Die Chiffre des Verdachts. Ein Anagramm des Wortes ›Roman.‹ Doch der Zweifel an dem, was wahr ist, läßt sich nicht zu Ende erzählen. Die Erzählerin kehrt zurück zur literarischen Tradition, zu einer Sicht auf Dinge, zu ihrem Platz unter dem nicht mehr geteilten Himmel, zum Hinterhof.«[40]

Emilia scheint ihrerseits ein Fantasma der Erzählerin zu sein. Ihr sporadisches Auftauchen beweist nicht, daß Marianne tatsächlich eine Tochter hat.

39 Kerstin Hensel, Ost? West? Brigitte Burmeisters Roman *Unter dem Namen Norma.* In: Freitag (Nr. 38.) 1990.

40 Katharina Döbler, *Unter dem Namen Norma*, ein Wende-Roman von Brigitte Burmeister. In: *Die Zeit* Nr. 43, 4. November 1994, S. 4.

Emilia existiert in der Textwirklichkeit also gar nicht als reale Person, sondern ist bloß das Produkt einer Halluzination der Ich-Erzählerin.

Beide Figuren sind charakteristisch für den Nouveau Roman und die Nouveaux Romanciers, wie der Essayist Arnaud Rykner bestätigt: »Les 'personnes‹ n´existent que par leur obscurité, voire leur confusion. Ils sont presque toujours un tissu de contradictions qui nous empêchent de les enfermer dans une catégorie quelconque. Ils demeurent rebelles à toute autre saisie que celle de notre envie de les écouter vivre. »[41]

Dazu kommen die Worte von Alain Robbe-Grillet, die Arnaud Rykney zitiert:

> «Quant aux personnages du roman (le Nouveau Roman, L. B. R), ils pourront être riches de multiples interprétations possibles; ils pourront, selon les préoccupations de chacun, donner lieu à tous les commentaires, psychologiques, psychiatriques, religieux ou politiques. On s'apercevra vite de leur indifférence à l'égard de ces prétendues interprétations que l´auteur propose, rejeté sans cesse dans un *ailleurs* immatériel et instable, toujours plus loin toujours plus flou, le héros futur au contraire demeurera là.»[42]

Im großen und ganzen unterliegen Burmeisters Figuren keiner Deutung mit exklusivem Geltungsanspruch. In der Tradition des Nouveau Roman lassen sie sich durch ihre Vielseitigkeit, ihre Offenheit charakterisieren. Sie fordern den Leser heraus, indem sie ebenso diskontinuierlich erscheinen wie die Erzählmotive. Marianne Arends, Norma, Johannes, Max entkommen dementsprechend jeder strikten Kategorisierung.

Von dieser dominierenden Erzählhaltung ausgehend, möchte ich auf die verschiedenen Wende-Ereignisse eingehen. Ich fange damit an, die Darstellung des Falls der Berliner Mauer zu untersuchen. Dieser Aspekt gehört zum Themenkomplex: ›Von dem Fall der Mauer zur Wiedervereinigung‹.

41 Arnaud Rykner, *Théâtres du Nouveau Roman. Sarraute ; Pinget ; Duras*. Mayenne 1988. Librairie José Corti, 1988 P. 22–23.
42 Vgl. Arnaud Rykner, 1988 P.27.

2.2.3. Vom Fall der Mauer zur Wiedervereinigung

2.2.3.1. Der Fall der Mauer

Zu Beginn der Handlung stellt Marianne ihr Stadtviertel »Mitte« vor, in dem »ein großes Haus« steht. Sie betont »das Wiederauftauchen der Menschen«, während die Kaninchen »seit dem Wiederauftauchen der Menschen von dort verschwunden sind, zurück in den nahen Tiergarten.« (*Norma*, 7) Dort sei damals von »der Schußwaffe Gebrauch« gemacht worden. Das, was einst war, ist vorbei. Marianne erinnert sich an die jüngsten Ereignisse des Spätherbstes 1989. Das sei so geblieben, und fern liege schon das große Fest, das niemand organisiert und die ganze Stadt gefeiert habe, Unzählige, die im Taumel ohnegleichen, freudetrunken, herzzerreißend erleichtert nach Worten gerungen hätten und Luft geholt hätten und beim Durchatmen Reif um Reif gesprengt hätten und da erst gespürt hätten, wie viele es gewesen seien. Daß Marianne und die Feiernden damals anders ausgesehen hätten als je zuvor und danach, sei nicht mehr erreichbare Gewißheit. Sie versuchen vielleicht, die nicht vergessene Freude wiederzuerleben, etwas aus ihr zu gewinnen für jetzt, und wissen dabei, daß man Erinnerungen nur aufheben könne, weiter nichts, die Bilder ansehen an Jahrestagen oder wann immer, die Sätze nachsprechen, die damals gesagt worden seien und Zeichen seien für ihr Dabeigewesensein.

Norma, die sich auch an das Vergangene erinnert, geht mit Marianne spazieren. Plötzlich fühlt Marianne einen schwachen Wind, der »von Westen« (*Norma*, 25) weht. »Den« habe sie, als die Mauer noch stand, nie wahrgenommen. Das veranlaßt sie dazu, an Ella und Minna König, ihre verstorbenen Nachbarinnen, zu denken. Sie fragt sich nach dem Friedhof, auf dem sie beerdigt worden seien. Als die Grabstelle nämlich »jenseits der Mauer lag« (*Norma*, 27), habe sie sie als ein unerreichbarer Ort beschäftigt. Nun »nicht mehr«. Ella und Minna König würden jetzt 90 und 92 alt sein. Wahrscheinlich würde der Fall der Mauer nichts vermögen gegen ihre Leidensmienen, die Aussicht auf baldiges Wiederzusammenwachsen der Stadt sie nicht aufhellen könnten, weil ihnen der Tiergarten zu Fuß unerreichbar geworden und nicht einmal der alte Spazierweg noch zu bewältigen gewesen sei. Das Überraschende, selbst wenn es zwanzig Jahre eher geschehen wäre, wäre für sie zu spät gekommen.

Als Marianne später von ihrem Besuch bei Johannes zurückkommt, fragt sie sich, ob Norma auf sie warte. Norma ist ihr »Amulett aus der Nacht«

(*Norma*, 189), als sie plötzlich neben ihr, ganz selbstverständlich mit Marianne und Johannes gegangen sei. Norma war »eine große Gestalt in einem schwarzen Mantel« (*Norma*, 189), der sie (Marianne) angeweht habe, als sie zusammen gerannt waren, getrieben, mitgerissen von explodierender Ungeduld, das Unfaßliche selbst zu sehen, daß es kein Gerücht, keine Täuschung war. Ein Taumel in Wirklichkeit, nicht mehr die Wirklichkeit eines unscheinbaren Tages. Das sei dahingegangen »ohne Vorzeichen, ohne Vorahnung« (*Norma*, 189) ein »ruhiger grauer Tag«, und habe im Lauffeuer der Nachricht vor tatsächlich sich öffnenden Toren geendet. An diesem Tag gab es »Lachen, Tränen, Schreie, Sprünge, alles durcheinander.« (*Norma*, 190) Norma, Johannes sowie die da »in Uniformen« hätten mitgefeiert, »die Nacht hindurch.«

Sie denkt weiter an »die Novembernacht« zurück, »an alle Menschen auf der Straße«, an den Mann, der auf der Mauer gestanden habe, mit einem Glas Sekt in der Hand, und gesungen habe er, laut und rein: »Freude, schöner Götterfunken.« Jetzt aber sind »die Mauerpartys, der ganze Jubel und die Geschenke vorbei«, das Leben sei wieder das, was es immer gewesen sei.

Damit wird der Fall der Berliner Mauer in *Unter dem Namen Norma* nicht ausführlich geschildert. Die Erzählung geht an das historische Ereignis nicht explizit heran, sondern sie greift sukzessive Momentaufnahmen auf, die indirekt auf dieses Geschehnis verweisen. Von Beginn an, wenn Marianne das Stadtviertel »Mitte« vorstellt, in dem »ein großes Haus« steht, lenkt sie den Blick des Lesers auf »das Wiederauftauchen der Menschen.« »Die Schußwaffe«, von der »Gebrauch gemacht wurde«, stellt eine Zäsur dar zwischen dem, was war und dem, was jetzt ist, wenn Marianne die Rede auf die neue Berliner Stimmung bringt. Daß das Tempus des Satzes, in dem »Schußwaffe« auftaucht, im Passiv Präteritum liegt, ist der Beleg dafür, daß die Berliner Grenzorgane mit ihrem Arsenal nicht mehr da sind. Obwohl keine genauen Fakten angegeben sind, deutet die Beschreibung des Stadtviertels der Erzählerin auf Berlin nach dem Fall der Mauer hin. Wie die Mauer gefallen ist, erlebt der Leser nicht mit. Vielmehr wird alles aus der Perspektive der Erzählinstanz vermittelt. Die Erzählstrategie wird deutlicher, wenn später Marianne rückblickend im Monolog auf das Ereignis wieder zu sprechen kommt:

»Das ist so geblieben, und fern liegt schon das große Fest, das niemand organisiert, die ganze Stadt gefeiert hatte, Unzählige, die im Taumel ohnegleichen, freudetrunken, herzzerreißend erleichtert nach Worten rangen und Luft holten und beim Durchatmen Reif um Reif sprengten und da erst spürten, wie viele es waren. Daß wir damals anders ausgesehen haben als je zuvor und danach, ist eine nicht mehr erreichbare Gewißheit. Unvergeßlich, versichern wir einander von Zeit zu Zeit im Alltag, und versuchen vielleicht, die nicht vergessene Freude wiederzuerleben, etwas aus ihr zu gewinnen für jetzt, und wissen dabei, daß man Erinnerungen nur aufheben kann, weiter nichts, die alten Bilder ansehen an Jahrestagen oder wann immer, die Sätze nachsprechen, die damals gesagt und Zeichen und Zeichen wurden für unser Dabeigewesensein.« (*Norma*, 21f.)

Marianne versucht hier, die vergangenen Episoden des spontan organisierten Festes gedanklich zu rekonstruieren: Diese Erinnerung, in der sich Kommata häufen und Wörter wie »und« wiederholt werden, baut parataktische Bilder auf, die für sich sprechen, und in denen die Freude dominiert. Das Personalpronomen »wir« bezieht sich auf den kollektiven Charakter der spontanen Freude, an der Marianne beteiligt war. Marianne spricht von »unserem Dabeigewesensein«. Daß Marianne das Temporaladverb »damals« anwendet, deutet darauf hin, wie der Fall der Mauer weit in die Vergangenheit zurückgreift. Das heißt, die Ich-Erzählerin beschreibt nicht dieses Geschehnis im Sinne der ›Histoire chaude‹, ›en train de se faire‹, sondern sie blickt nur zurück.

In einem anderen Rückblick thematisiert Marianne erneut die Nacht, in der die Berliner Mauer fiel: »Ich dachte an die Novembernacht, an all die Menschen auf der Straße, an den Mann, der auf der Mauer gestanden, mit einem Glas Sekt in der Hand, und gesungen hatte, laut und rein: Freude, schöner Götterfunken.« (*Norma*, 22f.) Das Präteritum »dachte« und das Plusquamperfekt »gesungen hatte« signalisieren, daß das Ereignis für Marianne sehr weit zurückliegt, und deshalb retrospektiv geschildert wird, so daß eine gewisse Distanz des erzählenden Ich zum Geschehnis spürbar ist. Obwohl Marianne, Johannes und Norma mitgefeiert hatten, bleibt die Konstruktion hier kalt, oberflächlich. Sogar bei der Erwähnung der großen Freude, die in dieser Nacht herrschte, bleibt Marianne zurückhaltend. Abstrakte Substantive wie »Lachen«, »Schreie«, »Sprünge«, müssen dementsprechend die riesige Emotion ausdrücken, die mit dieser Nacht verbunden ist. Die Nacht markiert den Höhepunkt eines immensen Jubels mit Alkohol-Unterstützung, die eine kathartische Funktion hat: »Das Gewoge und Gestammel die Nacht hindurch« belegt eine große Explosion, die zu einer grenzenlosen Befreiung führt: Die gesellschaftliche Ordnung wird suspendiert; und die Aufhebung führt zu einer massiven Transgression der etablierten Normen, denn »alles ist durcheinander«. Gerade diese Transgression der gesellschaftlichen Grenzen bei der Öffnung der Berliner Mauer dokumentieren Heide Hollmer und Albert Meier in ihrem Essay über Thomas Brussigs *Helden wie wir* und Thomas Hettches *Nox*:

»Die Maueröffnung erscheint also (…) als chaotische Entbindung von Ordnung, die unmittelbar in kollektiv praktizierte Aggression mündet. Ein neuer, gar besserer Zustand im Sinne von mehr Freiheit kann daraus nicht entstehen: kein wirklich Anderes tritt an die Stelle des Gewohnten, da – Bataille zufolge – jede Transgression auf dialektische Weise das entsprechende Verbot nur bestätigt. Vielmehr zeigt sich die ominöse Nacht des 9. November 1989 als heldischer Ritus, der die institutionalisierte Gesellschaftsordnung nur deshalb kurzfristig suspendiert, um sich auf dem Weg einer Katharsis erst zu stabilisieren.«[43]

Obwohl Brigitte Burmeister in diesem bestimmten Punkt der Transgression mit Thomas Hettche übereinstimmt, dominiert bei ihr doch das Motiv der Freundschaft über das Chaos der Novembernacht. Marianne hat Norma in diesem »Durcheinander« kennengelernt. Daß Norma zu Mariannes »Amulett« und deshalb zu einer Art Fetisch geworden ist, bringt diese persönliche Dimension des historischen Ereignisses ans Tageslicht. Es ist kein Zufall, wenn Marianne nach dem Zerwürfnis mit Johannes sofort an Norma denkt. Beschreibt Marianne den Jubel, indem sie gleichermaßen die kennengelernte Freundin Norma in Szene setzt, so gestaltet sie die Nacht des »Durcheinanders« implizit als Symbol des Zusammenwachsens. In dieser Parallelisierung mit Norma erkennt Wehdeking die Prämissen des demokratischen Einsatzes, dessen tragende Figur Norma gewollt oder nicht verkörpert:

»Hier wird also, in einer ›Choreographie des politischen Augenblicks‹, die Figurenkonstellation und Handlungsentwicklung des Romans in einem herausragenden historischen Moment mit allen Konnotaten des demokratischen Aufbruchs auf Norma projiziert. Eine Vorblende enthält den Hinweis auf die mit fast instinkthafter Sicherheit vollführten Schritte der drei Hauptfiguren, die durch die Maueröffnung programmierte Entfremdung zwischen den Eheleuten Johannes, der die neuen Annehmlichkeiten des Lebens im Westen sucht, und Marianne, die sich aus Solidaritätsgefühlen gegenüber den Nachbarn und Heimatliebe zur Berliner Mitte nicht von der alten Mietwohnung trennen mag.«[44]

43 Heide Hollmer/Albert Meier, Wie ich mit der Mauer hingekriegt habe. Der 9. November in Thomas Brussigs *Helden wie wir* und Thomas Hettches *Nox*. In: Deutsche Akademie für Sprache und Dichtung. Jahrbuch 1999,Göttingen. Sonderdruck, S. 129.

Zudem macht die Handlung aus Norma eine Figur, mit deren Namen sich die Öffnung der Berliner Mauer in *Unter dem Namen Norma* am prägnantesten verbindet. Denn das in der Nacht des »Durcheinanders« ermöglichte Treffen zwischen beiden Figuren geht über das kollektive Pathos hinaus und führt zu einer Freundschaft, die am Ende des Romans in einem Bund konkretisiert wird.

2.2.3.2. »Chronik bestimmter Ereignisse.«[45] *Von den Wende-Demonstrationen zur deutschen Einheit*

2.2.3.2.1. Die Demonstrationen

Zwei Personen, die Marianne beobachtet, diskutieren über den 4. November 1989. Einer der beiden Diskutanten erklärt, daß »Köpfe hätten rollen müssen« auf dem »Alex«, wo die »Brillenträger Revolution« gespielt hätten. In diesem Rahmen der Demonstrationen erzählt Marianne selbst das weiter, was ihr Max gesagt hat. Max habe von »Stasigebäuden«, von »Bürgerkomitees«, »Mahnwache«, »Hungerstreik« und von »hölzernen Heldengeschichten« geredet. Ein Bundesland, wo diese »Heldengeschichten« stattgefunden haben, ist Sachsen, diese »Provinz der starken Chöre«. Das sei keine drei Jahre her gewesen. Die Demonstranten wollten raus, aber auch in der DDR bleiben.

Das, was die Bürger »seit Herbst 89 völlig in Anspruch« genommen habe, sei »eine antike Scherbe im brandneuen Gemenge der Politik« gewesen. Marianne und die Ihrigen seien dementsprechend »freiwillig« zu »Demonstrationen« gegangen. Danach hätten sich die »Energien« der Demonstranten sehr schnell verbraucht.

Wie die Demonstrationen der Wende in *Unter dem Namen Norma* rezipiert werden, soll im folgenden erörtert werden.

Im Gegensatz zum Mauerfall, auf den Marianne mehrmals rückblickend zu sprechen kommt, bleiben die großen Demonstrationen der Wende ohne besonderen Nachhall im Text. Trotzdem gibt es Ausnahmen, mit denen ich

44 Volker Wehdeking, *Die deutsche Einheit und die Schriftsteller. Literarische Verarbeitung der Wende seit 1989*. Stuttgart, Berlin, Köln 1995, S. 81.

45 Das Zitat taucht im Munde Mariannes, der Ich-Erzählerin, auf, die zur Sprache bringt, wie sie mit dem Wende-Stoff erzählerisch umgegangen ist. Vgl. S. 197.

mich auseinandersetzen möchte. Das gilt für die riesige Veranstaltung vom 4. November 1989 auf dem Alexanderplatz. Obwohl diese Demonstration zu den in die Geschichte eingegangenen Höhepunkten der Wende-Zeit gehört, taucht sie im Roman bloß in dem einen Gespräch der beiden Diskutanten auf, die von Marianne beobachtet und belauscht werden. Der Leser erfährt also vom Ereignis aus der Sicht anonymer Text-Figuren. Die Erzählerin Marianne unterläuft die Worte dieser Gestalten mit Ironie: »Und bloß, weil kein Blut geflossen ist. Köpfe hätten rollen müssen. Hier auf dem Alex, wo die Brillenträger Revolution gespielt haben.«(*Norma*, 81) Daß die Demonstration nicht von der Ich-Erzählerin, sondern von anderen Figuren dargestellt wird, weist darauf hin, daß Marianne eine gewisse Distanz zum Erzählten einnimmt. Die Worte selbst drücken Sarkasmus aus, wobei die Diskutanten mit den Teilnehmern an der Demonstration ebenso wie mit dem Ereignis selbst ins Gericht gehen. Daß das Perfekt dem Konjunktiv II (hätten rollen müssen) gegenübersteht, belegt die Tatsache, daß etwas nicht passiert ist, was durchaus zu befürchten war. Zudem wird diese Demonstration als von »Brillenträgern« d. h. von Intellektuellen inszenierte Revolution angeprangert. Die sarkastischen Worte hinsichtlich der inszenierten Revolution auf dem Alexanderplatz decken sich in gewisser Weise mit der von Hanns-Josef Ortheil formulierten Kritik an der Berliner Großdemonstration vom 4. November 1989:

»(...) Man traut sich noch nicht, von ›Revolution‹ zu sprechen. Es scheint zwar bereits die für Revolutionen vorgesehenen Helden zu geben, auch die revolutionäre Situation scheint geschaffen – doch das letzte Zupacken bescheidet sich immer wieder mit den Worten von der ›Reform‹. Und es ist in der Tat eine seltsame Revolution, die sich da abspielt: als wollten die Revolutionäre, wo auch immer sie sich verstecken mögen, dem alten Regime nur beweisen, daß sie mit seinen Begriffen besser umgehen können und es ernst damit meinen, wie altkluge Schüler, die den Grundkurs Marxismus, Sektion Dialektik, in der Theorie einfach besser beherrschen als die Alten.«[46]

Die Veranstaltung auf dem »Alex« wird von anderen Episoden begleitet, die direkt oder indirekt weitere Demonstrationen heraufbeschwören. In diesem Zusammenhang läßt Marianne Max zu Wort kommen, den sie in Andes Kneipe trifft: »Max erzählte. Stasigebäude, Bürgerkomitees, Mahnwache, Hungerstreik. Diese hölzernen Heldengeschichten«. (*Norma*, 84)

46 Hanns-Josef Ortheil, *Blauer Weg*. Roman. München, Zürich1996, S. 35.

Max' Worte beziehen sich anscheinend auf die gesamte angespannte Stimmung der Demonstrationen. Die angedeuteten heroischen Taten – diese »hölzernen Heldengeschichten« – scheinen mittlerweile ihre Bedeutung verloren zu haben. Nostalgisch wird trotzdem immer von ihnen geredet, um den Topos vom mutigen Volk zu untermauern. Marianne spricht ihrerseits von solchen »Heldengeschichten«, die in Sachsen stattfanden, und feiert die Entschlossenheit der Bürger ebenso wie die Bedeutung dieses Bundeslandes bei der Wende: »Also nach Sachsen. Fort in die Provinz der starken Chöre. Keine drei Jahre war das her: wir wollen raus! Wir bleiben hier! Und auch ›hier‹ bedeutete: ›fort‹, Veränderung auf der Stelle. Entschlossenheit zu bleiben, damit endlich die verschwanden, die ihre Macht auf ewig eingerichtet hatten«. (*Norma*, 79) Die auf die Straße gegangenen Bürger legten Wert darauf, die realsozialistische Machtstruktur aufzulösen. Marianne verbindet hier Demonstrationen mit Reformen (»Veränderung«) und Auflösung des herrschenden Machtapparates; sie beweist zugleich, daß die »starken Chöre« vor allem durch und durch politisch begründet waren. Diese Politisierung der Massendemonstrationen der Wende nennt Marianne »eine antike Scherbe im brandneuen Gemenge der Politik, das uns seit Herbst 89 völlig in Anspruch nahm«. Mariannes Worte sind Beleg dafür, daß sie dabei war, was sie weiter bestätigt: »Freiwillig gingen wir zu Demonstrationen. Wir lasen Zeitungen wie noch nie. Im Fernsehen schalteten wir um von West auf Ost. Jetzt behielten wir Sendezeiten, Sendereihen, Namen von Moderatorinnen und Kommentatoren der beiden Programme, die wir ohne Umstände die eigenen nannten(...)«(*Norma*, 197)

Die kurzen Sätze mit mehreren Kommata lassen die bewegte Stimmung immer noch nachklingen. Diese Erzählhaltung macht ferner nachvollziehbar, wie intensiv der persönliche Einsatz von Marianne und den anderen Demonstranten gewesen war. Die Ich-Erzählerin gibt zu erkennen, daß ihr anfänglicher Einsatz mit der großen in der DDR überall herrschenden Begeisterung gleichgesetzt werden kann. Das läßt sie an ihrer Reaktion auf die Medialisierung weiterer politischer Ereignisse spüren: »Ich unterbrach meine Arbeit, wenn im Radio eine Sitzung des zentralen Runden Tisches oder der Volkskammer übertragen wurde.« (*Norma*, 197) Jedoch läßt das anfängliche Engagement nach: »Unsere Energien verbrauchten sich sehr schnell.« (*Norma*, 197) Ab diesem Moment tritt an die Stelle der anfänglichen Euphorie eine große Depression bzw. Enttäuschung bei Marianne auf, die mit schlechten Wetterbedingungen korreliert : »Der Winter brodelte vorüber.« (*Norma*, 197) Das Ende der Demonstrationen entspricht bei der Erzählerin insofern dem Beginn einer großen Enttäuschung.

2.2.3.2.2. Politische Stationen bis zur Einheit

Marianne erzählt in bemerkenswerter Schnelligkeit von einer Reihe politischer Ereignisse, die auf die Demonstrationen folgten. Nirgendwo im Erzählverfahren mobilisiert Marianne ihre Kräfte, um die politischen Ereignisse der Wende anzudeuten, die als Einschnitte ins politische Klima der DDR gelten können. Vielmehr wird offen rubriziert und der Leser gleichermaßen aufgefordert, seine historischen Kenntnisse abzurufen. Diese Bemerkung wird deutlich bei der Präsentation der Vorgänge, die mit dem Mauerfall einhergehen. Zu den Volkskammerwahlen vom 18. März zum Beispiel, die »die ersten demokratischen Wahlen seit 58 Jahren auf dem Gebiet der DDR darstellten«,[47] sagt sie nur: »Im März fanden unsere ersten Wahlen statt. Wir mußten den Sieg der Mehrheit verwinden.« (Norma, 197) In nicht mehr als zwei Sätzen redet Marianne von einem Ereignis, das an sich ein politisches Novum für die DDR-Bürger darstellte. Marianne nimmt von neuem Abstand von dem, was erzählt wird, und ihre Worte schließen jegliches Pathos deshalb aus. Wie schnell und sukzessiv die Ereignisse selbst verlaufen, ist am Satzbau spürbar, der kürzer und konventioneller wird. Die Erzählerin legt Wert darauf, das Tempo der verschiedenen Etappen der neuen politischen Ära widerzuspiegeln. Aus Mariannes Perspektive bringt diese veränderte Periode allerlei Aktivitäten mit sich. Es entsteht der Eindruck, als wollte Marianne diesen politischen Aufschwung beim Handeln der anderen Romanfiguren unter Beweis stellen. Dies ist zum Beispiel bei Johannes und Max belegbar. »Johannes wechselte vom Neuen Forum zu den Sozialdemokraten.« (Norma,198) Max führte »alle bekannten Argumente für Basisdemokratie« ins Feld. Während Johannes und Max sich für neue politische Ideale einsetzen, zeigt Marianne kein Interesse für die Demokratisierung der politischen Ordnung. Das macht sie selbst anschaulich als Antwort auf die Frage beider männlicher Protagonisten: »(...) Und du? fragten sie, was tust du eigentlich, außer diesem Kleinkram, warum machst du nirgends mit, an Auswahl herrscht weiß Gott kein Mangel.« (Norma, 198)

Des weiteren kommt die Erzählerin auf ein anderes politisches Ereignis zu sprechen. Es handelt sich nämlich um die am 1. Juli 1990 vollzogene Wäh-

47 Dazu beziehe ich mich auf meine Magisterarbeit: »*Die Rezeption der Wiedervereinigung beider deutscher Staaten im Magazin Der Spiegel: Vom Fall der Mauer (9.November 1989) bis zum Tag der deutschen Einheit (3.Oktober 1990).* Abidjan 1994, S.52. Es muß präzisiert werden, daß sich 93,39% der wahlberechtigten Bevölkerung an den Volkskammerwahlen vom 18. März und den Kommunalwahlen vom 6. Mai 1990 beteiligten.

rungsunion, durch die die DM in Ostdeutschland eingeführt wurde. Mit Ironie inszeniert Marianne die Aufnahme der neuen Währung in Ostdeutschland. Obwohl sie die Bedeutung eines solchen Vorkommnisses erkennt, zeigt sie sich nicht euphorisch. Vielmehr drückt sie Spott aus, um damit die fokussierte Währungsreform zu entwerten: »(...) Das war im Sommer, schon nach dem Tag, an dem wir richtiges Geld bekommen hatten, wiederum eine Wende und so einschneidend, daß nun mancherorts die Zeitrechnung vor der Währung, nach der Währung üblich wurde.« (*Norma*, 198) Das erinnert an Christa Wolfs sarkastische Worte, die Stefan Schulze in seiner Analyse zur deutschen Wende zitiert: »Phantastische Vorgänge muß man auf phantastische Weise schildern. In der Nacht vom 30. Juni (1990) erschien, von vielen herbeigesehnt, der große Zauberer in der Stadt, hob seinen Stab und ließ, buchstäblich über Nacht, eine neue Welt entstehen.«[48]

Brigitte Burmeister und Christa Wolf stehen der Währungsunion offensichtlich kritisch gegenüber. Deutlich manifestiert sich hinter Burmeisters und Wolfs Worten die Pro-und Contra-Diskussion um den ganzen Wiedervereinigungsprozeß, der von vielen in der DDR abgelehnt wurde.

Neben dem »richtigen Geld« kommt in der Erzählung die deutsche Vereinigung kritisch zur Sprache. Burmeisters Figur verzichtet darauf, den verbreiteten »Wahnsinn« zu stilisieren. Zurückhaltend, als mäße sie der deutschen Einheit keine Besonderheit bei, rubriziert die Erzählerin Marianne sehr schnell das Zusammenwachsen beider deutscher Staaten: »Der Herbst ging dahin, die Nation wurde vereint.«(*Norma*, 199) Sogar das genaue Datum des großen Ereignisses wird nicht explizit genannt, sondern nur angedeutet. In einem wechselnden Erzähltempo achtet Marianne darauf, was die jeweiligen Protagonisten unternehmen. Genauer gesagt: Marianne verbindet die oberflächlich dargestellte deutsche Vereinigung mit einer Fülle an Tätigkeiten der Romanfiguren: »Johannes und ich machten Urlaub in Ligurien. Normas Freundin Barbara und zwei weitere Zahnärztinnen gründeten eine Gemeinschaftspraxis. Den Winter über wußte Norma nicht, wo ihr Kopf stand vor lauter Behördengängen und Umbauten.« (*Norma*, 199)

48 Stefan Schulze, *Der fliegende Teppich bietet wenig Raum. Schriftstellerinnen der ehemaligen DDR vor, während und nach der Wende: Brigitte Burmeister, Jayne-Anne Igel, Helga Königsdorf, Angela Krauß und Christa Wolf. Biographische, textkritische und literatursoziologische Diskurse.* Philosophische: Dissertation. Leizig 1997, S. 50.

Daraus wird ersichtlich, daß die Erzählerin die Aufmerksamkeit des Lesers dort, wo eine politische Episode erwähnt wird, darauf lenkt, wie das Romanpersonal psychologisch reagiert. Demzufolge interessiert sich Marianne nicht für die euphorischen Aspekte der politischen Fakten, sondern sie bringt deren psychologische Einschätzung auf die Bühne. Das erklärt, warum Norma von den »lauter Behördengängen und Umbauten« gestört wird. Hierbei parodiert die Erzählung die Renovierungsbewegung, die mit der Vereinigung auf Ostdeutschland zukam.

Daß die Erzählung die politischen Episoden der Wende nicht gründlich berücksichtigt, vielmehr Gewicht darauf legt, wie die Protagonisten auf ihre neue Umgebung reagieren, legitimiert die Romanhandlung als gesamte Einschätzung der Nachwendezeit. Das bestätigt Kerstin Hensel folgendermaßen: »Man kann das Buch als ein kaleidoskopisches Werk über das Deutschland nach der Wende lesen. Aber auch als Dokumentation.«[49] Zu diesem Kaleidoskop gehören die Enttäuschungen und Dramen einiger Figuren, die sich als Opfer der »sanften Revolution« betrachten.

49 Kerstin Hensel, Ost? West? Brigitte Burmeisters *Unter dem Namen Norma*. In: Freitag (Nr. 38.) 1990.

2.2.4. Die Opfer der »unblutigen Revolution«

2.2.4.1. Ostler im Schatten ihrer Vergangenheit

2.2.4.1.1. »Die winzige Fliege am Rande des Glases spülte ich herunter«:[50] Zur IM-Dramatik

Das Thema des Inoffiziellen Mitarbeiters wird in Burmeisters Roman ebenfalls behandelt. Anhand dreier Episoden werde ich auf den Themenkomplex eingehen. Die entsprechenden Erzählsituationen beziehen sich auf Mariannes Lügengeschichte bei Johannes in Mannheim, den Selbstmord von Margarete Bauer und das Gespräch zwischen Marianne und Norma über ein Schild mit der Aufschrift »Kormoran – der letzte Zeuge«.

Johannes, der Ehemann von Marianne, hat nach der Wende in Westdeutschland, nämlich bei einer Computerfirma in Mannheim, Arbeit gesucht und gefunden. Aus diesem Grund hat er Ostberlin verlassen. Am Tag der Trennung entscheidet sich Marianne Arends dafür, ihren Ehemann niemals zu besuchen. Sehr genau erinnert sie sich ihrer eigenen Worte: »(...) Irgendwann hörte ich mich schreien: Nun geh endlich in deinen Scheißwesten, und denk bloß nicht, ich komme hinterher.«(*Norma*, 95) Trotzdem wird die Erzählfigur Johannes dennoch besuchen. Das Ehepaar veranstaltet eine Einweihungsparty für die neue Wohnung und lädt erfolgreiche Westgäste ein, unter denen sich Peter und Corinna Kling befinden. Peter Kling ist einer von Johannes' Arbeitskollegen, und Corinna Kling, eine ehemalige Tänzerin, seine Frau. Die Stimmung des Abends befremdet Marianne. Obwohl die anderen Feiernden sich darum bemühen, ihr gegenüber hilfsbereit zu erscheinen, hält sich Marianne zurück. Von Corinna Kling ist sie jedoch fasziniert:

»Natürlich waren die Farben anders als die, an die man mit Wörtern denkt. Grün weiß rot. Ein Fliederstrauch, davor Corinna Kling im naturfarbenen Leinenkleid, am linken Handgelenk ein Korallenarmband, auch Ohrringe aus Korallen. Der Schmuck paßte zu ihrem Namen, der Name zu ihrem

50 Die angeführten Worte sind von Marianne Arends auf der im Westen organisierten Party ausgedrückt worden. Sie schildern bildhaft das Fremdheitsgefühl, das die Protagonistin empfing.

Aussehen, das Aussehen, die Bewegungen paßten zu ihrem früheren Beruf. Gang einer Tänzerin über den von Johannes gemähten Rasen. Ich sah ihr zu. Ich erwartete, daß auch die anderen ihr zusahen«(*Norma*, 217)

Sehr schnell scheinen sich beide Frauen anzufreunden, rufen ihre jeweiligen Erinnerungen ab. Natürlich unterscheiden sich West- und Osterinnerungen voneinander. Während Corinna von ihren Kindern, den Zwillingen Edmund und Philipp erzählt, ist Marianne »nur Auge und Ohr«; Corinna redet von »einer Autofahrt durch Mecklenburg, im Sommer nach der Wende«, wo es ihr gut gefallen hat. Marianne fühlt sich ihrerseits unsicher: »Ich berichtigte nichts und trank. Die winzige Fliege am Rand des Glases spülte ich herunter. Ich wäre ihr gern in die Abgeschlossenheit gefolgt, dort unsichtbar und unansprechbar.« (*Norma*, 218) Hinzu kommt, daß Marianne Westeindrücke aufnimmt und sie mit denen Ostberlins vergleicht. Es fällt Corinna auf, daß sich ihre Sprechpartnerin nicht zurechtfindet. Sie wendet sich an Marianne, wobei sie ihre Sorge zur Sprache bringt: »Sie wirken so abwesend, sagte Corinna. Fehlt Ihnen etwas? Habe ich Sie gelangweilt? Das tut doch nichts, um Gottes willen, kein Grund, rot zu werden. Ich kann mir vorstellen, daß Sie sich hier ein wenig verloren fühlen, und wenn es Ihnen hilft, sollten Sie darüber sprechen.« (*Norma*, 221) Als Antwort darauf will Marianne »eine Tischrede halten«. Corinna aber sieht keinen Zusammenhang zwischen der »ausgezeichnet laufenden Stimmung« und Mariannes Vorschlag. Marianne erwidert, sie wolle diesmal »eine Art Gesellschaftsspiel veranstalten, bei dem die Einzelnen sich vorstellen«, oder wie sie sagt: »Laßt uns unsere Biographien erzählen.« (*Norma*, 222) nach dem berühmt gewordenen Satz Wolfgang Thierses.[51]

Plötzlich teilt sie Corinna Kling mit, sie wolle von sich reden: »Es ist an der Zeit, daß Sie die Wahrheit über mich erfahren, sagte ich. Oder anders gesagt, ich möchte Ihnen von meinem Leben erzählen.« (*Norma*, 224) Corinna ist diesmal damit einverstanden, Mariannes Geschichte anzuhören. Marianne fängt damit an, ihre Familie vorzustellen, erinnert sich an diese friedliche und militante Stimmung, an eine typische DDR-Familie: »Wir waren eine friedliche Familie mit einem Klassenkämpfer an der Spitze. Ich mußte erklären, was das hieß, Klassenkämpfer, und fand alte Lehrsätze wieder, die ich erst recht erklären mußte.«(*Norma*, 228f.) Deutlich weist manches darauf hin,

51 Der SPD-Politiker Wolfgang Thierse, der heute Bundestagspräsident ist, kommt aus der DDR und gilt auch als eine der Schlüsselfiguren der Herbstereignisse von 1989 in der DDR.

daß Marianne es nicht leicht hat, ihre Geschichte adäquat zu gestalten, denn: »So anstrengend hatte ich mir das Erzählen nicht vorgestellt. Ich verwirrte Corinna, veirrte mich, fühlte mich gemustert von Gestalten, deren Gesichter schon verwischt waren, von meinen früheren Gewilehrern, auch dieses Wort hätte ich Corinna erklären müssen. Vom hundersten ins tausendste wäre ich gekommen, bei jedem Schritt ungenau oder mit dem Gefühl, herumzustochern nach Gewußtem, das irgendwo klar und deutlich abgelegt, aber so nicht aufzufinden war, nicht auf Anhieb und nicht unter den erschwerten Bedingungen, die ich mir eingebrockt hatte mithilfe von Wein, der immer noch Lust machte auf mehr.«(*Norma*, 229)

Trotz Mariannes Schwierigkeiten beim Erzählen, zeigt Corinna Kling Interesse und Geduld, wie die Ich-Erzählerin selbst berichtet: »(...) Wen ich geliebt habe, werde ich Ihnen gleich erzählen, sagte ich. Doch bitte, noch etwas Geduld. Keine Eile, sagte sie. Sie höre mir ja mit Interesse zu, auch wenn es nicht ganz leicht sei. Vieles so fremd für sie, irgendwie undurchschaubar, andererseits zu ihrem Ostbild passend, diesen Widerspruch kriege sie nicht auf die Reihe, das könne ich hoffentlich verstehen. Und gegen etwas Wein hätte sie jetzt nichts einzuwenden.« (*Norma*, 231)

Der anfangs chaotisch gestaltete Einstieg der Ich-Figur mündet endlich in das, was sie als ihre IM-Geschichte ausgibt. In einer Mischung aus Fantasie, Halluzination und Fiktion gipfelt Mariannes Erzählen darin, daß sie eine detailreiche Stasimitarbeit als IM berichtet. Während ihrer Studienzeit, »am Anfang des dritten Semesters«, sei eines Abends Georg Ohmann, ein Stasioffizier, zu Marianne gekommen. Am Anfang des Gesprächs habe er nur ein paar neugierige Fragen stellen wollen, »Mariannes Studium betreffend.« Mariannes Geschichte erweckt bei Corinna Kling mehr und mehr Interesse. Diese unterbricht die Erzählerin mit Zwischenfragen, bittet sie um Erklärungen. Sehr ermutigt redet Marianne von ihrem Treffen mit »dem schönsten Mann der Welt«, Georg Ohmann, weiter, wie sie ihn »ohne Bedingungen« geliebt hätte. Auf den zufälligen Besuch des Stasioffiziers soll eine Liebesgeschichte gefolgt sein, die auch zu »konspirativen Treffs« (*Norma*, 239) geführt habe. Inzwischen hatte der Stasioffizier Marianne auch ideologisch überzeugt: »Er sprach von der Bedrohung durch den Gegner, der keine Mittel scheute, uns zu schaden, weil er wußte, daß die neue Ordnung, die wir aufbauten, sich mit der alten so wenig vertrug wie Feuer mit Wasser.« (*Norma*, 238) Solche Ausdrücke kannte Marianne »vom Vater«. Die Liebe zu Georg Ohmann verwirklichte sich sowohl in Liebesnächten »in dem konspirativen Zimmer« (*Norma*, 239) als auch in der neuen ideologischen Aufgabe, die Mariannes Geliebter ihr erteilte. Dezidiert erfüllte die Erzählerin diese Aufgabe, die darin bestand, dem Frieden zu dienen:

»Jetzt schloß ich mich den anderen an, wenn sie durch die Kneipen zogen. Ich suchte Kontakt zu einem Ehepaar aus meiner Seminargruppe und durfte an einem Gesprächskreis teilnehmen, der abwechselnd bei verschiedenen Leuten stattfand, mit Hausmusik, Vorlesen und weltanschaulichen Diskussionen. In meinem Zimmer schrieb ich auf, was ich von den Gesprächen behalten oder welchen Eindruck ich von bestimmten Personen gewonnen hatte. Es beruhigte mich, daß ich melden konnte, der Frieden sei nicht in Gefahr. Trotz ideologischer Unklarheiten stellten die von mir beobachteten Mitmenschen kein Sicherheitsrisiko dar, niemand plane ein Attentat oder Landesflucht.«(*Norma*, 240)

Während Marianne das »Material sammelte«, wertete Georg Ohmann es aus. Marianne fand die Mitarbeit zwar anstrengend, fand die nötige Unkraft aber in ihrer großen Liebe, obwohl der Stasioffizier außerhalb der Treffen unerreichbar war. Die Zeit verging, und Marianne wurde schwanger. Sie war zur Abtreibung gezwungen, denn sie wollte das Kind, »aber nicht ohne den Mann«(*Norma*, 241), da Georg Ohmann verschwunden war, ohne ihr Bescheid zu sagen. Die Nachricht erfuhr Marianne von einem »Grauhaarigen«, einer dritten Person, die sich als Kurt Mahlke vorstellte. »Georg Ohmann«, so dieser »Grauhaarige«, »sei dienstlich außer Landes«. Er bat zugleich Marianne darum, keine weiteren Fragen zu stellen. Marianne verfiel in »Apathie« und »wechselnde Krankheiten«, hoffte aber weiter auf »Georgs Rückkehr«, »träumte von ihm«. Diese Hoffnung kippte in eine definitive Enttäuschung um: »Ab April blieb er fort, seitdem hatte ich Ruhe. Das heißt, meine Mitarbeit wurde nicht mehr in Anspruch genommen, allerdings auch nie offiziell für beendet erklärt«. (*Norma*, 242) Diese nie offiziell für beendet erklärte IM-Mitarbeit will Marianne unter dem Decknamen »Norma« geleistet haben. Voller Bedauern, »auch ein wenig besorgt und traurig« (*Norma*, 244) sieht Corinna Kling Marianne an, nachdem diese ihre Geschichte zu Ende erzählt hat. Marianne fordert Corinna auf, keiner dritten Person ihre IM-Geschichte weiterzuerzählen. Corinna hält sich jedoch nicht daran, sondern zieht ihren Mann Peter ins Vertrauen. Indem Peter seinerseits seinen Arbeitskollegen Johannes Arends, Mariannes Ehemann, informiert, ruft die IM-Geschichte einen Eklat hervor, der zum Bruch zwischen Marianne und ihrem Mann führt.

Die Erzählfigur verläßt Westdeutschland, kehrt in den Osten zurück. Nachdem Norma alles zur Kenntnis genommen hat, nennt sie Mariannes Geschichte

»eine Handlung ohne erkennbaren Grund«, ein »Fiasko.« (*Norma*, 255)

Dieser Besuch der Ich-Instanz, der eine zentrale Episode des Romans deshalb demonstriert, weil das Buch ihm seinen Titel verdankt, soll in den Mittelpunkt meiner Auseinandersetzung gerückt werden. Im folgenden möchte ich der Frage nachgehen, inwiefern Marianne dem zum Opfer fällt, was unter friedlicher Revolution verstanden wird. Meine Analyse wird um die Hauptprotagonisten kreisen, die in meinen Augen als symboltragende Figuren zu gelten haben: Marianne Arends, Corinna Kling, Johannes Arends. In meiner Erörterung schließe ich auch am Anfang die Frage ein, ob diese Textsituation einen formalen Zusammenhang im Romanverlauf entwickelt, um die Beweggründe für Mariannes Lügengeschichte zu klären.

Legt man Burmeisters komplexe Erzählweise zugrunde, bei der die jeweiligen Textsituationen nichts miteinander zu tun haben (Vgl. oben das Kapitel ›Erzählhaltung‹), so kann von vornherein behauptet werden, daß die IM-Geschichte auf einer Einweihungsparty aus der Sicht des Lesers forciert wirkt. Denn die Protagonistin Marianne wollte zuerst eine Tischrede halten und kam dann und plötzlich auf ihre »Biographie« zu sprechen. Marianne macht deutlich, daß sie nicht chronologisch agiert, was ihre Freundin Norma belegt, wenn sie in der Geschichte »eine Handlung ohne erkennbaren Grund, ein Fiasko« (*Nikolaikirche*, 255) sieht. Im Dialog mit Norma untermauert Marianne ihr unmotiviertes Handeln weiter: »(Norma): Warum gerade so? (Marianne): Keine Ahnung, ich schwöre es dir. Weder spürte ich das Verlangen, über mich zu sprechen, noch Lust zu lügen.« (*Norma*, 250) Sie fügt auch hinzu: »Ich habe Corinna Kling belogen nach Strich und Faden. Eine erbärmliche Geschichte, zwing du mich nicht, sie zu wiederholen, ich halte das nicht aus«. (*Norma*, 250)

Den unmotivierten Charakter der Geschichte dokumentiert Volker Wehdeking wie folgt: »Die Ich-Erzählerin hat es selbst schwer, ihre erfundene IM-Identität zu begründen(...)«[52]

Was die Lügengeschichte motiviert, kann belegt werden.

Bei Marianne beginnt die Einweihungsparty im Westen in einer Mischung aus Faszination und Verwirrung. Die Bewunderung bezieht sich auf die Figur Corinna, deren Darstellung aus der Sicht der Ich-Erzählerin idealisiert wird. Sowohl ihr Aussehen als auch die Kleidung wirken auf Marianne romantisch (*Norma*, 217). Daraus geht hervor, daß die Heldin ein Unterle-

52 Volker Wehdeking, *Die deutsche Einheit und die Schriftsteller. Literarische Verarbeitung der Wende seit 1989*. Stuttgart, Berlin, Köln 1995, S. 82.

genheitsgefühl gegenüber Corinna Kling empfindet. Folge davon ist die Tatsache, daß Marianne sich zurückzieht. Johannes bemerkt seinerseits Mariannes Unsicherheit: »(...) Ich habe den Eindruck, du läufst vor den Gästen davon(...), bitte tu mir den Gefallen und bleib jetzt eine Weile sitzen.«(*Norma*, 217) Die Heldin selbst läßt erkennen, daß sie sich unwohl fühlt: »Ich berichtigte nichts und trank. Die winzige Fliege am Rand des Glases spülte ich herunter. Ich wäre ihr gerne in die Abgeschlossenheit gefolgt, dort unsichtbar und unansprechbar.« (*Norma*, 218) Die Adjektive »unsichtbar« und »unan-sprechbar«, artikulieren ein Distanzbedürfnis, das das Unbehagen der Protagonistin deutlich macht. Es folgt daraus eine psychologische Kluft zwischen den westlichen Feiernden und der Erzählerin Marianne. Alles spricht hier dafür, daß Mariannes Westkomplex mit einem Angstgefühl verbunden ist. Es scheint so, als verkörpere Marianne eine der häufigen Konstanten, die Julia Kormann an den meisten Ost-Figuren der Nachwendezeit diagnostiziert. In Anlehnung an Helga Königsdorfs Erzählung *Gleich neben Afrika*[53] konstatiert sie: »Die äußere Erscheinung der Westdeutschen und die geschilderten Sinneswahrnehmungen stellen nicht nur einen krassen Gegensatz zu dem Selbstbild der Ostdeutschen dar, sie erscheint als Grund für den ›faden Geruch der Angst(...), der sich immer mehr ausbreitete.‹«[54] Fraglich bleibt jedoch, ob gerade diese Angst einen adäquaten Anlaß bietet, der die Protagonistin dazu bewegt, das Stasi-Motiv aufzugreifen, um es in eine feierliche Stimmung einzuschalten. Mit anderen Worten: es soll erörtert werden, warum Marianne sich plötzlich dafür entscheidet, Corinna Kling mit einer Stasi-Biographie zu täuschen.

Marianne versucht, sich »zurechtzufinden«, und glaubt deshalb, die Westler seien zuallererst an solchen Motiven interessiert, die typisch für die untergegangene DDR sind. An den Ehemann Johannes, der sauer auf die IM-Geschichte reagiert, wendet sich die Figur Marianne:

»(...) Anstatt mich dem Verdacht auszusetzen, sagte ich, daß ich unterschlage und beschönige, wenn ich erzähle, wie dies und das gewesen ist, habe ich von vornherein gelogen. Und mir wurde geglaubt! Ich wette, alle deine Gäste hätten reagiert wie Corinna, allesamt wissen sie immer schon Bescheid, diese aufgeblasenen Originale, für die der Osten bevölkert ist von Stereotypen!«(*Norma*, 252)

53 Helga Königsdorf, *Gleich neben Afrika*. Erzählung. Berlin 1992.
54 Julia Kormann, *Literatur und Wende. Ostdeutsche Autorinnen und Autoren nach 1989*. Herausgeber: Klaus-Michael Bogdal, Erhard Schütz, Jochen Vogt. Wiesbaden 1999, S. 224.

In dieser Hinsicht enthüllt ihre IM-Geschichte die eigenen Vorurteile der Protagonistin über die Westmentalität. Durch Corinna Kling, die ihr mit Geduld und Zwischenfragen zuhört, scheint Marianne in ihren Klischees bestätigt zu werden. Absichtlich gibt die Ostberlinerin eine Lüge als Wahrheit aus und stellt den Westen auf diese Weise zugleich auf die Probe. Daraus ergibt sich, daß das Verhalten der Heldin als Provokation bzw. als Trotzhandlung zu begreifen ist. In ihrer Rezension zum Roman argumentiert Sabine Kebir ebenfalls in diese Richtung: »(...)Unsere Heldin hat den Skandal als provozierendes Experiment heraufbeschworen und nutzt ihn nun zur Heimkehr in die eigene Identität, weil sie es ›schon lange satt hatte, als Abladeplatz für Mitleid und Belehrung zu dienen‹, und weil es ihr ›zum Hals heraushing, eine Vertreterin des Typischen zu sein oder eine Randerscheinung zu sein‹. Gestohlen bleiben konnte ihr, dieser Musterkoffer, den ich, je nachdem, gegen einen neuen eintauschen oder um alles in der Welt behalten soll.‹«[55]

Volker Wehdeking beobachtet dabei »eine Trotzhandlung gegenüber dem ›Wessi Klischee‹, das ohnehin die meisten Ostdeutschen in irgendeiner Form dem Stasi-Staat anbequemten.«[56] Beth Alldred belegt den trotzigen Charakter von Mariannes Handlung, indem er sich auf eine Antwort bezieht, die die Ich-Erzählerin der Freundin Norma anläßlich eines Gesprächs gibt: »At an earlier point in the story, Norma asks Marianne, ›ob ich ihr einen einzigen Fall nennen könnte, in dem der Verdacht völlig unbegründet gewesen, der Verdächtigte nicht bestritten und geleugnet hätte, bis man ihm das Belastungsmaterial unter die Nase hielt‹ (p. 60). Marianne´s actions can be regarded as a response to this question, although, in this case, Marianne has no evidence, nor has she been accused of committing a crime.«[57]

Walter Hinck geht ebenfalls in diese Richtung :

»(...) Den Seitenwechsel, der früher als ›Republikflucht‹ schwer bestraft wurde und jetzt zu den Freiheitsrechten aller gehört, probt die Erzählerin bei dem Besuch ihres Mannes im Westen. Das Scheitern wird von ihr provo-

55 Sabine Kebir, Ein Roman aus Berlin-Mitte. Das Beschreiben der Wirklichkeit ist immer noch provokant. Rezension zu: Burmeister, 1994. In: Lesart 1/1995, S. 30

56 Volker Wehdeking, *Die Schriftsteller und die Wende. Literarische Verarbeitung der deutschen Einheit seit 1989.* Stuttgart, Berlin, Köln 1995, S. 82.

57 Beth Alldred, Two contrasting perspectives on german unification: Helga Schubert and Brigitte Burmeister. In: *German Life and Letters* Nr. 50. April 1997, S. 178.

58 Walter Hinck, Glasierte Gesichter. Brigitte Burmeisters Berlin-Roman. In: FAZ vom 4. Oktober 1994, Nr. 230.

ziert.«[58] Auf die Trotzhandlung Mariannes reagieren die Westler genau so, wie sie sich es vorgestellt hatte: Peter und Corinna Kling sowie Johannes, der sich eingelebt hat, nehmen die erfundene IM-Geschichte für bare Münze. Was kann eine solche Reaktion motivieren, die Mariannes Vermutungen entgegenkommen? Heide Hollmer erläutert das folgendermaßen:

»(...) Wesentliche Bausteine der erfundenen Geschichte erzählt die Heldin nämlich gar nicht selbst, sie bringt vielmehr ihre Zuhörerin dazu, die ausgelegten Köder und Erzählbruchstücke aufzuschnappen, zu kombinieren und auszuspinnen. Diese rhetorische Eigen-Dynamik darf als Parabel dafür gelten, wie schwierig der zwischenmenschliche Diskurs an sich ist – speziell aber der zwischen Ost und West. Jeder glaubt, die Geschichte des anderen sofort zu kennen, sobald dieser nur einige wenige Töne auf seinem Klavier angestimmt hat. Was dabei herauskommen muss, ist eine unendliche Kette von Missverständnissen und Besserwisserei.«[59]

Nirgendwo liefern Corinna, Peter Kling und Johannes einen Beweis ihres kritischen Geistes, nachdem sie Mariannes Geschichte zur Kenntnis genommen haben. Vielmehr schenken sie der Provokation leichtfertig Glauben. Gerade in dieser Leichtfertigkeit treffen sich in symbolischer Ähnlichkeit die drei Romanfiguren, die im Westen leben: Peter und Corinna Kling sowie Johannes.

Daraus entsteht nun eine in sich konsistente Deutung von Burmeisters Einschätzung der nach der Wende vieldiskutierten IM-Thematik. Die Autorin distanziert sich vom üblichen Umgang mit einem Thema, das in der DDR hohe Brisanz besaß und bald nach der Wende in den Brennpunkt der deutsch-deutschen Diskussion rückte. Auch wenn sie das Problem anerkennt, warnt sie doch auch vor schnellen Beurteilungen, die nur durch Gemeinplätze motiviert sind und deshalb zwangsläufig zur Oberflächlichkeit führen. In dieser Hinsicht ist es zum Beispiel auffallend, wie die Westprotagonisten bei der Diskussion um Mariannes Geschichte das Pathos und die Emotion bevorzugen, anstatt die vorgelegte Geschichte ruhig und zurückhaltend zu bewerten. Pathos und Emotion liegen auf der Hand beim Disput zwischen Johannes und Marianne. Johannes schreit und wirkt brutal, (packt Marianne) »bei den Schultern« (*Norma*, 249): »Die Wahrheit, schrie er, und wenn du sie mir nicht sagen willst, prügele ich sie aus dir heraus!« (*Norma,* 249)

59 Heide Hollmer, Von den Schwierigkeiten, den »Wahnsinn« zu erzählen – die deutsche Literatur zum »Mauerfall« und zur »Wende«. Manuskript für eine Sendung der Reihe ›Sonntag um Sechs‹. Südwestrundfunk (SWR) September 2000, S. 41–42.

Johannes ist hier nicht darum bemüht, »die Wahrheit« beim Denken, sondern beim »Prügeln« zu erzielen, weil er schon davon überzeugt ist, daß Marianne Schuld trägt. Alle von Marianne gelieferten Erklärungen »sind unwichtig, bloße Verpackung.« (*Norma*, 253) Eines ist nur in Johannes' Augen von entscheidender Bedeutung: »Im Kern steckt die Wahrheit, die ich nie erfahren sollte. Denn was du Corinna erzählt hast, ist deine Geschichte. Du warst IM.« (*Norma*, 253) Diese Worte demonstrieren den verkehrten Charakter von Johannes' Argumentation. Die Romanfigur möchte, daß Marianne ihre eigenen Vorurteile bestätigt, ohne daß er sich selber vorher mit der IM-Geschichte kritisch auseinandersetzt. Für Marianne ist es schwer zu verstehen, warum ihr Mann so empfindlich agiert: »Das glaubte ich ihm aufs Wort. Bis zu diesem Augenblick hatte ich mir nie, kein einziges Mal, vorgestellt, daß Johannes mich schlagen würde.«(ebenda) Die Begriffe »nie« und »kein einziges Mal«, betonen das Unerwartete, das Außergewöhnliche, das Plötzliche des Ereignisses. Zwischen beiden Kontrahenten, ergreift Burmeister demonstrativ Partei für die Ich-Erzählerin, die sie als Opfer vorschneller Urteile präsentiert.

Eine andere Romanepisode ist in Verbindung mit Mariannes Geschichte zu setzen: Es handelt sich hier um den Selbstmord von Margarete Bauer.

Margarete Bauer war eine Freundin von Marianne Arends. Beide Frauen hatten »dasselbe Alter, liebten dieselben Romane, horteten, wenn möglich, Pflaumenmus und Erdbeermark, fürchteten Neumann, waren parteilos, hatten einst Gérard Philippe vergöttert und im Frühjahr heftig unter Fernweh gelitten.« (*Norma*, 39) Gesundheitlich ging es Frau Bauer gut: »Sie sah doch aus wie das blühende Leben, von einer Krankheit hat sie nie etwas erzählt.«(*Norma*, 40) Doch sie sah sich großen Schwierigkeiten gegenübergestellt: 1991 verlor sie ihre Arbeit und schrieb dementsprechend »Bewerbungen«, fand jedoch nichts, »das sich für sie oder wofür sie sich eignete, daß die Aussicht auf Erfolg immer schmäler, das tägliche Auskommen schwieriger wurde (...) « (*Norma*, 42) Hinzu kommt, daß ihre langjährige Beziehung zu Norbert, einem verheirateten Mann, gescheitert ist. Folge davon war, daß Margarete »vom Balkon gesprungen ist, in der Wohnung einer Freundin, zehnter Stock, sie war sofort tot«. Aus dem Munde von Marianne erfährt der Leser dieses tragische Ereignis: »Der aufgerissene Mund in dem Gesicht ohne Züge hatte doch nichts mit dem zu tun, der früher zu mir gesprochen hätte.« (*Norma*, 46f.) Es kursierten nach diesem Selbstmord Gerüchte in der Nachbarschaft, daß Margarete Bauer sich das Leben genommen hatte wegen vermutlich entdeckter Akten, die ihr Leben als IM verrieten: »Und im Nachbarhaus, wo Norma wohnt, hatte man das Wesen durchschaut, sein lange gehütetes Geheimnis aus zwei Buchstaben aufgedeckt, natürlich das, jetzt kam alles heraus, ans volle Licht der Wahrheit, und das vertrugen manche nicht (…) Die Akten lügen nicht.« (*Norma*, 43)

Die umgehenden Gerüchte sind zur Matrix des Disputes zwischen Marianne und ihrer Freundin Norma geworden. Norma hält ohne Zögern die aufgedeckten Akten für die bloße Wahrheit. (*Norma*, 56) Normas Überzeugung erfährt man aus der Sicht von Marianne: »Norma glaubte dem Gerücht, das in ihrem Haus kursierte.« (*Norma*, 56) Marianne fügt hinzu: »Norma hatte es mir erzählt wie eine wahre Geschichte, keine Spur von Zweifel oder Abstand.« (*Norma*, 58) Sie aber teilt Normas Auffassung nicht, fühlt sich deswegen gekränkt: »Das störte mich, ich sagte es ihr, sie blieb dabei, ich, ich war gereizt, schließlich wütend.« (Norma, 58) Außerdem kann Marianne die Tatsache nicht nachvollziehen, daß ihre Freundin Norma zu denjenigen zählte, die spontan an Frau Bauers Schuld glaubten: »Daß sie so etwas mitmachte! Ein mieses Gesellschaftsspiel, jawohl, wobei Spiel wahrlich das falsche Wort sei, angesichts der verheerenden Folgen für die Betroffenen und letztlich für alle, in einem Klima öffentlicher Verdächtigungen und Denunziationen, und daß ausgerechnet sie… Nun war Norma empört. Wie ich dazu käme, die Enthüllung von Tatsachen, das Verbreiten der Wahrheit Denunziation zu nennen!« (*Norma*, 58) Der Streit verschärft sich, und Norma fährt fort: »Mies waren die Spitzel, verheerend die Machenschaften eines Überwachungsapparates ohnegleichen, und wer da die Fronten verwischte, stellte sich auf die falsche Seite, schützte die Täter und verfolgte die Opfer, das sollte mir eigentlich klar sein und mich davon abhalten, Alarm zu schlagen, weil das Kaninchen im Begriff sei, die Schlange zu fressen.« (*Norma*, 58f.) Von Normas Argumentationsweise, ihrer »Bereitwilligkeit, einem Gerücht zu glauben«, die sich auf das Motto stützt, »Von nichts kommt nichts«, fühlt sich Marianne bedroht. (*Norma*, 60) Marianne fragt Norma danach, wem sie »im Zweifelsfall glauben« würde, »einer Aktennotiz oder dem Wort eines Menschen, dem sie vertraut«, denn der Verdacht kann jeden treffen, sie«. Auf diese Frage antwortet Norma, sie würde die Hand ins Feuer legen für niemand (*Norma*, 60).

So gesehen, verleihen der Selbstmord von Margarete Bauer und die damit zusammenhängenden Reaktionen, vor allem die Diskussion zwischen Marianne und Norma, der Komplexität der IM-Debatte eine zusätzliche Brisanz. Zwei Positionen sind hier wahrzunehmen. Auf der einen Seite liegt das Lager derjenigen, darunter Norma, die den Pauschalurteilen, den Gerüchten, Glauben schenken. Auf der anderen Seite steht Marianne Arends, die jede Vereinfachung der IM-Debatte und darüber hinaus der Schuldfrage falsch findet. Was die Erzählinstanz angeht, so reichen alleine die »Akten« nicht, um Margarete Bauer für eine Inoffizielle Arbeiterin (IM) zu halten. Es liegt auf der Hand, wie die Ich-Erzählerin hierbei ihrer Freundin Norma gegenüber den Mangel an Abstand und Zurückhaltung in der Polemik anprangert. Denn Norma strebt in Mariannes Augen nicht danach, »die Wahrheit« kritisch zu suchen, sondern sie favorisiert das Allgemeine, ohne sich zu fragen, ob ihr Postulat »Von nichts kommt nichts« auch auf den konkreten Einzelfall zutrifft. Mit anderen Worten: Norma zieht ihren Schluß, bevor sie sich mit der Schuld von Margarete Bauer auseinandergesetzt hat, obwohl sie Margarete Bauer vorher nicht gekannt hatte (*Norma*, 56). Eine solche Vorgehensweise irritiert und schockiert Marianne, die ihre Freundin desavouiert.

Burmeister plädiert insofern für ein kritisches Bewußtsein gegenüber den populären Klischees. Sie warnt auch davor, daß emotionalisierte Stellungnahmen zu Fehleinschätzungen führen. Beth Alldred ist ihrer Meinung, wenn er in seiner Rezension in dieser Richtung argumentiert, wobei er Margarete Bauers Fall zum Anlaß nimmt: »Margarete Bauers Stasi involve-ment remains unconfirmed, yet it is generally assumed that her suicide is evidence of her deep despair. There is little questionning, little search for the truth.«[60] Der oben erwähnte Standpunkt von Burmeister bleibt konstant im Laufe des Romans. Obwohl sie sich mehrmals dem ehemaligen SED-Regime gegenüber kritisch zeigt, stellt sie sich auf die Seite der Kleinen, die nach der Wende als Wasserträger des Systems pauschal diffamiert werden.

Es folgt die dritte Textpassage, die die brennende Aktualität des IM Begriffs weiter aufgreift. Ich werde meine Analyse der Problematik des Inoffiziellen Mitarbeiters (IM) mit der »Kormoran-Episode« schließen.

Auf dem Nachhauseweg entdecken Norma und Marianne ein Schild mit der Aufschrift »Kormoran – der letzte Zeuge.« (*Norma*, 284) Das Schild sieht neu aus, die Schrift altmodisch »wie früher aus der DDR-Zeit«. Norma fragt sich, was für eine Botschaft dahinter stecken mag. Beide Freundinnen stellen von da an Hypothesen auf, die für sie als plausible Dekodierungen gelten, erlauben sich dabei freilich massive Spekulationen. Für Marianne und Norma ist »Kormoran«:

60 Beth Alldred, Two contrasting Perspectives on german Unification: Helga Schubert and Brigitte Burmeister. In: *German Life and Letters* Nr. 50. April 1997, S. 178.

»(...) Der Titel eines Romans, der hier geendet hat.

Der hier enden wird.

Ein Roman, auf den schon alle warten. Er handelt von den Abenteuern eines Arbeiterbauern in vierzig ungelebten Jahren.

Von der Verwandlung des Sonnengotts in einen Schwimmvogel bei Anbruch der Sintflut.

Von dem IM, der über die letzte Sitzung des Politbüros berichtet hat. Nein, von der Bekehrung des christlichen Abendlands zum Islam.

Nicht die Spur! Von unserem Abtauchen in den Untergrund. Du wirst die Anführerin einer lokalen Utopistensekte, die in Kellern konspiriert und sich als Gesangsverein tarnt, Normachor, daher der Name Kormoran.

(...) Es handelt sich um eine neue Art von Kleinanzeigen. Wer errät, was ihm da angeboten wird, bekommt es.

Es ist die Keimzelle einer Zersetzungskampagne, sagte ich. Bald werden ähnliche Schilder in der ganzen Stadt auftauchen und Reklame machen für Dinge, die es nicht gibt. Für erfundene Politiker und Sportler.

Für Freiheit, Gleichheit, Brüderlichkeit. Es ist ein Ruf aus der Vergangenheit.

Eine Erinnerung aus der Zukunft. Ein nutzloser Hinweis also.

Ein Rezept, ein Nachruf, eine Liebesbotschaft.

Oder nichts von alledem. Nicht die Aufschrift, das Schild ist die Nachricht. Es hat irgendeine geheime Eigenschaft.

(...) Wenn eine von uns vorbeigeht und sieht, die Schrift ist rot, weiß sie, daß die andere in Not ist, flugs eilt sie dann zu Hilfe, und sei es um die halbe Welt.

Genau. ›Sooo soll es sein, so wird es sein‹, sang Norma nach Art des schnauzbärtigen Vorsängers.« (*Norma*, 284f.)

Mit dem von beiden Frauen auf ihrem Nachhauseweg gesehenen Schild mit der Aufschrift »Kormoran – der letzte Zeuge« stellt Brigitte Burmeister den IM-Topos weiter zur Diskussion. Formal ist zu Beginn die Tatsache hervorzuheben, daß die angedeutete Episode in »Wir-Form« erzählt ist, somit aus der Sicht zweier Romanfiguren simultan dargestellt wird und gleichzeitig ein Novum in das Erzählverfahren einführt, das bisher die »Ich-Form« favorisierte. Die im Roman häufig atemlos gebildeten Sätze unterscheiden sich von jenen des Dialoges zwischen Marianne und Norma, die Verben großteils ausschließen. Marianne und Norma treten auf, widerstehen nicht der Versuchung, die Diskussion um das Schild und dessen Aufschrift absichtlich ins Sarkastische und Ironisieren abzulenken. Das wird vor allem daran erkennbar, daß die Vermutungen beider Protagonisten aus diversen Hypothesen bestehen, die nicht nur Züge des Übertriebenen tragen, sondern auch und vor allem wenig miteinander zu tun haben. Hinzu kommt der Satzrhythmus, der sich im Laufe des Gespräches beschleunigt. Dieser groteske Blickwinkel, in dem Norma und Marianne die Phantasie und den Spott kultivieren, hat dem Anschein nach das Ziel, das Schild und dessen Botschaft en masse wie en détail anzugreifen.

Natürlich ist der Titel *Kormoran* kein Zufall. Er verweist auf den 1994 publizierten Roman von Hermann Kant, dem ehemaligen Funktionär und IM zu DDR-Zeiten. Burmeister soll von einem solchen Projekt ihres Kollegen gewußt haben. Daß es sich um einen Roman handelt, »auf den schon alle warten«, impliziert die eigene Neugier der Autorin auf das Projekt von Hermann Kant mit Bezug auf die Kontroverse um die ehemaligen IM, die damals ausgebrochen war. Zum Inhalt des Romans von Hermann Kant selbst heißt es bei Klaus Walther:

»Doktor Kormoran, seines Zeichens Kulturkritiker, sitzt bei Gelegenheit seines sechsundsechzigsten Geburtstages auf der Terrasse seines Hauses. Mit dabei die Ärztin Änne Kormoran, sein Eheweib. Im Blickfeld die Nachbarin Birckel, für manchen Einwurf gut, und nun kommen sie, die Geburtstagsgäste, Verwandte und Bekannte: der Briefträger und ein Pfarrer auch, Herbert Henkler, der Mann von Ännes Schwester und einstmals Oberstleutnant einer mittlerweile verschwundenen Armee. Ein ehemaliger Vizeminister für Kultur nebst Gattin, Horst und Grit Schluziak; Professor Hassel, der Arzt, der Kormorans Herz mehrmals repariert hat, schließlich Oberstleutnant Henklers Frau, Journalistin von Beruf, wie auch Gerrelind Baumanova (...) Es wird geredet, palavert, diskutiert, polemisiert und postuliert. Scherz, Satire, Ironie flattern über die Terrasse und über die Seiten dieses Buches, bewegen die Gespräche und Monologe (...) Das Vergangene ist kaum vergangen, ›so groß der Wunsch, alles über sich zu erfahren, so groß die Furcht, alles über sich zu erfahren‹, wie es über eine Figur einmal im Buch heißt. Bild einer Übergangsgesellschaft, im wahrsten Sinne des Wortes. Daraus konstituiert sich dieser Erzähltext, und das ist wohl auch sein Dilemma. Herman Kant hat, so scheint es, die Problematik dieser Geschichte durchaus erkannt. In der Mitte des Buches reflektiert er über sein Scheitern, das nun im Prosatext Vorgetragene als Bühnenstück zu realisieren(...).«[61]

61 Klaus Walther, Blick zurück mit Kormoran. In: Neue Deutsche Literatur. Zeitschrift für deutschsprachige Literatur und Kritik, 42. Jahrgang, 498. Heft. November/Dezember 1994, S. 154–156.

Brigitte Burmeister fällt nicht über Hermann Kant oder dessen Oeuvre her. Indem ihre beiden poetischen Figuren – Norma und Marianne – über das Schild und die Aufschrift spotten, machen sie aus diesem Fund einen sarkastischen Scherz. Es fällt auf, wie Norma bei dieser Szene genau so wie Marianne Abstand nimmt und diesmal dem Schild und der Aufschrift nicht leichtfertig glaubt. Dies kann der vordergründigen Haltung der Burmeister gegenüber dem IM-Problem zugeordnet werden, was Volker Wehdeking bestätigt:

»Das IM-Problem wird noch einmal von der literaturbewußten Autorin in einer Anspielung auf den entstehenden Roman *Kormoran* (1994) des einstigen Kulturfunktionärs Hermann Kant aufgenommen und die nunmehr zweifelsfreie Distanz der Erzählerin zu jedweder verdeckten Mitarbeit kontrsativ verdeutlicht.«[62]

Im großen und ganzen kreuzen sich die drei Romanepisoden – Mariannes Lügengeschichte, der Selbstmord von Margarete Bauer und die Kormoran-Szene – darin, daß sie alle den Topos des Inoffiziellen Mitarbeiters (IM) zur Sprache bringen. Die drei Sequenzen lassen erkennen, wie persistent Burmeisters Wahrnehmung des nach der Wende polarisierenden Themas des IM ist. Alles weist darauf hin, daß die Autorin für einen kritischen Umgang mit den ehemaligen Stasi-Mitarbeitern plädiert. Mit dem IM-Thema wirft Burmeister nichts anderes als die Problematik der Wahrheit auf. Die komplexe Dimension des Wahren bedarf in ihren Augen eines Abstands, der über vordergründige Vorurteile hinausführt. Marianne, die poetische Figur, scheint die Grundposition der Autorin Brigitte Burmeister selbst zum IM-Problem zu untermauern. Mariannes Einstellung zur Wahrheitsfindung versteht sie nicht als Suche nach »Sündenböcken«, wie sie bei der Debatte über die Vergangenheit von Bärwald erklärt, einem Mann, der früher Spenden für die »Volkssolidarität« gesammelt hat und deswegen von den meisten Nachbarinnen und Nachbarn auf dem Ostberliner Hof für einen Mitarbeiter des DDR-Regimes gehalten wird. Diese schnelle Verurteilung, die für die Nachwendezeit typisch ist, bringt der Klempner Behr auf die folgende Formel. Für ihn ist es »immer dasselbe, die Kleinen hängt man, die Großen läßt man laufen.« (*Norma*, 147) In diesem »Klima öffentlicher Verdächtigungen und Denunziationen«(*Norma*, 58) setzt sich Marianne Arends für »Wahrheit und Gerechtigkeit«(*Norma*, 150) ein. Damit distanziert sie sich

62 Volker Wehdeking, *Die deutsche Einheit und die Schriftsteller. Literarische Verarbeitung der Wende seit 1989*. Stuttgart, Berlin, Köln 1995, S. 84.

von »diesem miesen Gesellschaftsspiel (...), wobei Spiel wahrlich das falsche Wort sei, angesichts der verheerenden Folgen für die Betroffenen.« (*Norma*, 58)

2.2.4.1.2. Heimat- und Identitätsverlust

Brigitte Burmeisters Buch *Unter dem Namen Norma* setzt »Mitten in der Stadt Leere« ein, in der »die Kaninchen seit dem Widerauftauchen der Menschen von dort verschwunden, zurück in den nahen Tiergarten« (*Norma*, 7) sind.

Die 48jährige Übersetzerin Marianne verfaßt »eine Art Chronik, (...) als hätte ich üben wollen, von Veränderungen zu erzählen, die mir unvorstellbar erschienen waren.« (*Norma*, 197) Flankiert stellenweise von der Freundin Norma führt sie zugleich den Blick des Lesers in die neue Umgebung, wobei auch die untergegangene Vergangenheit präsent ist. In Ostdeutschland steht das »große Haus, hundert Jahre alt« immer noch da, im Stadtviertel, das auch »Berlin Mitte weiter hieß« (*Norma*, 7), aber die Straße, an deren »Ecke« diese »graue, grämliche Masse« steht, wurde zurückgetauft »auf den Namen, der bis zur vorherigen Korrektur in den blauen Personalausweisen der langjährigen Hausbewohner gestanden hatte.« (*Norma*, 8) Fixiert auf die Umwälzungen in ihrer nahen Umgebung, wirft jedoch Marianne Arends einen Blick auf die herrschende Stimmung »drüben«. In einer Art von Kontrastdarstellung läßt sie zum Beispiel in ihren Vorstellungen im Hinblick auf die Veränderungswelle das Stadtviertel, in dem sie wohnt, mit der »anderen Stadthälfte« auftauchen:

»(...) Die Geschäftigkeit der anderen Stadthälfte würde die hiesige im Handumdrehen ergreifen, dieses Viertel beleben bis spät in die Nacht, die Straßenkorridore mit fremden Stimmen und Gerüchen füllen, mit der gutgelaunten, leicht nervösen Vitalität einer zweiten Gründerzeit. Neue Geschäfte, neue Verkehrsampeln, überall Baugerüste, und wenn die Verschalungen fielen – wie aus dem Ei gepellte Häuser, auch unseres, und nicht nur an der Straßenfront, denn es wäre die Ära der Höfe nun endlich angebrochen.« (*Norma*, 113)

Von daher bangt die Protagonistin darum, daß man Ostberlin, die stille Gegend, nicht wiedererkennen, sich mühsam erinnern würde, wie es noch vor zwei Jahren hier aussah. (*Norma*, 113) In der neuen Landschaft schildert Marianne Arends verzweifelte Protagonisten des Ostens, die von den rapiden Veränderungen betroffen zu sein scheinen. Zum einen erzählt sie von

Norma, ihrer Freundin, die sich in der Bulimie der Renovierung nicht zurechtfinden kann: »Den Winter über wußte Norma nicht, wo ihr der Kopf stand vor lauter Behördengängen und Umbauten.« (*Norma*, 199) Zum anderen »mangelte Max«, dem Freund von Johannes, dem Mann Mariannes, »an Beständigkeit, Gemeinschaftssinn und inneren Frieden.«(*Norma*, 89) Max beweist Desorientierung bei seinen Hin-und-Her-Bewegungen, denn er verfügt über kein definitives Zuhause, oder wie die Erzählinstanz die Lage wörtlich beschreibt:

»(…) Max mit den vielen Wohnungen. In jeder irgend etwas zurückgelassen, als wollte er durch einen Teil seiner Habe dort weiterleben, von wo er fortzog, sein Zuhause auf mehrere Stadtteile ausdehnen, das Küchenbuffet in Köpenick, die alte Schlafcouch in Friedrichshain, eine Schrankwand in Treptow, das meiste im Prenzlauer Berg, bei Christiane und den Zwillingen, wußte ich von Johannes, der Max beim Umzug nach Mitte geholfen hatte, zwei Fuhren und die Sache war erledigt. Jemand, der sich an keinem Ort festsetzen kann, aber nirgends verschwinden möchte(…).« (*Norma*, 78)

Niemand bleibt damit in Mariannes Freundeskreis von den Veränderungen verschont, die Ostdeutschland erobern. In diesem Rahmen versuchen vor allem Marianne und Norma, auf jeden Aspekt ihrer Beobachtungen aufmerksam zu machen. Mal auf dem Ostberliner Hof, mal wandernd oder plaudernd schildern beide Freundinnen Objektives wie Subjektives. So rücken sie zum Beispiel die zwischen den Ostbürgern neu herrschenden Verhältnisse der Nachwendezeit in den Mittelpunkt. Norma und Marianne stellen nämlich fest, daß sich in der »stillen Gegend« auch die zwischenmenschlichen Beziehungen verändert haben. Marianne vermißt zum Beispiel die Stimmung, die bei den Arbeitskollegen von »früher« herrschte. Das stellt sie vor allem bei den Versammlungen fest, die auf dem Ostberliner Hof organisiert werden. Für die Erzählerin bringen die neuen Treffs nichts; sie äußert deswegen ihre Enttäuschung, und versucht zugleich, auf Distanz zu gehen. Am Ende eines dieser »Gesprächskreise«, die sich mit »der objektiven Schuld« der Hausbewohner in der Vergangenheit befassen, kommt die Protagonistin auf ihre Bemerkung über die neue Stimmung auf dem Hof zu sprechen: »(…) Ich bin das letzte Mal dabeigewesen. Es fehlen die Kollegen von früher. Es gibt den Druck nicht mehr, der uns zusammenhielt. Wer ist denn übriggeblieben? Ein klägliches Häuflein.« (*Norma*, 153f.) In diesem Punkt ist Norma mit ihrer Freundin Marianne rückhaltlos einverstanden. Zudem bedauern beide Protagonistinnen, daß die damalige feierliche Stimmung kein Thema mehr ist. Das betrifft beispielweise den Mauerfall: »Das Novemberfest liegt fern«. Rückschauend bestätigt Norma die Behauptung ihrer Freundin, was das Erzähl-Ich selbst vorführt: » Ja, ein Straßenfest für alle, sagte Norma, wie in dem Kietz, aus dem ich komme, da gab es schon vor der Wende, und nicht durch irgendwelche Funktionäre im Wohngebiet organisiert.« (*Norma*, 22) Jedoch will Norma keine Wiederholung solcher Feste, sondern nur den »Versuch, hier etwas auf die Beine zu stellen, damit die Leute nicht ständig aneinander vorbeiliefen, nur schnell nach Hause und die Tür zu.« (*Norma*, 22) In dieser sich rasch durchsetzenden, auch sie anscheinend belastenden Stimmung der Nachwendezeit widersteht die Erzählfigur nicht der Versuchung, die Furcht vor »damals« aufzugreifen, wobei sie ihre Erinnerungen weiter aufruft. Marianne beschreibt ihr Streben nach Vergangenheit wie eine begeisternde Aufgabe, die bei ihr sehnsüchtige Gefühle hervorruft:

»Ich könnte Duplikate von verschwundenen Dingen herstellen, an Originalschauplätzen Vergangenheit aufrollen, daß es nur so rauscht und allen der Mund offenbleibt, die schon ausrufen wollen: Nostalgie! oder dergleichen, aber verstummen vor einem Erinnerungsvermögen, dessen Inhalten sie erst einmal nachkommen müßten, Stück für Stück (....) Ich würde erbarmungslos ausführlich sein und nichts auslassen, so daß eine Menge geschähe, vieles vorkäme bis zu dem Augenblick, in dem sie es nicht mehr aushielten und sagten, was sie längst schon sagen wollten: Wie treffend!« (*Norma*, 164f.)

Für diese dem Anschein nach anstrengende Aufgabe bittet die Romanheldin um Hilfe: »Wer hilft mir beim Sammeln von Erinnerungen? Suche Tagebücher, Briefe, Dokumente aus vierzig Jahren. Marianne Arends, Aufgang B, vier Treppen (...) Alles aus der Zeit vor der Wende! Sehr interessantes Material! Es gibt Leute mit gutem Gedächtnis(...)« (*Norma*, 167f.) Sie sucht Vergangenheitsspuren auch in alten Briefen, die Claire Griffith, eine 1926 aus Ostberlin nach Amerika Emigrierte, an ihre Freundinnen Ella und Minna König, Mariannes verstorbene Nachbarinnen, geschrieben hatte:

»(...) Die Briefe von Claire Griffith liegen, aus den Umschlägen gezogen, um mich herum auf dem Teppich, jedes Blatt zerfurcht von zwei Falten. Die Schuhkartons hatten nach Ordnung ausgesehen, aber das war die Ordnung des Aufräumens, schnell verstautes Papier. Es wird dauern, bis ich die Reihenfolge der Briefe, den ersten und den letzten, die Ausdehnung der Lücken herausgefunden habe. Irgendwann. (...)« (*Norma*, 162)

Besessen von den Rückblicken, verweist sie auf »unser kleinkariertes Dreibuchstabenland«, (*Norma*, 45) und erklärt dem Ehemann Johannes, der nach

Mannheim ging, die Gründe einer solchen Obsession: »(...) Aber für die Gesamteinschätzung unseres verflossenen Lebens können wir uns sicher dahingehend einigen, daß das meiste nicht gut war, aber auch nicht alles schlecht, nicht wahr? sagte ich, und es tat mir augenblicklich leid. Genau der Ton, die Art, die Johannes nicht ausstehen konnte.« (*Norma*, 110) Die DDR kommt Marianne als Sammelpunkt von ehemaligen Kindheits- und Ferienerinnerungen vor. Dazu erzählt sie von Erinnerungen an die Kindheit mit ihrer Tante Ruth im Sommer auf Rügen. Die Insel Rügen und darüber hinaus die Ostsee sind für Marianne symboltragend. Gerade an der Ostsee hatte die Ich-Erzählerin ihren Mann Johannes vor der Wende kennengelernt:

»(...) An einem Juliabend, über den halben Strand hinweg, ein schmales, dunkles Gesicht, umrahmt von meinem ersten, Johannes betreffenden und in einen vollständigen Satz gefaßten Gedanken: Der sieht aber gut aus. Und warum konnten wir nicht, wenn ich es mir wünschte, an jene Stelle zurückkehren, falls ich sie wiedererkannte, oder zu anderen Anhaltspunkten, die bewiesen, daß Erinnerungen keine Erfindungen waren, zumindest etwas zu tun hatten mit diesen wirklichen Orten, an denen wir gewesen waren, in der zweiten Hälfte unserer zwanziger Jahre, auf warmem Sand, im Wasser, unter der Sonne, nackt, braun, unbändig ineinander verliebt, Liebe im Zelt und am Strand und sooft es nur ging, eines Nachmittags gestört von Platzwächtern, die uns beim ordnungswidrigen Zelten erwischt hatten(...)« (*Norma*, 108f.)

Anläßlich eines Telefongesprächs, wobei es um ein mögliches Reiseziel geht, greift Marianne Rügen von neuem auf und schlägt Johannes den Ort als Traumreise vor:

»(...) Ich möchte nicht so lange warten, sagte ich, und in die Berge auch nicht unbedingt, endlich wieder einmal an die Ostsee, warum nicht nach Rügen, dort war ich noch nie mit dir, oder nach Markgrafenheide, nach Graal-Müritz, wie in alten Zeiten. Mit dem Zelt etwa? Auf einen dieser düsteren Campingsglätze, oder zurück in die Papphäuschen, die sich Bungalows nannten, oder in ein aufgemöbeltes Zimmer bei plötzlich gastfreundlichen Einheimischen? Das ist doch nicht dein Ernst, sagte Johannes. An die Ostsee, wiederholte ich. Wo wir uns kennengelernt haben, falls du dich erinnerst, und hintereinanderweg vier Sommer verbrachten, nicht genug kriegen konnten, die herrlichsten Ferien überhaupt und seit dem ersten Augenblick am Strand, im Wasser, nur noch Glück, sagte ich.«(*Norma*, 104)

Jedoch läßt die Erinnerungsarbeit von Marianne ihren Partner Johannes kalt: »Weil du dich an anderes nicht erinnern willst. Weil sie zur Abwehr von Ichweißnichtwas in der Gegenwart herhalten sollen, deine alten Zeiten.«

(*Norma*, 104) Die unterschiedliche Einstellung zur Vergangenheit führt zu einem Streit zwischen Johannes und Marianne. Diese greift ihren Ehemann an:

»(...) Doch wozu brauchst du dieses Haß- und Ekelbild von dem Land, in dem du, als es noch existierte, mit den unterschiedlichsten Empfindungen gelebt hast? Du machst den Fehler, sagte ich, eine vertrackte Mischung aufzulösen, damit etwas Eindeutiges herauskommt. Weißt du, woran mich das erinnert? An unsere Marxismusstunden: Notwendigkeit und Zufall, Allgemeines und Besonderes, Wesen und Erscheinung.« (*Norma*, 95) Dieser Disput über die Bedeutung des »kleinkarierten Dreibuchstabenlands« beschränkt sich nicht nur auf Marianne und ihren Mann Johannes, sondern prägt auch das Verhältnis von Marianne zu ihrer neunjährigen fiktiven »Tochter« Emilia. In einem dieser episodischen Gespräche zwischen der Mutter und ihrer »Tochter«, die die Romanwelt durchziehen, prangert Emilia ihre Mutter Marianne an:

»(...) Was mir total fehlt, zum Beispiel, ist die Übersicht, was hier so läuft, und wozu dieses dauernde Gerede von früher, war es denn soviel besser, soviel schlechter? Ich habe ja nicht alles mitgekriegt, irgendwie ruhiger und leerer kann es gewesen sein, oft trübe, ja, ohne großartige Aussichten, gedämpft, gedrückt, gesichert, gewohnt, gemütlich.« (*Norma*, 121)

Darüber hinaus versucht die »Tochter«, die prononcierte Sehnsucht ihrer Mutter nach dem Vergangenen ins Sarkastische zu ziehen:

»(...) Du könntest auch eine Hauschronik schreiben oder eine Stelle zur Koordinierung von Nostalgikern und Vergangenheitslosen, ein Fundbüro für Erinnerungen einrichten, eine Müllverwertungsbastelwerkstatt, ein Trainingslager für arbeitslose Aufarbeiter, ein Beratungszentrum *Wohin aus Deutschland und wie weiter*?, egal was, es gibt eine Menge zu tun, also tu etwas, rate ich dir. Bewegung ist alles, heutzutage.«(*Norma*, 123)

Jedoch kultiviert Marianne weiter ihre Hingabe an die Ereignisse von »damals«, die nicht nur aus Erinnerungspotential bestehen, sondern auch aus Redewendungen, Zitaten und »alten Lehrsätzen« der damals in der DDR herrschenden Ideologie. Sie trifft den Mann Johannes in Mannheim (Vgl. die IM-Dramatik: 2.2.4.1.1), inszeniert sich selbst als Inoffizielle Mitarbeiterin der Stasi, bricht deshalb ihren West-Aufenthalt ab und kehrt nach Ostberlin zurück.

Wie sich Heimat- und Identitätsverlust in der oben vorgeführten Darstellung manifestieren, wird im folgenden erörtert werden. Dazu soll die Frage im Mittelpunkt stehen, wie Kontrastbilder von »früher« und »damals« in einen Heimat- und Identitätsverlust münden. Ob und wie Brigitte Burmeister bei der Einschätzung des Gegenwärtigen und des Vergangenen differenziert, soll auch zur Diskussion stehen. Es ist zu erörtern, wie Gegenwart und Vergangenheit gegeneinander ausgespielt werden. Dies wird am Beispiel des Wirkens von Marianne und deren Freundin Norma dargestellt werden.

Der Duden, das große Wörterbuch der deutschen Sprache, definiert Heimat als »das Land, der Landesteil oder Ort, in dem man geboren und aufgewachsen ist oder sich durch ständigen Aufenthalt zu Hause fühlt (oft als gefühlsbetonter Ausdruck enger Verbundenheit gegenüber einer bestimmten Gegend(...)«[63] Heinrich Böll geht seinerseits über den einfachen geographischen Raum hinaus und ruft eine gewisse Dynamisierung des Begriffs hervor, weil er sich auf eine gedankliche Konstruktion des einzelnen beruft: »Heimat«, so Heinrich Böll, »ist nur Erinnerung an Heimat, auch wenn einer in der weder verlorenen noch verlassenen Heimat wohnt.«[64] Für den spezifischen Fall der DDR notiert Jens Bisky ein fast pathetisch propagandistisch zum Schwur erhobenes Heimatgefühl, das breiten Massen beigebracht worden war: »‹Die Heimat ist weit/ Doch wir sind bereit‹ – Der Vers ist tausendfach gesungen worden in der DDR, und die Heimat war immer aufdringlich nah, wenn man ihn sang: in der Gesellschaft für Sport und Technik (GST), in den obligatorischen Kursen der Zivilverteidigung (ZV-Lagern), auf Schulhöfen und in den Kasernen der Nationalen Volksarmee.«[65] Bei Brigitte Burmeister ist das Heimatgefühl mit der Fähigkeit ihrer Romanheldin Marianne verbunden, das Vergangene gedanklich widerzuspiegeln. Zugleich zeigt Marianne die Schattenseiten ihrer neuen Umgebung auf, bringt Licht in das Positive von »damals«, um damit ihr intensives Heimatgefühl zu untermauern. Die Autorin selbst gibt keine präzise Definition dessen, was sie unter dem Begriff versteht. Jedoch äußert sie sich darüber, wie sie mit den in ihrem Buch *Herbstfeste* stilisierten Erinnerungen an die DDR umgegangen ist, und bewertet auf diese Weise die Signifikanz der Erinnerungen an das »Früher« in ihrer Erzählhaltung:

»Erinnerungen sind nicht grundsätzlich verklärend. Sich an etwas aus der verflossenen DDR zu erinnern, kann die unterschiedlichsten Gründe ha-

63 Duden, Das große Wörterbuch der deutschen Sprache in zehn Bänden, 3. , völlig neu bearbeitete und erweiterte Auflage. Herausgegeben vom Wissenschaftlichen Rat der Dudenredaktion. Band 4. Mannheim • Leipzig • Wien • Zürich 1999, S. 1905.

64 Heinrich Böll, *Wo habt ihr bloß gelebt*? In: Drescher (Hrsg) 1989, S. 94.

65 Jens Bisky, Spaniens Himmel. In: *Berliner Zeitung* (Magazin) Nr 55, 57. Jahrgang 10./11. Februar 2001, S 1.

ben. Warum gleich Nostalgie vermuten? In ihrem Ton, ihrer Machart und ihrem Stoff widersetzen sich die Texte, denke ich, der gerührten Wiedereinkehr ins Damals, die ja eher auf eingeschränktem Erinnerungsvermögen beruht.«[66]

Was die Identität angeht, so ist sie »die Echtheit einer Person oder Sache, die völlige Übereinstimmung mit dem, was sie ist oder als was sie bezeichnet wird.«[67]

In der folgenden Reflexion soll erläutert werden, wie die zwei Schilderungsebenen, d.h. das Gegenwärtige und das Vergangene, konkreten Stoff liefern, der den Verlust der Identität und der Heimat transportiert. Dazu wird untersucht, wie das Territorium der handelnden Protagonisten sowohl symbolisch als auch in ihren Vorstellungen verlorengegangen ist, so daß eine gewisse Nostalgie auf die Spitze gebracht wird, und zwar jedes Mal, wenn die Gestalten dic vergangenen Bilder, Emotionen, Orte und Atmosphären in Worte fassen. Inwiefern die Identität der jeweiligen Figuren nach der Wende nicht mehr zur Verfügung steht, sollte ebenfalls geschildert werden. Ich lege Wert darauf, beide Termini nicht separat zu behandeln, da ich der Meinung bin, daß die »Echtheit« einer Person in einem bestimmten geographischen Raum zur Entfaltung kommt. Der topographische Ort trägt in meinen Augen dazu bei, die Identität der verschiedenen Figuren in dem fokussierten Text zu bilden.

Setzt sich Brigitte Burmeister dagegen zur Wehr, sie hätte ihre Emotionen nostalgisch in dem oben erwähnten Buch *Herbstfeste* reflektiert, so scheint es sich in dem Roman, der im Mittelpunkt meines Interesses steht, anders zu verhalten. Ich vertrete die Meinung, daß die »Wiedereinkehr in Damals«, wenn nicht propagandistisch propagiert, so doch von den Gestalten artikuliert, in dem Romanganzen präsent ist. Von daher kommt in *Unter dem Namen Norma* der Erinnerungsfunktion große Bedeutung vor allem bei der Protagonistin Marianne Arends zu, während die Romanfigur einen Blick auf die Ordnung der Nachwendezeit wirft. Oliver Niederhoff diagnostiziert dabei den Willen der Heldin, »der Vergangenheit Herr zu werden, um im schnellen Wandel der Zeiten nicht den Halt zu verlieren.« Die Suche nach

66 Dorothea von Törne, Haben Sie noch die Mauer im Kopf, Frau Burmeister? In: *Der Tagesspiegel* Dezember 1995, S. 31.

67 Duden, Das große Wörterbuch der deutschen Sprache in zehn Bänden, 3., völlig neu bearbeitete und erweiterte Auflage. Herausgegeben vom wissenschaftlichen Rat der Dudenredaktion. Mannheim • Leipzig • Wien • Zürich 1999, S. 1905.

einem vergangenen Stoff, »um im schnellen Wandel der Zeiten nicht den Halt zu verlieren«, setzt primär Krisenmomente der Nachwendezeit voraus. Wie sich die Krisen der Hauptprotagonistin bezüglich ihres Landes und ihrer Identität im Romangeschehen manifestieren, ist bei den die Erzählinstanz packenden Affekten zu erkennen, über die die Darstellung Auskunft gibt. Einer dieser Affekte scheint mir die Liebe zur verlorenen Heimat zu sein, die sich in dieser Identitätssuche nach der Vergangenheit ausdrückt.

Marianne Arends, die Erzählerin, beschreibt zwar die Veränderungen in ihrer Umgebung, vergleicht aber zugleich die Vor- mit der Nachwendezeit. Die dargestellten Veränderungen lassen sich typisieren: Sie sind visueller, akustischer sowie zwischenmenschlicher Natur. Das Stadtviertel, in dem das Erzähl-Ich wohnt, heißt weiter »Mitte« bzw. Berlin-Mitte. Aber die »Straße, an deren Ecke« das bewohnte Haus steht, ist rückgetauft worden. Für Marianne wirkt das Umbenennen wie ein Verlust, ein Manko, das zu großer Unruhe führt. Deutlich wird die Unruhe der Erzählerin erweckt, wenn sie auf ganz Ostberlin zu sprechen kommt. Ihre Vision entwickelt ein apokalyptisches Ausmaß in Hinblick auf das sich rapide durchsetzende Fieber des Umbaus in der Nachwendezeit. Marianne Arends hat Angst vor der »Geschäftigkeit der anderen Stadthälfte, die die hiesige im Handumdrehen ergreifen würde.« (*Norma*, 113) Folgen davon wären »neue Geschäfte, neue Verkehrsampeln, überall Baugerüste«, so daß man die »stille Gegend nicht wiedererkennen« würde, »wie es noch vor zwei Jahren hier aussah.« (*Norma*, 113) Die Wiederholung des Adjektivs »neu«, die Anwendung des Adverbs »überall« sowie das Anhäufen der Kommata unterstützen zwar den dynamischen Prozeß der Renovierung, sie konterkarieren aber indirekt Mariannes Hoffen auf »Stille« und »Ruhe«, wie es »damals« in dieser Gegend gewesen sein mag. Marianne Arends fällt über den Kapitalismus her, der Ostberlin erobert. Implizit wird das herrschende System, das Oberwasser in der Nachwende gewinnt, angeprangert. Mariannes Ängste werden damit ideologisiert, indem sie eine gewisse Distanz zur neuen Wirtschaftsordnung hält, die auf jeden Fall ins Fremde führt: Da »die Geschäftigkeit der anderen Stadthälfte die hiesige im Handumdrehen ergreifen würde«, würde man die stille Gegend Ostberlin nicht mehr wiedererkennen:

»In welch kurzer Zeit sich das ändern, unsere Stadthälfte neu aussehen, Leben hier wie dort dasselbe sein und man die alten Zugehörigkeiten nicht mehr spüren, sie nur im Rückblick gelegentlich zitieren würde, zählte zu den Vorstellungen, die so weit entrückt waren, daß es mir nicht gelang, diesen Abstand mit dem Zeitmaß nach Monaten, kaum erst Jahren zusammenzubringen, indes die wirkliche Zeit unübersehbar ihre eigenen Wege ging, maßlos und verwirrend. Dafür liebte ich sie in gefestigten Augenblicken.« (*Norma*, 29f.)

Daraus wird ersichtlich, wie Marianne auf das Motiv des sich wandelnden Gesichts der vertrauten Umgebung eingeht. Das hat zur Folge, daß ein Stück dessen verloren gehen würde, dem sie sich zugehörig fühlte. In diesem Punkt lassen sich die Abwehrreflexe der Erzählinstanz an der von ihr gespürten Fremdheit unter den neuen Umständen der neuen Zeiten erkennen, die zur Nostalgie führen. Diese Fremdheit der Figur Marianne, die mit der westlichen »Geschäftigkeit«, der »Maßlosigkeit und Verwirrung der wirklichen Zeit«, einhergeht, weist auch darauf hin, wie über die inszenierte Gestalt hinaus durch die Wiedervereinung das Volk der ehemaligen DDR und mit ihm seine Schriftstellerinnen und Schriftsteller entwurzelt wird. In den Worten der Schriftstellerin Helga Königsdorf, die Stefan Schulze in seiner Studie zitiert, heißt es: »Ohne den Ort zu verändern, gehen wir in die Fremde«. Der Topos der Fremdheit wird von Thomas Rosenlöcher zusammenfassend wie folgt versprachlicht: »Man hatte noch dasselbe Haus, dieselbe Frau, aber wenn das Radio lief, hörte man unbekannte Stimmen, in den Kaufhausregalen lagen neue Waren. Das war wie eine Gehirnwäsche.«[68]

Brigitte Burmeister selbst argumentiert in dieser Richtung im Gespräch mit der Frankfurter Psychologin Margarete Mitscherlich:

»(...) Daß die Euphorie rasch verflogen ist, liegt in der Natur der Sache, solche Gefühle halten sich eh nicht lange. Aber wer hat mit diesem Ausmaß an Fremdheit und sogar Aversion gerechnet, die seither zu spüren sind? Ich denke, wenn etwas tabuisiert worden ist zugunsten der Einigungsidee, dann eben die reale Uneinheit der Menschen eines Volkes, das in zwei höchst unterschiedlichen Gesellschaften gelebt hat. Unsere kulturellen und historischen Gemeinsamkeiten sind durchkreuzt von unseren unterschiedlichen Lebensformen und ihrem Einfluß auf die Mentalitäten. Und diese Fremdheit zu berühren, ich meine: sie wirklich anzusehen, sie zuzulassen, das ist schwierig, es schmerzt auch.«[69]

Burmeister bestätigt ihr Fremdheitsgefühl weiter in einer Reaktion auf eine Frage:

68 Thomas Rasenlöcher, Ich schreibe, um anwesend zu sein. In: Kieler Nachrichten, 25. Mai 2000, S. 32.

69 Margarete Mitscherlich/Brigitte Burmeister, *Wir haben ein Berührungstabu. Zwei deutsche Seelen einander fremd geworden*. München, Zürich 1991, S. 41.

»Selbst Brigitte Burmeister, die auf die Frage, ob sie nach der Vereinigung eine Art ›Identitäts- (bzw. Heimat‹-)Verlust spüre, sarkastisch antwortete: ›Was man nicht hat, das kann einem nicht genommen werden‹, räumte ein, daß es dennoch einen ›Schatten affektiver Bindungen‹, wie ›Liebe‹, ›Haß‹, ›Haßliebe‹, auch bei ihr gegeben hatte. Und sie fügte hinzu, daß sie im nachhinein auch eine freundlichere Haltung zur DDR an sich beobachtet habe, ›weil akute Widerwärtigkeiten nicht mehr da sind und sie sich auch jetzt, in der neuen Gesellschaft, an vielem stört.‹«[70]

Der Rückblick der Autorin nährt damit die Ambivalenz ihrer Bindung an die Heimat, die Ausdruck in Wörtern wie »Liebe«, Haß«, »Haßliebe« findet. Ich komme auf diesen differenzierten Blick von Burmeister im Laufe meiner Analyse noch zurück. Wie die Romanfiguren bei ihren Rückblicken Verhältnisse zwischen Menschen vor der Wende und jenen im vereinigten Deutschland beurteilen, soll hinterfragt werden. Es gilt darzustellen, wie diese Betrachtungsweise dem Heimat- und Identitätsverlust ein gewisses Relief gibt.

Die Figuren aus dem Osten favorisieren die Erinnerungen an die ehemaligen Beziehungen zwischen den Bürgern, als wären diese tadellos gewesen. Ihr Ziel ist, Grundwerte von »damals« aufzuzeigen, damit sich das Nachwende-Defizit an Menschlichkeit umso besser erkennen läßt. Das kann beispielweise an Marianne und ihrer Freundin Norma beobachtet werden.

Wie Brigitte Burmeister stoßen sich Marianne Arends und Norma »an vielem«. Bei der Bewertung der ehemaligen zwischenmenschlichen Beziehungen, d. h. der Stimmung unter den Kollegen von »damals« sowie bei den ehemaligen Mitbewohnern von »früher«, mehren sich nostalgische Gefühle. Diese Gefühle, die mit dem »Damals« verbunden sind, werden von neuem betont, wenn beide Freundinnen sich in der neuen Umgebung nicht zurechtfinden. In dieser Hinsicht zeigt sich Marianne kritisch gegenüber der Versammlungsatmosphäre, die nach der Wende unter den Mitbewohnern zustande gekommen ist. Am Ende eines dieser Gesprächskreise die »die Vergangenheit bewältigen, das heißt Erinnerungsarbeit leisten, die eigene Geschichte aufarbeiten«(*Norma*, 149), »denn ohne Beteiligung des Kollektivs kann Kritik und Selbstkritik nicht gedeihen« (*Norma*, 151), gibt Marianne ihrer Enttäuschung freien Lauf:

70 Stefan Schulze, *Der fliegende Teppich bietet wenig Raum. Schriftstellerinnen der ehemaligen DDR vor, während und nach der Wende: Brigitte Burmeister, Jayne- Ann Igel, Helga Königsdorf, Angela Krauß und Christa Wolf. Biographische, textkritische und literatursoziologische Diskurse.* Philosophische Dissertation: Leipzig 1997, S. 53.

»(...) Sie hat so wenig gebracht wie ihre ungezählten Vorgängerinnen, noch weniger als sie, weil niemand hier ist, mit dem ich hätte schwatzen können, mich lustig machen wie früher über unsere Verwandlung in lächerliche Figuren an langen Tischen, in geschlossenen Räumen, wo die Luft immer schlecht wurde, auch bei Rauchverbot, und das Licht meistens künstlich war. Versammlungen begannen nach Arbeitsschluß, was sie nicht hinderte, sich in die Länge zu ziehen, als wären sie ein Vergnügen gewesen, oder weil sie es für einige sogar waren.« (*Norma*, 151f.)

Marianne kommt zu dem Schluß, »es fehlen die Kollegen von früher. Es gibt den Druck nicht mehr, der uns zusammenhielt. Wer ist denn übriggeblieben? Ein klägliches Häuflein.« (*Norma*, 153f.)

Das Gefühl der verlorenen Heimat und Identität löst sich damit durch Burmeisters Fähigkeit auf, Gewesenes ins Gedächtnis zu rufen und darüber zu lachen, wenn sie an die neue Stimmung herangeht, und doch zugleich von »lächerlichen Figuren an langen Tischen, in geschlossenen Räumen, wo die Luft immer schlecht wurde«, redet. Gerade in dieser Ironie findet Marianne ein Motiv zur Identifikationssuche. Diese »damals« erbaute Welt liefert »lächerliche Figuren«, die jedoch solidarisch wirken: Marianne träumt vom »Druck« von »damals«, der nicht mehr existiert. Sie formuliert damit eine Art starkes Zusammengehörigkeitsgefühl, das sie in der morbiden Nachwendezeit bislang vermißt. Egoismus bzw. Individualismus scheint nämlich an die Stelle des kollektiven Geistes von »früher« zu treten, und die Freundinnen Norma und Marianne suchen nach einer Lösung, die darin besteht, »hier etwas auf die Beine zu stellen, damit die Leute nicht ständig aneinander vorbeiliefen, nur schnell nach Hause und die Tür zu.«(*Norma*, 22) Auch Brigitte Burmeister selbst denkt kollektiv, weil sie diese Eigenschaft zu den bestgelungenen Leistungen ihres Vaterlandes zählt. Auf Margarete Mitscherlichs Frage, was sie für positiv an der DDR halte, gab sie zur Antwort:

»(...) Aber jetzt zu der Frage, was war denn nun positiv an diesem Staat. Da druckste ich auch herum. Die sicheren Arbeitsplätze, die niedrigen Mieten, Strompreise, Fahrpreise etc..., die Kinderkrippen und Kindergärten, die Ferienheime, die Kulturhäuser, Jugendklubs, Betriebsbibliotheken, die Polikliniken, die garantierten Ausbildungsstellen für Lehrlinge, der polytechnische Unterricht (...).«[71]

71 Margarete Mitscherlich/ Brigitte Burmeister, *Wir haben ein Berührungstabu. Zwei deutsche Seelen einander fremd geworden*. München, Zürich 1991, S. 39.

Neben den Tugenden von »früher« evozieren Burmeisters Protagonisten ihre Kindheit sowie Reisen in ehemalige Örtlichkeiten, die Spuren bei ihnen hinterlassen haben. Hierbei erzählen die jeweiligen Figuren von schönen Landschaften und Meeren, Stränden, die – ohne zu verschwinden - den Topos des verlorenen Paradieses vermitteln. Sehnsüchtig und melancholisch stellt Marianne Arends ihre Kindheitssommer auf der Insel Rügen mit ihrer Tante Ruth vor, die diese Sommer ihrerseits »unbeschreiblich schön« fand (*Norma*, 100). Gerührt erwähnt Marianne »diese alten Zeiten.« Der Erzählfluß läßt zwei Stimmen hören. Marianne fügt enthusiastisch hinzu:

»Dort ist es wunderschön, das wußte ich und sagte es zu Hause, als das Ferienlager vorbei war. Rügen: Erinnerungen an eine verlorene und wiedergefundene Trainingsjacke, ein verlorenes Fünfzigpfennigstück, ein Rasenplatz mit einer Fahnenstange in der Mitte, an meine Gruppenleiterin Oda, für die ich schwärmte(...).«(*Norma*, 101)

Das Erzähl-Ich fährt in der Begeisterung für die Insel fort:

»Zum Meer! Jahr um Jahr, später, mit dem Zelt, und Monate vorher den Zeltschein beantragt, Tage vor der Abreise das Gepäck mit dem Handwagen zur Bahn gebracht und aufgegeben, mindestens eine Viertelstunde vor Abfahrt des Zuges auf dem Bahnsteig und aufgeregt wie in den Sommern gleich nach dem Krieg, als wir durchs Fenster in die Abteile gereicht und drinnen auf freundlichen fremden Schößen oder wenigstens zum Stehen Platz fanden und wehe, es mußte jemand aufs Klo.«(*Norma*, 102)

Diese zweistimmige Darstellung von Rügen, in der Adjektive wie »schön«, »aufgeregt« und »freundlich«, dominieren, bringt den Schmerz über den Verlust eines Paradieses auf den Punkt. Die Erinnerungen stehen im Dienste der Affekte, denn Marianne versucht, ihre ehemaligen Emotionen wiederzubeleben und auf diese Weise dem Ausmaß des Verlusts näherzukommen. Immer wieder hält sie der Insel Rügen eine von Melancholie geprägte Treue. Die Kindheitssommer und das Ferienlager werden von Marianne bewußt funktionalisiert. Die idyllisch dargestellte Insel soll sich als Gegenpol zum traurigen Ambiente verstehen. Marianne Arends legt Wert darauf, sich in ehemaligen Sensationen einzuigeln, um die Stimmung der Nachwendezeit zu desavouieren. Hervorzuheben bleibt bei der Stilisierung der Gedanken an die Insel, daß die Insel Rügen als Ort weniger wichtig ist als das nicht mehr erreichbare Ideal, das sich Marianne vorstellt. Topographisch hat Rügen ja auch nach der Wende nie zu existieren aufgehört. Genauer gesagt: Der Heimatverlust präsentiert sich hier wie die Unfähigkeit des erzählenden Ich, schöne Momentaufnahmen von »damals« auf Rügen von neuem zu erleben. Heimat- und Identitätsverlust erhalten ihre Substanz durch die rein gedanklich geformte Konstruktion von Marianne Arends. Das Heimweh geht nicht mit einem topographischen Verlust einher; daß aber die vergangenen Kindheits- und Ferienerinnerungen für immer vorbei und deshalb nicht mehr zu wiederholen sind, steht dennoch außer Frage.

Nicht nur durch Erinnerungen läßt die Protagonistin die Liebe zu ihrer Heimat beobachten, sondern sie legt auch dem Leser ihre Bindung an die Heimat mittels sprachlicher Konstruktionen nahe.

Unter dem Namen Norma ist stellenweise angereichert mit ostdeutschen Wortschöpfungen, die die Dingwelt der ehemaligen DDR auf die Bühne bringen. Auf Dorothea von Törnes Frage, ob es da Ost-West-Sprachbarrieren gebe, weil Brigitte Burmeister viel mit gesprochener Sprache aus alter Zeit arbeite, bestätigte die gefragte Autorin diese These:

»Ja, ich arbeite mit Redewendungen, auch mit Zitaten aus dem DDR-deutschen Vokabular. Die können gar nicht allgemeinverständlich sein. Aber sie können, sofern man sich für ihre Bedeutung und deren Kontext interessiert, einiges über die jüngst vergangene Gesellschaft aussagen. Da es sich nicht schlechterdings um eine tote Sprache handelt, sondern um eine, die gegenwärtig im Osten abtrainiert wird, lohnt es, den Vorgang zu beobachten. Welche Schichten eines eingefleischten Sprachverhaltens verändern sich leicht und schnell, welche überdauern längere Zeit, und was lehrt uns das? Ein Thema von Linguisten.«[72]

Marianne erzählt vom »Kollektiv der sozialistischen Arbeit« (*Norma*, 20), um den Titel einer Auszeichnung in den Betrieben von damals zur Sprache zu bringen, redet von »Vollkomfort« (*Norma*, 21), »Brigadefeiern« (*N*orma, 20), »Klassenkämpfer« (*Norma*, 228), »Rotkäppchensekt« (*Norma*, 99), »Beinen der Präsent 20-Hose« (*Norma*, 135), »tausend kleinen Dingen, die es in den Geschäften gab« (*Norma*, 165) usw. Nolens volens kommen derartige Ausdrücke dem Leser sowohl ideologisch wie gesellschaftspolitisch besetzt vor. Daß sie eine besondere Denkart und eine politische Typisierung bilden, die der DDR eigen waren, scheint mir außer Frage zu stehen, was sich u. a. an folgender Textstelle zeigen läßt: Die Erzählinstanz Marianne wollte Corinna Kling, der Westdeutschen, im Rahmen ihrer Lügengeschichte erklären, »was das hieß, Klassenkämpfer« zu sein, »und fand alte Lehrsätze

72 Dorothea von Törne, Haben Sie noch die Mauer im Kopf, Frau Burmeister? In: *Der Tagesspiegel*, Dezember 1995, S. 31.

wieder«, die sie »erst recht erklären mußte.« (*Norma*, 229) Daß die westdeutsche Bürgerin Corinna Kling diese Ausdrücke alleine nicht zu verstehen vermag, demonstriert den typisch ostdeutschen Charakter dieses Sprachmaterials. Daraus geht hervor, daß die oben erwähnten Ausdrücke der »alten Lehrsätze« marxistisch-leninistische Akzente setzen, die mit Marianne auch jeden Leser an die DDR erinnern. Ein solches Sprachmaterial führt Burmeister in die Romanlandschaft ein, um Heimweh sprachlich zu dokumentieren und dadurch auch eine der Besonderheiten ihres ehemaligen Landes im Auge zu behalten. Sie berauscht sich an der Versuchung, daß auch die Stimmung von früher hinter sprachlichen Schöpfungen steckt. Marianne freut sich ersichtlich darüber, ihrer Westberliner Gesprächpartnerin das Sprachumfeld der DDR beizubringen, um dadurch ihre eigene linguistisch-ideologische Identität beweisen zu können. In diesem Zusammenhang erscheinen einige Standardsituationen der DDR-Sprache, die mit der westdeutschen Sprachtradition wenig zu tun hatten. Marianne Arends hat von ihrem Vater gelernt, »daß der Kapitalismus zum Untergang verurteilt war, dem Sozialismus hingegen die Zukunft gehörte. Da beißt die Maus keinen Faden ab.«(*Norma*, 229) Fest steht, daß solche Konstruktionen nur in ihrem Kontext verstehbar sind.

Verbundenheit mit ihrer DDR-Heimat ist auch während des Aufenthalts im Westen zu erkennen, anläßlich dessen die Hauptfigur Marianne Arends auf Corinna Kling trifft. In der frühzeitigen Rückkehr Mariannes in das Ostberliner Mietshaus findet Beth Alldred den Beweis dafür, wie die Protagonistin Loyalität zu ihren Wurzeln bestätigt, aber auch Verantwortung für das gesamte Vergangene übernimmt:

»(...) Marianne cannot and will not adapt to life in an alien environment and returns to the east where, although she does not feel entirely at home, she at least has her roots. For Burmeister, it is important for her fellow Germans to come to terms with their common past, accept responsibility for their actions, but also to appreciate that life in the GDR, beset as it was with problems, was nevertheless worthwile (...)."[73]

Heide Hollmers Argumentation geht in die gleiche Richtung:

»(...) Vor allem aber will die Heldin keine rabiaten Schlußstriche ziehen, ihre Vergangenheit nicht definitiv aufarbeiten und abhaken, um entwurzelt

73 Beth Alldred, Two contrasting perspectives on German Unification: Helga Schubert and Brigitte Burmeister. In: *German Life and Letters* Nr. 50; April 1997, S. 174.

und traditionslos an einem fremden Ort völlig neu anzufangen – so wie ihr Mann Johannes das tat. Der nicht zu den Verlierern gehören wollte und deshalb in Mannheim arbeitet. Er hofft zwar, daß seine Frau das neue Leben mit ihm teilen wird. Doch die Annäherung der beiden, die Reise der Erzählerin in den Westen, endet im Fiasko.«[74]

Der Westen ist nicht Mariannes Welt, und die erzählerische Phantasie, die sie vor ihrer Reise bei den Ihrigen in Berlin Mitte verkündete, ist Maske geworden. Ihre morbide Improvisation als IM unter erfolgreichen Westbürgern stellt Mariannes Fremdheitsgefühl unter Beweis. Zudem kann eine gewisse Affinität Burmeisters zu ihrer Figur festgestellt werden. Obwohl sie sich demonstrativ gegen eine solche Behauptung zur Wehr setzt (»die Westressentiments meiner Figur teile ich nicht«), erkennt sie an Mariannes Unbehagen ihr eigenes:

»Ich bewege mich in der Bundesrepublik nicht, als wäre sie mir vertraut seit je, als spürte ich nicht meine Prägung durch ein Leben östlich der Mauer, als hätten bestimmte Teile von Berlin bereits aufgehört, für mich ›Westberlin‹ zu sein. Aber derlei Fremdheitsgefühle – vielleicht noch verstärkt durch die Ermahnung, es dürfe sie eigentlich nicht mehr geben – sind schwach im Vergleich zu der Abschottung nach Osten. Der Osten ist seit der Wende hinter einer neuen Mauer verschwunden, ist mehr Ferienziel, nicht mehr Gegenstand der Neugierde, des Vergleichens.«[75]

Marianne Arends und Brigitte Burmeister verraten, jede auf ihre Weise, ihre Loyalität zu dem Geburtsort Ostberlin. Beide machen die Westerfahrung, um am Osten festhalten zu können. Für Marianne »verkörpert die gemeinsame Wohnung in einer DDR-typischen Wohnanlage noch immer ein Stück Heimat. (...) Marianne begreift sie als Teil der eigenen Geschichte, den sie sich möglichst lebendig erhalten will.«[76]

Es bleibt jedoch zu fragen, ob der Romanstoff überhaupt in jeder Hinsicht eine Schwarz-/Weiß-Darstellung liefert und auf diese Weise eine strik-

74 Heide Hollmer, Von den Schwierigkeiten, den ›Wahnsinn‹ zu erzählen – die deutsche Literatur zum ›Mauerfall‹ und zur ›Wende‹. Manuskript für eine Sendung der Reihe ›Sonntag um Sechs‹. Südwestrundfunk (SWR) September 2000, S. 38.

75 Dorothea von Törne, Haben Sie noch die Mauer im Kopf, Frau Burmeister? In: *Der Tagesspiegel*, Dezember 1995, S. 31.

76 Heide Hollmer, Von den Schwierigkeiten, den ›Wahnsinn‹ zu erzählen – die deutsche Literatur zum ›Mauerfall‹ und zur ›Wende‹. Manuskript für eine Sendung der Reihe ›Sonntag um Sechs‹. Südwestrundfunk (SWR), September 2000, S. 39.

te Dichotomisierung zwischen ehemaligen guten und jetzigen schlechten Zeiten einerseits, bösem Westen und gutem Osten andererseits, gestaltet. Dieser Problematik soll im folgenden nachgegangen werden. Es soll hinterfragt werden, ob und wie manches darauf hindeuten kann, daß eine gewisse Relativierung in der Darstellung zu spüren ist, zumindest was den Heimat- und Identitätsverlust angeht.

Die Romanheldin nennt ihre Heimat, die DDR, »unser kleinkariertes Land«(*Norma*, 45) oder »den gemeinsamen Feind.« (*Norma*, 61) In Marianne Arends' Mund zeugen diese Ausdrücke davon, daß der Umgang der Machthaber mit den Bürgerinnen und Bürgern nicht reibungslos war: »(...) Früher betrogen und heute wieder und jedesmal von den eigenen, erst den Klassenbrüdern, nun den Landsleuten, mit denen man unbedingt vereinigt sein wollte, war das einzig Richtige, aber wer konnte ahnen, wie die sich dann aufführen würden (...)« (*Norma*, 85) Anscheinend hat sich Marianne »früher« nicht wohler gefühlt als »heute«. Damit ist jedoch nicht gesagt, daß Marianne die Zeit zurückdrehen möchte bis vor dem Mauerfall:

»Erleichterung spürte ich immer noch, inzwischen ohne ein Gefühl des Unwirklichen. Das hatte sich verlagert, es durchzog die Vergangenheit. Kaum noch vorzustellen, die Mauern, Türme, Drähte, Verhaue, Gräben, Wachposten, Hunde, die Grenze im Fluß, die Blenden am Brückengeländer, so daß man nicht ins Wasser sehen konnte, ein Bahnhof voller Soldaten, sogar auf einem Laufsteg an der Stirnseite des Daches patrouillierten sie, hätten in die Menge zielen, den Feind an der Bahnsteigkante abschießen können, wo die weiße Sperrlinie war, die die Reisenden erst nach Erlaubniskommando übertreten durften, wirklich, kaum vorzustellen, aber noch da, verblassendes Erinnerungszeichen an einen Zustand permanenter Abwehr, Kriegsersatz. Vielleicht hatte ich ihn schon irrealisiert, als er real existierte, ihn soweit wie möglich ausgesperrt, damit ich unter seinen Bedingungen leben konnte. Wie wären die auf Dauer bei vollem Bewußtsein ertragbar gewesen. Eine Stadt der Weltmeister im Verdrängen, zu beiden Seiten der Mauer, die eher zusammenbrach als unser Verstand, unsere Gesundheit, unsere Fähigkeit zu überleben, dachte ich.« (*Norma*, 111f.)

Eine solche Haltung nimmt Mariannes Sex-Partner Max ein. Für Max ist es »anstrengend, zu den Ehemaligen zu gehören« (*Norma*, 282), denn: »Wir leben in bewegten Zeiten. Soviel Anfang war noch nie, und alles im Eimer. Die Vergangenheit ostelbisch Trümmer und Morast, die Zukunft allgemein vielleicht nur kurz.«(*Norma*, 281) Max sieht jedoch keinen Grund, zurückzublicken. Vielmehr schlägt er vor, mehr Mut zu wagen: »(...)Lassen wir uns nicht beirren, nach dem eigenen Platz in der großen Verstrickung zu fragen, nach der Mitschuld unseres Formats! Widerstehen wir der Wahl zwischen Vergessen und hundert Jahren Haß!(...)« (*Norma*, 282) oder auch: »(...)Darf uns das entmutigen? Und sind wir auf dem richtigen Weg, wenn wir unsere Identität in geschlossener Fülle suchen, in Lückenlosigkeit? Ich warne vor dem Horror vacui.«(*Norma*, 282)

Aus der Haltung von Marianne und Max stellt sich heraus, daß beide Gestalten kein ungebrochen idyllisches Urteil über die zusammengebrochene Heimat fällen. Beide drücken zwar ihr Heimweh aus, kommen aber nicht auf die Typisierung von ehemaligen Guten und heutigen Bösen zu sprechen. Sie machen vielmehr darauf aufmerksam, daß das Leben sowohl früher als auch heute schwer ist. Obwohl der Blick nach vorne bei Marianne häufiger vorkommt als bei Max, stimmen beide Figuren darin überein, daß sie zur Akzeptanz der Vergangenheit und der damit zusammenhängenden Übernahme von Verantwortung einladen. Die quälende »Erinnerungsarbeit« beider Figuren ist wie ein permanenter Aufschrei gegen den Zeitgeist, gegen das Vergessen, das bei vielen Ostdeutschen zu spüren ist. Die Liebe zur zerbrochenen Heimat ist damit eine Mischung aus Faszination und kritischer Einstellung, die keine Wiederherstellung der DDR als Ort ihrer Echtheit zur Folge haben dürfte. Ist Gewesenes von Bedeutung, so soll es doch keinen Störfaktor bei der Mitgestaltung eines neuen Werdegangs in den «bewegten Zeiten« der Nachwendezeit ausmachen. Max nimmt die Gelegenheit des Freundschaftsbundes, der auf Wunsch von Marianne und Norma ins Leben gerufen worden ist, nicht nur deshalb wahr, um Wegweisendes zu sagen; vielmehr belegt er die These, daß das Mitdenken der osdeutschen Bürgerinnen und Bürger an »den eigenen Platz in der großen Verstrickung« die nützliche Aufgabe auf der Suche nach der neuen Identität ist.

Als Gegenpol zu der von Marianne und Max vertretenen Meinung zur DDR-Heimat will ich einige Textepisoden illustrieren, in denen Figuren aus Mariannes unmittelbarer Nähe auftreten. Während Marianne nach der Vereinigung in Ostberlin bleibt, geht Johannes in den Westen, nach Mannheim, wo er eine neue Karriere in einer Computerfirma beginnt. Zwar telefonieren Marianne und ihr Ehemann häufig miteinander; Streit bricht aber immer dann aus, wenn die Frau ihr Interesse an den Vorgängen des »Damals« vorführt. Um den Disput herum kreisen zwei völlig gegensätzliche Einstellungen: Marianne läßt die gemeinsam verbrachte DDR-Vergangenheit nicht aus den Augen; Johannes seinerseits will nicht »diesen alten Zeiten« Aufmerksamkeit schenken, weil er im Festhalten an den »alten Zeiten« eine Infragestellung der Umstände der Nachwendezeit erkennt. Das gilt beispielsweise für Mariannes Vorschlag, den Urlaub an der Ostsee mit ihm zu verbringen: »(...) Weil du dich an anderes nicht erinnern willst. Weil sie zur Abwehr von Ichweißnichtwas in der Gegenwart herhalten sollen, deine alten Zeiten(...) (*Norma*, 104) Daß Mariannes Ehemann Worte wie »deine alten Zeiten« verwendet, weist auf Irritation und Distanzierung hin. Johannes belegt explizit die Tatsache, daß er nicht zu den »Ehemaligen« gehören will und sich weigert, an Nostalgie und Verbundenheit mit der DDR zu denken. Nirgendwo im Romanverlauf ist Heimweh bei ihm zu spüren. Vielmehr blickt Johannes nur nach vorne. Da, wo er zu Wort kommt, ist immer vom Jetzt die Rede; er verkündet ununterbrochen seine Zufriedenheit mit der neuen Welt, als hätte für ihn kein »Damals« existiert. Das thematisiert er, als Marianne ihn besucht, sich im Westen aber nicht zurechtfinden kann. Als Gegenstimme zu seiner Frau, die sich an ihr ostdeutsches Ambiente klammert, tritt Johannes demonstrativ auf, wobei er seine gesellschaftliche Wandlung in der Anwesendheit der Ostberlinerin Marianne beweist: »Siehst du, wir haben es geschafft. Sind angekommen in einer Gesellschaft, die uns guttut, ich sehe es dir an und bin froh darüber, freust du dich nicht auch?« (*Norma*, 223) Natürlich versucht Johannes, Marianne auf seine Seite zu ziehen, indem er ihr seine eigenen Gefühle einpflanzen will. Deutlich erwartet er von seiner Frau, daß sie sich diesmal ebenfalls einer westdeutschen Metamorphose öffnet: »freust du dich nicht?« lautet seine Frage an Marianne, die ihrerseits »nickte«(*Norma*, 223), um keinen neuen Streit hervorzurufen. Es mag dazu der plötzliche Zusammenbruch der Ehe als Doppelscheitern angedeutet werden: Johannes ist es nicht gelungen, seine Frau zu verwestlichen und damit zugleich ihre ostdeutsche Identität zu minimieren.

Johannes' Betrachtungsweise des »Damals«, an der sich kein Anzeichen von Heimweh zeigt, wird auch von Emilia und Schwarz geteilt. Es muß betont werden, daß der inszenierte Dialog zwischen Emilia und Marianne eigentlich als Selbstgespräch von Marianne verstanden werden soll. Die fingierte Tochter ist nur das Produkt der Halluzinationen der Protagonistin Marianne. Emilia, die fiktive Tochter von Marianne, wirft ihrer Mutter vor, ständig von Vergangenem zu reden. Ihre Irritation kulminiert, als ihre Mutter danach fragt, ob ihr etwas fehle. Ohne Zögern gibt Emilia zu verstehen: »Was mir total fehlt, zum Beispiel, ist die Übersicht, was hier so läuft, und wozu dieses dauernde Gerede von früher, war es denn soviel besser, soviel schlechter?«(*Norma*, 121) In ihren Augen versucht Marianne bloß, sich vom Jetzigen abzuwenden und allein in ihren Gedanken zu leben. Demgegenüber bringt Emilia ein paar Vorschläge vor, die ihre Mutter zur Tätigkeit führen sollten, denn »Bewegung ist alles, heutzutage« (*Norma*, 123):

1) »Eine Hauschronik sollte ihre Mutter schreiben

2) oder eine Stelle zur Koordinierung von Nostalgikern und Vergangenheitslosen bzw.

3) ein Fundbüro für Erinnerungen einrichten,

4) eine Müllverwertungsbastelwerkstatt,

5) ein Trainingslager für arbeitslose Aufarbeiter,

6) ein Beratungszentrum Wohin aus Deutschland und wie weiter.«(ebenda)

Emilias Vorschläge sind ersichtlich von Spott und Sarkasmus geprägt. Hiermit wertet sie die Liebe ihrer Mutter zu Rückblicken auf »früher« ironisch auf, verrät aber implizit ihre eigene Aversion gegen alles, was sich auf die DDR-Vergangenheit bezieht. Eine ähnliche Kritik an dem »Vergangenen« wird auch bei Schwarz reflektiert. Als Margarete Bauer, eine der Mitbewohnerinnen von Marianne, sich das Leben nahm, wurde auf dem Ostberliner Hof spekuliert, polemisiert und debattiert über die Beweggründe bzw. die Rechtfertigung eines solchen hoffnungslosen Aktes. In diesem verhetzten Ambiente kommt Frau Schwarz zu Wort, um Margaretes Tod im Lichte der vierzigjährigen Schwierigkeiten von »früher« zu bewerten:

»(...) Dann wieder hatte dieses Wesen den Kopf verloren, denn man bringt sich doch nicht um wegen solcher Geschichten, wo kämen wir hin, wenn jeder, dem was schief geht, den Strick nimmt, nein, da müssen wir jetzt durch, schließlich kann es nur besser werden, und wer die vierzig Jahre überstanden hat, was wollen die Leute eigentlich, immer den Segen von oben und diesmal den richtigen, bloß nicht sich durchbeißen, Verantwortung übernehmen, stellen Sie sich das vor, als Mutter, ich habe den Jungen gesehen, total verstört, wie konnte sie ihm das antun.« (*Norma*, 43)

Durch die Stellungnahme von Frau Schwarz zieht sich der Gedanke, daß ihre Mitbürgerinnen und Mitbürger keinen Grund dazu haben sollten, das Gegenwärtige schwarz zu malen, zumal das Gewesene in den »alten Zeiten« nicht besser war. Frau Schwarz formuliert deutlich keinen DDR-Patriotismus. Vielmehr plädiert sie für Akzeptanz der neuen Umstände in der Hoffnung auf Verbesserung. Das schließt letztlich jede Verbundenheit mit ihrer ehemaligen Heimat DDR aus, deren Untergang bei ihr keine melancholischen Spuren hinterlassen hat.

Im Wirken der jeweiligen Protagonisten im Romanganzen erhält der Heimat- und Identitätsverlust seine Komplexität bei Brigitte Burmeister. Die einen entwickeln eine gewisse Identifikation mit der untergegangenen DDR, die anderen scheinen ihrer gemeinsam verbrachten Vergangenheit den Rücken zu kehren. Brigitte Burmeister spielt die DDR und das vereinte Deutschland nicht gegeneinander aus. Ihre Kritik sucht die Balance, obwohl ihre inszenierten Ostprotagonisten eine marginale Rolle nach der Wende spielen.

2.2.4.1.3. Leben in der Marginalisierung

»Es ist ein großes Haus, hundert Jahre alt. Der Stadtteil, in dem das Haus steht, hieß weiter Mitte, als er längst Rand war, dahinter Niemandsland (…) Von der Ecke, an der das Haus steht, gelangt man jetzt in wenigen Minuten unter hohe Bäume. Sie waren vor dem Krieg schon da oder sind nachgewachsen in fast fünfzig Jahren, jünger damit als das Viertel, das wieder Mitte ist, auch wenn die meisten seiner Straßen so vergessen aussehen wie all die Zeit zuvor. Zufällig stehengebliebene, da und dort frisch verputzte Häuser mit dem vor hundert Jahren festgebauten Gefälle der Annehmlichkeiten vom Vorderhaus über das Quergebäude in die Hinterhöfe, einer übersichtlichen Verknappung von Raum, Licht, Wasser, an der später ein wenig herumgebessert wurde, in besonders krassen Fällen. Zu denen zählte das Haus an der Ecke nicht, durchschnittlich dürftig, wie es war und blieb, so daß jetzt, in neuem Licht, seine Häßlichkeit kolossal erscheint und man beim Anblick des Hauses über die Einwohner Bescheid weiß: eine graue, grämliche Masse, in vier Schichten auf das Vorderhaus und die hinteren Eingänge A bis E verteilt (…)«(*Norma*, 7)

Mit diesen Worten führt die Erzählerin Marianne den Leser sowohl in ihre Lebensbedingungen wie auch in die ihrer Mitbewohnerinnen und Mitbewohner in Ostberlin ein. Der Hof ist »krass«: »Bis vor kurzem hatte der Hof ausgesehen, schlimmer denn je, das stellten alle fest, die vorbeigingen oder irgendetwas neben den überquellenden Tonnen und Containern abzuladen hatten(…)« (*Norma*, 17) Laut ist es dort: »Polyphonie im Hinterhof.« (*Norma*, 128) Dominierend an diesem Haus, das »an der Ecke liegt«, »am Rand des Niemandslandes, vorbei an Scharen von Stadtwanderern«(*Norma*, 34), ist die Härte: »Die Straße war hart, die Häuserwände waren hart, die Laternenpfähle, die Autos am Straßenrand und die wenigen, die noch vorbeifuhren, alles um mich her war hart.« (*Norma*, 126) Der Weg, der zum Haus führt, ist »nicht weit, aber mühselig, weil kein Vorankommen zu spüren war.« (*Norma*, 126) Auffallend ist über das Äußerliche hinaus »die Enge der Wohnung, in der niemand ein Zimmer für sich hatte, der eiserne Ausguß in der Küche, fließend kaltes Wasser immerhin und eine Innentoilette, zum Kochen ein Kohleherd – eine Kochmaschine«(...) (*Norma*, 142f.) Mariannes Decke sieht »rissig und grau« aus, ihre Wohnung ist »ziemlich heruntergekommen.« Sie vergleicht deshalb die Ostberliner Höfe mit »Höhlen.« (*Norma*, 215) Anläßlich ihres Besuches in Mannheim bei Johannes behält Marianne immer wieder die Charakteristika des Ostberliner Biotops im Auge. Sie zieht immer wieder Parallelen zwischen dem, was sie im Westen sieht, und dem, was ihr zu ihrem Zuhause einfällt. Die Schönheit der westlichen Straßen übt eine gewisse Faszination auf Marianne aus. Dazu konstatiert sie beispielweise, daß das Haus, »in dem wir wohnten, das kleinste und schlichteste, dabei hübscher als alle Häuser in der Luisen-, Marien- und Albrechtstraße zusammen, denen die Gärten fehlten und die beruhigende Ausstrahlung des Unversehnten. In der Straße hier wohnten weniger Menschen als in den Aufgängen A bis E bei mir zu Hause. Dorthin zurückzukehren, war ein entrückter Gedanke.« (*Norma*, 209f) Auch der Stille bei Johannes kann Marianne nicht entgehen. Sie schreibt deshalb an ihre Freundin Norma, die in Ostberlin geblieben ist: »Liebe, komm und bring mit, wen immer Du willst, Du könntest Dir auch das Auto volladen mit Leuten aus dem Hof, damit sie hier für Lärm und Besäufnis sorgen und Johannes' Gäste das Gruseln lehren, alleine schaffe ich es nicht.« (*Norma*, 212) Die Geräusche, die sie auf Johannes' Hof hört, »sind angenehm und einschläfernd wie die Wärme.« (*Norma*, 216) Im Gespräch mit Corinna Kling, einer Nachbarin von Johannes, räumt Marianne ein, sie lebe in einem »Wüstenland« und Corinna » in einer blühenden Oase.« (*Norma*, 225)

Auf welche Weise der Eindruck einer Marginalisierung vermittelt wird, soll im folgenden aufgezeigt werden.

Anscheinend stilisiert Marianne eine in sich verschlossene Welt, die in vielerlei Hinsicht Auskunft über ihre Besonderheit gibt. Es frappiert das Alter des Hauses und des Viertels. Marianne erzählt von einem »hundertjährigen Haus«, umgeben von »hohen Bäumen, die vor dem Krieg schon da waren oder nachgewachsen in fünfzig Jahren« sind. Diese fünfzigjährigen Bäume sind jünger als das Viertel. Das hat zur Folge, daß Mariannes Universum Züge des Archaischen erhält. Dazu kommt auch die Tatsache, daß die Schilderung alle Schönheit ausschließt. Allein Johannes′ kleines Haus ist »hübscher als alle Häuser in der Luisen-, Marien- und Albrechtstraße zusammen«, d.h. das Stadtviertel, in dem Marianne im Osten wohnt, sowie dessen Umgebung. Alles »um Marianne her war hart«, die meisten Straßen, die »vergessen aussehen«, und die »graue, grämliche Masse« tragen zur »kolossalen Häßlichkeit des Ganzen« bei. Hier scheint es, als redete Marianne von einer von der Außenwelt getrennten Wohnung, in der alles baufällig ist. Formulierungen wie z. B. »am Rand des Niemandslands, vorbei an Scharen von Stadtwanderern« oder »Ecke«, transportieren Gefühle des Besonderen, des Einzigartigen. Wer das »hundertjährige Haus« erreichen möchte, soll deshalb einen Weg gehen, der zwar »nicht weit«, »aber mühselig« ist, »weil kein Vorankommen zu spüren war.« In diesem Anachronismus, im Reich des Abseits, wo sich »die Enge der Wohnung« geltend macht, werden eigene Spielregeln festgelegt, die wenig mit den allgemein gültigen zu tun haben. Laute aller Art gelten als Normalität, die Stille als Anormalität: »Was mich stört, tagsüber, ist die Stille. Sie ist hier immer falsch und eine Ablenkung, weil man versucht herauszuhören, was sie verdeckt, oder den Anblick vorauszuahnen, in dem sie plötzlich zerreißt.« (*Norma*, 12) Alles spricht dafür, daß die Bewohner selbst auch zu dieser lauten Stimmung beitragen. Verben wie »laufen«, klingeln« sowie die Substantive »Polyphonie« und »Geräusche«, lassen die Einwohner laut erscheinen. In Mariannes »Wüstensand« sind auch die hygienischen Verhältnisse erbärmlich. Container und Müllbeutel gehören zur Dekoration des Alltags und niemanden konnte das kränken, »bis das Haus einen Hausmeister bekam und dieser die Herausforderung der neuen Zeit annahm.«(*Norma*, 126) Kühne, der Hausmeister, versucht endlich moderne hygienische Lebensverhältnisse auf dem Hof herzustellen. So eine Routinetat stößt auf Mariannes Interesse:

»Kühne fegte erbarmungslos gründlich, besonders in den Ritzen. Daß er mit seinem Besen das Pflaster kitzelt, bis es lacht, dachte ich nicht mehr. Ich sah ihm mittlerweile ohne Vergnügen bei der Arbeit zu, unschlüssig, ob ich damit aufhören oder weiter hinsehen sollte. Um den Augenblick nicht zu verpassen, in dem die behäbige Gestalt im blauen Kittel etwas tat, das mir Klarheit verschaffte.« (*Norma*, 17)

Selbstverständlich zeigt die Romanheldin auf diese Weise, daß der Kosmos auf dem Ostberliner Hof jenseits der Modernität lebt und erst jetzt lernt, sich auf der Höhe »der Herausforderung der neuen Zeit« zu zeigen. Versucht Kühne, der Hausmeister, die Seinen aus ihrer Marginalisierung herauszuholen, so stellen die meisten Bewohner des Hofes eine Clique sui generis dar, die an der Marginalität festhält. Die Erzählung findet Ähnlichkeiten zwischen der »grauen, grämlichen Masse« und diesen Einwohnern selbst, so daß das »kolossal häßliche« Universum das Schicksal des Personals determiniert. Hier funktioniert die Szene auf dem Ostberliner Hof wie ein in sich verschlossener Schauplatz, wo die Ich-Erzählerin die Protagonisten in zwei merkwürdige Hauptgruppen einteilt: »die Verzogenen oder Gestorbenen«, darunter: »Frau Schwarz, der die Umwelt immer unverständlicher wurde« (*Norma*, 10), »Johannes, die Schwestern König, Herr Samuel, den seine Frau zum Rauchen immer auf die Straße geschickt hat, Margarete Bauer.« (*Norma*, 16) Neben dieser Gruppe stehen »die Jetzigen« wie u.a. Norma, Mariannes Freundin, der Klempner Behr, der schon erwähnte Hausmeister Kühne, Frau Müller und ihr Mann.

2.2.5. Wächst zusammen, was zusammengehört?

2.2.5.1. Gegenseitige Vorurteile, Bedenken, Stereotypen

Der Fall der Berliner Mauer, der später die Vereinigung beider deutscher Staaten ermöglichte, rief Ost-West-Kontakte hervor. Erörtert wird hier, wie diese Annäherung auf beiden Seiten auf Widerstände stieß bzw. inwiefern in *Unter dem Namen Norma* Belege für das zu finden sind, was Leonore Schwartz die »Uneinigkeit der Vereinigten« nennt. Entscheidend sind in diesem Zusammenhang zwei Episoden im Romanverlauf: die Szene bei Ande und Mariannes Bericht von ihrer Westreise.

Ande ist ein Bekannter von Max, Mariannes Sex-Partner. In Max' Lokal beobachtet die erzählende Romanfigur eine Szene mit großer Aufmerksamkeit. Ein älterer und ein jüngerer Mann sitzen in der Kneipe und trinken Bier. Unter den Anwesenden ist ein Paar, das für Marianne zu denjenigen »von drüben« gehört. Marianne spürt, daß in der Kneipe eine gespannte Stimmung herrscht. Sie schaut sich die beiden Männer an und stellt sich zugleich vor, was sie von dem Paar »von drüben« denken könnten, denn; »Der Jüngere drehte kurz den Kopf, darauf gefaßt, daß kein Anblick hier die Mühe des Kopfdrehens lohnte, nur Spinner und öde Weiber, jetzt sogar – ich sah am Mißtrauen in seinem weggleitenden Blick, er hatte das Paar erfaßt – welche von drüben.« (*Norma*, 82) Immer weiter sich ihrer Phantasie bedienend, bemerkt Marianne: Der Jüngere »starrte unverhohlen feindselig zu der Frau und dem Mann hinüber, sollten sie seinen Blick doch bemerken, dann würde man weitersehen« (ebenda). Auf die aggressive Attitüde des Jüngeren reagiert das Touristenpaar nicht. Vielmehr »blätterte die Frau in einer Broschüre, der Mann studierte den Stadtplan, zwischendurch griffen sie nach den Gläsern mit Mineralwasser, wechselten ein paar Worte, lasen weiter, waren ganz unbefangen in einer Umgebung, die ihnen fremder sein mußte als ihr Hotel in Kenia oder auf den Malediven oder wo immer sie die Ferien verbracht hatten.« (*Norma*, 83) Für Marianne gibt es keine Spur eines Zweifels mehr. Der Mann und die Frau sind »geübte Reisende und als solche im Osten unterwegs, vielleicht absichtlich von der Touristenroute abgewichen auf der Suche nach Authentischem, dann erschöpft in das erstbeste Lokal eingekehrt, für einen Schluck Wasser und um den Rückweg zu planen, was sie in aller Unschuld taten, durch keinen Instinkt gewarnt vor dem Eingeborenen, der sie böse belauerte, weil er sie für Landnehmer halten mochte, sie jedenfalls als Eindringlinge aus dem Lager der Stärkeren, Anmaßenden und Hartherzigen betrachtete, die sich hier, wenn man sie nicht umgehend an die Luft setzte, über kurz oder lang als Herren aufführen würden.« (*Norma*, 83)

Ohne genau zu hören, worüber sich der Ältere und der Jüngere unterhalten, kommt Marianne zu dem Schluß, daß beide »denen von drüben zeigen wollten, daß sie es hier nicht mit Bimbos zu tun hatten, die sich alles bieten ließen.« (*Norma*, 85) Dementsprechend schließt Marianne einen heftigen Streit zwischen den Bier trinkenden Ostlern und dem Paar »von drüben« nicht aus. Natürlich wäre sie daran interessiert, wie ein solcher Disput aussehen würde. Eine detailgenaue Darstellung des in ihrer Imagination tatsächlich stattfindenden Krachs schildert sie jedenfalls vorab:

»Ich war mir sicher, ich würde, wenn ich weiter hinsah um mitzuhören, den Moment erfassen, in dem sie sich zum Angriff entschlossen, auf ihren Stühlen in Stellung gingen, der Junge mit breiter Brust dem Feinde zugekehrt, der Alte seitlich, parat zum Sekundieren, ein Augenblick des Luftholens, der Stille, bevor sie das Feuer eröffneten, mit kleiner Munition zunächst, um sich einem Gegner bemerkbar zu machen, der sie ahnungslos oder bewußt ignorierte, nicht wahrhaben wollte, daß von nun an geschossen wurde, also Verteidigung angezeigt war oder Flucht, statt der Beschäftigung mit Broschüren, Stadtplan, Wassergläsern und sich selbst, aufreizend unerreichbar.« (*Norma*, 85f.)

Das Touristenpaar, das Marianne als den Feind beider Bier Trinkenden präsentiert, scheint eine gewisse Faszination auf sie auszuüben, denn es »besaß diese Strahlung von Unantastbarkeit, diese sanfte Autarkie von Lebewesen, denen es an nichts fehlte, die Mangel nur als Anblick in der Fremde kannten.« (*Norma*, 86) Allein die äußere Erscheinung des Paares macht Marianne sicher, daß solche Leute sich nicht getroffen fühlen »durch rachedurstige Reden mit fremdartigem Akzent, von Leuten denen sie nichts getan hatten oder tun würden, mit denen sie nie im Leben etwas zu tun hatten oder tun würden.« (*Norma*, 87) Nichts von dem, was die erzählende Figur Marianne sich vorstellt, ist zwischen den Westlern und den Ostlern in Andes Lokal geschehen. Marianne verrät es selbst und bringt zugleich ihre eigene Enttäuschung zum Ausdruck: Das touristische Paar zählte »Münzen auf den Tisch, nahm seine Sachen und ging hinaus, auf der Straße einen Moment unschlüssig, in welche Richtung, dann ab nach rechts, den Weg zur U-Bahn.« (*Norma*, 87f.) Danach lenkt sie ihre Aufmerksamkeit auf die beiden Männer, wobei sie sich in die Gefühle der beiden Figuren versetzt: »Der Alte und der Junge guckten hinterher, verdutzt, weil ihnen unversehens der Feind abhanden gekommen, und unentschieden, ob sie dessen schnelles Verschwinden als Sieg oder Niederlage verbuchen sollten. Sie hüllten sich in Rauch, tranken und schwiegen.« (*Norma*, 88) Aus schnell wechselnder Perspektive kommt auch Marianne auf das Touristenpaar zu sprechen, das sie als »Akademiker, Ende Vierzig, verheiratet, zwei erwachsene Kinder, evangelisch, Wohnung in Hamburg, Landhaus in der Toscana, in der Freizeit Musizieren, Tennis, Gartenarbeit« (*Norma*, 88) präsentiert oder als »zwei Westler auf Beutezug« (*Norma*, 93), obwohl sie einräumt, keine Übung im Spurenlesen auf Gesichtern zu haben. (*Norma*, 90)

Welche Vorurteils-Strukturen die Episode bei Ande illustiert, will ich im folgenden aufzeigen. Ich konzentriere meine Analyse dabei auf zwei Aspekte: zum einen auf den Seelenzustand der erzählenden Figur, zum anderen auf ihre jeweilige Welt-Konstruktion.

Die Szene, die sich in Andes Kneipe abspielt, wird aus Mariannes Sicht geschildert. Weder Ande noch die zwei Bier Trinkenden oder das mutmaßliche Touristenpaar kommen direkt zu Wort. Vielmehr »sah« Marianne »hinüber«, hörte den Trinkenden zu. (*Norma*, 82) Das Ganze beruht auf Gesehenem und Gehörtem, schließt aber stellenweise eine volle Glaubwürdigkeit aus, denn »die Musik war jetzt laut.« (*Norma*, 85) Diese ungewisse Stimmung bietet Marianne einen fruchtbaren Boden für Vorstellungen und Vermutungen. Sie glaubt, die ›West‹-Touristen »schreckten vor nichts zurück, wenn sie Geld rochen.« (*Norma*, 82) Hier verbindet die Romanheldin die von ihr selbst unterstellte Arroganz der Westdeutschen mit deren materiellem Wohlstand. Der Mythos eines »D-Mark-Patriotismus« (Margarete Mitscherlich) wird damit von neuem aufgegriffen. Marianne stellt sich arrogante Touristen vor, die sich an ihre Deutschmark klammern. Keinesfalls darf die Darstellung durch die Ich-Erzählerin beim Wort genommen werden. Nichts entspricht hier der Wirklichkeit; alles ist nur Mariannes Konstruktion. Zu diesen Projektionen gehört beispielweise der Topos des Westdeutschen als »geübter Reisender«, der häufiger in exotischen Ländern gewesen ist als Leute in der DDR. Es ist kein Zufall, daß die mutmaßlichen Touristen weniger mit Ostdeutschland vertraut sind als mit weit entfernten Ländern wie »Kenia« oder den »Malediven«. Damit schildert die Erzählung den Besuch des Paares in Andes Lokal nur als Zwischenstation. Selbstverständlich hat eine solche Darstellung zum Ziel, Ostdeutschland absichtlich noch fremder als Kenia erscheinen zu lassen. Jedoch wird das Touristenpaar für »Landnehmer« gehalten, für »Eindringlinge aus dem Lager der Stärkeren, Anmaßenden und Hartherzigen.« (*Norma*, 83) Sehr schnell typisiert Marianne die Westprotagonisten: Sie seien für den »Eingeborenen«, der »sie böse belauerte«, nur reine Kolonisatoren. Der schematische Charakter der Erzählung verleiht solchen Schnellschlüssen einen fragwürdigen Charakter. Sie weisen auch darauf hin, daß die Heldin oberflächliche Vorurteile fällt. Marianne imaginiert, suggeriert und deformiert sogar. Sie zeigt kein wirkliches Interesse an der Realität. Die dargestellte Welt spielt sich nur in ihrem Kopf, in ihrer Vorstellungskraft ab. Die Urteile, die hier gefällt werden, sind diejenigen, die Marianne von Zuhause mitbringt. Natürlich haben die Vorurteile nichts mit der Stimmung in Andes Kneipe zu tun. Mariannes Einschätzung beruht eher auf Emotionen und Halluzinationen als auf Konkretem. Das, was sie erzählt, existiert nicht. Selbst ihre stellenweise inszenierten Anstrengungen, authentisch zu berichten, sollten nicht darüber hinwegtäuschen, wie subjektiv die Konstruktionen sind. Marianne räumt es ein: »Die nahen Stimmen mischten sich ins Gemenge der Geräusche. Um noch Wörter zu erkennen, mußte ich sehen, woher sie kamen. Der Anblick der Sprecher half dem Verstehen auf die Sprünge, wenn Sätze im Krach verschwanden.« (*Norma*, 85) Das gilt beispielweise für die Gefühle, die Marianne dem Touristenpaar bei dessen Expedition nach Ostdeutschland unterstellt: »Die Straßen, die Häuser und die Höfe des Viertels mußten sie erschreckt haben.« (*Norma*, 86) Unterhalten hat sie sich mit den Touristen freilich nicht und kann daher nichts dergleichen wissen. Die Satzbildung- »mußten sie erschreckt haben «- drückt immerhin einen Zweifel aus und verweist auf den Charakter der Dartsellung als bloße Vermutung. Trotzdem versetzt sich die erzählende Figur in die vermeintliche Gefühlswelt der Westler hinein, wobei sie an ihnen »erschütternde Gestalten« erkannte, »verbunden mit dem Eindruck des Irrealen, sobald sie sich vorsagten, daß sie in der Hauptstadt ihrer Republik umhergingen.« (*Norma*, 86) Mit ihnen kontrastiert Marianne Bewohner in Ostdeutschland, die sie »unglückliche Höhlenbewohner« nennt. Es wird versucht, die vermutliche West-Ost-Kluft in Worte zu fassen und damit die These plausibel zu machen, es gebe zwei Deutschland in der Nachwendezeit: das Paradies im Westen und die Höhle im Osten. Für Marianne bleiben West- und Ostdeutschland immer zwei unterschiedliche Gebiete mit Bürgern, die nichts miteinander getan hätten oder tun würden. (*Norma*, 87) Während die Westdeutschen Gleichgültigkeit gegenüber dem anderen Teil Deutschlands an den Tag legen, verstricken sich die im Osten in »rachedurstigen Reden mit fremdartigem Akzent«. Somit werden die Ost-West-Klischees Mariannes auch sprachlich dokumentiert. Marianne stellt sich Akzentunterschiede zwischen West- und Ostdeutschen vor und vermutet zugleich die Existenz zweier deutscher Sprachen: eine westdeutsche und eine ostdeutsche. Man kann von einer Art Selbst-Dekonstruktion der Erzählerin sprechen: Marianne legitimiert ihre Ressentiments durch die Wahrnehmung der Realität. Zudem infizieren die Vorstellungen der Erzählerin die Text-Wirklichkeit. Mit anderen Worten: Die Konstruktion der Ich-Erzählerin subvertiert die westdeutschen Tatsachen.

Das gilt auch für den Reisebericht, den Marianne nach ihrem Aufenthalt in Mannheim verfaßt.

Schon im Zug »Ricarda Huch«, der von Basel nach Berlin fährt, achtet die Erzählerin Marianne auf alles, was in ihrer Umgebung liegt. Die »vornehmen Bahnhöfe« verströmten »Wohlstandsgeruch tief aus den Poren«. Überall herrschten Ordnung, Sauberkeit und Bequemlichkeit:

»Bauten und Gegenstände waren gediegen, geschmackvoll, gemacht für lange Dauer und fürs Auge, auch, sogar Plastik sah besser aus als bei uns. Es gab Rolltreppen, Transportbänder, Aufzüge, Gepäckkarren, alles kostenlos. Niemand mußte sich quälen mit Traglasten, auch nicht mit Hunger oder Durst. Essen und trinken, nichts leichter als das, schwierig höchstens die Entscheidung, wo am besten. Man brauchte sich nicht zu fürchten vor den Zügen, den Schaffnern, der Fahrt. Informationstafeln und Hinweisschilder fehlten nicht, sie befanden sich an den richtigen Stellen (...).«(*Norma*, 206f.)

Diszipliniert handeln die Westreisenden: »Niemand hatte Grund, sich aufzuregen, zu drängeln. Man blieb ruhig und machte den Aussteigenden Platz. Wer unachtsam war, wer andere behinderte, wurde auf sein Fehlverhalten hingewiesen.« (*Norma*, 207) Als sie endlich im Westen ankommt, macht Marianne aus ihrem Fremdsein kein Hehl. Sowohl monologisch als auch bei Gesprächen mit Johannes, der sie am Bahnhof abholt, faßt sie ihre Fremdheit, ihre Entdeckung einer anderen Welt, in Worte. Sie habe »fremde Gesichter« gesehen, habe »später einzelnes wiedererkannt«, habe »noch immer keine Vorstellung, in welchem Teil der Stadt« sie sich befinde, obwohl sie

»doch schon zum dritten Mal da« gewesen sei. (*Norma*, 208) Stellenweise werden Mariannes Westbeobachtungen in der 3. Person erzählt: »Sie wunderte sich laut über den Zauberschlag, wiederholte das Wort, das zu der erstaunlichen Wirklichkeit paßte und zu ihrem Gefühl, durch magischen Trick hierher versetzt zu sein, zu zweit wie eh und je und in der Kapsel gut getarnt.« (*Norma*, 208) Immer wieder beeindruckt, fühlt Marianne sich plötzlich akzeptiert, denn niemand habe sie als Fremde auf der Straße bemerkt; sie sei »auch von der Gegend widerstandslos aufgenommen, als wäre sie schon bereit, sich annektieren zu lassen.« (*Norma*, 208) Bei Johannes schenkt Marianne sowohl den Innenräumen als auch der Außenwelt Aufmerksamkeit. Im Schlafzimmer herrschen »Helligkeit und Stille auf der breiten Matratze.« Dort sei sie allein, mit ihr im Zimmer die getigerte Katze auf einem Korbstuhl voller Kleidungsstücke. (*Norma*, 209) Zu ihrer Verfügung stehe auch »ein Bad, das so groß war wie die Küche zu Hause«. Draußen bemerkt Marianne, die Straße in Johannes' Viertel »hätte aus dem Villenvorort einer Großstadt stammen können«, obwohl das Viertel »ja ein Dorf« sei, oder wie sie selbst sagt: »Weder Dorf noch Stadt«, jedenfalls »eine Ansammlung von Einzelhäusern, Inselchen mit Bewohnern, die viel Platz um sich hatten und den Nachbarn nicht zu nahe traten.« (*Norma*, 210) Marianne stellt fest, »alles« sei »sehr schön« im Westen. Kontrastbilder vermag sie auch zu entwickeln. Dementsprechend korreliert sie Johannes' Haus mit dem Ostberliner Kosmos, dieser »grämlichen Masse, in vier Schichten auf das Vorderhaus.« Johannes' Haus sei das »kleinste und schlichteste, dabei hübscher als alle Häuser in der Luisen-, Marien- und Albrechtsstraße zusammen, denen die Gärten fehlten und die beruhigende Ausstrahlung des Unversehrten.« (*Norma*, 210) Auch hier »wohnten weniger Menschen als in den Aufgängen A bis E« bei ihr zu Hause in Ostberlin. Das Kontrastporträt führt Marianne dazu, mit ihrer östlichen Welt manchmal zu brechen, denn: »Dorthin zurückzukehren, war ein entrückter Gedanke.« (*Norma,* 210) Marianne weiß ihr neues Leben zu genießen; sie schildert deshalb ihre Gefühle phasenweise rücksichtslos, vor allem wenn sie mit ihrem Mann alleine ist, manchmal mit Alkohol-Unterstützung: »Wir saßen vor dem Haus bis in die Nacht. Wir sahen Sterne und die Lichter aus der Rheinebene. Wir tranken Wein aus dem Markgräflerland. Wir sprachen wenig und vermißten im Augenblick nichts. Ja, sagte ich, ich bin froh, hier zu sein, alles ist sehr schön.« (*Norma,* 210) Die erzählende Figur scheint sich jetzt in den Gewohnheiten der Einheimischen auszukennen. Ohne Zögern charakterisiert sie die Einwohner in Johannes' Viertel: »Normalerweise blieb, wer hier wohnte, in Haus und Garten oder fuhr im Auto davon.« Sie zeigt sich höflich, »grüßte alle«, an denen sie »vorbeikam«. Da alles ihr »verschlossen« bleibt, »womit sie sich beschäftigten«, versucht Marianne, »Kontakte über die Hecken hinweg« zu knüpfen. Jedoch habe sie »Gesichter« gesehen, bei denen ihr »alle Lust« vergehe. Sie fühlt sich zurückgewiesen, kommt von daher zu der Schlußfolgerung: »Sie sind so reserviert (...), jede Familie für sich und alle zusammen eine geschlossene Gesellschaft, zu der Fremde keinen Zutritt haben.« (*Norma*, 211) Es seien Leute »mit einer Glasur über den Gesichtern, vielleicht zum Schutz gegen die Zeit oder als Visier im Nahkampf, abweisende Gesichter jedenfalls«, die Marianne unfreundlich scheinen. Auf Johannes' nonchalante Feststellung, es handle sich um »Westmenschen, wie sie im Buche stehen«, erwidert Marianne, sie könne »nichts dafür, wenn sie so aussehen«. Sie muß sich mit den Gesprächen mit Silvia Erlenbacher begnügen, dieser Studentin, die »selten zu Hause« war, wenn sie »einander begegneten.« Marianne zieht sich zurück, kann aber das Wetter weiter genießen: »Es blieb warm. Die Tage begannen wolkenlos und vergingen in freundlichem Gleichmaß. Die Wohnung, die Katze, der Garten und abends Johannes.«(Norma, 213) »Die Geräusche vom Hof sind angenehm und einschläfernd wie die Wärme.« (*Norma*, 216) Bei einem solchen Wetter entscheidet sich Johannes dafür, eine Einweihungsparty zu organisieren. (Vgl. die IM-Dramatik: 3.2.4.1.1) Aus praktischen Organisationsgründen fragt Johannes seine Frau danach, ob ihr »niemand« zum Einladen einfiele. Mariannes Bekannte seien »weit weg«. Für sie aber wolle Johannes »ein Berlintreffen besser extra, (...) später einmal veranstalten.« Die Heldin ist mit dem Vorschlag ihres Mannes einverstanden, denn »die Leute sollen ja einigermaßen zusammenpassen.« (*Norma*, 212) Monologisch stellt sie sich aber inzwischen eine Ansichtskarte für die verbliebene Freundin Norma vor, wobei sie sie darum bittet, in den Westen zu kommen, ihr das Auto »volladen mit Leuten aus dem Hof, damit sie hier für Lärm und Besäufnis sorgen und Johannes' Gäste das Gruseln lehren« (*Norma*, 212), denn sie könne das alleine nicht schaffen. Im Verlauf der Party unterhalten sich Marianne und Corinna u.a. über Eßgewohnheiten. Corinna Kling, eine westdeutsche Bürgerin, denkt, im Osten hätten sich die alten Eßgewohnheiten erhalten, wo doch alles »rückständiger war«. Außerdem sieht sie in diesen »rückständigen« Lebensumständen keinen »Mangel« und nennt als Beispiel die »wundervollen« – und Marianne antizipiert, ergänzt den Satz mit »Alleen«, als hätte sie schon Bescheid gewußt. Solch »wundervolle Alleen« habe Corinna Kling »selbst gesehen«, »bei einer Autofahrt durch Mecklenburg, im Sommer nach der Wende.« Die Reise in den Osten, die sie als »traumhaft« empfunden habe, bezeichnet sie als nichts anderes als »einen Flug in die fünfziger Jahre«. Aus der Perspektive der »Einheimischen« sei es »gewiß hart.« (*Norma*, 218) Seit diesem Besuch habe Corinna »die neuen Länder nicht mehr betreten«, denn man sei »mit dem eigenen Leben viel zu sehr beschäftigt.« (*Norma*, 219) Bei Marianne verschmelzen Desorientierung und Bewunderung immer wieder miteinander. Über ihre guten Gefühle spricht sie zu sich selbst: »Was wollte ich nur, welche Sicherheit wovor, vor wem und wessen Schutz. Wärme ringsum, warm noch die Erde unter meinen Zehen. Niemand griff mich an. Ich mußte mich nicht panzern, nicht auf der Hut sein, in mein Inneres, der kleinen Fliege hinterher, verschwinden.« (*Norma*, 222f.) Jedoch wünscht sie sich »eine Art Gesellschaftsspiel, bei dem die Einzelnen sich vorstellten«, weil Menschen, »die so eng beisammensitzen, unter derselben Sonne, (...) mehr voneinander erfahren möchten als die Namen.« (*Norma*, 221f.) Statt eines solchen »Gesellschaftsspiels« inszeniert sich Marianne als IM, was von Corinna sofort geglaubt wird. Bei Johannes, der den Skandal bemerkt und wütend wird, beklagt sie sich über das vermutliche Doppelspiel der Westler: »Hinter der freundlichen Fassade« gebe es nichts als »Argwohn, Überzeugung von der kollektiven Verdorbenheit der Dagebliebenen«. Kein Westler habe die erfundene Geschichte »dem Verdacht ausgesetzt. Vielmehr wurde sie geglaubt«. Sauer zieht sie den unumgänglichen Schluß, alle Gäste Johannes' »hätten reagiert wie Corinna«, allesamt wissen »sie immer schon Bescheid, diese aufgeblasenen Originale, für die der Osten bevölkert ist von Stereotypen.« (*Norma*, 252) Daß Corinna Kling ihren Mann informiert, der seinerseits Johannes ins Vertrauen zieht, sei nur »der Zusammenschnitt von erwartungsgemäßen Gruselbildern.« (*Norma*, 252)

Im folgenden soll der Westbesuch Mariannes in seiner klischeehaften Dimension untersucht werden, und zwar zum einen auf der Ost-West-Ebene und zum anderen auf dem West-Ost-Niveau.

Die Reise in den Westen bildet eine Art Pilgerfahrt in eine Welt, über die die erzählende Figur viele Vermutungen anstellt, bevor sie sich selbst ein Bild an Ort und Stelle macht. Diese schon etablierten Überzeugungen paaren sich manchmal mit westlichen Beobachtungen, die allesamt in ein Konglomerat von Kurzschlüssen münden.

Alles fängt schon in dem Zug »Ricarda Huch« an und setzt sich bei Johannes fort bis zur dramatischen Einweihungsparty. Wenn sich Marianne auch mehr oder weniger unterschiedslos für alles interessiert, so lassen sich bei ihr im Laufe der Reise doch dominierende Themenbereiche feststellen, die stellenweise phantastische Ausmaße nehmen. Die Betrachtungsweise der erzählenden Instanz verpackt die Momentaufnahmen in einige Gemeinplätze: Bequemlichkeit in den westlichen Verkehrsmitteln, Sauberkeit, Ordnung, große Disziplin werden überall wahrgenommen. Es ist daher nur folgerichtig, wenn nichts auf der Reise abstoßend wirkt. Vielmehr wird alles als idyllisch dargestellt. Die Wortwahl hat hierzu beträchtliches Gewicht. Worte wie »vornehme Bahnhöfe«, »geschmackvolle Bauten«, »Wohlstandsgeruch«, »Rolltreppen«, »Transportbänder«, »Aufzüge«, »Gepäckkarren«, »kostenlos«, zeigen Mariannes positive Eindrücke an. Sogar »Plastik sah besser aus« auf den westlichen Bahnhöfen als im Osten. Ein klischeehaft gefärbtes Interesse drückt sich somit in fast allen Blicken auf die verschiedenen Stationen der Reise aus. Die zu Hause vorkonstruierte Welt, in der verbreitetete westliche Eigenschaften (hier fallen die wohl gepriesenen preußischen Tugenden auf) prägnant sind, wirkt sich auf den Erzählfluß der Ich-Instanz aus. Steffen Richter faßt Mariannes Haltung wie folgt zusammen: »Die Eindrücke der Erzählerin während ihrer Reise zu Johannes bleiben mitunter ungebrochen und unwidersprochen.«[77] Michael Braun äußert sich ebenfalls in diesem Sinne. Er geht seinerseits über die von den Vorurteilen beherrschte Sichtweise Mariannes hinaus, bringt aber Autorin und erzählende Figur unter einen Hut: »Die Autorin tut wenig, um die Klischees ihrer Protagonistin zu korrigieren.«[78]

Auch der kurze Aufenthalt bei Johannes, dem Ehemann, vergeht in dieser Tradition. Marianne nimmt die westliche Welt nicht aus einer kritisch-reflektierten Distanz wahr. Der fremde Westen ist für sie eine Schatzkammer mit zahllosen Kuriositäten, geprägt von übertriebener Faszination und prononciertem Unterlegenheitsgefühl, zumal sie den Schrott vom Ostberliner Hof im Auge behält. Als Marianne beispielsweise in Johannes' Stadtviertel ankommt, deutet sie ihr Fremdsein folgendermaßen an: Sie befindet sich »in unbekannter Gegend« (*Norma*, 208), fühlt sich aber zugleich komischerweise akzeptiert, denn niemand habe sie als Fremde auf der Straße bemerkt. Sie sei »auch von der Gegend widerstandslos aufgenommen, als wäre sie schon bereit, sich annektieren zu lassen.« (*Norma*, 208) Derlei widersprüchliche Einschaltungen lassen die Persönlichkeit der Figur als gestört in Er-

77 Steffen Richter, Brigitte Burmeister. In: Arnold, Heinz- Ludwig (Hrsg), KLG: Kritisches Lexikon zur deutschsprachigen Gegenwartsliteratur. München: text+ kritik.

78 Michael Braun, Fremd in einem Dschungel, der Deutschland heißt. Rezension zu *Unter dem Namen Norma*. In: *Basler Zeitung*, 5. 10. 1994.

scheinung treten. Deutlich ist von vornherein, daß nicht der West-Kosmos das Problem darstellt, sondern die Figur selbst. Alles geht in ihrem Kopf vor und das brüskierte Spiel mit den Personalpronomen (der Text wechselt ab Seite 208 zwischen Ich- und Sie-Form) führt keinen ausgeglichenen Blick in die Erzählung ein. Für Marianne geht es in erster Linie um ein Generalisieren: Jedes Objekt im Westen wird nur auf der Folie des Allgemeinen wahrgenommen. Diese Verallgemeinerung geht mit schnellen Typisierungen einher. Obwohl Mariannes Vorstellung nicht in die westlichen Häuser hineinreicht und sie sich demzufolge mit »zufälligen Einblicken begnügte« (*Norma*, 209), kommt sie auf eine Klassifizierung zu sprechen: »Normalerweise blieb, wer hier wohnte, in Haus und Garten oder fuhr im Auto davon. Auf meinen Spaziergängen grüßte ich alle, an denen ich vorbeikam.« (*Norma*, 210) Die Romanheldin bestätigt das Vorurteil, Haus, Garten, Auto seien das Lieblingstrio der Westler. Marianne entwickelt einen Mythos des Alltags in der westlichen Konsumgesellschaft, in der Geld vergöttert wird:

»Sie schicken eine Mahnung. Sind berechtigt, sehen sich gezwungen, wollen davon absehen, eine Mahngebühr zu erheben. Sie sind glücklich, dir das Passende für deinen Geschmack, zu dem sie dich beglückwünschen, anbieten zu können. Sie sorgen sich um deinen Umgang mit Geld und haben Mitarbeiter, die immer für dich da sind. Sie versenden Einladungen zum Mitmachen, Mitfahren, Ausprobieren und Glückslose. Du kannst gewinnen, sie drücken die Daumen. Die Freunde im Urlaub schreiben wenig, ihre Ansichtskarten hast du schnell erfaßt. Die Unbekannten aber vergessen dich nicht und erinnern daran: Ohne Asche keine Glut.« (*Norma*, 187)

Auch die Westdeutschen werden als verschlossene Figuren präsentiert. Die Folgen daraus seien eine fatale Introvertiertheit, Rückzug auf sich selbst, maskenhaft handelnde Westbürger: »Sie sind so reserviert (…), jede Familie für sich und alle zusammen eine geschlossene Gesellschaft, zu der Fremde keinen Zutritt haben.« (*Norma*, 211) In neuer Variation formuliert sie ihre Enttäuschung weiter: Westler seien Leute »mit einer Glasur über den Gesichtern, (…) abweisende Gesichter jedenfalls.« (*Norma*, 211) Ein solches Urteil trägt Züge des Oberflächlichen. Hier ist es schwer, zwischen realitätsbezogenen Beobachtungen und reinen Phantasmen in diesem schwebenden Korpus zu unterscheiden. Im Romanverlauf trifft Marianne selten auf Einwohner in Johannes' Viertel. Außer den episodischen Gesprächen mit der Nachbarin, der »stud. jur. Erlenbacher«, die »in Eile« ist, kann sie sich mit Corinna Kling unterhalten. Es fehlen dem Leser damit Textsituationen, die Mariannes Einstellung zu den Westbürgern untermauern könnten. Vielmehr muß sich der Leser mit ihrer subjektiven, monologischen Imagination begnügen. Folgende Episode mag diesen Standpunkt vor Augen führen: In einem Wachtraum stellt sich Marianne zwei heimkehrende Gatten vor, die sie selbst zur Rede stellt, wobei diese sich an sie wendet: »Hallo meine Liebe, Sie müssen noch eine Menge lernen, man merkt doch gleich, wo Sie herkommen, Schaumwein und Sättigungsbeilagen, sagten sie lächelnd, zogen die Dauerwellen ein und die Köpfe zurück durch die beiden Löcher in der Decke, die sich über mir schlossen wie Augenlider.« (*Norma*, 215) Das ist nichts als eine Symbolik des Vorurteils, die in ihrer Intensität über ihr eigenes Reisen hinausgeht und das Ost-West-Binom erheblich subjektiv färbt. Dabei präsentiert sich das Erzähl-Ich als auf Selbstblamage bedachtes Individuum, das nichts unternimmt, um sich im Westen positiv zu profilieren. Diese Sichtweise fällt auf fruchtbaren Boden beim Marianne-Corinna-Treffen, während der Einweihungsparty, die Johannes veranstaltet.

Mein Augenmerk möchte ich auf diese Sequenz legen, die den Westbesuch der Protagonistin zu einer klischeehaften Deutung anregt. Es stehen diesmal sowohl West-Ost als auch Ost-West-Vorurteile nebeneinander.

Schon das Gespräch zwischen Johannes und Marianne bei der Vorbereitung ist bedeutungstragend. Auf Johannes' Frage, ob Marianne sich bestimmte Gäste wünsche, antwortet sie, ihre Bekanntschaften seien »weit weg«. Darüber hinaus halte sie Johannes' Vorschlag für angebracht, »ein Berlintreffen extra« für die Hinterbliebenen zu organisieren. Sie ist schnell einverstanden, denn »die Leute sollen ja einigermaßen zusammenpassen.« (*Norma*, 212) Sehr schnell deformiert Marianne Johannes' Intention, der das Mißverständnis spürt und sie deshalb »unsicher ansah.« Damit demonstriert Marianne, daß sie selbst nicht zu den Westlern paßt, deutet aber auch implizit eine willkürliche Ost-West-Kluft an. Daß Mariannes Auslegung in Johannes' Augen in die Irre führt, stellt auch ihr defensives Wirken unter Beweis. Sie macht von daher kein Geheimnis um die psychische Differenz zwischen ihr und ihrem Ehemann. Das anfänglich gesetzte Signal, das Auskunft über die labile Mentalität Mariannes gibt, wird den Verlauf des Festes prägen.

Eine andere Protagonistin taucht auf, stellt sich als Gegenstimme zu Marianne vor: Corinna Kling und Marianne Arends verfallen in ein von Klischees beherrschtes Konzert. Mit Corinna Kling werden Gemeinplätze über den Osten aus der Sicht einer westlichen Figur vermittelt. Ihre Eindrücke über Ostdeutschland artikulieren baufällige Wohnungen und Anachronismus. Der Osten zeigt sich nicht auf der Höhe der Modernität. Es ist daher kein Zufall, wenn sie einen Ostbesuch nach der Wende »einen Ausflug in die 50er Jahre« nennt. In diesem Rahmen findet sie diese Ost-Alleen »wundervoll«, was Marianne selbst bestätigt. Das zweistimmige Konzert greift das östliche Universum als exotisches Ganzes auf, das mit dem ultramodernen Westdeutschland nichts zu tun habe. Worte wie »rückständig«, »hart« deuten auf jenen primitiven Raum hin, den Corinna Kling mit Ostdeutschland assoziiert. Wer aus dieser anachronischen Ferne kommt, der kann sich in Corinnas Augen in der westlichen Welt logischerweise nicht zurechtfinden: »Ich kann mir vorstellen, daß Sie sich hier ein wenig verloren fühlen, und wenn es Ihnen hilft, sollten Sie darüber sprechen« (*Norma*, 221), so lauten Corinnas Worte. Corinna Kling scheint damit ins Schwarze zu treffen, denn Marianne selbst verrät während der Party ihre psychische Instabilität. Zuerst prangert sie ihre eigene Ambivalenz an: »Was wollte ich nur, welche Sicherheit wovor, vor wem und wessen Schutz. Wärme ringsum, warm noch die Erde unter meinen Zehen. Niemand griff mich an. Ich mußte mich nicht panzern, nicht auf der Hut sein, in mein Inneres, der kleinen Fliege hinterher, verschwinden.« (*Norma*, 22f.) Sie schlägt dann Corinna »eine Art Gesellschaftsspiel« vor, bei dem »die Einzelnen sich vorstellten« zum gegenseitigen Kennenlernen. Sie greift eine Lügengeschichte auf, in der sie sich als Inoffizielle Mitarbeiterin der Staatssicherheit outet, wird schließlich durch dieses Bekenntnis zur Persona non grata im Westen. Dieser Erzählstrom, der von Unsicherheit und Trotzhandlung der Erzählerin geprägt ist, bringt schablonenhafte Schilderung der Westmenschen weiter zum Blühen. Nichts kann der Prädisposition der Romanheldin zu emotionalen Urteilen dem Boden entziehen, zumal die westlichen Reaktionen ihren Erwartungen entsprechen. Daß das Westpublikum der Selbstinszenierung seinerseits sofort Glauben schenkt, läßt sich ebenfalls als Bestandteil des Konglomerats vorbereiteter Ideen über die Ostler und ihre Geschichte begreifen. Daß Marianne bei dem wütend gewordenen Mann Johannes ihrem ganzen Pathos Luft macht, entwickelt die fatale Logik des Dialogs. Was Marianne bisher bekämpft (man denke an ihren Streit mit Norma, die dem IM-Verdacht Bauers zustimmt), wird paradoxerweise zu ihrem favorisierten Spiel beim Westbesuch: »Selbst ihre Rechtfertigung kommt nicht über Gemeinplätze und Schlagwörter hinaus«,[79] erklärt Heide Hollmer. Die Figur selbst äußert sich in diesem Sinne: »Ich bot, was immer mir einfiel: Daß ich es schon lange satt hatte, als

79 Heide Hollmer, Von den Schwierigkeiten, den ›Wahnsinn‹ zu erzählen – die deutsche Literatur zum ›Mauerfall‹ und zur ›Wende‹. In: Manuskript für eine Sendung der Reihe ›Sonntag um Sechs‹. Südwestrundfunk (SWR), September 2000, S. 43.

Abladeplatz für Mitleid und Belehrungen zu dienen, daß es mir zum Hals heraushing, eine Vertreterin des Typischen zu sein oder Randerscheinung (...) Ich war gekränkt, (...) Ich redete mich in Rage (...)« (*Norma*, 251) Von einem Vorurteil zum anderen, so scheint die Eigendynamik des West-Ost- und Ost-West-Verhältnisses zu lauten, wie Brigitte Burmeister selbst wie folgt erläutert:

»(...) Kurz, ich denke, daß die umlaufenden Klischees, gegenwärtig, ein Indiz unserer wechselseitigen Fremdheit sind. Die kann auch zu Idealisierungen führen, wie es ›dem Volk‹ der DDR im Herbst 89 widerfahren ist, oder den Westlern in der ersten Zeit nach dem Fall der Mauer. Jetzt haben wir eine völlig andere Situation, es gibt auf beiden Situationen Grund, befremdet zu sein – vorsichtig ausgedrückt – und dementsprechend zu projizieren: im Rahmen der alten und de facto sehr lebendigen Kollektiveinheiten ›wir hier‹ und ›die da drüben‹. Dem miesen Bild der grauen Spießbürger im Osten korrespondiert das der arroganten Kolonisatoren aus dem Westen, die sich aufführen, als hätten sie einen Krieg gewonnen. Auch dies stimmt ja irgendwo.«[80]

In neuer Variation fügt sie hinzu: »Für viele in der alten Bundesrepublik ist die Vereinigung doch nur etwas, was irgendwo im Osten stattgefunden hat (...) Die Menschen im Osten haben wieder ein Feindbild, gegen das sie sich zusammenschließen können.«[81] Dazu handeln Westler für Marianne als heuchlerische Figuren, die nur eine »freundliche Fassade« beweisen, alle überzeugt von der »kollektiven Verdorbenheit der Dagebliebenen.« Mariannes Blick auf die westliche Landschaft differenziert kaum. Allen Westlern fehlt der kritische Geist; sie seien deshalb »aufgeblasene Originale«, die nur den »Zusammenschnitt von erwartungsgemäßen Gruselbildern« bevorzugen. Absichtlich werden Westler als Figuren gezeigt, die zu keiner differenzierten Urteilskraft fähig sind und deren Reaktionen Ostler vorhersehen können. Natürlich stößt solch ein übertriebenes Urteil auf irritierte Kritik bei Michael Braun, einem westlichen Rezensenten des Romans, der darüber hinaus die Widersprüche der Autorin selbst angreift: »Diese Kritik mag Balsam sein für die wunde ostdeutsche Seele, aber sie verdankt sich einzig dem tiefsitzenden Ressentiment, dem Brigitte Burmeister doch entkommen will.«[82]

80 Margarete Mitscherlich/Brigitte Burmeister, *Wir haben ein Berührungstabu. Zwei deutsche Seelen – einander fremd geworden*. München April 1993, S. 67.
81 Hella Kaiser, Die Tugend der Rücklosigkeit. Die Schriftstellerin Brigitte Burmeister. Rezension zu: Burmeister, 1994. In: *Stuttgarter Zeitung*, 22. Oktober 1994.

Beth Alldred läßt diesen Aspekt nicht außer Acht, hinterfragt aber auch die ganze Konstellation auf beiden Seiten, wobei er gegenseitige Intoleranz und Mißverständnis beleuchtet:

»Many critics have condemned this clichéd portrayal, claiming that the author does nothing to distance herself from these views. However, it is clear that Burmeister does not share Marianne's prejudices. By illustrating the extent to which both east and west German citizens have formed biased, simplistic views of each other, the author exposes the degree of misunderstanding and intolerance prevalent in the unified state and reveals how these preconceptions contribute to widespread communication difficulties. The roots of contemporary east-west conflict are thus brought into sharp focus."[83]

So gesehen, präsentiert sich die deutsch-deutsche Szene in *Unter dem Namen Norma* als formal vereinigt, psychisch jedoch als völlig gespalten, wobei Ressentiments dominieren. Die oben erwähnten Episoden – die Szene bei Ande und Mariannes Bericht – belegen das exemplarisch. Das hindert aber die Ostler nicht daran, in den Westen aufzubrechen.

2.2.5.2. Ost-West-Migration

Johannes Arends ist Mariannes Mann. Zum Alltag des Ehepaares gehören ununterbrochene Streitigkeiten. Beide haben aktiv an den Wende-Ereignissen teilgenommen, von den riesigen Demonstrationen über die darauf folgenden politischen Debatten bis zur Einheit. Marianne erinnert sich genau an diese bewegenden Momente, in denen Johannes und Max mitmachten:

»Johannes und Max gerieten in Laune, wenn sie sich bekämpften. Sie teilten aus und steckten ein, wurden laut, unfair, versuchten auf Teufel komm raus recht zu behalten, einander auszustechen, zählten die Punkte und schüttelten sich am Schluß die Hände. Sie hatten viel dazugelernt vor unseren ersten Wahlen, in den Wochen der Endlosdiskussionen, die sie oft und oft verfluchten, aber bis zur Erschöpfung mitmachten, geradezu entgeistert von meinem Defätismus.« (*Norma*, 61)

Zu diesen politischen Tätigkeiten Johannes' fügt Marianne auch präziser hinzu: »Johannes wechselte vom Neuem Forum zu den Sozialdemokraten.

82 Michael Braun, Freund in einem Dschungel, der Deutschland heißt. Rezension zu: *Unter dem Namen Norma*. In: *Basler Zeitung*, 5. 10. 1994.

83 Beth Alldred, Two Contrasting Perspectives on German Unification: Helga Schubert and Brigitte Burmeister. In: *German Life and Letters* Nr. 50, 1997, S. 176.

Er verteidigte seinen Schritt mit allen bekannten Argumenten für das Wirken in einer Partei und die parlamentarische Demokratie überhaupt gegen Max, der seinerseits alle bekannten Argumente für Basisdemokratie, das einzig Wahre, ins Feld führte.« (*Norma*, 198)

Nach den Turbulenzen der Wende ist Johannes' Interesse fürs Politische verblaßt. Er kommt aber plötzlich auf die Idee, die Fronten zu wechseln und in den Westen zu emigrieren. Für Marianne entspricht diese Entscheidung einer Aversion gegen die DDR und deren Vergangenheit. Sie fragt ihn danach, warum er dieses Haß- und Ekelbild von dem Land brauche, in dem er, als es noch existierte, mit den unterschiedlichsten Empfindungen gelebt habe. Das löst eine ausweglos herbe Diskussion zwischen beiden Figuren aus, deren Brisanz Marianne wie folgt resümiert: »(...) Nun geh endlich in deinen Scheißwesten, und denk bloß nicht, ich komme hinterher.« (*Norma*, 95) In Mannheim findet Johannes eine Arbeitsstelle in einer Computerfirma. Sehr schnell lernt er erfolgreiche Westmenschen kennen, fühlt sich sogar in der Haut eines völlig eingelebten Westlers. Von nun an blickt er nur nach vorne. Endlich trennt er sich von Marianne, als die sich auf einer von Johannes organisierten Einweihungsparty als Inoffizielle Mitarbeiterin darstellt.

Welche Deutungsmöglichkeiten lassen sich daraus ableiten? Mit seiner Reise in den Westen macht sich Johannes auf die Suche nach besseren materiellen Lebensumständen. Der Protagonist selbst macht kein Geheimnis aus seinen Ambitionen. Gegenüber Marianne, die ihn besucht, äußert er seine Zufriedenheit mit dem westlichen Kosmos: »Siehst du, wir haben es geschafft. Sind angekommen in einer Gesellschaft, die uns guttut, ich sehe es dir an und bin froh darüber, freust du dich nicht auch?« (*Norma*, 223) Konsequenterweise bestelle er jetzt im Westen nicht kurzerhand, worauf er Appetit habe. Er stelle Fragen und lasse sich beraten, am liebsten von Giovanni, einem seiner neuen Freunde (*Norma*, 21). Johannes, der neue Genießer, kollidiert mit dem Verfechter der sozialistischen Ideen (*Norma*, 31). Die Konstruktion geht von einer persönlichen Desillusion des Protagonisten aus und mündet in eine materielle Ost-West-Metamorphose. Für Johannes entspricht die Wende primär einer Ära des politischen Engagements. Die Figur dreht sich aber um 180 Grad, verzichtet auf die anfänglichen Prinzipien, versucht, sich im Jetzt einzurichten, indem die Wurzeln gekappt werden. Daß Johannes die westliche Wohlstandsgesellschaft nicht abwehrt, sondern Ostdeutschland den Rücken kehrt, krönt eine realistische Wahrnehmung der Nachwendezeit. Hier läßt sich der reiche kapitalistische Westen als Sieger der »sanften Revolution« und der Osten als Verlierer des Prozesses wahrnehmen.

Johannes trägt sich auf der Siegerliste ein, bringt aber in indirekter Linie den ganzen Frust der Ostbürger zum Ausdruck. Die Herbstrevolution hat dem Osten auf materieller Ebene wenig gebracht. Der reiche Westen lockt, wobei der Osten das Sorgenkind des Einheitsprozesses bleibt. Beide Welten werden diametral gegenübergestellt, und der Romanverlauf bietet keinen Ausweg. Johannes bricht beispielweise seine Beziehung zu der im Osten bleibenden Marianne ab und beendet eine langjährige Liebesgeschichte, die vor der Wende angefangen hatte. Während Johannes' Genuß am Leben im Westen kulminiert, kommt Marianne nach Hause zurück, »am Rande des Niemandslandes.« Die Konsumgesellschaft wird damit von Johannes gefeiert, und Marianne hält ihrem Ideal Treue. Ob eine solche Dichotomisierung zu der klischeehaften Darstellung Burmeisters gehört, das bleibt zunächst problematisch. Kerstin Hensel äußert sich in diesem Sinne: »(...) Die Ost-West-Metamorphose von Johannes kommt mir zu klischiert vor. Auch die macht mich eher ratlos (...)«[84]

Die Ost-West-Metamorphose wird dem Leser durch die Kunz-Figur vermittelt. Marianne, die Erzähl-Instanz, will diese Szene während ihres Westbesuches erlebt haben. Frau Kunz ist schick geworden, und ihr Mann verdient gut, nachdem das Ehepaar sich auf die Reise nach dem Westen gemacht hat. Die Veränderung des Ehepaars fällt Marianne auf, obwohl alles bei Kunz und ihrem Mann am Anfang mehr »russisch als deutsch« (*Norma*, 214) aussah. Hier ist die Metamorphose der Emigrierten kaum zu überprüfen. Marianne hat nur »die Stimme unserer Nachbarin« gehört, die Frau Kunz nicht wiedererkannt habe (*Norma*, 213f.). Marianne greift aber das Gehörte auf, bringt es in die Erzählung ein. Das schicke Aussehen von Frau Kunz wird betont, ebenso wie das Guthaben des Ehemannes. Der Westen wird weiter dargestellt als Reich des Materiellen, wo viel Gewicht auf dem Schein liegt und das Sein vernachlässigt wird.

Die westliche Wohlstandstradition kulminiert mit Clara Lorentz, »wohnhaft im Haus 2605 am Nido way in Laguna Beach, Southern California«. Clara Lorentz ist seit 1927 nach Amerika emigriert, wo sie sich in Claire Griffith umbenennen läßt. In Ostberlin bleiben ihre Freundinnen Ella und Minna König zurück, zwei Schwestern, deren Alltag schwierig ist. Zwischen beiden Freundinnen kommt ein regulärer Briefwechsel zustande, den die

84 Kerstin Hensel, Ost? West? Brigitte Burmeisters Roman *Unter dem Namen Norma*. In: *Freitag*, Nr.(38) 1994.

Ich-Erzählerin einschaltet: »Die Briefe von Claire Griffith liegen, aus den Umschlägen gezogen, um mich herum auf dem Teppich, jedes Blatt zerfurcht von zwei Falten. Die Schuhkartons hatten nach Ordnung ausgesehen, aber das war die Ordnung des Aufräumens, schnell verstautes Papier. Es wird dauern, bis ich die Reihenfolge der Briefe, den ersten und den letzten, die Ausdehnung der Lücken herausgefunden habe. Irgendwann(...)« (*Norma*, 162)

Diese Briefe stellen eine Mischung aus Erinnerung an die verlassene Heimat und gemütlichem Alltag dar. Sie reflektieren Gefühle und Eindrücke in einem dubiosen Sprachmaterial, das Englisch und problematisches Deutsch verbindet: »Ich will Dir helfen Dein Ticket zu schicken und auch eine Arbeit zu finden, und lerne Dir english.« (*Norma*, 130) An Minna König schreibt sie weiter:

»Bitte, liebe Minnie, finde das aus, ob Ihr ein Konto im K.D.W. haben könntet und könntet Ihr da Bestellungen machen, wenn ich jeden Monat dort Geld hinsende, ich mache einen account auf in Eurem Namen; dann könntet Ihr Euch Lebensmittel ect. ect. oder was Ihr braucht an anderen Sachen bestellen, ich möchte Euch so gern ein T.V.(Fernseher) schenken, womit Ihr Euch ein wenig unterhalten könnt, es hilft sehr viel oder ist das auch verboten, Radio auch?« (*Norma*,141)

Sogar dem Alltag wird viel Bedeutung gewidmet, indem man Auskunft über belanglose Details zum Luxus, Wohlstand, erhält: »Jeden Morgen, wenn ich aufstehe, ist es 6 Oclock, denn meine Tanny muß raus. Es ist sehr früh, aber das Schlimme ist, ich kann nicht mehr schlafen. Dann gehe ich ins Wohnzimmer, sitze in meinem Stuhl, huste für eine Stunde oder mehr, bis ich ganz hin bin. Bei 8 Uhr hole ich mir meinen Apfelsinensaft und sitze für eine ganze Stunde, das ist, wenn ich bete und auch an Euch denke. Dann endlich fange ich an, nehme mein Bad. Zähne, Haare, um 10 Uhr bin ich fertig, mein Haus zu machen, Tanny zu bürsten. Zwischendurch habe ich Frühstück, ich esse sehr wenig, kein Fleisch, aber Gemüse und Obst und Ziegenmilch, Käse, Yogurt. Um 4 Uhr Nachmittag mache ich nichts mehr, dann bin ich auch wirklich fertig. Dann kommt der Doctor nach Haus, kommt rauf und wir haben eine Tasse Kaffee zusammen, manchmal muß er zurück zum Hospital. Dann mache ich mir mein Abendessen und abwaschen und Schluß. Dann sehe ich mir mein T.V. an, bis ich schlafen gehe.« (*Norma*, 171)

Die Emigrierte Clara Lorentz outet sich damit als langweilig trivialer Mensch, dessen Leben keinen Sinn hat.

Clara Lorentz' alias Claire Griffiths Selbstbeobachtungen paaren sich mit einer Dose Süffisanz. Dazu fällt die prononcierte Hilfsbereitschaft auf, mit der sie sich an die Freundinnen Ella und Minna König wendet: Sie »denkt an sie«, will » Ticket schicken«, »ein Konto im K.D.W« für sie eröffnen, »Geld jeden Monat hinsenden«, ihnen auch »ein T.V.«(sic) schenken. Sie will »einen account auf den Namen« der Freundinnen aufmachen. Diese Bemutterung variiert den Topos einer ewigen Überlegenheit des Westen über den Osten. Das läßt sich nur in materieller Hinsicht erfassen, denn die Figur selbst liefert kein Vorbild der psychologischen Stabilität. Sie scheint sich in großer Isolation einzuigeln, an der die materielle Bequemlichkeit nichts ändert. Man denke an ihren einzigen Mitbewohner »Tanny«, offensichtlich einen Hund, den sie »bürstet«. Burmeister schildert eine Landschaft der Langeweile, ein Reich des Individualismus. Sie geht damit über die Oberflächlichkeit des Wohlseins im Westen hinaus und zeigt dessen Schattenseiten. Die Problematik gewinnt an besonderer Bedeutung, zumal sie an einer ehemaligen Ostdeutschen erscheint. Die lächerliche Attitüde der Clara Lorentz, die sich anders nennen läßt und ihre Muttersprache nicht mehr beherrscht, nur weil sie in Amerika Fuß gefaßt hat, demonstriert den grotesken Blickwinkel eines Selbstauflösungsprozesses in dieser amerikanischen Welt des Konsums. Es stellt sich die permanente Frage bei Brigitte Burmeister, ob ihre plakativen Darstellungen nicht auf einer kokettierenden Aversion gegen die westliche Zivilisation beruhen. In dieser Hinsicht drängt sich die These auf, daß die emigrierte Clara Lorentz der Autorin selbst zum Opfer gefallen ist.

Im Gegensatz zu Johannes Arends, Frau Kunz und Clara Lorentz kommt mit Norma eine andere Symbolik der Ost-West-Migration auf die Bühne.

Norma, Mariannes Freundin, reist ihrerseits nach Südfrankreich im Hochsommer zur Gründung eines Europäischen Bürgerforums. Sie kommt von der Reise tief beeindruckt zurück, will deshalb »in die Haute Provence übersiedeln«, denn »das große Deutschland (...) sei ihr unheimlich«. In Südfrankreich, in »der Kooperative«, habe sie »wunderbare Menschen kennengelernt, Solidarität in Aktion.« (*Norma*, 198f.)

Norma nimmt eine Reise nach Frankreich kurz nach dem Einheitsprozeß zum Anlaß, um ihrer Enttäuschung freien Lauf zu lassen. Da die Erwartungen der Figur nicht in Erfüllung gehen (das große Deutschland sei ihr unheimlich), will Norma das Vaterland verlassen. Hier erscheint der Westen nicht in seiner materiellen Dimension, sondern er zieht durch »Solidarität in Aktion« an. Diese Solidarität drückt sich aber in der besonderen Form, einer »Kooperative« aus. Norma stellt den Egoismus der Nachwendezeit in Deutschland selbst an den Pranger; sie grenzt sich auch vom bloß Materiellen ab, denkt aber kollektiv. Entscheidet sich Norma für ein anderes Westland, wobei sie gegenüber Deutschland skeptisch bleibt, so schlägt Norma indirekt neue Werte für ein gemeinsames Leben vor. Ich komme auf diesen Punkt später zurück (Vgl.3.2.6.3. Das Zusammenwachsen erfordert Solidargemeinschaften.)

In toto bleiben die reisenden Figuren in *Unter dem Namen Norma* durch ihre westlichen Reisen nicht unverändert. Zwar wird diese Migration hauptsächlich von der Suche nach materiellem Wohlstand motiviert, aber die Lust auf ein neues Ideal, das mit den Nachwende-Enttäuschungen kontrastiert, ist nicht auszuschließen. Fast alle Emigrierten artikulieren eine Parabel des Wandelns, die implizit damit die Zurückgebliebenen in die Rolle von großen und depressiven Verlieren erhebt.

2.2.5.3. Depressive Dagebliebene

Während die meisten Emigrierten einen gewissen materiellen Wohlstand aufweisen, wohnen die im Osten Gebliebenen in einem häßlichen Haus. Marianne, das Roman-Ich, stellt einen Zusammenhang zwischen dieser »grauen, grämlichen Masse in vier Schichten« und den Bewohnern her: Beim Anblick des Hauses weiß man Bescheid über die Einwohner. (Norma, 7) Zu diesen Einwohnern gehören »Verzogene« oder »Gestorbene« und »Jetzige«. Fast alle leben unter harten Bedingungen. Marianne ist eine verlassene Frau, die ihren Alltag am Computer verbringt, regelmäßig an die schönen alten Zeiten denkt, die sie gemeinsam mit dem nach Mannheim gegangenen Ehemann Johannes verbracht hatte. Neben der Affäre mit Max, einem Freund von Johannes – »Vögeln«, räumt sie ein sei »eine Erfindung für Leute wie sie, die kein Verliebtsein dazu bräuchten« (Norma, 68) – führt sie Telefongespräche mit dem emigrierten Ehemann, wobei sie Emotion und Bedauern zum Ausdruck bringt: »Vergiß mich nicht. Ich liebe dich, hörst du? rief ich, als wären die schrillen Signale aus der Hörmuschel eine Vogelstimme, gegen die ich mit Schreien ankommen konnte.« (Norma, 110) Die episodischen Auftritte der imaginären Tochter Emilia ändern nichts am schweren Alltag von Marianne. In Emilias Anwesenheit kultiviert Marianne beispielsweise eine Wein-Therapie. Sie bricht nämlich in Tränen aus:

»Nach einiger Zeit hörte ich die Laute und begriff, daß sie vom (sic) mir kamen, daß ich immer noch auf der Brücke stand und schluchzte. Hinter den Tränen waren die krausen Lichtbahnen auf dem Wasser zu wattigen Strähnen zerflossen, verschwommen der Mond, die Konturen des kolossalen Gebäudes, das kantige Geländer unter meinen Ellbogen. Alles verwischt und verwackelt im Weinen über mich selbst. Fehler, Enttäuschungen, Erbärmlichkeit, Schwäche und Versagen von Anfang an, nichts im ganzen Leben, das dem Zerfließen standhielt, den Schmerz besänftigte, nicht einmal Trauer war das, ein kläglicher, unersättlicher Kummer, der abfloß, abflaute, sich unbemerkt erneuern, mich wieder überfallen würde, das einzige in mir, das mich nicht verließe bis zum Schluß.« (*Norma*, 124f.)

Auch Mariannes Freundin Norma hat es nicht leicht. Ihre Ehe scheitert kurz vor der Wende. Sie lebt seitdem ohne Mann, aber auch ohne Kind, entwickelt deshalb manche Affinitäten zu Margarete Bauer, einer der Nachbarinnen von Marianne. Margarete Bauer verkörpert allein die Nachwendetristesse (Vgl. Zur IM-Dramatik: 2.2.4.1.1.) Ihre lange Beziehung zu einem verheirateten Mann bricht auseinander, sie verliert ihre Arbeit, sucht vergeblich einen anderen Job, wird einer Stasi-Vergangenheit verdächtigt. Endlich nimmt sie sich das Leben. Natürlich macht dieser Selbstmord Furore im Ostberliner Biotop, wobei Wut und Enttäuschung nebeneinander stehen. Sauer reagiert Schwarz, »der die Umwelt immer unverständlicher wurde« (*Norma*, 10), nachdem Marianne ihr mit viel Mühe die Nachricht mitgeteilt hatte:

»(…) Meistens erschien es vollkommen durchsichtig, denn das mußte ja so kommen, was zuviel ist, ist zuviel, hieß es, ein weiteres Opfer unserer unblutigen Revolution, nein, so hatten wir uns die Erneuerung nicht vorgestellt, wieder auf Kosten der Schwachen, der Dünnhäutigen, und das sind ja nicht wenige, studieren Sie mal die Statistiken, steht alles da, schwarz auf weiß.« (*Norma*, 42)

Auch Marianne packt die Wut. Für sie »sollten die Zurückgebliebenen zusehen, nachfolgen, es stand ja jedem frei, Freiheit über alles, und ängstlich, schwach und blöde, wer da nicht mitkam, eine natürliche Auslese nach wie vor, schon die Wohnanschrift ein Psychogramm. Und in den frischen Gräben hier die Opfer, Täter, Opfertäter, alle nicht mehr zu vernehmen, desto dichter die Mutmaßungen, bündiger die Urteile, endgültige Ratlosigkeit bei denen, die sich nichts erklären konnten (…)« (Norma, 44)

Trotzdem hält sie Margarete Bauers Selbstmord für »einen Ausweg«, »einen Weg ins Freie«, denn für sie leben die Zurückgebliebenen »in einem Klima öffentlicher Verdächtigungen und Denunziationen (…) Mies waren die Spitzel, verheerend die Machenschaften eines Überwachungsapparates ohnegleichen, und wer da die Fronten verwischte, stellte sich auf die falsche

Seite, schützte die Täter und verfolgte die Opfer (...)« (*Norma*, 58) Mit Blick auf diese Art von Hexenjagd bringt Marianne das ganze Ambiente in ihrer Umgebung auf die folgende Formel: »Die Verhältnisse hatten sich geändert, nicht die Menschen, und das Leben ging weiter.« (*Norma*, 63) Zu diesem Klagelied gehört auch: »Die Kleinen hängt man, die Großen läßt man laufen.« (*Norma*, 147)

Zwischen belastender Vergangenheit und traurigem Alltag suchen Ostler nach internen Auswegen in Gesprächskreisen, in denen auch viel Pathos Oberwasser gewinnt. Es »sind nicht Formfragen, sondern Fakten, Schuld oder Unschuld« oder »das Problem der objektiven Schuld.« (*Norma*, 146) In diesem Teufelskreis rät Hausmeister Behr, trotz allem nach vorne zu blicken: »Jetzt ist jetzt, man lebt nur einmal.« (*Norma*, 167)

Die Depression der in Ostdeutschland Gebliebenen erhält ihre besondere Qualität, ja im Grunde ihre Struktur durch Entwicklungen. Die schicksalhaften Deszendenzkomponenten werden von soziologisch-politischen Veränderungen dominiert, die das Unglück der ostdeutschen Protagonisten reflektieren. Hinzu kommt die Wohnung selbst, die dem Ostberliner Kosmos Züge des Desolaten verleiht: »grau, grämlich« ist die »Masse in vier Schichten«. Schon diese Einführung in Mariannes Universum ist tonangebend. In dieser Hinsicht entwickeln Wohnung und Bewohner ein dialektisches Verhältnis zueinander, denn »beim Anblick des Hauses weiß man Bescheid über die Einwohner.« (*Norma*, 7) Diese bereits zu Beginn etablierte miese Stimmung durchzieht und belastet das Schicksal der Protagonisten. Mit Marianne, der Erzählfigur, beginnt der Katzenjammer. Sie ist es, die mit Blick auf sich selbst die schicksalhafte Erstarrung des Personals auf dem Ostberliner Hof demonstriert. Sie ist es, deren Alltag Larmoyanz verkündet. Zwischen ihrer Übersetzungsarbeit an der Biographie des französischen Revolutionärs Saint-Just, den permanent nostalgischen Rückblicken auf »damals«, ebenso wie der Trauer um die verlorene Liebe, rücken Motive zusammen, die den Status eines Klageliedes erreichen. Jeder Versuch der Erzählfigur, sich von dem Teufelskreis zu befreien, scheitert an Widrigkeiten. Norma, die geschiedene Freundin, steht Marianne zwar in kritischen Momenten bei, zum Vögeln hat sie Max, und eine Tochter Emilia kann sie sich wenigstens imaginieren, aber alles atmet trotzdem Kläglichkeit. Man denke beispielsweise an die plötzlichen Tränen auf der Brücke, in Gedanken an die vermeintlich kapriziöse Emilia; man denke auch an den Besuch bei Johannes, an dieses »Fiasko«, das in der erzählten Lügengeschichte gipfelt, dieser »Handlung ohne erkennbaren Grund«, wie Norma sie nennt. Je mehr Marianne Initiativen ergreift, desto bitterer scheitert sie. Sie sieht sich einem Schicksal gegenüber, das sie in den Ruin treibt. Von Determinismus durfte man nicht reden. Vielmehr ist hier die Logik des Scheiterns prägnant, die den Charakter der Figur formt.

Gerade diese Logik bedingt die innere Verwandtschaft zwischen allen Ostberliner Figuren. Um Marianne herum kreisen sie nämlich, belegen in indirekter Linie mehr oder weniger Affinitäten zueinander, singen damit das Klagelied mit. Das gilt auch für die Figur der Margarete Bauer, die alle Grundzüge des traurigen Ost-Typus in sich vereinigt:

Die aufeinander folgenden Schicksalschläge stehen im Zeichen der Tragik. Im Privatleben gibt es keinen Anlaß zum Glücklichsein. Ist Margarete Bauer seit langem mit einem bereits verheirateten Mann liiert, so übersteht die Beziehung die Nachwendezeit nicht. Dieses Scheitern im Privatleben korreliert mit einer plötzlichen Arbeitslosigkeit, die trotz mehrerer Bewerbungen unheilbar bleibt. Mit dem noch hinzukommenden Verdacht einer Mitarbeit für die Stasi ist das Schicksal der Romanfigur scharf konturiert. Margarete Bauer entscheidet sich für die Lösung der Hoffnungslosigkeit, indem sie sich das Leben nimmt. Dieses grotesk-triste Ende der Protagonistin vermittelt den Eindruck einer endlosen Tragik. Auf dem Ostberliner Hof wird dieser Selbstmord zum Diskussionsthema gemacht, das in ein weiteres Jammertal mündet. Schwarz, die taube Figur, trägt die Tote auf der Liste ihrer weiteren »Opfer unserer unblutigen Revolution« ein. Die scheinbar widersprüchliche Formulierung legt dem Leser nahe, welche Hoffnungen bei Ostlern zerbrochen sind. Sie erklärt die sanfte Revolution für eine riesige Farce bzw. für einen Verrat an den ostdeutschen Protagonisten. Marianne empfindet zwar Wut über diesen Tod, sieht darin aber »einen Ausweg«, »einen Weg ins Freie« (*Norma*, 44), und erklärt damit eine hoffnungslose Handlung zum Weg in die Freiheit. Zugleich stellt sie eine Parallele zwischen dem Dasein der Ostler und ihrer Höhle her. Ostfiguren seien »Höhlenbewohner«. Ihr Deutungsvermögen ist damit folgerichtig dargelegt, indem die Ausgangsposition bestätigt wird. Eines bleibt jedoch ohne Zweifel über die Reaktionen des Hof-Personals hinaus. Im Selbstmord von Margarete Bauer verrät sich eine Selbstblamage des Ostens, die auf »einem Klima öffentlicher Verdächtigungen und Denunziationen« fußt. Mit anderen Worten: Protagonisten aus dem Osten verdächtigen und denunzieren andere Ost-Figuren. Das belegt beispielsweise Norma. Obwohl Bauers Status als ehemalige Stasi-Mitarbeiterin weitgehend dubios bleibt, macht sie kein Hehl daraus, die Verstorbene für eine IM zu erklären. (Vgl. die IM-Dramatik: 2.2.4.1.1.)

Hieran wird spürbar, wie die Last des Vergangenen zur Depression der Figuren selbst an diesem »17. Juni 92« beiträgt. Durch die von ihnen eingerichteten Gesprächskreise versuchen sie, ihre Vergangenheit zu bewältigen. Bei den Diskussionen wird deutlich, wie komplex die Lage der Ostdeutschen ist. Natürlich wird hier jede Verdrängung des Damaligen vermieden. Es handle sich nicht um »Formfragen, sondern Fakten, Schuld oder Unschuld«, um »das Problem der objektiven Schuld.« (*Norma*, 140) Das Pathos der Inszenierung vergrößert aber nur das Elend und bietet keinen Ausweg aus dem Teufelskreis. Die Hoffnung kommt erst mit Hausmeister Behr zustande. Sein Vorschlag, nur das Gegenwärtige ins Auge zu fassen, befreit das Ost-Publikum zwar nicht von dem belastend verflossenen Säkulum. Er hat aber den Verdienst, ins Gegenwärtige und Künftige pessimistisch zu blicken, um damit den Katzenjammer, wenn nicht komplett, so doch als wenigstens teilweise überwindbar zu schildern: »Jetzt ist jetzt, man lebt nur einmal« (*Norma*, 167), so lauten Behrs Worte. Hiermit erlaubt Brigitte Burmeister keine Resignation auf Seiten der Ostler, sondern plädiert für eigene Verantwortungsübernahme trotz vielfältig lähmender Schwierigkeiten der Nachwendezeit. Dadurch zeichnen sich Hoffnungsschimmer am Horizont ab, andere Lebensalternativen werden ins Spiel gesetzt. Gerade an diese optimistischen Denkweisen, die aussagekräftigen Ausdruck in einer Art von Utopienentwürfen finden, soll nun herangegangen werden.

2.2.6. Utopienentwürfe als Lebensalternative. *Unter dem Namen Norma* als Hymne auf die Revolution?

Burmeisters Buch erstreckt sich über zwei Tage, die zwei historische Daten miteinander in Beziehung setzen. Im folgenden möchte ich der Problematik nachgehen, warum *Unter dem Namen Norma* sowohl den 17. Juni als auch den 14. Juli in die Erzählung einschaltet.

2.2.6.1. Der Arbeiteraufstand in der DDR am 17. Juni 1953

Max und Marianne liegen auf dem Rasen und beobachten zwei Kinder: »Jetzt setzte sich ein Mädchen zu ihnen, brachte die Haarfarbe Schwarz in ein grelles Spiel aus Rosa, Giftgrün, Schwefelgelb und weißblond. Keiner aus der Gruppe hatte irgendein Kleidungsstück abgelegt, auch nicht die Schuhe. Wie Max und ich. Bedeckt unter Halbnackten.« (Norma, 65) Da fragt

Max Marianne plötzlich: »Weißt du, was für ein Tag heute ist?« (Norma, 66) Auf die unerwartete Frage scheint Marianne anfangs keine Antwort zu wissen. Max fügt dann hinzu: »Drüben mal Feiertag(...). Schon vergessen?« Endlich kommt Max auf den 17. Juni zu sprechen. Sofort will Marianne »ein Gemisch aus Eindrücken«, auch einen »Geschmack« empfunden haben. Denn der 17. Juni 1953, so Marianne, gehöre zu den wenigen Tagen, von denen sie noch wisse, was sie da gegessen habe, wie das Wetter gewesen sei, und sie habe es nur behalten wegen allem anderen – den »Ereignissen«. Für die Machthaber von damals hat es sich um einen »konterrevolutionären Putsch« gehandelt, obwohl Marianne darin einen »Volksaufstand« sieht. In einer Konstellation von Kindheitserinnerungen und emotionsbeladenen Gefühlen versucht Marianne, den Verlauf des Ereignisses zu rekonstruieren, dessen Motive und die jeweiligen Protagonisten ans Licht zu bringen:

»Volksaufstand, doch paßt dieses Wort zu der Erinnerung, daß meine Mutter nicht mehr durchkam bis zu ihrer Schule, weil die Innenstadt voll von Demonstranten war, Volk, und nicht von irgendwem dorthin geschickt, zusammengeströmt aus Zorn und Haß und weil der Geduldsfaden gerissen war, hörte ich und konnte mir darunter etwas vorstellen, das ich gut und mutig fand, unbedingt gerecht, ein Befreiungsaufstand, was sich schon daran zeigte, daß sie das Gefängnis stürmten, Roter Ochse genannt, und das Parteihaus belagerten, wo die Unterdrückter saßen, Handlanger der Fremdherrschaft, des Feindes immer noch, der seine Truppen losschickte, auch durch unsere Straße fuhren sie, Panzerspähwagen, sagte mein Bruder, und ich merkte mir das Wort, dann die Schüsse, abends, aus der Richtung des Marktplatzes, niemand von uns durfte hinaus.« (*Norma*, 66f.)

Zu dieser Zeit packte Marianne »Erregung und Angst«. Auch sie erinnert sich, wie dieser Volksaufstand während der Schuljahre zum Diskussionsthema zwischen ihr und Jutta, der »Klügsten aus der Klasse«, geworden war. Für Jutta waren die Demonstranten »Spinner, nicht die Panzer«. Darauf habe Marianne nicht reagiert, sie sei dem »Druck von innen« verfallen. Sehr geniert habe sie über das Brustbein bis zur Kehle gestrichen und endlich geschwiegen. Da Juttas Eltern »aus dem Westen gekommen« waren, »wirkliche Rote« waren, die »eine Menge Bücher« hatten, habe sich Marianne vorgestellt, Jutta wisse über den Aufstand mehr als sie. »Nicht weil Arbeiter demonstrierten, war ich dafür, sondern weil es ein Schrei nach Freiheit war(...), eine Erhebung gegen die Kommunisten« (*Norma*, 68), habe sich Marianne gedacht, ohne es herauszubringen in Juttas Anwesenheit, denn sie habe Angst vor dem Bruch gehabt, und Jutta hätte, wäre sie »mit dem Schrei nach Freiheit« gekommen, sie ausgelacht und ihr die Freundschaft aufgekündigt. Das anfängliche Schweigen habe mit ihrem späten Gefühl wenig zu tun, »als der Aufstand niedergeschlagen war und in der Zeitung Verbrecherfotos erschienen, Geschichten von entfesseltem Mob und eingeschleusten Agenten, gnadenlose Lügen zur Rechtfertigung von Terrorurteilen.« (*Norma*, 69f.) Marianne habe es nicht vergessen, »ein Gefühl von Schutzlosigkeit«, sie habe »das Unheimliche des Zuschlagens« immer wieder im Blicke behalten: »So machen wir es mit jedem, der gegen uns auftritt, uns gehört die Macht, und was wahr ist, bestimmen wir« (*Norma*, 70), so hätten die ehemaligen »Unterdrücker« argumentiert.

Was Max anbelangt, so war er zu dieser Zeit drei Jahre alt und konnte deshalb das Ereignis nicht wie Marianne erleben. Auf jeden Fall wäre er »bei der erstbesten Gelegenheit verschwunden«.

Im folgenden soll der »Volksaufstand« zur Analyse herangezogen werden. Darauf wird eine Parallele folgen, die ich zwischen dem Ereignis des 17. Juni und der »friedlichen Revolution« von 1989 sehe.

Der 17. Juni wird von Max in Mariannes Gedächtnis aufgerufen. Das deutet auf die Erzählhaltung Burmeisters hin. Sie schaltet nämlich mehrere Figuren ein, die außer der Zentralfigur miterzählen (Vgl. 2.2.2. Spuren des Nouveau Roman und der Nouveaux Romanciers).

Marianne, die Erzählinstanz, greift daher ein historisch korrektes Ereignis auf, um eine zwar traurige, jedoch bedeutende Episode der Vergangenheit der DDR zu erwähnen. In diesem Zusammenhang wird hier dokumentiert, wie kontrovers der 17. Juni ausgelegt worden ist. Das hängt von der Sicht ab, aus der die Volksbewegung bewertet wird. Zwei völlig unterschiedliche Betrachtungsweisen liegen nebeneinander, die Marianne vorführt. Der politisch propagandistisch gefärbte Diskurs von damals spricht von einem »konterrevolutionären Putsch«. Die Ich-Instanz redet hier vielmehr von einem »Volksaufstand«, ergreift implizit Partei für die Demonstranten, hält damit den historischen Fakten die Treue, wie es Michael Salewski belegt:

»Der Aufstand in der ›Sowjetzone‹,[85] für den das Datum des 17. Juni 1953 steht, kam überraschend – freilich nur für diejenigen, die ihren Blick von den Verhältnissen in der ›Zone‹ abgewendet hatten, das war wohl die Mehrheit der westdeutschen Bevölkerung. Daß das System Ulbricht in die

85 Daß man von der »Sowjetzone« im Juni 1953 immer wieder redet, ist der im Westen geführten Politik zu verdanken. Der Begriff entspricht den Zielen und den verstärkten Anstrengungen der Deutschlandpolitik der BDR-Regierung. Bundeskanzler Adenauer gab

Krise geriet, wäre nicht leicht zu erkennen gewesen, daß die untauglichen Versuche zur Behebung der Krise – etwa durch die Erhöhung von Arbeitsnormen bei gleichzeitiger Lockerung der Zügel zu unkontrollierbaren Reaktionen, schließlich zum Aufstand führten, überraschte auch die politischen Auguren in Bonn.«[86]

Bei der Darstellung des Ereignisses ist auffallend, wie Marianne dessen spontanen und gigantischen Charakter zelebriert, aber auch den Mut und die Entschlossenheit des Volkes bewundert, das von niemanden »in die Innenstadt geschickt war«. Die Romanheldin widersteht nicht der Versuchung, »den Volksaufstand« einen » Befreiungsaufstand« zu nennen, wodurch ihre Schilderung mehr und mehr ideologisch konnotiert wird. Denn eine »Befreiung« setzt voraus, daß das Volk unter dem Joch der »Unterdrücker«, »der Fremdherrschaft« und des »Feindes« leidet. Als Sympathieträger wirken die Demonstranten auf Marianne ein. Als Gegenstimme dieser Volkshelden entwickelt der Erzählfluß Horrorbilder der Repression, was die Brutalität der politischen Macht von früher an den Pranger stellt. Diese Kontrastschilderung hat zum Ziel, den vorbildlichen Einsatz der Demonstranten einerseits und die Bestialität der »Unterdrücker« andererseits zu betonen. Wörter wie »Truppen«, »Panzerspähwagen« oder »Schüsse« machen es deutlich, wie grausam »die Konterrevolution« niedergeschlagen worden ist. Obwohl dieser »Schrei nach Freiheit«, diese »Erhebung gegen die Kommunisten«, brutal und blutig verhindert wird, gehört der »Volksaufstand« für Marianne zu den Heldentaten des ostdeutschen Volkes.

Daß dieses Befreiungsmittel nicht bei allen auf rückhaltlose Zustimmung stößt, zeigt die Diskussion zwischen Jutta und Marianne. Jutta, die »Klügste aus der Klasse«, stellt sich demonstrativ auf die Seite der »Unterdrücker« und mokiert sich über die Demonstranten, diese »Spinner«. Selbstverständlich teilt Marianne diese Einschätzung des Ereignisses nicht; sie hat aber nicht den Mut, ihre Meinung zum Ausdruck zu bringen. Von neuem wird klar, wie die Erzählfigur unter einem Minderwertigkeitskomplex leidet und

die Losung aus, es gehe nicht um Wiedervereinigung, sondern Befreiung. »Was östlich von Elbe und Werra liegt, sind Deutschlands unerlöste Provinzen" (Rheinischer Merkur, Köln 20. Juni 1952). Erst mit der Ostpolitik Willy Brandts in den 70er Jahren wurde die DDR als souveräner Staat und Akteur der internationalen Beziehungen aus der BRD-Sicht anerkannt.

86 Michael Salewski, *Deutschland. Eine politische Geschichte. Von den Anfängen bis zur Gegenwart* Bd 2, 1815–1990. München 1993, S. 356.

auch Schnellschlüsse favorisiert. Da Juttas Eltern aus dem Westen kommen, nennt sie Marianne »wirkliche Rote, die eine Menge Bücher hätten«. Nicht die Angst vor dem Ende der Freundschaft mit Jutta begründet von daher Mariannes Schweigen, sondern die bloße Vermutung, Jutta wisse mehr als sie über den Volksaufstand, den Marianne selbst als Ostdeutsche, ihre Mutter ebenso wie ihr Bruder miterlebt hatten. Es wächst die Überzeugung, daß Burmeisters Protagonistin unfähig bleibt, ihr Defizit an Selbstvertrauen auszugleichen, jedes Mal, wenn sie mit einem Westler zu tun hat, egal ob dieser – wie hier im Fall Juttas – zu einer aus dem Westen immigrierten Familie gehört. Wie ein Ariadnefaden durchzieht diese oben erwähnte Feststellung die Romanhandlung und die Autorin selbst tut wenig, um Mariannes West-Komplex zu heilen, wie die Marianne-Jutta Diskussion es belegt.

Trotzdem bleibt Mariannes Attacke auf den politischen Machtapparat bei der Bewertung des 17. Juni konstant. Die Politiker nutzen das Ereignis nämlich, um Propaganda ins Werk zu setzen. Marianne schenkt aber diesen »in der Zeitung erschienen Verbrecherfotos, Geschichten von entfesseltem Mob und eingeschleusten Agenten, gnadenlosen Lügen zur Rechtfertigung von Terrorurteilen«, keinen Glauben. Der Zynismus der damaligen Politiker geht mit Mariannes »Gefühl von Schutzlosigkeit« einher, was den diktatorischen Charakter des Machtsystems von neuem verrät. Die Machthaber selbst nehmen kein Blatt vor den Mund, um Arroganz und Süffisanz zu beweisen: »So machen wir es mit jedem, der gegen uns auftritt, uns gehört die Macht, und was wahr ist, bestimmen wir.« (*Norma*, 70)

Solch eine groteske Begründung des Zerschlagens der Volksbewegung ist auch in Verbindung mit dem zu setzen, was Alexander Bacher, eine Stasi-Figur in Loests *Nikolaikirche,* in Worte faßt: »Wer nicht für uns ist, ist gegen uns. Es gibt keinen dritten Weg.«

Eine derartige These belegt, daß keine andere politische Alternative akzeptiert wird, weil die Denkweise einseitig von oben bestimmt werden soll. Daß aber der Volksaufstand sich ereignet hat, hinterläßt tiefe Spuren.

Ich will jetzt der Frage nachgehen, warum Brigitte Burmeister dieses Eckdatum der DDR-Geschichte in die Romanwelt einführt und welche Parallele zwischen dem Volksaufstand und der Wende besteht.

Brigitte Burmeister geht über das Scheitern der Volksbewegung vom 17. Juni 1953 hinaus und führt ihre Vision vom Umgang des Bürgers mit der politischen Macht vor. Mariannes Formulierung: »Nicht weil Arbeiter demonstrierten, war ich dafür, sondern weil es ein Schrei nach Freiheit war, (...) eine Erhebung gegen die Kommunisten«, faßt in dieser Hinsicht die

Problematik des Verhältnisses des Bürgers zum Politiker zusammen. Das setzt voraus, daß das Ziel der Demonstration wichtiger war als die Form des Protests. Damit wird explizit ein Mittel zur Freiheit angeboten, das Mut und Hartnäckigkeit fordert. Marianne schlägt die Revolution, hier »Erhebung« genannt, als gangbaren Weg vor zur Befreiung vom politischen Joch. Hieraus läßt sich eine Verbindung herstellen zu der »sanften Revolution« vom Spätherbst 1989. Beide Revolutionen funktionieren nach dem gleichen Schema, obwohl sie in den Ergebnissen differieren. Bei der Herbst-Sensation sind Mut und Hartnäckigkeit des Volkes, die Marianne damals bewundert hatte, wieder zu beobachten gewesen. Die gescheiterte Revolution vom 17. Juni 1953 kann somit als Wegbereiterin der gelungenen Revolution betrachtet werden, die zur deutschen Wende führte. Eine solche Aktualität erkennt Michael Salewski:

»Der Aufstand hatte eine viel durchschlagendere Wirkung, als sie auch die diplomatischsten Schriftstücke aus dem Bundeskanzleramt besaßen. All dies sollte sich mehr als drei Jahrzehnte später auszahlen. Aber für die Opfer des Aufstands, die Erschossenen, Hingerichteten, nach Bautzen und sonst wohin Verfrachteten gab es kein Happy End, und so ist es richtig, auch nach der Wiedervereinigung am 17. Juni sich ihrer in Dankbarkeit und mit Respekt zu entsinnen.«[87]

Wenn der 17. Juni 1953 ein revolutionäres Scheitern heraufbeschwor, das aber die Dynamik des friedlichen Kampfes in der DDR in Gang setzte, kommt in *Unter dem Namen Norma* ein anderes Eckdatum vor, das sich auf Frankreichs Geschichte bezieht.

2.2.6.2. Der 14. Juli 1789: Beginn der Französischen Revolution

Im Zug »Ricarda Huch«, der von Basel nach Berlin fährt, denkt Marianne mit Blick auf die Fahrkarte an den Sturm auf die Bastille in Frankreich 1789:

»Was hatte der Tagesstempel auf meiner Karte mit dem Sturm auf die Bastille zu tun. Hätte ich die Karte nicht angesehen, wüßte ich gar nicht, den wievielten wir heute haben, wäre es ein Tag ohne Datum, mit einem herrlichen Sonnenaufgang, einer Flucht zum Bahnhof in aller Frühe, weiß Gott kein Anbruch einer neuen Zeit, ein quälender Tag nach einer schreck-

87 Michael Salewski, *Deutschland, eine politische Geschichte. Von den Anfängen bis zur Gegenwart.* Bd 2, 1815–1990. München 1993, S. 358.

lichen Nacht, das genügte, mehr sollte er nicht sein – das Ende einer Geschichte, ich wollte nicht daran denken, wollte nur, daß die Zeit verging.« (*Norma*, 183)

Über diese Reise unterhalten sich die beiden Arbeitskolleginnen Sandra und Norma. Sandra ist der Meinung, Marianne werde nicht mehr von ihrer Westreise zurückkommen. Norma kontert, Marianne werde »wahrscheinlich« am folgenden Tag im Osten sein. Der wahrscheinliche Charakter von Mariannes Rückkehr verleitet Sandra dazu, den 14. Juli euphorisch zu erwähnen: »Na klar, (…) le quatorze juillet !« (*Norma*, 255f.)

Endlich kommt Marianne nach ihrem West-Fiasko zurück und geht mit Norma essen, in »einem widerwärtigen Eßplatz auf der Straße«, wo »alles improvisiert und schäbig« ist. Nach einer Stunde fällt Marianne unter den anderen Gästen des Lokals ein »Langhaariger« auf, der sie an Saint-Just, eine Schlüsselfigur der Französischen Revolutionsgeschichte, erinnert. Marianne greift diese physischen Ähnlichkeiten auf, um Analogien zwischen beiden Figuren herzustellen und der Freundin Norma die Biographie des französischen Revolutionärs zu erzählen. Auf diese Weise wird eine historische Figur in die deutsche Nachwende-Landschaft des Juni 1992 versetzt:

»Diese Ähnlichkeit (…) Ein regelmäßiges Gesicht, klare Züge von starkem und melancholischem Ausdruck, ein durchdringender Blick und glattgekämmtes langes schwarzes Haar.« (*Norma*, 264) Der Junge, der Mariannes Aufmerksamkeit auf sich lenkt, ist aber Norma »ungeheuer«, und sie fragt sich, wo er herkommen und was er im Schilde führen mag. Marianne vollzieht hier einen Schritt von den äußerlichen Übereinstimmungen zu den Ideen Saint-Justs:

»Er ist überzeugt davon, in die Reihe der großen Seelen mit Auftrag zu gehören. Er gibt sich bis zur Selbstauflösung seiner Aufgabe hin, erbarmungslos und ohne Skrupel räumt er jedes Hindernis aus dem Weg. Inmitten alltäglicher Realität lebt er in der Vorstellung einer künftigen Gesellschaft, daher das Janusköpfige, das alle, die ihn näher kennen, so frappiert. Jäh kann dieser großherzige, empfindsame junge Mann düster und grausam werden, sein Herz vor dem erschütternden Schrei der Natur verschließen (…) Er wäre vielleicht ein kleiner Anwalt in der Provinz geworden oder ein mäßig erfolgreicher Literat in der Hauptstadt, hätte nicht im Jahre neunundachtzig eine Revolution stattgefunden. Da ist er gerade zweiundzwanzig, nach einigen Eskapaden, einem halben Jahr Zwangsverwahrung auch, in seinem Heimatort zurückgekehrt, der in der Region den traurigen Rekord in Armut hält, zurück an die Seite des Volkes.« (*Norma*, 264f.)

Saint-Just sei »Sproß einer Bürgersfamilie, die zum Adel drängte« und habe für Reformen zugunsten der Kleinen gekämpft. Seine revolutionären Ideen seien kompromißlos, sollten vor allem im Dienste der »Armen« stehen:

»Die Revolution, hofft er, wird weitergehen, unblutig und zum Wohle aller, namentlich der Armen. War das Regime, unter dem wir so lange gelitten haben, hinterhältig und grausam, wie mild erscheint uns nun, schreibt er im Namen der Gemeindevertretung, der Übergang zu einem anderen, edel und rein.« (*Norma*, 265)

Norma erwidert, ein solcher Junge sei »einer von den Träumern.« Für Marianne ist Saint-Just »ein Politaktivist auf dem Lande«, dem »einer seiner Mitstreiter, ein Landwirt und Fleischer, nach der ersten politischen Kundgebung unter seiner Regie« gratuliert habe. Saint-Justs Ideen werden in aller Deutlichkeit geschildert; vor allem aber rückt seine Rolle im Schicksal des Königs Ludwig XVI. in den Mittelpunkt, wobei Norma durch Zwischenfragen und Bemerkungen zunehmend Interesse für Mariannes Darstellung zeigt. »Drei Jahre mühevoller Kleinarbeit« seien vergangen, als »im August zweiundneunzig das Volk in Paris die Tuilerien stürmte«, und »die Machtkrise, die seit ihrem Fluchtversuch ins Ausland schwelte«, mit der Verhaftung des Königs und seiner Familie ein Ende fand. Was aus dem König werden sollte, sei kontrovers im Parlament diskutiert worden, zu dessen linkem Flügel Saint-Just und Robespierre gehörten. Der Königsprozeß sei »das große Ereignis am Ende des Jahres« gewesen. Im Parlament hätten sich Saint-Just und Robespierre während des Prozesses bemerkbar gemacht, ersterer durch seine Redegabe, letzterer durch seine Härte: »(…) Wenig später fordert auch Robespierre die Hinrichtung des Königs ohne Urteilsspruch.« (*Norma*, 268) Die Erwartungen beider Freunde gehen in Erfüllung, als Ludwig XVI. am »21. Januar 1793 hingerichtet« bzw. »geköpft« wird, wie Norma formuliert. Das tragische Ende des Königs verleiht der Laufbahn Saint-Justs und Robespierres Glanz sowie Erfolg. Für Saint-Just bilden Politik und Revolution ein kompromißloses Binom, das in die Vision einer idealtypischen Gesellschaft mündet. Solche Ambitionen faßt Marianne aufs neue zusammen:

»Er wollte die politische durch eine soziale Revolution vollenden, an die Besitzlosen Land verteilen, eine Gesellschaft errichten, in der es keine Unterdrücker und keine Unterdrückten mehr gäbe: Das Glück, erklärte er, ist ein neuer Gedanke in Europa. Er wollte Staatsbürger heranbilden, die einander Freunde, Gastgeber und Brüder wären, und glaubte wie sein Freund Maximilien Robespierre an die vorläufige Notwendigkeit des Terrors im Dienste der Tugend. Der Revolutionär ist den Bösen gegenüber unerbittlich, aber er ist sensibel, sagte er, und weiß, daß man, um die Revolution zu festigen, ebenso gut werden muß, wie man früher böse gewesen ist.« (*Norma*, 270)

Dieser Ziele wegen sei Saint-Just »mitverantwortlich für die 2663 Hinrichtungen seit dem Sterbetag des Königs gewesen«. Schließlich sei Saint-Just aber seinem eigenen Einsatz zum Opfer gefallen, als er eineinhalb Jahre nach dem Tod Ludwigs XVI. selber verhaftet wurde; als man ihn »zusammen mit Robespierre und zwanzig anderen Verurteilten in einem Schauzug zur Guillotine« karrte, da sei er knapp »siebenundzwanzig« gewesen.

Von Mariannes Erzählung der Biographie Saint-Justs ausgehend, soll hier versucht werden, mögliche Analogien, Äquivalenzen sowie Unterschiede zwischen deutscher Wende und dem erwähnten Kapitel der Französischen Revolution aufzuzeigen. Auf die Problematik, inwiefern sich eine utopische Denkweise daran herausarbeiten läßt, möchte ich ebenfalls eingehen.

Marianne, die Erzählerin in *Unter dem Namen Norma*, schaltet hier Motive ein, die sowohl in Frankreich als auch in ganz Europa Geschichte gemacht haben. Schon zu Beginn des Romangeschehens gibt die Erzählinstanz zu erkennen, daß sie einen Zusammenhang zwischen einem wichtigen Abschnitt von Frankreichs Geschichte und der deutschen Wende herstellen will. Nicht nur die Übersetzung der Biographie von Saint-Just[88] ins Deutsche stellt die Hauptaufgabe des Roman-Ichs dar; Marianne nennt sich vielmehr auch »die rothaarige Genoveva aus dem Aufgang B.« (*Norma*, 37) Es darf vor allem nicht aus den Augen verloren werden, daß »Marianne« auf die weibliche französische Nationalfigur verweist, die die Stadt Paris durch ein Porträt ehrt. Klare Signale werden damit gesetzt und historische Fakten werden als poetische Mittel benutzt, entfalten sich zu einer Konstruktion, die sich auf den 14. Juli bezieht.

Saint-Just, der ein Gesellschaftsprojekt in die Tat umsetzen will, aber letztlich ebenfalls unter die Guillotine kommt, demonstriert ein revolutionäres Denken, das eine gewisse Affinität zur deutschen Wende aufweist. Fast alle Grundzüge der politischen Sensation, die auf deutschem Boden zustande kam, lassen sich hier wiederfinden. Zwar unterscheiden sich die Methoden zur Verwirklichung der Revolution voneinander. Im Mittelpunkt steht aber die Auflösung einer diktatorischen Herrschaft. Das Volk erstürmte die

88 Der volle Name des Deputierten des Departements Aisne im Nationalconvent, der 1768 geboren wurde, ist Louis Léon De Saint Just.

Bastille, während die friedlichen Demonstranten im Herbst 1989 in Deutschland auf die Straße gingen und damit das vierzigjährige DDR-Regime zur Selbstauflösung zwangen. Marianne, die Erzählinstanz, informiert Norma, Saint Just sei »in seinen Heimatort zurückgekehrt, der in der Region den traurigen Rekord in Armut hält, zurück an die Seite des Volkes.« (*Norma*, 265) Darauf reagiert Norma mit interessierter Neugier: »Doch nicht zu uns etwa.« Präziser fügt Marianne hinzu:

»Zu den Gemüsebauern, kleinen Landeigentümern, den Hanfbrechern, Leinewebern, Spinnerinnen, Weißnäherinnen, den Gast- und Schankwirten. In der Gegend sind sie fast alle mit der Verarbeitung von Hanf beschäftigt, dessen Rösten im Sommer tödliche Epidemien auslöst. Aus dieser Bevölkerung ragen einige relativ wohlhabende Familien heraus, die von Pensionen, Renten, Handel oder öffentlichen Ämtern leben.« (*Norma*, 265)

Obwohl keine direkte Anspielung auf die Lebensumstände des Volkes in der ehemaligen DDR am Ende der achtziger Jahre zu beobachten ist, läßt sich am Dialog zwischen Marianne und Norma eine frappierende Parallele zwischen beiden revolutionären Rahmenbedingungen von 1789 und 1989 ablesen. Es ist daher kein Zufall, wenn Norma sich spontan in denjenigen erkennt, an deren Seite Saint-Just zurückkehrt. Marianne antwortet auf Normas Frage weder mit »nein« noch mit »ja«. In der darauffolgenden Darstellung läßt sie aber die Ausdeutungsmöglichkeit offen, damit der Leser seine eigene historische Kenntnis abruft. Das ist allerdings auf Burmeisters Erzählhaltung zurückzuführen, die alles bloß suggeriert und kein definitives Urteil fällt. Eine subtile Skizze der Lebensbedingungen in der DDR, die vom Gegensatz zwischen »Unterdrückern« und »Unterdrückten« charakterisiert war, wird dem Leser geliefert. Wenn Saint-Just als »Sproß einer Bürgersfamilie, die zum Adel drängte«, nicht zur bäuerlichen Welt gehört, »wird er von ihr adoptiert.« (*Norma*, 265) Genau wie im Herbst 1989 in Ostdeutschland ging die Revolution von unten aus, und Saint-Just scheint Wert auf die Interessen der kleinen Leute zu legen. Eine andere Brücke kann zwischen beiden Ereignissen geschlagen werden, wenn Saint-Justs Ambition betont wird, eine »unblutige Revolution« zu führen, »zum Wohle aller, namentlich der Armen.« (*Norma*, 265) Seiner Absicht zufolge sollte »das Regime, unter dem wir so lange gelitten haben«, durch ein »anderes«, »edles« und »reines« ersetzt werden. Gerade in diesem Punkt zeigt sich Norma skeptisch, wenn sie sagt: »Auch einer von den Träumern.« (*Norma*, 265) Norma glaubt nicht an den Abbau der zwischenmenschlichen sozialen Unterschiede. Saint-Justs Lebenseinstellung ähnelt in mancher Hinsicht der marxistischen Lehre des

Proletariats, die den Sieg des Proletariats über die Reichen zelebrierte. Dieser Diskurs beruht auf Chimären, was Norma als »Träume« bezeichnet. Eine derartige Feststellung bringt die Grenzen der Denkweise der Saint Just-Figur auf den Punkt. Eine utopische Dimension läßt sich spüren, bei deren Erörterung auch Differenzierungen zwischen Französischer Revolution und deutscher Wende zum Tragen kommen.

Das Gesellschaftsideal, das Saint-Just entwirft, verweist auf Leidenschaft und Grausamkeit gegenüber Despoten und Diktatoren. Saint-Just setzt sich dezidiert für die Hinrichtung von Ludwig XVI. ein, damit die künftige Gesellschaft im Dienste aller stehen könne, »namentlich der Armen.« Auf den Tod des Königs folgen freilich »2663 Hinrichtungen«, für die Saint-Just mitverantwortlich zeichnet. Die Vision einer besseren Gesellschaft mündet insofern in ein Massaker, und der Protagonist selbst fällt seinem Einsatz zum Opfer. Die Guillotine ist auch die letzte Station seines Lebens, so daß seine Ambition, »die politische durch eine soziale Revolution« zu ersetzen, nur ein Torso bleibt. Das politische Projekt der Figur, bei dem das Freundschaftsideal auch eine essentielle Rolle spielen sollte, scheitert an der Wirklichkeit. Wie Saint-Just sich das Konzept »Freundschaft« vorstellt und warum die Figur hier auf Grenzen stößt, soll erörtert werden.

Die Freundschaftskonzeption beruht auf utopischen Ideen, die sich durch Terror, Radikalität und Brutalität ausdrücken sollen. Dazu sagt Marianne:

»Sehr viel mehr als die Liebe mit ihren Hindernissen hat die Freundschaft sein kurzes Lebens erhellt (...) Er stellte sich sogar vor, aus ihr einen Pfeiler der neuen Gesellschaft zu machen. Freundschaftsbeziehungen sollten durch eine feierliche Erklärung, ihr Bruch durch ein öffentliches Protokoll besiegelt werden. Bei Vertragsabschlüssen, in Schiedsfällen und Streitigkeiten mit Dritten sollten die Freunde füreinander bürgen, in ihrer Beziehung auch gewisse Vorrechte genießen: durch ihr Wort gebunden, führen sie keine Prozesse gegeneinander und kämpfen, im Fall eines Krieges, Seite an Seite, der Tod kann sie nicht trennen, sie werden im selben Grabe eingeschlossen.« (*Norma*, 270)

Marianne argumentiert richtig, wenn sie eine solche Freundschaftsdefinition »Ideen aus der Antike« nennt, die »im 18. Jahrhundert längst außer Kurs«(ebenda) geraten sind. Für Norma kommt diese Wahrnehmung der Freundschaft ohne Liebe zur Entfaltung; radikale Revolutionäre wie Saint-Just sind nicht zur Liebe fähig, und darin gerade liegt ihr entscheidender Fehler. Außerdem wollen Radikale »das Reich der Tugend mit Terror herbeizwingen.« (*Norma*, 274)

Damit wird der »Terror« als Gefahrenpotential der Utopie bei Saint-Just aufs neue definiert. Der »unblutige Charakter« der Revolution, den die Figur zu Beginn ihres Engagements proklamiert (*Norma*, 265), wird endlich aufgegeben. Saint-Just handelt widersprüchlich, und sein Scheitern wird ebenso geschildert wie der Preis seines unlogischen Agierens. Gerade darin kreuzen sich in symbolischer Weise auch die Französische und die deutsche Revolution. Burmeister verbindet hier beide Ereignisse, um die jeweils daraus resultierenden Enttäuschungen auf den Punkt zu bringen. Der Sturm auf die Bastille hat zwar das Volk von der Diktatur befreit, dafür aber zum Terror geführt, wobei »2663 Hinrichtungen seit dem Sterbetag des Königs« zu registrieren sind. Die erhoffte Demokratisierungswelle wird somit von diesem Blutbad überschattet, das der Fanatiker Saint-Just während der Schreckensherrschaft von 1793 bis 1794 zu verantworten hat. Bleibt die deutsche Revolution in ihrem Lauf »sanft«, so scheint sie auch den gewünschten Ergebnissen aus Burmeisters Sicht nicht entsprochen zu haben. Frau Schwarz, die Figur auf dem Ostberliner Hof, faßt die Nachwende-Enttäuschungen wie folgt zusammen: »So hatten wir uns die Erneuerung nicht vorgestellt.« (*Norma*, 42) Dabei wird explizit das Versagen der Revolution angesprochen, die auch Mariannes Kräfte mobilisiert hatte.

Trotzdem verzichten die weiblichen Figuren in *Unter dem Namen Norma* nie auf den Optimismus, und entwickeln insofern eine Symbolik der Hoffnung.

2.2.6.3. Weibliche Figuren, Hoffnungsträgerinnen

Marianne, die Romanheldin, und ihre Freundin Norma sind die zentralen Protagonistinnen in *Unter dem Namen Norma*. Erstere ist Übersetzerin von Beruf, letztere ist Zahnarztassistentin. Im Familienleben beider Frauen kann von Glück kaum die Rede sein: Während Marianne mit einem bloß imaginären Kind »ohne Mann« lebt (*Norma*, 39), trennt sich Norma von ihrem Mann kurz vor der Wende, mit dem sie neunzehn Jahre lang zusammengelebt hat. Die Trennung sei »in gegenseitigem Einvernehmen geschehen«, und Normas Ehemann, »Vater von Ines und Sandra Scholz, lebt in Köpenick seit eh und je.« (*Norma*, 191) Für Norma ist das »ein abgeschlossenes Kapitel«, da ihr Leben »aus Abschnitten« besteht. Wenn Norma dem Anschein nach kein Bedauern ausdrückt, denkt Marianne an die schönen, mit dem nach Mannheim emigrierten Ehemann zusammen verbrachten Momente von damals. Johannes fängt ein neues Leben im Westen an und lehnt es ab, einen

Rückblick auf das gemeinsame DDR-Erbe zu werfen. Zwischen Übersetzungsarbeit, Telefonaten und der Affäre mit Max, einem Freund Johannes', versucht Marianne ihren eigenen Weg einzuschlagen, überzeugt von Normas Lehre, daß kein Mann, keiner von den Erwachsenen, in der Lage sei, »eine Frau auf Dauer glücklich zu machen, zumindest keine von den Anspruchsvollen.« (*Norma*, 202)

Um Marianne und Norma herum bewegen sich weitere Frauenfiguren, wie Margarete Bauer und Frau Schwarz.

Inwiefern bei diesen von den Nachwende-Ereignissen belasteten weiblichen Figuren noch Hoffnung zu spüren ist, wird erörtert werden.

Frauenfiguren leiden in der Romanwelt besonders stark unter den Folgen der Wende. Paradoxerweise ist eine optimistische Lebenseinstellung dadurch keineswegs ausgeschlossen. In diesem Zusammenhang mag der Selbstmord von Margarete Bauer als Einzelfall betrachtet werden, der das Frauenbild alles in allem nicht wirklich überschattet, weil die Frauen insgesamt mit den viel skeptischer gezeichneten Männern kontrastieren. Während Johannes geldgierig handelt und deshalb seine ehemalige Identität aufgibt, wird Max, sein Freund, als »jemand« dargestellt, »der sich an keinem Ort festsetzen kann, aber nirgends verschwinden möchte.« (*Norma*, 78) »Freilich«, so Sabine Kebir, »gewinnen die beiden Herren ebenfalls keineswegs die Freiheit, die sie einmal erträumten«.[89] Für Beth Alldred agieren Männer im Roman als Versager, die nicht zu realisierbaren Konzepten fähig sind: »Notably, the men in the novel appear fickle or unreliable. Johannes, once commited to socialist ideas (P. 31), hastily abandons his principles in the name of personal gain, and Marianne's friend is unable to offer workable ideas for the future."[90]

Diesem eher negativen Männerbild wird ein positives, weil zukunftweisendes Frauenhandeln gegenübergestellt: »The friendship between Marianne und Norma was formed during the night of 9 November, when hopes of fundamental changes in society were high, suggesting that, together, both women can act as a positive force for change." (Beth Alldred 1997, S. 179) Ich komme auf diese Freundschaft im letzten Punkt des Kapitels bzw. beim Thema: »Das Zusammenwachsen erfordert Solidargemeinschaft« noch ausführlich zurück.

89 Sabine Kebir, Ein Roman aus Berlin-Mitte. Das Beschreiben der Wirklichkeit ist immer noch provokant. (Rez. Zu Burmeister) in: *Lesart* (Nr.1), 1995.

90 Beth Alldred, Two contrasting Perspectives on German Unification: Helga Schubert and Brigitte Burmeister. In: *German Life and Letters* Nr. 50; April 1997, S. 179.

Trotz seiner divergierenden Standpunkte, die im Erzählfluß auftauchen, bildet das Marianne/Norma-Binom eine beispielhafte Konstante gegenüber den Widrigkeiten der Nachwende-Zeit. Man denke hier an Johannes' Umzug nach Mannheim. Auch Mariannes West-Besuch ist zu erwähnen, der in ein »Fiasko« mündet. Jedes Mal leistet Norma, Mariannes Gegenstimme, Beistand. Es handelt sich bei den Frauen in *Unter dem Namen Norma* nicht darum, ihre bitteren Erfahrungen nach der Wende-Euphorie in Weinerlichkeit zu stilisieren, sondern Verantwortung zu übernehmen und damit hoffnungsvolle Zukunftsperspektiven zu entwickeln. In dieser Hinsicht lebt die Hauptprotagonistin im Osten bzw. im »Wüstenland« weiter, demonstriert dadurch Loyalität gegenüber ihrer »Echtheit«, wobei sie im Unterschied zu Johannes jeden Kompromiß ablehnt, der auf materiellem Wohlstand beruht: »Johannes ist sich sicher, daß es aus dem post-sozialistischen Phlegma kein Entrinnen gibt, deshalb hat er dem ›Trauerspiel‹ den Rücken gekehrt. Und für Marianne ist die Bundesrepublik nicht das Gelobte Land, sondern schlicht und einfach der ›Scheißwesten‹.«[91]

Marianne »verbündet sich dort mit ihresgleichen. Nicht zum politischen Engagement, sondern im sicheren Vertrauen auf den Gleichklang, auf die Gemeinsamkeit der Frauen im Osten.[92]« Diese mentale Kluft zwischen den beiden »Ehemaligen« bzw. Ostdeutschen entwirft eine Symbolik des billigen Wandelns zum einen und des Sich-treu-Bleibens zum anderen. Der Text inszeniert damit Gegenpole, wobei die weiblichen Protagonisten mehr psychologische Substanz entfalten als männliche Gestalten. Wenn Johannes im Westen Fuß faßt und zum Konsumenten wird, ist bei ihm keine Bindung an den alten Freund Max spürbar, der im Osten zurückgeblieben ist. Marianne aber hat während ihres eintägigen Westaufenthaltes Norma immer vor Augen. Insofern kontrastiert männlicher Egoismus mit den Solidargefühlen, die bei weiblichen Figuren zur Entfaltung kommen. In der Darstellung wird ein Balanceakt versucht, da die Autorin die Max-Figur bei der Besiegelung des Freundschaftsbunds zwischen Marianne und Norma zur Rede stellt. Auf diese Episode möchte ich eingehen.

91 Heide Hollmer, Von den Schwierigkeiten, den ›Wahnsinn‹ zu erzählen – die deutsche Literatur zum ›Mauerfall‹ und zur ›Wende‹. In: Manuskript für eine Sendung der Reihe ›Sonntag um Sechs‹. Südwestrundrunk (SWR), September 2000, S. 38.
92 Ebenda, S. 44.

2.2.6.4. Das Zusammenwachsen erfordert Solidargemeinschaften

Ein Aspekt ist in diesem Zusammenhang schon hervorgehoben worden. Frauen liefern im Burmeisters Roman das Beispiel dafür, wie Solidarität das Zusammenleben in der Nachwendezeit erleichtert. In diesem Sinne soll hier die Freundschaft zwischen Marianne und Norma, deren Höhepunkt in einem von Max ins Leben gerufenen Bund erreicht wird, zur Analyse herangezogen werden.

In dem Lokal, wo Marianne und Norma den »langhaarigen Jungen« treffen, sitzt auch Max. Dieser informiert sich über Mariannes Westbesuch, erfährt aber, daß Mariannes Ehe zebrochen ist. Max, der »Jura und anschließend wissenschaftlichen Kommunismus« studiert hat, soll nun den Bund beider Freundinnen besiegeln:

»Freundschaft, sagte ich, geht von freier Wahl aus. Einmal geknüpft, soll sie durch eine feierliche Erklärung offiziell besiegelt werden. Du bist unser Offizieller, Max (...) Besiegeln. Durch eine feierliche Erklärung, wiederholte Norma.« (*Norma*, 278) Marianne und Norma wollen als Freundinnen über ihre »Rechte und Pflichten« belehrt werden; »bei Vertragsabschlüssen und Streitigkeiten mit Drittem füreinander bürgen.« Über die Organisation der »Beisetzung der Dahingegangen«, die Übernahme »für die verwaisten Kinder« hinaus, die dem Grundkonsens beider Protagonistinnen entsprechen, kommen auch Meinungsverschiedenheiten zustande, die aber ihr Ziel nicht in Frage stellen konnten. In einer Ansprache, die die nackten bitteren Nachwende-Enttäuschungen artikuliert, moralische Akzente setzt und auf Mut und Optimismus in diesen »bewegten Zeiten« hinausläuft, erfüllt Max den Wunsch der beiden Frauen:

»Euer Bund fügt Ungleiche zusammen, zwei Unvollständigkeiten, möchte ich sagen, und eben darin liegt seine Chance. Freundschaft ist nicht die schlechteste Art, mitzuwirken an der gesellschaftlichen Vereinigung, diesem Knäuel aus Hoffnungen, Mängeln und Mißverständnissen, von den Sachzwängen ganz zu schweigen. Fürchten wir nicht das Knäuel, sondern fürchten wir den Alexander oder wie auch immer, der sich anheischig macht, es mit einem Hieb zu durchschlagen. Blicken wir beherzt in die Zukunft, kurz oder lang, erheben wir die Blicke zum bestirnten Himmel über uns und die Gläser auf euren Freundschaftsbund. Er ist beschlossen und besiegelt.« (*Norma*, 283) Der Bund hieße »Unter dem Namen Norma.« (*Norma*, 283)

Das Besiegeln dieses Bundes folgt auf die Saint Just-Geschichte, die als Pervertierung demokratischer Ansätze ausgelegt werden kann. Natürlich ist die von Saint-Just entworfene Utopie ihrer Realitätsferne wegen gescheitert und auch daran zugrunde gegangen, daß »das Reich der Tugend mit Terror herbeigezwungen« werden sollte. Burmeister geht auf Abstand zu einer solchen Lebenseinstellung und greift die Norma/Marianne-Freundschaft auf, um eine alternative Lösung zu liefern. Die neue Alternative verzichtet auf reine Spekulation und erkennt gleichzeitig ihre Grenzen. Das läßt sich beispielsweise an diesem Spiel unter den Protagonisten ablesen. Marianne schlägt folgendes vor: »(...) Außerdem sind wir für unsere Straftaten wechselseitig verantwortlich.« (*Norma*, 279) Aus Normas Perspektive kommt ein solcher Vorschlag nicht in Frage: »Das ist mir neu, rief Norma. Dem stimme ich nicht zu!« (*Norma*, 280) Max, der Pate, ist Normas Meinung: »Ein heikler Punkt, moralisch betrachtet, sagte Max, und rechtlich unhaltbar. Sofern ihr keine gemeinsamen Verbrechen begeht, nicht Mitwisserschaft, Anstiftung oder unterlassene Hinderung vorliegt.« (*Norma*, 280) Diese Argumente bringen Marianne zum Einlenken, die es auch einräumt: »Sehe ich ein, so weit geht die Freundschaft nicht. Kommen wir zu unseren Vorrechten!« (*Norma*, 280) Die »wahre Freundschaft, mit allen Strophen«, worauf Marianne und Norma abzielen, bricht explizit mit Saint-Justs »Ideen aus der Antike, im 18. Jahrhundert längst außer Kurs.« (*Norma*, 271) Damit werden zwei Freundschaftskonzeptionen auf den Tisch gelegt, wobei die Autorin sich demonstrativ auf die Seite der beiden Frauen schlägt. Im Mittelpunkt des Projekts stehen zwar Marianne und Norma, aber Max, der bisher keine konsistenten Ideen in der Romanlandschaft entwickelt hat, kommt ebenfalls zu Wort. Burmeister glaubt dabei an die positive Veränderbarkeit ihrer Protagonisten und lehnt in indirekter Linie jeden Fatalismus ab. In seiner Patenrolle macht Max die Vermutung unplausibel, die Autorin sei eindimensional feministisch eingestellt. Max' Ideen beziehen sowohl Frauen als auch Männer mit ein. Johannes' Freund verbindet realistische Einschätzung der Nachwende-Situation mit der Vergangenheit, vermeidet damit eine Schwarz-weiß-Schilderung, und schlägt vor, dezidiert mit Vorwärts-Parolen nach vorne zu blicken:

»(...) Die Verderber von einst sitzen hinter Schloß und Riegel, sind abgetaucht, verstorben, in neuer Tauglichkeit mitten unter uns(...) Und wir selbst, liebe Freundinnen, sind so unschuldig nicht, daß wir den ersten Stein werfen dürften. Von denen, die bereits umhersausen, werden wir freilich mitgetroffen. Halten wir dennoch den Besen fest, mit dem wir vor der eigenen Tür zu kehren haben! Lassen wir uns nicht beirren, nach dem eigenen Platz in der großen Verstrickung zu fragen, nach der Mitschuld unseres Formats! Widerstehen wir der Wahl zwischen Vergessen und hundert Jahren Haß! Es ist anstrengend, zu den Ehemaligen zu gehören, wir alle, die wir hier sitzen, wissen es. Gewinnen, verlieren, einbringen, aufarbeiten – da weiß die Linke häufig nicht, was die Rechte tut und keine Hand, was beiden bleibt. Darf uns das entmutigen? (...) Ich warne vor dem Horror vacui.« (*Norma*, 282)

Da Solidarität ein Fremdwort geblieben ist (*Norma*, 282), sucht Max nach einem Ausweg, um das Defizit auszugleichen. In der Zusammenstellung von Marianne und Norma, »zwei Ungleichen, zwei Unvollständigkeiten«, sieht er die Aufwertung des Zusammengehörigkeitsgefühls. Ein solches Solidargefühl erkennt die Eigenschaften und Schwächen der jeweiligen Protagonistinnen. Damit wird gegenseitige Hilfe impliziert in »der gesellschaftlichen Vereinigung, diesem Knäuel aus Hoffnungen, Mängeln und Missverständnissen (...)«

Dem Freundschaftsbund zwischen Marianne und Norma wird darin Substanz verliehen, daß Solidarität kein leeres Wort mehr bleibt. Daß beide Protagonistinnen Max' Rede zustimmen, mag in diesem Sinne interpretiert werden, wie Marianne bestätigt: »Keinerlei, sagte ich, bewegt, wie Tante Ruth es gewesen war nach einer guten Predigt. Auch Norma lobte die Rede.« (*Norma*, 283) Die rücksichtslose Zustimmung läßt Hoffnung wachsen, mit der der Roman endet, obwohl der Alltag unverändert bleibt und der zirkuläre Charakter der Erzählung den Eindruck einer Sackgasse am Ende des Buches vermittelt. Die Handlung fängt mit der Beschreibung des Ostberliner Hofes an und wird dort auch beendet: »(...) Vielleicht war Kühne krank. Oder zurückgetreten aus gesundheitlichen Gründen, in meiner Abwesenheit von irgendwem überführt. Kein Schleifen morgen, die gewöhnlichen Geräusche, sonst nichts. Ich blieb im Hof stehen(...).« (*Norma*, 285f.)

2.3. »Der Fall Fonty«[93] Die Wende/Vereinigung im Lichte der Fontane-Zeit in Günter Grass' *Ein weites Feld*

2.3.1. Inhaltsangabe

Der 1995 publizierte Roman *Ein weites Feld*[94] von Günter Grass, der viel Aufregung auslöste, rückt die deutsche Wende in den Mittelpunkt seiner Handlung. Die Herbstereignisse des Jahres 1989 in Deutschland und die daraus resultierende Vereinigung beider deutscher Staaten werden nicht akribisch erzählt. Vielmehr handelt es sich bei dem in fünf Bücher unterteilten Roman um ein komplexes Gemisch von Preußen-Tradition und Wende-Zeit.

Günter Grass erzählt nämlich aus der Perspektive zweier Figuren: Theo Wuttke und Hoftaller. Ersterer ist am 30. Dezember 1919 in Neuruppin geboren; letzterer, eigentlich Tallhover genannt, ist am 23. März 1819 geboren und eine Erfindung des ostdeutschen Schriftstellers Joachim Schädlich, der den gleichnamigen Roman[95] 1986 in der Bundesrepublik publiziert hat. Theo Wuttke, der sich seinerseits mit dem Diminutiv »Fonty« rufen läßt, ist ein großer Bewunderer des am 30. Dezember 1819 geborenen Dichters Theodor Fontane. Wuttke ist also genau hundert Jahre nach Theodor Fontane geboren. Darüber hinaus versetzt sich Theo Wuttke beständig in die Theodor-Fontane-Figur, so daß sein Lebenslauf mit der Biographie des Dichters derart verschmilzt, daß daraus ein poetisches Ganzes, ja ein Doppelleben entsteht: »Teils ist er Wuttke, teils die Verkörperung von Fontanes Nachleben, zumal sonst alles stimmt: Fonty/Wuttkes Ehe gleicht aufs Haar der Fontanes, seine Familienverhältnisse sind dieselben, er verfügt über das Gedächtnis des historischen Fontane, ja er weiß mehr als selbst die Mitarbeiter des Fontane-Archivs (...).«[96]

93 Zitiert nach dem Buch von Oskar Negt (Hg): *Der Fall Fonty. Ein weites Feld von Günter Grass im Spiegel der Kritik*. Göttingen Mai 1996.
94 Günter Grass, *Ein weites Feld*. Roman. Göttingen 1995.
95 Hans Joachim Schädlich, *Tallhover*. Roman. Berlin 1986.
96 Gustav Seibt, Die Uhr schlägt, das Käuzchen ruft. Da muß doch ein Zusammenhang bestehen – Günter Grass legt seinen Roman zur Wiedervereinigung vor. In: Frankfurter Allgemeine Zeitung, 19.8.95.

Dieses Fontane-Archiv ist auch die Instanz, die die ganze Geschichte von Wuttke/Fonty und seinem »Tagundnachtschatten« Tallhover/Hoftaller in Wir-Form erzählt. Die Mitarbeiter des Fontane-Archivs begleiten die beiden Bummler in Berlin nach dem Fall der Mauer bis zum Herbst 1991, erforschen aber in Rückblenden Fontanes Leben im neunzehnten Jahrhundert, nehmen Anteil an den Parallelbiographien von Wuttke/Fonty und Tallhover/Hoftaller durch das zwanzigste Jahrhundert, durch die Weimarer Republik, Drittes Reich und Wende hindurch.

In Berlin ist die feierliche Stimmung seit langem vorbei. Hoftaller, Fontys ständiger Begleiter, will seinen siebzigsten Geburtstag ohne seine vierhundert Berliner Spitzel-Kollegen organisieren. In dieser Vorbereitungsphase blüht das Geschäft mit dem Verkauf von Bruchstücken der Mauer weiter. Fonty kann aber die hinterlassenen Spuren von solchen Ereignissen nicht vertragen, die »partout groß sein wollen.« Hoftaller will seinerseits die alten Genossen vor diesem »nun den Klassenfeind destabilisierenden Ereignis« gewarnt haben, die ohne Reaktion geblieben seien.

Zwischen Jammer, Bedauern und Zurückhaltung gegenüber dem sich rapide verändernden Vaterland ergibt sich der Grund zum Feiern. Denn »man wird nicht jeden Tag 70«, so Fonty, von dem Hoftaller ein Geschenk bekommt:

»Dem Geburtstagskind gefiel das vielteilige Puzzle, ein Original Westprodukt, dessen Motiv eine Großtankstelle mit allem Drum und Dran war; um ein Jahrhundert zurückentwickelt hätte es in zusammengesetztem Zustand durchaus einen preußischen Exerzierplatz, das Tempelhofer Feld, abbilden können, gleichfalls mit allem Drum und Dran, so zeitlos war Hoftaller am 23. März siebzig geworden. Verspätet hatte Fonty das Tankstellen-Puzzle vom damals üblichen Begrüßungsgeld in der Spielzeugabteilung des KaDeWe gekauft und seinem betagten Tagundnachtschatten nachgeliefert (…).«

Fonty nimmt Hoftallers Geburtstag zum Anlaß, um die Vergangenheit weiter aufleben zu lassen und seine Zitierkunst zu kultivieren. Aus den Briefen, den besuchten Ländern, den Kriegsbüchern, den Wanderungen, den Romanen Fontanes findet auch Fonty genug Stoff, Parallelbilder zwischen Preußentum und Wende zu entwickeln. Das gilt zum Beispiel für den Tag, als die Mauer geöffnet wurde und jubelnde Leute auf die Straße gingen, wobei Fonty sich auf Distanz hielt:

»Damals glaubte man, einen Sieg, wenn nicht errungen, dann geschenkt bekommen zu haben: Siegesraketen, die auf Hoftallers vergreistes Kindergesicht Lichter setzen. Sein Erstaunen über den Raketenhimmel und den himmelhoch proklamierten Weltfrieden wurde von rundgewölbten Augenbrauen beglaubigt. Und wie das entfesselte Volk nur das offene Tor sah, erlebte er sich und sahen wir ihn mit offenem Mund, in dem tadellos gerichtete Ersatzzähne blinkten (…). Noch herrschte planloser Eigensinn. Jeder rief, was ihm einfiel. Viel Geschubse, weil alle von besserem Platz aus bessere Sicht erhofften. Dabei gab es, außer Raketen für jedermann, nur das mächtig überragende Tor zu sehen. Kein Betonwulst sperrte mehr ab. Klotzig stand es in Licht gebadet und versprach, bald für Taxis und Busse offen zu sein. Noch stand auf dem beliebten Briefmarkenmotiv als Krönung die mal nach Osten, mal nach Westen reitende Quadriga. Hunderte waren über ein angrenzendes Baugerüst auf das flache Dach des breitgelagerten Tores gestiegen; dabei war es zu Unfällen, sogar tödlichen gekommen, doch das bemerkten nur wenige (…)« (*Feld*, 62)

Sofort erinnert sich Fonty an ein altes Bild aus dem Preußentum, und verharrt deshalb unschlüssig neben seinem Tagundnachtschatten: »Hab schon siebzig-einundsiebzig, als man hier siegreich durchmarschierte, nicht hingucken wollen.« (*Feld*, 63)

Trotz der von beiden Protagonisten empfundenen Bedenken wird der Lauf der Ereignisse beschleunigt. In kurzem Abstand folgen die entscheidenden Etappen des deutschen Einigungsprozesses aufeinander: »Das Zentrum der Arbeiter- und Bauern-Macht«, diese »Festung der Staatssicherheit«, in der beide arbeiten, wird gestürmt und die eingelagerten Akten verschwinden. Auch lassen die Volkskammer- und Kommunalwahlen vom März und Mai 1990 Fonty und Hoftaller kalt: »(…) Doch uns sind Wahlen egal, nicht wahr, Fonty? Wahlen ändern nichts, jedenfalls nicht im Prinzip« (*Feld*, 83), proklamiert Hoftaller. Sie erleben den großen Geldumtausch, nach dem Fonty mit dem gewechselten Geld vor der sich verändernden DDR fliehen will, um nach Schottland zu gehen; ein Projekt, das Hoftaller zu verhindern weiß. Die Währungsunion, hier »Herrschaft des neuen Geldes« genannt, läßt auch nicht auf sich lange warten. Mit großem Eifer wird der DM Platz gemacht:

»Produkte aus volkseigenen Betrieben gingen zu Schleuderpreisen vom Ladentisch. Am Tag des verheißenen Geldwunders sollten die Regale in allen HO- und Konsumläden, in jeder Kaufhalle leer sein, damit, anstelle der dürftigen und unansehnlich verpackten Ware, der Westen Platz für sein Angebot fände. Hoffnungen spitzen sich zu: Endlich werde lang entbehrter Konsum stattfinden können. Endlich dürfe der Kunde König sein. Doch so heiß ersehnt die neue Währung war, so bänglich sahen viele ihrer Härte entgegen (…)« (*Feld*, 132)

Wie in einem Märchen bricht die DM über die ehemalige DDR herein: »Das neue Geld kommt über Nacht (...) Als Datum stand der 1. Juli fest. Ab Montag, dem 2., sollte nur noch die harte Mark Geltung haben. Zwar hatte der östliche Finanzminister, ein Sozialdemokrat namens Romberg, ängstlich Bedenken geäußert, doch dann tapfer den Staatsvertrag unterschrieben.« (*Feld*, 135)

Fonty und sein Tagundnachschatten halten das immer unvermeidlicher werdende Zusammenwachsen von BRD und DDR für ein riskantes Abenteuer. Jedoch überschatten öffentliche politische bzw. Vorkommnisse ihr Privat- und Familienleben nicht. Im Gegenteil. Politisches und Privates stehen nebeneinander. Zusätzlich heiratet Martha Wuttke, Fontys Tochter, komischerweise einen Bauunternehmer von drüben bzw. aus dem Westen. Obwohl Fonty dieser Heirat gegenüber negativ eingestellt ist, weil der Bräutigam älter als Mete ist und aus dem Westen kommt (dort »ticken die doch ganz anders als wir«), nimmt er an der Zeremonie teil, genauso wie sein Sohn Friedel Wuttke. Dieser, ein Verlagsmann in Wuppertal, leitet einen evangelischen Missionsverlag, »dessen gemischtes Programm nicht nur Besinnungsliteratur bis hin zu religiösen Traktaten anbot, sondern auch die Dritte Welt und deren unerlöstes Elend zum Thema hatte.« (*Feld*, 291) Provokant wie sein Vater, der alles »ridikül« einschätzt, wendet sich Friedel Wuttke, der seit der Kindheit im Osten wohnt, an Metes Ehemann:

»(...) Lassen wir doch die alten Geschichten! Aber vielleicht dürfen wir erfahren, wie der reiche Wessi Grundmann meine Schwester Martha, die arme Ostmaus, aufgegabelt hat. Erzähl mal, Schwager! Aber die Wahrheit. Nichts hören wir lieber als rührende Geschichten, obendrein gesamtdeutsche mit glücklichem Ausgang.« (*Feld*, 291)

Bei Marthas Hochzeit, während der »dem Tischgespräch mit dem Stichwort ›deutsche Einheit‹ hinlänglich Futter gegeben war«, stellt der Bräutigam seinerseits Prophezeiungen an, wobei er die Ostler warnt: »Hart arbeiten werdet ihr müssen, verdammt hart arbeiten, sonst läuft hier nichts, sonst geht es weiter bergab.« (*Feld*, 295)

Hoftaller, der ewige Spitzel, offeriert seinerseits Martha Grundmann »das Relikt ihrer Parteizugehörigkeit, nämlich eine abgeschlossene Kaderakte, mit nem kleinen Anhang übrigens, ihre lange Verlobungszeit betreffend. Ne Menge Hotelgeflüster.« (*Feld*, 314) Nachdem die Verheiratete vor Glück geweint haben will, ruft sie ihr Engagement in der ehemaligen DDR ab: Sie und eine ihrer Freundin, Frau von Bunsen, erinnern sich nämlich an ihre zusammen bei der FDJ verbrachte Zeit, wobei melancholisch patriotische Töne zur Sprache kommen. Die Hochzeit ist vorbei. Friedel Wuttke, der nach Wuppertal zurück will, blickt optimistisch in die deutsche Zukunft: »Nun, nach dem Debakel der materialistischen Lehre, dürste die Menscheit nach religiöser Sinngebung. ›Unsere Stunde!‹ rief er!« Fonty, der sich als überzeugter Verteidiger der DDR präsentiert, erwidert ungeniert auf die Attacken seines Sohnes: »(...) Was heißt hier Unrechtsstaat! Innerhalb dieser Welt der Mängel lebten wir in einer kommoden Diktatur. Glaub mir, Emilie, da drüben, ob nun in Wuppertal oder Bonn, wird auch nur mit Wasser gekocht.« (*Feld*, 324f.) Danach fährt Martha Grundmann über Schwerin nach Lübeck und Puttgarden bis Kopenhagen. Fonty und seine Frau Emilie Wuttke machen sich auf den Weg zu der Insel Vittel. Hoftaller fühlt sich in Fontys Abwesenheit deprimiert, er trifft deshalb auf dieser Insel ein. Er teilt Fonty sofort die Nachricht aus Berlin mit, die die beiden Protagonisten beunruhigt macht: »In zwei Wochen soll es soweit sein. Der 3. Oktober kriegt ein rotbeziffertes Kalenderblatt.« Dem Anschein nach ist Fonty nicht begeistert: »Der Bericht ist besser als die Sache. Wird mehr was fürs Fernsehen sein. Habe aber versprochen, beim Glockenläuten ein Auge darauf zu werfen«, stellt er konterkarierend fest. Nach einer Woche sind die Wuttkes in Berlin zurück. Fonty, der seinen Tagundnachtschatten zum Rudern einlädt, macht sich auch weiterhin in Rückblenden Gedanken über die Vergangenheit. In diesem Rahmen erinnert er sich an seinen Aufenthalt in Frankreich, wo er während des Zweiten Weltkrieges als Kriegsberichterstatter tätig war. In Frankreich hatte Fonty auch eine Liaison mit Madeleine Blondin, die er bisher seinem Tagundnachtschatten verheimlichte. Parallel dazu pflegte er Kontakte zur französischen Résistance, indem er illegale Ausflüge in die Cevennen machte.

»Der Obergefreite Theo Wuttke ließ sich ab Früjahr 44 von einer kleinen, isoliert aktiven Partisanengruppe benutzen. Nicht, daß er im Untergrund mit Sprengsätzen Munitionszüge oder Brücken in die Luft gejagt hätte, aber einen Partisanensender, der dreieinhalb Monate lang in Betrieb blieb, hat er mit halbstündigen Vorlesungen bedient, die für die Soldaten der Besatzungsmacht bestimmt waren.« (*Feld*, 428)

Hoftaller, der von der näher rückenden Einheit Deutschlands besessen ist, aber auch seinen Pessimismus nicht verdrängt, fängt plötzlich damit an, beim Rudern über Deutschland und dessen bewegte Geschichte zu philosophieren: »Ach, Deutschland (...) Tauschen wir mal die Plätze, Wuttke. Jetzt will ich rudern. Sie dürfen sich ausruhen und mir ne Weile zuhören. Herrgott, was sind das für Zeiten! Tag für Tag wird Geschichte gemacht. In gut ner Woche ist es soweit, dann ist das Vaterland vereint. Wird bestimmt schiefgehn!« (*Feld*, 406) Fonty hat ein ängstliches Auge auf die kommende Einheit; er drückt sich ähnlich pessimistisch wie Hoftaller aus. Aus seinem Erfahrungsschatz weiß er über deutsche Einheit: »So wird es kommen, oder ähnlich. Niemand siegt ungestraft. War siebzig-einundsiebzig nicht anders. Deutsche Einheit ist immer die der Raffkes und Schofelinskis. Nur gab es damals den vierten Stand, die Arbeiterklasse. Da war noch Hoffnung drin. Jedenfalls sah es so aus. Und noch müssen wir uns auch heute beglückwünschen, daß es kam, wie es kam, selbst wenn die alte Frau von Wangenheim sagte…« (*Feld*, 411)

In diesem von Bedenken markierten Kontext, wo Rückblenden und pessimistische Vorausblicke auf die Zukunft nebeneinander stehen, wird Fonty von seiner Vergangenheit weiter eingeholt – diesmal in Form eines Besuches aus Frankreich. Madeleine Aubron, seine Enkeltochter, deren Existenz Fonty bisher verheimlicht hat, kommt auf Vermittlung von Hoftaller nach Berlin. Die Germanistikstudentin interessiert sich für Themen von brennender Aktualität. Dementsprechend fragt Emilie Wuttke, die fettleibige Gattin Wuttkes, die Studentin aus Frankreich nach deren Vorstellung von der kommenden Einheit Deutschlands: »Zur deutschen Einheit kann ich nur sagen: Sie ist aus französischer Sicht ein normales Ereignis, wenn nicht gerade wünschenswert, so doch akzeptabel. Im Gegensatz zu Großpapa, der voller Bedenken ist, bin ich froh über die Vereinigung. Ich hoffe, daß auch Sie, Madame Wuttke, sich glücklich schätzen. Ein großer Tag!« (*Feld*, 451) Natürlich kann Fonty seiner Enkeltochter nicht zustimmen: »Müssen immer kolossal übertreiben! Haben keine Ahnung, was Einheit heißt, feiern sie aber. Tun grad so, als stünde der Sedanstag im Kalender!«

Endlich kommt der 3. Oktober 1990, der Tag der deutschen Einheit. Der großen Freude gegenüber zeigen sich beide Figuren als Spielverderber. Bringt die Einheit Deutschlands Fonty in Rage, so reagiert Hoftaller darauf mit gemischten Gefühlen. Sehr konsequent greift Fonty sofort: »Jetzt reicht's Tallhover! Haben ja furchtbar recht. Kolossaler Mumpitz alles. Steht mir jetzt schon fest: In dieser Einheit ist der Spaltpilz drin. Nun lassen Sie endlich das Geschmatze! Speiübel wird einem davon. Gehn wir, Hoftaller, los, gehn wir!« (*Feld*, 473) Härter fährt Fonty fort: »Von diesem Einigvaterland erhoff ich mir wenig« (*Feld*, 474); Hoftaller fügt irritiert hinzu: »Unserem Kanzler gelingt aber auch alles! Hat keine Ahnung, was auf ihn zukommt, aber Vollmond pünktlich zur Einheit, das schafft er.« (*Feld*, 474)

In dem von beiden Protagonisten gefürchteten Einigvaterland finden jedoch Fonty und Hoftaller Arbeit. Sie bekommen nämlich eine Arbeitsstelle bei der Treuhand, die das Ziel verfolgt, die unproduktiven Fabriken der ehemaligen DDR abzuwickeln. Fonty wird als Chef der neuen Personalabteilung eingestellt; Hoftaller ist zuständig für den Außendienst. Mit je einem Fixum von 2000 DM stehen beide im Dienst der Maschinerie, deren Motto lautet: »Schnell privatisieren, entschlossen sanieren, behutsam stillegen.« Ihnen bleibt jedoch genügend Zeit übrig, auch weiterhin täglich Ausflüge durch Berlin zu unternehmen, symbolische Orte wie die »Glienicker Brücke« zu besuchen und dort Agententausch zu inszenieren. Fonty, der »jahrzehntelang unter ideologischer Aufsicht geschurigelt worden ist«, zelebriert die neu erworbene Freiheit, die durch die materielle Befriedigung noch verdoppelt wird: »Treuhand heute ist nicht besser als Manteuffel damals, zahlt aber mehr« (*Feld*, 550); und Emilie, seine Ehefrau, macht keinen Hehl aus ihren neuen Lebensumständen. Gerade im Auftrag der Treuhand soll Fonty den Gebäudekomplex in der Otto-Grotewohl-Straße, den Sitz dieser Abwickelmaschinerie, historisch dokumentieren:

»Er machte Überstunden. Der freie Mitarbeiter Theo Wuttke wollte das an ihn ausgezahlte Geld wert sein und beschränkte sich nicht auf die historischen Abschnitte jeweils zum Tiefpunkt geführter Herrschaftsperioden von mehr oder weniger kurzer Dauer. Weder die Ausgaben des Reichsluftfahrtministeriums im Dritten Reich noch die Tätigkeit von zehn bis zwölf Ministerien während der vierzig Jahre deutscher Arbeiter -und Bauern-Staat konnten dem Chronisten genug sein. Er begann mit der Vorgeschichte der den Gebäudekomplex flankierenden Straßen. Nach der Leipziger, die ihren Namen nicht ändern mußte, schritt er die Prinz-Albrecht-Straße ab, die, bis auf Widerruf, nach der Kommunistin Käthe Niederkirchner umbenannt worden war. Weitläufig erging er sich auf die Wilhelmstraße, die zwar noch immer nach einem der Gründungsväter des kurz, aber real existierenden Staates hieß, doch bald wieder unter preußischem Herrschernamen ihren Verlauf nehmen sollte. Also begann er mit Zinn- und Bleisoldaten zu spielen. Er ließ den Wilhelmplatz und dessen bauliche Veränderungen aufleben. Ihm wollte nicht enden, was einmal gewesen war. Sein Entwurf bewies Gardemaß: Anhand des Plans der Friedrichstadt von 1732 skizzierte Fonty das große Exerzierfeld aller in Berlin kasernierten Regimenter und ließ diese namentlich, vom Regiment Alexander bis zum Regiment Gendarmes, aufmarschieren und paradieren. Er zählte die bis 1800 errichteten Standbilder ruhmreicher Feldherren von Seydlitz bis Zieten auf, entwarf aufs neue die symmetrische Gliederung des Platzes durch den Baumeister Lenné, verwandelte die Paradeanlage durch den ab 1908 beginnenden U-Bahnbau zur Großbaustelle, benannte alle Palais um den Platz und entlang der Wilhelmstraße, prunkte mit den Namen märkisch-preußischer Adelsgeschlechter und kam so zum Palais Schulenburg, das ab 1875 dem Kanzler Bismarck als Privatwohnung und Amtssitz diente. Er erlaubte sich einen besonderen Abschnitt, indem er lange und anekdotisch beim Schwefelgelben verweilte und diesen mit nachgespitztem Blei mal auf-, mal abwertete; sogar als Zielscheibe mißglückter Attentate sah er ihn. Zudem wollten Auftragsgedichte zitiert werden, etwa das den jünglingshaften Junker feiernde ›In Lockenfülle das blonde Haar, allzeit im Sattel und neunzehn Jahr...‹oder das spät geschriebene ›Wo Bismack liegen soll‹, das der Unsterbliche dem Gründer des Reiches von kurzer Dauer am 31. Juli 1898 halbswegs versöhnt und selbst dem Grubenrand nahe auf Wunsch seines Sohnes Friedel nachgerufen hatte. Reichsgründung, Gründerzeit: eine Vielzahl Ministerien forderten Raum und machten, von Fonty aufgezählt, den Wilhelmplatz und die Wilhelmstraße zum beherrschenden Zentrum. Das geriet ihm zu breit, er mußte streichen.(...)« (*Feld*, 551f.)

Außerdem wird Fonty gebeten, mit dem Namen Treuhand spielerisch umzugehen, was er gerne tut:

»Aus bester Laune machte uns Fonty vor, wie Treuhänder im Handumdrehen zu Treuhändlern werden; wie bei der Treuhand eine Hand die andere wäscht; weshalb es fortan möglich sein wird, die Praxis der Veruntreuung von Volkseigentum mit Hilfe der Treuhand einzusegnen; und andere Wortspiele, nach deren Regeln man, zum Beispiel, den häßlichen Offenbarungseid durch Schwur mit erhobener Treuhand vermeiden kann. Schließlich ging es nur noch albern zu. Jemand entwarf Kleinanzeigen: ›Treuhand sucht Maniküre!‹-›Treuhandschuhe preiswert im Angebot!‹ Und so weiter.« (*Feld*, 550)

Fonty, der darüber hinaus gute Beziehungen zu dem Chef der Treuhand haben soll, verrät diesem noch seine Ängste vor der deutschen Wende: »Er begriff die Mechanik der Wende in Gestalt eines ratlos dienstwilligen Personenaufzugs. Soviel Größe. Soviel Abstieg. Soviel Ende und Anfang.« (*Feld*, 568) Der Chef der Treuhand, der die Drecksarbeit der in Bonn »regierenden Masse« leistet, wird inzwischen ermordet, was Fontys Prognose ohnehin entspricht: »Nichts schlimmer, als zum Erfolg verurteilt zu sein«; oder auch: »Wo Haß gegen Härte steht, liegt das Motiv auf der Hand.« Sehr schnell, ab diesem Mord am Treuhandchef, erleiden Fonty und Hoftaller Schicksalsschläge, die rasante Ausmaße annehmen. Die relativ gut bezahlte Arbeit bei der Treuhand hilft nicht mehr weiter. Trotz der ihm zuvor zugeteilten Aufgabe, das Wort »abwickeln« durch ein neutraleres zu ersetzen, wird Fontys Stelle gekündigt. Die sich häufenden Hiobsbotschaften bekräftigen auch erheblich seinen Pessimismus. Zum einen attackiert er den Sieg des Kapitalismus: »Die zukünftige Gesellschaft, meine Damen und Herren, braucht Geld, Geld, Geld.« Zum anderen bringt er kontinuierlich preußische Erfahrung zum Vorschein: »Preußen-Deutschland bringt keine Verheißung.« (*Feld*, 671) Aufgrund dieser neuen Umstände, die Fonty für ein Desaster hält, kommt er auf die Idee, das vereinte Deutschland zu verlassen, denn »hier setzt alles auf Gewalt, die Treuhand voran« oder wie er weiter sagt: »Es ist hohe Zeit, Abschied zu nehmen (…), bevor es zu spät ist.« Zwischendurch wird er krank. Einige Zeit danach, als er von seinen immer politisch motivierten Nervenkrisen genesen ist, sucht er sich einen Ausweg aus diesem Deutschland, das um »ein monetäres Beitrittsgebiet« vergrößert ist. Anläßlich eines sehr breiten Vortrags, den er in der Kulturbrauerei des Prenzlauer Bergs in Anwesenheit von Hoftaller und Madeleine Aubron hält, inszeniert Fonty den Brand der Treuhand. In dem darauf folgenden Durcheinander verschwindet Fonty mit seiner Enkeltochter. Hoftaller will sich seinerseits vom Außendienst abgemeldet haben: »Aber ich will nicht mehr, will nicht mehr… Immer nur Außendienst, Außendienst… Bin schon abgemeldet, abgemeldet… Werde ganz woanders, woanders.« (*Feld*, 760) Er soll sich schon von Fonty verabschiedet haben, den er im Spreepark getroffen haben will. Nach diesem Treffen geht »jeder in eine andere Richtung.« Über Hoftallers Reiseziel wird im Fontane-Archiv spekuliert:

»So verflüchtigte sich ein Tagundnachtschatten, der auch auf uns gefallen war. Er blieb weg, aber das Rätseln hielt an: Welche Richtung nimmt er? Was hat den Spezialisten für Systemwechsel von uns abziehen können? So viele Möglichkeiten, operativ zu werden, denn wohin man mit Hilfe des Fernsehens blickte, überall klafften Sicherheitslücken, stand irgendwas auf der Kippe, war sofortiger Zugriff gefragt. Nach üblichem Hin und Her haben wir uns auf Kuba geeinigt, nicht nur, weil sein Zigarrenvorrat erschöpft war. Aber noch lange hielt sich die Frage: Auf welcher Seite wird er wohl tätig werden, in Havanna oder von Miami aus?« (*Feld*, 778)

Später, Mitte Oktober, trifft eine Postkarte im Fontane-Archiv ein, durch die Fonty von sich hören läßt: »Wir lasen: ›Mit ein wenig Glück erleben wir uns in kolossal menschenleerer Gegend. La petite trägt mir auf, das Archiv zu grüßen, ein Wunsch, dem ich gerne nachkomme. Wir gehen oft in die Pilze. Bei stabilem Wetter ist Weitsicht möglich. Übrigens täuschte sich Briest; ich jedenfalls sehe dem Feld ein Ende ab…‹« (*Feld*, 781).

Die Post kommt nämlich aus Frankreich, wohin Fonty zu seinen Vorfahren, den Hugenotten, in die Cevennen gegangen ist.

2.3.2. Mittel der erzählerischen Narration

2.3.2.1. Intertextualität

Im Mittelpunkt von Günter Grass' Roman *Ein weites Feld* stehen zwei Protagonisten: Theo Wuttke und sein ständiger Begleiter Hoftaller. Theo Wuttke, geboren im Jahre 1919, bewundert den Schriftsteller Theodor Fontane (1819–1898) so sehr, daß er sich von seinen Arbeitskollegen im Kulturbund der ehemaligen DDR Fonty nennen läßt:

»Wir vom Archiv nannten ihn Fonty; nein, viele, die ihm über den Weg liefen, sagten: › Na, Fonty, wieder mal Post von Friedlaender? Und wie geht's dem Fräulein Tochter? Überall wird von Metes Hochzeit gemunkelt, nicht nur auf dem Prenzlberg. Ist da was dran, Fonty?

Selbst sein Tagundnachtschatten rief: ›Aber nein, Fonty! Das war Jahre vor den revolutionären Umtrieben, als Sie Ihren Tunnelbrüdern bei Funzellicht was Schottisches, ne Ballade geboten haben…« (*Feld*, 9)

Wuttke/Fonty kennt Fontanes Werke und Briefe[97] in- und auswendig und zitiert aus ihnen:

»Ohne Rücksicht auf Tod und Grabstein, eher angestoßen vom ganzfigürlichen Monument, vor dem er als Kind oft allein und manchmal an des

97 »Fontanes Briefe hatten nichts von dem Dämonischen, das oft so charakteristisch für die Briefe Bismarcks war. Während Letzterer sich mit der Welt der Politik und der nie endenden Akrobatik des Mächtegleichgewichts beschäftigte, waren die Themen Fontanes die private Sphäre, das Leben in der Großstadt, an der See oder in den Kurorten im Gebirge, wo der deutsche Mittelstand die Sommermonate zubrachte. Sie berichteten von den alltäglichen Sorgen und Problemen in der Familie, von der Art und Weise, wie das Berufliche und die gesellschaftliche Stellung die Beziehungen zwischen Individuen und Gruppen beeinflußten und welche Entdeckungen und Enttäuschungen dabei zu bewältigen waren- und natürlich auch von Erfahrungen mit der Presse, dem Theater und der Welt der Literatur, die seine eigene war. Die Rolle Fontanes war die des interessierten, aber nüchternen Beobachters, den die Indolenz und Dummheit, der er unter seinen Mitmenschen begegnete, amüsierte, immer aber auch ein wenig entsetzte, wobei er stets bemüht war, anderen dadurch zu helfen, daß er sie an seinen eigenen Erfahrungen teilnehmen ließ.(...) Im großen und ganzen kann man seine Briefe als Beispiele für Gesellschaftsklatsch im großen Stil beschreiben. Sie sind in einem entspannten und plaudernden Ton abgefaßt, wie man ihn bei einem Gespräch unter Freunden erwarten würde. Thomas Mann hat in ihrer Ausdrucksweise und Diktion jedoch eine deutliche Verwandtschaft mit der Ballade ausgemacht und ausdrücklich darauf hingewiesen, daß die Prosa der Briefe Fontanes, auch wenn sie zunächst nicht diesen Anschein erweckt, sorgfältig und bewußt gestaltet; jede noch so beiläufige Äußerung darin habe innere Form und zeige gedankliche Disziplin". (Gordon A. Craig, *Über Fontane.* Aus dem Amerikanischen übersetzt von Jürgen Baron von Koskull. München 1997, S. 135f.

Vaters Hand gestanden hatte, übte sich schon der junge Wuttke – sei es als Gymnasiast, sei es in Luftwaffenblau – so glaubhaft ein bedeutendes Nachleben ein, daß der bejahrte Wuttke, dem die Anrede ›Fonty‹ seit Beginn seiner Vortragsreisen für den Kulturbund anhing, eine Fülle von Zitaten auf Abruf hatte; und alle waren so treffend, daß er in dieser und jener Plauderrunde als Urheber auftreten konnte.« (*Feld*, 9)

Wuttkes Biographie und die Dichterbiographie bilden von daher keine Parallele, sondern sie sind ineinander verwoben. Fontane ist hugenottischer Abstammung gewesen und hat mit seiner Frau (Emilie-Rouanet-Kummer, die ebenfalls hugenottischer Abstammung ist) und den vier Kindern – Georg Emile, Theodore Henry, Martha (Mete), und Friedrich (Frieder) – in der Potsdamer Straße 134 gewohnt. Von den Kindern hat Martha Fontane bei ihren Eltern gewohnt, während die drei Söhne im Westen gelebt haben.

Fonty bzw. Theo Wuttke wohnt seinerseits in derselben Straße, ist auch hugenottischer Abstammung genauso wie seine Frau Emilie, auch Emi genannt. Er hat wie Fontane vier Kinder, die die Namen der Kinder Fontanes tragen. Nur die Tochter bleibt im Osten, während die Söhne vor dem Mauerbau in den Westen gegangen sind: »Wie Fontane erlebt Fonty schwere Krisen – Fontane nannte sie ›Nervenpleiten‹ – und wie er rettet er sich im hohen Alter aus einer schweren Krankheit mit der Niederschrift der Erinnerung an seine Kindheit.«[98]

Theo Wuttke ist genau hundert Jahre später als Fontane, also 1919 und wie Fontane ebenfalls in Neuruppin geboren: »Seinen Papieren nach hieß er Theo Wuttke, weil aber in Neuruppin, zudem am vorletzten Tag des Jahres 1919 geboren, fand sich Stoff genug, die Mühsal einer verkrachten Existenz zu spiegeln, der erst spät Ruhm nachgesagt, dann aber ein Denkmal gestiftet wurde, das wir, mit Fontys Worten, ›die sitzende Bronze‹ nannten.« (*Feld*, 9)

Theo Wuttke, genannt Fonty, lebt so, bewußt oder unbewußt, Fontanes Leben nach und ähnelt dem Dichter Fontane »auch äußerlich bis ins Detail, also auch den wuseligen Schnurbart« (Werner Thuswaldner). Beide Biographien sind von daher so ähnlich, daß der Eindruck gewonnen wird, daß Fontane und Theo Wuttke bzw. Fonty ein- und dieselbe Figur in *Ein weites Feld* bilden. An Fontys Seite stellt Grass Hoftaller, der eigentlich Tallhover heißt und dem gleichnamigen Roman von Joachim Schädlich entstammt:[99]

98 Werner Thuswaldner, Große Geschichte und Privates im Zeitraffer. *Ein weites Feld*- Neuer Roman von Günter Grass im Steidl Verlag. In: Salzburger Nachrichten, 26.8.95.

»Gleiches gilt für seinen Tagundnachtschatten. Ludwig Hoftaller, dessen Vorleben unter dem Titel ›Tallhover‹ 1986 auf den westlichen Buchmacht kam, wurde zu Beginn der vierziger Jahre des vorigen Jahrhunderts tätig, stellte aber seine Praxis nicht etwa dort ein, wo ihm sein Biograph den Schlußpunkt gesetzt hatte,[100] sondern zog ab Mitte der fünfziger Jahre unseres Jahrhunderts weiterhin Nutzen aus seinem überdehnten Gedächtnis, angeblich der vielen unerledigten Fälle wegen, zu denen der Fall Fonty gehörte.« (*Feld*,11)

Hoftaller alias Tallhover spionierte Wuttke während dessen Schulzeit aus:

»Kein Wunder, daß so viel der Vergangenheit gezollte Besessenheit auffiel und den eher unterdurchschnittlichen Schüler Theo Wuttke herausriß. Sein Abituraufsatz wurde, wenngleich gekürzt, im Lokalblatt abgedruckt. Und so wird Tallhover, der ja auf Unsterbliche und deren Obsessionen spezialisiert war, von dem nachwachsenden Talent Wind bekommen haben. Ein junger Mann, der sich dicke Bücher so kurzgefaßt einverleiben konnte, daß dabei die auf drei Kriegen beruhende Einheit Deutschlands für jedermann schlüs-

99 »Hans Joachim Schädlich, geboren am 8. Oktober 1935 in Reichenbach/Vogtland, studierte Germanistik in Berlin und Leipzig, promovierte und war bis 1976 an der Akademie für Wissenschaften in Berlin tätig. 1977 Ausreise aus der DDR. Kurz zuvor veröffentlichte er den Band *Versuchte Nähe* (rororo Nr. 4565), der erhebliches Aufsehen erregte. Außerdem liegen im Rowohlt Verlag seine Prosa *Ostwestberlin* (1987), der Roman *Schott* (1992) sowie das Kinderbuch *Der Sprachabschneider* (1980) vor. Im Verlag Rowohlt-Berlin gab er 1992 den Band *Aktenkundig* mit Beiträgen von Wolf Biermann, Jürgens Fuchs, Joachim Gauck u.a. heraus. Hans Joachim Schädlich lebt als freiberuflicher Schriftsteller in Berlin.« Zitiert nach dem Klappentext zum 1986 veröffentlichten Roman *Tallhover.* Über die Romanfigur selbst steht folgendes im Klappentext:

»Tallhover ist nicht Mensch, sondern Prototyp des Pflichterfüllers. Ohne Gewissen. Personifizierte Obrigkeitsgläubigkeit und Ordnungsfunktion in einem. Ob preußischer König, deutscher Kaiser, Nationalismus oder DDR- mit Akribie und Verve ›sürveilliert‹ er deren Gegner. Sein Ziel ist die unbedingte Staatsmacht per se, egal welchen Systems. Zu ihrem Schutz fühlt er sich berufen. Noch wenn er sich selber darin ad absurdum geführt hat, im Wahn, und 1955 in einem Ostberliner Kellerloch auf sein Ende wartet (...)« (Ibid)

100 Als Schädlichs Roman 1986 publiziert wurde, bezog Grass Stellung zum Tod der Figur Tallhover, wie Wolfram Schütte hier dokumentiert: »Der schier unsterbliche Agent, Spitzel, Geheimdienstmann überlebt alle Systeme... Aus dieser Sicht werden hundert Jahre deutscher Geschichte zum Dauerfall, zur nicht abgeschlossenen, nicht abzuschließenden Akte... Systemwechsel als fließende Übergänge in Geheimdossiers... Der Leser kann sich selbst in den Geschichtsverlauf und dessen Aktenordnung einfädeln oder als Ablage begraben. Grass mißfällt jedoch, daß Schädlich seinen Helden zum Selbstmord verführt: ›Ich werde Schädlich schreiben: nein, Tallhover kann nicht sterben – schon gar nicht kurz nach dem 17. Juni 1953.« (Wolfram Schütte, Wie aus der Zeit gefallen: Zwei alte Männer. Günter Grass und sein *Weites Feld* oder Archivberichte aus der Gründerzeit der Berliner Republik).

sig wurde, ein solches Talent war zu weiterführenden Aufgaben befähigt.« (*Feld*, 72f.)

Fonty und sein Tagundnachtschatten bilden ein komisches, unrealistisches Paar. Beide flanieren in Berlin nach der Maueröffnung. Hoftaller will seinen 70. Geburtstag feiern, womit der Roman beginnt. Nach dem Fall der Mauer bis zum Herbst 1991 kommentieren Fonty und Hoftaller Gegenwärtiges, erinnern Vergangenes, vergleichen die Wendezeit mit der Preußenzeit, und Fonty resümiert sein Leben und das seines Vorbilds. Das Duo spaziert dafür durch das Zweite Reich, durch das Dritte Reich, durch die DDR und die Bundesrepublik. Arbeit leisten sie im selben Gebäude: Als der ehemalige Kriegsberichterstatter Fonty aus dem französischen Kriegsfeld zurückgekommen war, hatte ihm Hoftaller bei der Suche nach Anstellung geholfen. Fonty findet Arbeit im Gebäude, das in der Otto-Grotewohl-Straße liegt. Von daher arbeiten Hoftaller und Fonty zusammen »im Zentrum der Arbeiter- und Bauern-Macht«, d. h. in der Festung der Staatssicherheit: Es handelt sich um ein kolossales Gebäude, das im Jahre 1871 gegründet wurde und den Zweiten Weltkrieg überstand: »Damals standen links und rechts vom Portal Uniformierte mit Stahlhelm und geschultertem Gewehr in erstarrter Haltung.« (*Feld*, 69) Das Gebäude wird zuerst Sitz des Reichsluftfahrtministeriums der Nazis, dann der Ministerien der DDR, zuletzt der Treuhand nach der deutschen Einheit.

Fonty und Hoftaller erleben alle wichtigen Etappen der deutschen Wende Seite an Seite »lang und schmal neben breit und kurz« mit. Geht Fonty durch Berlin spazieren, ist Hoftaller dabei. Will Fonty nach England, kommt Hoftaller, um ihn daran zu hindern. Wenn Fonty einen Nervenzusammenbruch erleidet, stellt sich Hoftaller fast vier Wochen lang in seinen Dienst und wird zum Krankenpfleger. Auf der Insel Vittel, wo sich Fonty und seine Frau Emilie Wuttke ausruhen, taucht auch Hoftaller auf. Erst gegen Ende des Romans, nachdem die Deutschen sich vereint haben, nimmt jeder seine Richtung: Fonty geht zu seinen hugenottischen Vorfahren, in die französischen Cevennen, während Hoftaller entweder nach Havanna oder nach Miami geht. Ihr Handeln und Wirken wird von einem changierenden Erzählerkollektiv bzw. in »Wir- Form«, mal Frau, mal Mann dargestellt.

Außer der Figurenkonstellation Fonty/Fontane und Hoftaller/Tallhover rekurriert Günter Grass auf Fontanes Roman *Effi Briest* für den Titel des fokussierten Romans: »Ah, Luise, laß...das ist ein zu weites Feld« – das sind Worte des Vaters Briest, um seine Unfähigkeit zur Sprache zu bringen, Ereignisse des Lebens zu erklären.[101]

So gesehen, stellt Günter Grass seinen Stoff in vieler Hinsicht aus zweiter Hand zusammen. Er verweist zum einen auf eine historische Figur bzw. auf einen Schriftsteller des 19. Jahrhunderts und dessen Werk; zum anderen taucht eine Romanfigur mit übermenschlich langer Lebenszeit auf, die von seinem Schriftstellerkollegen Joachim Schädlich 1986 erfunden wird. Grass läßt fast Fontane auferstehen, und leiht die Figur Tallhover aus.

Im folgenden wird versucht, auf dieses Konstruktionsprinzip näher einzugehen. Die Frage nach der Erzählstrategie von Grass' Schaffen wird in den Mittelpunkt meiner Analyse gestellt.

In seiner Studie *Intertextualität und Zeitkritik in Günter Grass' Kopfgeburten und Die Rättin* geht Mark Martin Gruettner der generellen Erzählhaltung dieses Schriftstellers wie folgt auf den Grund:

»Grass hat sich mit sehr vielen Werken beschäftigt. In jedem seiner Romane läßt sich eine Fülle an Bezügen auf andere Texte und Autor(innen)en entdecken. Die Spannweite reicht vom kurzen Zitat, von der schlichten Erwähnung eines Autors, einer Autorin oder Werktitels, bis zur intensiven Hinwendung in der einen oder anderen Form. So begleiten beispielsweise die *Wahlverwandtschaften* von Goethe bereits Oskar Matzeraths Gedanken in der *Blechtrommel* (1959). In *Katz und Maus* (1961) wird die Schuljugend mit Eichendorff traktiert. Kurze Zeit später muß Walter Matern in den *Hundejahren* (1963) Werke von Heidegger lesen, um die Nazi-Realität verdrängen zu können. Heidegger und Benn werden als ›Schlüsselfiguren der deutschen Intelligenz‹ mit ihrem zeitweiligen Gutheißen des Nationalsozialismus entlarvt. Dann entdeckt man im Roman *Örtlich betäubt* (1969) eine ›kompetente Spielerei mit Seneca-Zitaten‹, womit Gegenwartsprobleme über ihre ›Spiegelung im antiken Erbe‹ gedeutet werden. In *Aus dem Tagebuch einer Schnecke* (1972) wird Schopenhauers Werk herangezogen, um Rückendeckung für die radikale Kritik an Hegels Geschichtsphilosophie zu geben. Im *Butt* (1977), in dem die Romantiker Arnim, Brentano und die Brüder Grimm auftreten, und im *Treffen in Telgte* (1979), wo die Barockdichter tagen, ist Grass wieder intensiver mit der Frage beschäftigt: ›Was geschah, als...?‹ Mit seinem zu Anfang von ›Orwells Jahrzehnt‹ erschienenen Werk

101 Bezieht sich Günter Grass auf die Worte von Vater Briest in Fontanes Roman *Effi Briest*, dann geht der Protagonist Fonty am Ende des Romans auf Briests Formel ironisch ein: »(...) Bei stabilem Wetter ist Weitsicht möglich. Übrigens täuschte sich Briest; ich jedenfalls sehe dem Feld ein Ende ab...« (S. 781) Auf die Ausdeutung Fontys sarkastischer Einstellung komme ich später in der Analyse zurück.

Kopfgeburten verschiebt sich diese Akzentuierung zur Frage: ›Was würde geschehen, wenn…?‹

Grass setzt in *Kopfgeburten* wieder einmal auf Albert Camus' Sisyphosbild, welches er zuerst schon vor seinem Konzept des ›Schneckenfortschrittes‹ im *Tagebuch einer Schnecke* aus den Augen verloren hatte. Dann findet man in *Kopfgeburten* zum erstenmal eine intensive Beschäftigung mit dem Medium Film. Mit *Kopfgeburten* wirft Grass immer wieder Blicke in die Zukunft. Die Statistik wird dabei zum gewichtigen Argument gegen einen naiven Fortschrittsglauben der Gegenwart. Hingegen verfuhr der Schriftsteller im *Treffen in Telgte* noch ganz anders. Durch die Gegenüberstellung mit anderen Dichtern der Barockzeit historisierte er das fiktive Treffen. Er schilderte die soziohistorische Verflechtung der Dichter und bot nur selten die Möglichkeit zum Sprung in die Gegenwart.«[102]

Dieser Feststellung von Martin Gruettner stimmt auch Daniela Hermes in ihrem Vorwort zu: »(…) Wenn (Grass) sich intensiv mit Künstlerkollegen beschäftigt und davon Zeugnis ablegt, so geschieht das nicht nur, um ›als Schüler dem Lehrer dankbar zu sein‹. Die fruchtbare Auseinandersetzung mit fremden Werken mündet in Grass' eigene literarische Produktion, wie zum Beispiel *Die Plebejer proben den Aufstand, Das Treffen in Telgte* (…) zeigen. Ob in Gedichten, Reden, Interviews, Briefen, Laudationes oder Nachrufen – immer wird deutlich, wie viel Günter Grass die Freundschaft zu Kollegen und Verlegern bedeutet und wie sehr er das kritische Gespräch mit ihnen sucht (…).«[103]

Daß Günter Grass in seinen literarischen Werken häufig auf schon bekannte Texte verweist, dokumentiert auch der Roman *Ein weites Feld*. Eine solche Schreibweise, die verschiedene Texte miteinander in Beziehung setzt, nennt sich Intertextualität.[104] Diesen Begriff verdankt man Julia Kristeva,

102 Mark Martin Gruettner, *Intertextualität und Zeitkritik in Günter Grass' Kopfgeburten* und *Die Rättin*. Tübingen 1997, S.18.

103 Daniela Hermes (Hrsg), *Günter Grass, Die Deutschen und ihre Dichter.* München 1995, S.1.

104 »Man versteht darunter den Bezug von Texten auf Texte. Kristeva greift auf Bachtins Begriff der Dialogizität zurück. Bachtin vermittle die Erkenntnis, daß jeglicher Text als Zitaten-Mosaik, als Absorption oder Transformation eines anderen Textes konstruiert sei: ›Tout texte se construit comme mosaique de citations, tout texte est absorption et transformation d'un autre texte.‹ Über Bachtin ergibt sich für Kristeva die Möglichkeit, Linguistik und Gesellschaft zu verbinden. Sie münzt die Bachtinsche Dialogizität zur Intertextualität um: ›Ainsi, le dialogisme bakhtinien désigne l'écriture à la fois comme subjectivité et comme communicativité ou, pour mieux dire, comme intertextualité.‹ « (Mark Martin Gruettner, *Intertextualität und Zeitkritik in Günter Grass' Kopfgeburten und Die Rättin.* Tübingen 1997, S. 11.

die ihn in den späten sechziger Jahren prägte. Auf eine exemplarische Vorstellung aller Theorien zur Intertextualität wird hier mit Absicht verzichtet, weil meine Studie eher einen praktischen, d. h. einen sich auf den Roman beziehenden, als einen rein theoretischen Charakter hat.

Beim methodischen Einstieg empfiehlt sich vorab die Frage « wozu », die sich um die Bestimmung der Funktion von Intertextualität in Günter Grass' *Ein weites Feld* bemüht.

Ein weites Feld präsentiert sich als komplexe Konstruktion, die auf verschiedene Quellen rekurriert. Das kennzeichnet sowohl das Romanpersonal als auch die Handlung selbst. Hier soll auf die Struktur dieser Komplexität eingegangen werden.

Die Komplexität des Romans fußt auf dem gleichen Konstruktionsprinzip wie die der Protagonisten des Romans. Theo Wuttke alias Fontane/Fonty ist die Reinkarnation der historischen Figur Theodor Fontane, der als Schriftsteller und Preuße in den Romanfluß eingeschaltet wird. Indem Wuttke/Fonty aus Fontanes Briefen und den von ihm publizierten Romanen, Kriegsberichten, Reiseberichten zitiert, wird auch die preußische Vergangenheit erzählt, die Fontane als Dichter dargestellt hat. Am Ende des Romans distanziert sich der Autor zugleich mit seiner Figur Fonty vom Schlußwort des alten Briest aus Fontanes Ehebruchsroman *Effi Briest*: »(...) Übrigens täuschte sich Briest; ich jedenfalls sehe dem Feld ein Ende ab.« (*Feld*, 781) Historische sowie literarische Elemente des 19. Jahrhunderts korrelieren mit dem Wende-Kosmos, und tragen auf diese Weise eine multiperspektivische Erzählung. Aus der Sicht Fontanes bzw. Fontys wird ein Konglomerat von Informationen geliefert, d. h. die Figur inszeniert sich selbst in einer Welt, die selbst wiederum von Günter Grass als dem Roman-Autor inszeniert wird. Grass beschränkt sich jedoch nicht nur auf die Fontane/Fonty-Figur, sondern stellt dieser Tallhover/Hoftaller zur Seite. Er greift den Namen aus Schädlichs Roman auf, macht daraus ein Anagramm und führt die konstruierte Figur in seinen Roman ein. Hier handelt es sich um das Entleihen einer fiktiven Gestalt, die sich diesmal von der historischen Gestalt Fonty unterscheidet. Jedenfalls verurteilte Joachim Schädlich seinen Protagonisten zum Tode. Grass aber nimmt diese Option zurück. Nicht direkt, da man dies aus dem Munde der Figur selbst erfährt, die mit seinem Biographen Schädlich polemisiert, um in sich endlich einen unsterblichen Charakter zu entdecken:

»(...) ›Nein, Tallhover hat nicht Schluß gemacht, hat nur die Seite gewechselt, war drüben gefragt. Das hat mein Biograph leider nicht glauben wollen, hat die im Westen gängige Freiheit fehleingeschätzt, hat mich ohne

Ausweg gesehen, mir ne Todessehnsucht angedichtet, als könnte unsereins Schluß machen. Für uns, Fonty, gibt es kein Ende!‹« (*Feld*, 17)

Grass bezieht sich darüber hinaus auf Fontanes Roman *L'Adultera*, in dem »ein Polizeirat Reiff als Nebenfigur« auftritt, um die entliehene Figur Hoftaller zu charakterisieren. Hoftaller sei:

»(...) ein kleiner behäbiger Herr mit roten und glänzenden Backenknochen, auch Feinschmecker und Geschichtenerzähler, der, solange die Damen bei Tisch waren, kein Wässerchen trüben zu können schien, im Moment ihres Verschwindens aber in Anekdoten exzellierte, wie sie, nach Zahl und Inhalt, immer nur einem Polizeirat zu Gebote stehn...« (*Feld*,100)

Hoftaller bekommt darüber hinaus einen Decknamen. Er heißt nämlich Fontys »Tagundnachtschatten«. Auf diese Weise wird deutlich, daß die Hoftaller-Figur keine Autonomie besitzen soll, sondern sich nur parasitär zu bewegen vermag. Trotzdem begleitet er die deutsche Wende vom Mauergeschäft bis zur Einheit. Wie Fonty weiß Hoftaller sich zu erinnern; er attackiert die ehemaligen Genossen, die das Ende der DDR durch ihre »Fiasko-Politik« ermöglicht hätten, obwohl er die deutsche Wende als Werk der ostdeutschen Geheimdienste proklamiert. Hoftaller findet sich mit dem vereinten Deutschland ab, findet dort Arbeit, jammert und emigriert nach Amerika, indem er sich zum ersten Mal von Fonty emanzipiert, der seinerseits nach Frankreich geht.

Das Handeln und Wirken beider Figuren untersteht dem Wir-Erzählkollektiv, das sich gelegentlich auch in einen Ich-Erzähler umwandelt. Bei Marthas Hochzeit protokolliert ein Ich-Erzähler: »Jetzt erst bemerkte ich, daß Fonty auf dem linken Revers seines schwarzen, im Verlauf der Jahre ein wenig zu weit gewordenen Jacketts ein Ordensband samt baumelnder Medaille trug.« (*Feld*, 284)

Grass agiert in *Ein weites Feld* im Geist seines eigenen Diktums: »(...) Die Dichtung darf alles. Selbst Täuschung, wenn sie nur glückt, ist erlaubt. Deshalb ist jeder Hochstapler novellistisch angesehen ein Gott – und nur im übrigen ein Scheusal.« (*Feld*, 436)

Von daher wird auf die göttliche Omnipotenz einer einzigen Erzählinstanz verzichtet. Grass jongliert mit Erzählperspektiven, wechselt von einem Jahrhundert zum anderen, montiert Figuren und liefert eine ungeheuer dichte Verknüpfung von Motiven und Informationen. Seine Intention ist es, das Interpretationspotential nicht zu begrenzen, sondern zu erweitern. Die deutsche Wende wird hier aus der Sicht sowohl von Fontane als auch von Joachim Schädlich betrachtet und zugleich als Stoff wiederum manipuliert, deformiert und instrumentalisiert. Die Erzählkunst versteht sich aufs Imitieren, wobei Stoffe anderer Schriftstellerkollegen entliehen werden. Zudem wird versucht, authentische Informationen in ihrer Geltung zu relativieren. Keinesfalls sollte man den Figuren aufs Wort glauben. Vielmehr vermitteln sie den Eindruck, authentisch zu erzählen, was beispielsweise die deutsche Wende betrifft. Sie greifen aber historisch belegbare Informationen auf, die dann gemäß der Tradition des historischen Realismus des 19. Jahrhunderts ins Ironische gewendet werden. Man darf hier von einer Dekonstruktion sprechen, die darin besteht, Motive einzuschalten und sie erheblich zu deformieren bzw. zu dementieren nach einem binären Schema von Affirmation und Negation. In diesem Rahmen problematisiert sich und relativiert sich die Handlung selbst in *Ein weites Feld*, indem sie auf Distanz zu dem geht, was sie in ganz detailreicher Konstellation erzählt. Auf diese Weise kann die lächerliche oder die verkehrte Seite des Erzählten zugleich gezeigt werden. Dabei geht Günter Grass insofern über das zeitgeschichtliche Faktum ›Wende‹ hinaus, als er eine Bilderwelt der Umbruchsituation gestaltet, die ihre eigene Logik und Dynamik entwickelt. Es zählt nur, was der Autor wahrnimmt. Damit wirft *Ein weites Feld* in neuer Variation das Problem der Medialisierung von historischen Fakten auf. Indem Grass von einem authentischen historischen Ereignis ausgeht, um daraus eine Parabel des Sich-Erinnerns, aber auch des Phantastischen, letztlich der Frustration zu gestalten, übersteigert er zugleich die Subjektivierung der Wende. Die Herbstereignisse in Deutschland sind von daher nur dort denkbar, wo sich die Dichtung der Rohstoffe der Zeitgeschichte bedient, um sich endlich zu distanzieren bzw. ihre Souveränität gegenüber der Materialität der Fakten zu behaupten. Das eröffnet die Möglichkeit für den Schaffenden, allerlei Mythen zu stilisieren, da die »Kategorie Möglichkeit an Substanz verliert[105] «, um mit Heide Hollmer und Albert Meier zu sprechen. Nur der Text in seiner Textualität darf in Betracht gezogen werden, wie Günter Grass es hier wagt. Eine solche These vertreten Heide Hollmer und Albert Meier in ihrem Aufsatz über die literarische Ausgestaltung des Mauerfalls:

»(...)Wo sich die Wirklichkeit im Gewand des Mythos (einer verbindlichen Bilderwelt) darstellt und selber poetisch wahrgenommen werden muß, hat die Dichtung den Verlust ihrer Spiegelfunktion zu deklarieren.«[106]

105 Heide Hollmer/Albert Meier, Wie ich das mit der Mauer hingekriegt habe. Der 9. November in Thomas Brussigs *Helden wie wir* und in Thomas Hettches *Nox*. In: Deutsche Akademie für Sprache und Dichtung. Jahrbuch 1999, Sonderdruck. Göttingen, S. 131.

Damit gewinnt *Ein weites Feld* die Dimension eines vielfältigen Simulakrum, um mit Baudrillard zu sprechen, das allerlei Erzählhaltungen integriert. Nur auf diese Weise kann der Autor erzählen, seine Figuren erzählen lassen, Schriftstellerkollegen beim Erzählen zu Wort kommen lassen, aber auch selbst Stellung beziehen, wie Grass es in *Ein weites Feld* tut.

2.3.2.2. Das Phantastische

Zwei Gestalten aus dem 19. Jahrhundert werden von Grass in seinen Roman eingeschaltet, der im 20. Jahrhundert spielt. Die eine, Fontane/Fonty, ist die Reinkarnation einer historischen Figur, Theodor Fontane; die andere wird einem Roman des Schriftstellers Schädlich entnommen. So gesehen, agiert Grass zweimal antitheologisch: Als Autor bestätigt er die These, die Dichtung sei ein antitheologisches Werk, wobei der Autor eigene Welten und Figuren schafft und sich Gott, dem Schöpfer, gleichstellt. Diese These bestätigt Fonty selbst bei einem Spaziergang mit seiner Enkeltochter Madeleine Aubron in Berlin: »(…) So verhält es sich mit der Literatur. Die Dichtung darf alles. Selbst Täuschung, wenn sie nur glückt, ist erlaubt. Deshalb ist jeder Hochstapler novellistisch angesehen ein Gott – und nur im übrigen ein Scheusal. Jedenfalls fällt uns zu 134c mehr ein als bloß ledernes Archivwissen.« (*Feld*, 436. Vgl. Intertextualität) Daß aber Günter Grass hier die historische Figur Fontane auferstehen läßt und eine andere Figur aus zweiter Hand neben sie stellt, vergöttert ihn doppelt, und verleiht den Protagonisten ein unwahrscheinliches Erinnerungsvermögen. Das widerspricht Foucaults Vision der endlichen Dimension des Menschen:

»Plus l'homme s'installe au coeur du monde, plus il avance dans la possession de la nature, plus fortement aussi il est pressé par la finitude, plus il s´approche de sa propre mort. L´Histore ne permet pas à l´homme de s´évader de ses limites initiales – sauf en apparence, et si on donne à la limite le sens le plus superficiel ; mais si on considère la finitude fondamentale de l´homme, on s´aperçoit que sa situation anthropologique ne cesse de dramatiser toujours davantage son Histoire, de la rendre plus périlleuse, et de l´approcher pour ainsi dire de sa propre impossibilité. »[107]

106 Heide Hollmer/Albert Meier, Wie ich das mit der Mauer hingekriegt habe. Der 9. November 1989 in Thomas Brussigs *Helden wie wir* und in Thomas Hettches *Nox*. In: Deutsche Akademie für Sprache und Dichtung. Jahrbuch 1999, Göttingen, S. 131.

107 Michel Foucault, *Les mots et les choses. Une archéologie des sciences humaines*. Paris 1966.

Wie ein Ariadne-Faden transportiert diese Auferstehung Anzeichen des Wirkens und Handelns der fokussierten Protagonisten, die ans Außergewöhnliche grenzen. In diesem Sinne des Unbegreiflichen bewegt sich Fonty beim Kulturbund, indem er eine Fülle von Zitaten abruft: »Und alle waren so treffend, daß er in dieser und jener Plauderrunde als Urheber auftreten konnte.« (*Feld*, 9) Daß Fonty aus den literarischen Werken des Dichters Theodor Fontane zitiert, wirkt wahrscheinlich. Daß aber die »Fülle von Zitaten so treffend« ist, daß man die Romanfigur Fonty mit der historischen Figur Theodor Fontane verwechselt, ist unvorstellbar bzw. artifiziell. Wie diese Zitierkunst Fontys weiter im Roman kultiviert und kulminiert wird, mag auch Auskunft über sein enzyklopädisches Wissen geben. Fast jede Situation in *Ein weites Feld* führt Fonty zum Zitieren. Er kommentiert beispielsweise das Lokal, in dem er am Geburtstag Hoftallers teilnimmt. Er erzählt nämlich mit glänzender Souveränität die Geschichte der Mc Donald's-Restaurants, die großes Interesse bei den Zuhörern im Lokal erweckt:

»(…) Kein Wunder, daß der Betrieb an allen Tischen verstummt war. Niemand wagte, in seinen Cheeseburger, in seinen Big Mäc zu beißen. Beifall belohnte Fonty. Jung und alt klatschte. Die Kassiererin Sarah Picht rief vom Tresen herüber: ›Spitze! Das war Spitze!« Sein Vortrag hatte so sehr begeistert, daß zwei schrille Mädchen, die in der Nähe saßen, aufsprangen, herbeihüpften, ihn umarmten und abküßten, wie ausgeflippt. Und ein vom Bier aufgeschwemmter, in viel nietenbeschlagenes Leder gezwängter Glatzkopf hieb Fonty auf die Schulter: ›War ne Wucht, Alter!‹ Das Personal und die Stammkundschaft waren baff vor Staunen: So etwas hatte es bei Mc Donald's noch nie gegeben.« (*Feld*, 34f.)

Sogar das Erzählerkollektiv bzw. die Mitarbeiter des Fontane-Archivs nimmt den improvisierten Vortrag Fontys euphorisch entgegen:

»Wir vom Archiv wären weniger erstaunt gewesen. Seit Jahren trug uns Fonty, manchmal auf Wunsch, häufiger ungebeten, seine ›Balladen‹ vor, auch Gelegenheitsgedichte, wie das Poem zu Menzels siebzigstem Geburtstag, ›Auf der Treppe von Sanssouci‹, oder kurze Widmungen nur, für Wolfsohn, Zöllner, Heyse bestimmt.« (*Feld*, 35)

Fonty kennt auch die deutsche Geschichte vom Vormärz 1848 bis zur Wende auswendig. Er findet deshalb für jedes Faktum, das in der Wende-Szene passiert, Ähnlichkeiten, und Korrelate, die schon damals geschehen sein sollen. Das drückt sich sowohl bei der Erwähnung historischer Figuren als auch bei einigen Situationen von einst aus. Ohne Problem zitiert Fonty dementsprechend »den Grafen Schwerin und dessen Fahne, den alten

Derfflinger, die Generäle Zieten und Seydlitz, obendrein alle Schlachten von Fehrbellin über Hohenfriedberg bis Zorndorf« (*Feld*, 22), um den preußischen Militarismus zu thematisieren. Als auch »das Wort ›Einheit‹ mehr und mehr an Kurswert gewann«, erinnert er sich plötzlich an das Gedicht mit dem Titel Einzug, das »am 16. Juni 1871 im Berliner- und Anzeigenblatt« publiziert wurde und das den Sieg Preußens über Frankreich zelebrierte. Sehr genau ruft Fonty ins Gedächtnis, wie »Bunt gewürfelt Preußen, Hessen (...) Baden, Sachsen, Schwaben, Jäger, Schützen, Pickelhauben und Helme und Mützen (...)« an jenem Tag der Reichsgründung auf die Bühne kamen. Wenn darüber hinaus die Treuhand Fonty darum bittet, ihren Sitz historisch zu dokumentieren, bringt er über hundert Jahre deutsche Geschichte mit Brillanz auf Papier. Hier faßt er das Geschriebene zusammen: »Auf siebenundvierzig Jahre Kaiserreich folgten kaum dreizehn Jahre Weimarer Republik. Und wenn die knapp zwölfeinhalb Jahre Drittes Reich mit den vier Jahrzehnten Arbeiter- und Bauern-Staat zu verrechnen sind, steht nur noch deutsche Kurzatmigkeit unterm Strich.« (*Feld*, 556)

Derlei umfangreiche Kenntnisse gehen über die historisch-literarische Dokumentation hinaus und rufen manche Fragen beim Leser hervor: Zwar kann eine Romanfigur alles tun, was ein Mensch nicht kann, aber ist es möglich, daß eine Romanfigur in Geschichte und Literatur so zitatsicher ist? Kann sich ein Autor selbst ad infinitum und bis ins Detail daran erinnern, was er in seinen Büchern dargestellt hat? Als Fontane/Fonty oder Theo Wuttke bringt Grass' Figur einen zum Staunen, denn das von ihm Gesagte bzw. Zitierte geht einfach über jeglichen poetologischen Diskurs hinaus. Man hat es hier mit einer Doppelsublimierung des Phantastischen zu tun: eine Legitimation durch Grass, der Fonty zum Besserwisser macht. Die Romanfigur selbst greift Fakten aus ihrem Kontext heraus auf, versetzt sie in die Wendelandschaft, kommentiert und analysiert sie auf 800 Seiten. Mit der Feststellung des Kollektiv-Erzählers »die Figur wußte alles, und wir konnten nur ahnen, was alles und wessen Tonfall von ihm verschwiegen wurde« (*Feld*, 82), wird zugleich die unwahrscheinliche Dimension der Handlung affirmiert.

Außer diesem beeindruckenden Wissen werden andere Textsituationen hervorgehoben werden, die auch unwahrscheinliche Elemente demonstrieren mögen. Das gilt beispielsweise für die Einführung der DM in Ostdeutschland, die an einem »Montag, nach Mitternacht«, erfolgt, wie der Kollektiv-Erzähler es schildert:

»Wären drei Wünsche offen gewesen, könnten wir unsere Erzählung im Ton umstimmen: Es war einmal ein Aktenbote, der hieß Theo Wuttke, der wollte sich dünnemachen, denn endlich war es soweit. Tatsächlich fand am 1. Juli der Tag X statt. Kein leeres Versprechen stand auf der Tagesordnung, vielmehr wurde das Heißersehnte abrufbar, sofort und laut Staatsvertrag. Weil der regierenden Masse nicht einfallen wollte, wie die Landeslast anders hätte geschultert und einheitlich balanciert werden können, mußte Geld den fehlenden Gedanken ersetzen. Das war da – nur Geld war da, Geld für den ersten Wunsch. Und überall, in zehntausend und mehr Bankfilialen, Sparkassen, Postämtern und Sonderauszahlungsstellen wurde taufrisch die erste Milliarde hingeblättert. Die Bundesbank sorgte dafür, daß im monetären Beitrittsgebiet, dem auf Schrottwert herabgestuften Arbeiter- und Bauern-Staat, kein Nest ohne Umtauschschalter blieb. Auf Rügen, in der Altmark und Uckermark, an Vorpommerns Küste, zwischen Mecklenburgs Seen und Wasserlöchern, in Brandenburg – Fontys Gegend um Friesack und Ruppin nicht zu vergessen – in der sandigen Lausitz auf den fetten Böden der Magdeburger Börde, im Oderbruch und an Neiße und Elbe entlang, zu Füßen des Thüringer Waldes und im Land der Sorben, soweit die sächsische Zunge trug, bis hoch ins Erzgebirge, auf dem katholischen Eichsfeld, wo jeweils Luther zu Wort gekommen war, im äußersten Zipfel des Vogtlandes und natürlich in der nun offenen Halbstadt Berlin, die sich auf Behördenpapier immer noch Hauptstadt der Deutschen Demokratischen Republik nannte, überall dort, wo der erste deutsche Arbeiter- und Bauern-Staat vierzig Jahre lang seine stets zuversichtlichen Parolen Wind und Wetter ausgesetzt hatte, im Osten, in der aus Westsicht sowjetisch besetzten Zone, kurz SBZ genannt, im anderen, dem Gänsefüßchen-Deutschland, zog das erwünschte, herbeigewählte, nun endlich Härte verheißende Geld ein (...) Ach, wären doch weiter Wünsche offen gewesen. So aber war das Märchen bald aus. Überall blieb eine Jammerlücke, würgte ein Sorgenkloß. Nur ein alter Mann jammerte und würgte nicht; deshalb dürfen wir sagen: Es war einmal ein Aktenbote, der hieß Theo Wuttke. Dessen Wunsch stieß sich nicht am zu raschen Zahlungsverkehr. Keine Konsumgüter standen auf seiner Liste. Leicht konnte er der schönsten Westverpackung den inbegriffenen Schwindel ablesen, und doch forderten auch seine Pläne ihren marktorientierten Preis.« (*Feld*, 152f.)

Die atemlose Darstellung, die sich an langen Sätzen und wiederholten Kommata bemerkbar macht, zeigt die Einführung der DM in Ostdeutschland in einem märchenhaften bzw. phantastischen Licht. Das von allen pompös gefeierte Ereignis wird bei Grass nicht euphorisch aufgenommen. Die Währungsunion, die hier als ein außergewöhnliches Ereignis geschildert wird,

wird mit scharfer Ironie attackiert. Ein Ausdruck wie: »es war einmal« deutet auf die Mythologisierung der Währungsunion laut »Staatsvertrag[108]« hin. Die Darstellung zeigt aber die lächerliche Seite einer solchen Wahrnehmung, indem der Erzähler skeptisch bleibt. Daß auf den großen Tumult nur Jammer folgt, belegt die Ineffizienz solcher Ereignisse, »die partout« groß sein wollen und deren Ambition Grass hier an den Pranger stellt. Die Kontrastbilder zwischen der Euphorie, die die Einführung überall in den Osten begleitet, und der danach überall spürbaren »Jammerlücke«, reflektiert die Kluft zwischen Illusion, die die phantastische Wende vermittelt, und der bitteren Realität, auf die Günter Grass den Blick des Lesers lenkt. Diese »Jammerlücke« läßt sich als das Ergebnis eines Fantasmas begreifen, an dessen Glaubwürdigkeit Günter Grass schon zu Beginn des Romans Zweifel äußert. In diesem Sinne versteht sich das Phantastische als das Schlaraffenland, das die »regierende Masse« verspricht, aber nicht konkretisiert. Man denke an Kanzler Kohls poetisch bilderreiche Formulierung von »blühenden Landschaften«, um den für eine baldige Zukunft versprochenen Wohlstand der fünf neuen Länder aus der DDR in Worte zu fassen. Deutlich distanziert sich Grass hiermit von einer solchen illusionären Politik, die ihren Realitätssinn verloren hat.

Phantastisch handelt auch Fontane/Fonty, der das Grab des schon am 20. September 1898 gestorbenen Dichters Theodor Fontane, d.h., seines alter ego, besucht:

»(...) Der in den Nachkriegsjahren aufgestellte Stein, vor dem Fonty mit leicht zitterndem Schnauzbart stand und sich nun an den doppelten Granit und die zwei Hügel erinnern mochte, war weniger schlicht, aber von herkömmlicher Machart: Bis auf die Schriftfläche, die in der Tiefe graugestockt alle erhaben stehenden Buchstaben und Zahlen betonte, glänzte die Vorderseite des an den Rändern kunstvoll grob gebrochenen Granits, mitsamt der Inschrift, auf Hochglanz poliert. Ein hochkant stehender Stein, der die Anordnung der Namen untereinander gebot. Über Emilie, der geborenen

108 Zu Diskussionen in der Bevölkerung beider deutscher Staaten führten die Verhandlungen über die Umrechnungen der Einkommen und Sparguthaben von Mark der DDR (M) in deutsche Mark (DM). Bemerkbar ist die Tatsache, daß »die Sparguthaben der DDR-Bürger bis zu einer bestimmten Höhe 1:1 umgetauscht wurden, höhere Guthaben im Verhältnis 1:2. Im Staatsvertrag einigten sich beide deutsche Regierungen auf eine Umstellung der Löhne und Gehälter im Kurs von 1:1. Sparguthaben wurden gestaffelt von 2000 bis 6000 Mark umgestellt. Darüber hinaus galt der Kurs von 2:1.« (Michael Richter, Geschichte der DDR. In: *Informationen zur politischen Bildung* 231, 2. Quartal 1991, S. 46.)

Rouanet-Kummer, die am 18. Februar 1902 gestorben war, stand unter dem Namen und Geburtsdatum des Unsterblichen dessen Todesdatum: der 20. September 1898.« (*Feld*, 145)

Fonty, der Fontanes Leben nachlebt, trifft sich bei diesem Besuch gewissermaßen am eigenen Grab und führt zugleich die ganze Problematik des Phantastischen in aller Deutlichkeit vor. Daß auferstandene Figuren ihre Gräber besuchen können, kann nur in Märchen denkbar sein, in denen Fiktionalität alle Grenzen überschreitet. In diesen phantastischen Erzählstrategien schätzt Günter Grass den ganzen Wendeprozeß und vor allem die deutsche Einheit nur als artifiziell, ja als unglaubwürdig ein.

2.3.3. Rückruf in die Vergangenheit oder Grass und die deutschen Verlusterfahrungen

2.3.3.1. Zur historischen Funktion der Fontane/Fonty- und Tallhover/Hoftaller-Konstellation: Geschichte als fatale Kontinuität

Hier soll die Frage erörtert werden, welches historische Deutungspotential das groteske Paar Fonty/Hoftaller vermittelt bzw. welches Ziel Günter Grass mit dieser Konstruktion verfolgt.

Gleich zu Beginn seiner Erzählung läßt Günter Grass seine beiden Figuren auferstehen. Er versetzt dafür den Leser in die literarische Stimmung des 19. Jahrhunderts. Die Fontane/Fonty-Figur spricht von »‹meiner sattsam bekannten Birnenballade‹, von ›meiner Grete Minde und ihrer Feuerbrunst‹, und immer wieder kommt er auf Effi als seine ›Tochter der Lüfte‹ zu sprechen. Dubslav von Stechlin und die aschblonde Lene Nimptsch, die gemmengesichtige Mathilde und die zu blaß geratene Stine, nebst Witwe Pittelkow, Briest in seiner Schwäche, Schach, wie er lächerlich wurde, der Förster Opitz und die kränkelnde Cécile, sie alle waren sein Personal.« (*Feld*, 10)

Der Verweis auf Theodor Fontanes Werke und deren Figuren ist hier nicht nur deutlich, sondern er weist darauf hin, wie das 19. Jahrhundert in *Ein weites Feld* integriert ist. Die Anfangsseiten setzen Fontanes Werke mit biographischen Hinweisen der historischen Figur in Verbindung: »Nicht etwa zwinkernd, sondern durchlebter Leiden gewiß, klagte er (Fonty) uns seine Fron als Apotheker zur Zeit der achtundvierziger Revolution,[109] sodann die ihm mißliche Lage als Sekretär der Preußischen Akademie der Künste[110] - ›Bin immer noch kolossal schlapp und nervenrunter‹-, um gleichwegs von jener Krise zu berichten, die ihn fast in eine Heilanstalt gebracht hatte. Er war, was er sagte, und die ihn Fonty nannten, glaubten ihm aufs Wort, solange er plauderte und die Größe wie den Niedergang des märkischen Adels in pointenscharfe Anekdoten kleidete.« (*Feld*, 10)

Fontane/Fonty geht mittels solcher Worte mit dem märkischen Adel ins Gericht. Damit manifestiert sich die historische Figur Theodor Fontane in Grass' Romanfigur aufs deutlichste.[111] Dieses verdoppelte Leben, das am Anfang des Romans zum Ausdruck kommt, historisiert nicht nur die Romanlandschaft, sondern setzt auch klare Zeichen: Sehr schnell bringt Grass das Preußentum mit der deutschen Wende in Beziehung. Denn in Berlin, wo

109 Fontane absolvierte 1838 ein einjähriges Praktikum als Apothekerlehrling und bekam am 8. Januar 1840 ein Zeugnis als Apothekergehilfe. Als die Revolution von 1848 ausbrach, nahm Theodor Fontane an Barrikadenkämpfen aktiv teil. Im Oktober 1849 gab er die Apothekerlaufbahn auf. Von nun an nimmt Fontane eine andere Karriere als freier Schriftsteller auf und wird auch politischer Korrespondent der *Dresdner Zeitung.*

110 Zur Karriere Fontanes als Sekretär der preußischen Akademie der Künste. Vgl. Mitteilung des Ministers der geistlichen, Unterrichts- und Medicinal- Angelegenheiten, Herrn Falk, an den Schriftsteller Theodor Fontane:
»Es gereicht mir zu Freude Ew. Tit. zu eröffnen, daß S. M. der Kaiser und König geruht haben, Sie unter dem 29.v. Mts. auf meinen Antrag zum ersten ständigen Secretär der K. Akademie der Künste hierselbst zu ernennen. Nachdem Sie sich gegen meinen Referenten bereit erklärt haben, die Stellung sofort anzutreten, während das Gehalt der Stelle erst vom 1. Mai d. Js. ab frei wird, ist es mir erwünscht, daß Sie die Geschäfte möglichst übernehmen.« (Mitteilung des Ministers an Theodor Fontane vom 7. März 1876- UIV 1558-. In: *Theodor Fontane und die Preußische Akademie der Künste. Ein Dossier aus Briefen und Dokumenten des Jahres* 1876, S. 19.

111 Theodor Fontane war einer der Verfechter der deutschen Einheit, was er beispielsweise in einem Brief an v. Lepel am 12. Oktober 1848 unter Beweis stellt:
»Ich will keine Politik, um sagen zu können, ich lebe in solcher: Ich will ein freies Volk; Namen tun nichts zur Sache; ich hasse nicht die Könige, sondern den Druck, den sie mit sich führen. Man spielt kein ehrliches Spiel und darum will ich die Republik. Es gibt keine Einheit bei 37 Fürsten«. (Brief an v. Lepel vom 12. Oktober 1848, zitiert von v. Klaus Becker. In: Königs Erläuterungen. *Theodor Fontane. Irrungen, Wirrungen,* S. 12).
Ging Fontanes Traum mit der staatlichen Einheit 1871 in Erfüllung, zeigt sich später über den weiteren Lauf der Ereignisse: »Die Mächtigen im neuen Deutschen Reich sorgten dafür, daß ihnen noch mehr Macht, Einfluß und Reichtum zuflossen. ›Enrichissez- vous‹ wurde zur Parole der Gründerzeit, der nicht nur die Bourgeoisie, sondern auch Teile des Adels hemmungslos folgten. Selbst der ›Reichsgründer‹ wurde vom Spekulationsfieber gepackt und gründete Fabrikunternehmen« von (Klaus Becker, S. 12).
Einige Jahre zuvor wünschte sich Fontane schon das Ende der adligen Macht. Eine solche These belegt eine Notiz der Henriette von Merkel vom 22. 6. 1865 über eine Bemerkung Fontanes: »So sehr er der Gesinnung nach zu den Konservativen auch gehöre, so müßte er sich eingestehen, die Macht des Adels sei gebrochen und ginge über kurz oder lang ihrem Ende zu. Auf die Frage, was auf diese Herrschaft denn folgen solle, meinte er, ›vielleicht das Gute‹ « (v. Klaus Becker, S. 11).

die feierliche Stimmung des Mauerfalls schon erloschen ist, lenken beide Figuren die Aufmerksamkeit des Lesers auf den kommerziellen Charakter des 28jährigen Bauwerks aus Beton, das gefallen ist. Während die Mauerstücke verkauft werden, bleiben Fonty und Hoftaller dem Geschäft gegenüber zurückhaltend, das auf die Sensation vom 9. November 1989 folgt. Damit wird für den großen Jubel kein großes Interesse gezeigt. Hier wird die Aufmerksamkeit auf Kleinigkeiten gelenkt. Es wird versucht, die historische Bedeutung des Falls der Berliner Mauer herabzusetzen. Was auf den Fall der Mauer folgen wird, scheint wichtiger zu sein. Von daher ist es folgerichtig, daß Fonty in einem Brief an Martha Wuttke, seine Tochter, die »ihrer angegriffenen Nerven wegen in Thale am Harz zur Kur war« (*Feld*, 10), von »solchen Ereignissen« redet, die »partout groß sein wollen«, wenn er sich auf die Öffnung der Mauer bezieht: Darin erzählt Fonty von der Emotion seiner Frau Emilie Wuttke am Tag dieses historischen ›Wahnsinns‹. Emilies Emotion und Fontys Gleichgültigkeit kollidieren miteinander:

»(...) Mama hat sich natürlich zu Tränen verstiegen, während mir solche Ereignisse, die partout groß sein wollen, herzlich wenig bedeuten. Eher setzte ich aufs aparte Detail, zum Beispiel auf jene jungen Burschen, unter ihnen exotisch fremdländische, die als sogenannte Mauerpicker oder Mauerspechte den zweifelsohne begrüßenswerten Abbruch dieser kilometerlangen Errungenschaft teils als Bildersturm, teils als Kleinhandel betreiben; sie rücken dem gesamtdeutschen Kunstwerk mit Hammer und Meißel zu Leibe, auf daß jedermann – und es fehlt nicht an Kundschaft – zu seinem Souvenir kommt(...)« (*Feld*, 10f.)

Indem Fonty die kommende Einheit Deutschlands an die militärische Glorie Preußens rückbindet, läßt er die deutsche Wende bewußt militärische Konnotate tragen. Der Sieg Preußens über Frankreich dokumentiert den Höhepunkt des preußischen Militarismus, auf den sich Fonty hier bezieht. Damit wird der Versuch unternommen, die deutsche Wende zu überschatten, wobei Preußentum und Wende unter einen Hut gebracht werden. In Fontys Augen wird jeder Unterschied zwischen deutscher Wende und preußischer Gesellschaft bedenkenlos abgebaut, obwohl sich der Zeitsprung über mehr als 100 Jahre erstreckt. Was die Figur Fonty beabsichtigt, versucht Karl Birkenseer anzudeuten: »(...) Was im 20. Jahrhundert passiert, hat eine Entsprechung im 19. Jahrhundert. Revolution, Vereinigung, Reichsgründung.«[112] Manfred Stuber attackiert seinerseits über die Einstellung Fontys hinaus die Geschichtsauffassung von Grass selbst, als würde er nicht zwischen Autor und Figur unterscheiden:

»Diese Parallelsetzung hat ihre Entsprechung im skeptischen Geschichtsbild von Grass. Fontane glaubt ja an die ewige Wiederkehr des Gleichen. Der Geschichtsskeptiker Grass sieht in der Historie einen absurden sinnlosen Prozeß, aus dem der Mensch eigentlich nichts lernt. Es gibt keinen linearen Fortschritt, immer wieder passieren die gleichen Dummheiten. Darum setzt er die deutsche bürgerliche Geschichte im 19. Jahrhundert mit der des 20. gleich.«[113] (…)

In einem offenen Brief an den Autor Günter Grass stimmt Klaus von Dohnanyi ihm zum einen zu, wenn Grass die Schattenseiten der deutschen Vergangenheit im Auge behält. Zum anderen macht er Deutschland nicht allein für ehemalige europäische Kriege verantwortlich:

»Ich will mit Dir nicht darüber streiten, ob die nationale Einheit den Deutschen noch nie gut bekommen sei: Denn in der Tat, seit das Deutsche Kaiserreich 1871 entstand, wuchs in Europa die Unruhe über dessen Stärke und in Deutschland mit dieser Stärke der Übermut. Aus diesem Gemisch entstand der Sprengstoff des Ersten Weltkrieges. Dieser wiederum wurde dann auf dem Hintergrund des für Deutschland unerträglichen Versailler Vertrags und einer trotzigen deutschen Unbelehrbarkeit zum Nährboden für den Nationalismus. Insofern könnte man rein äußerlich eine Kausalkette bis zu den größten Verbrechen der Menschheitsgeschichte ziehen, für die wir Deutsche zwischen 1933 und 1945 die Schuld und noch heute die Verantwortung tragen. Allerdings läßt sich auch nicht bestreiten, daß Kriege in Europa nicht nur von der vereinten deutschen Nation geführt wurden, sondern zuvor über Jahrhunderte gerade gegen die kleinen deutschen Teilstaaten, und zwar mit dem Ziel, diesen die staatliche Einheit Deutschlands unmöglich zu machen.«[114] (…)

Fraglich bleibt jedoch, ob diese Relativierung die Einmaligkeiten der von deutschem Boden ausgegangenen Katastrophen in Frage stellen kann. Klaus von Dohnanyi bestreitet nicht das historische Faktum; er scheint aber vorzuschlagen, nach vorne zu blicken und damit die Geschichte Deutschlands nicht zum Einheitshindernis zu stilisieren. Dohnanyi hat eine optimistische

112 Karl Birkenseer, Manfred Stuber, Simpel oder simplizianisch? Langweiliger Zettelkasten oder literarische Urkunde der Einheit? »Zur unentwirrbaren Zweideutigkeit verdammt!« Der neue Grass *Ein weites Feld* – pro und contra: Ein Streitgespräch zwischen MZ-Literaturredakteuren. Aus: *Mittelbayerische Zeitung*, 26.8.95.

113 Vgl. *Mittelbayerische Zeitung*, 26.8.95.

114 Klaus von Dohnanyi, Offener Brief an Günter Grass. In: *Der Stern* vom 14. 9. 1995.

Vision von Geschichte: Er glaubt an die Fähigkeit der Deutschen, aus ihrer Geschichte zu lernen und auf diese Weise die Fehler von damals zu vermeiden. Er betrachtet die Geschichte nicht als Sackgasse, in der keine Chance auf Gestaltung einer besseren Zukunft steht. Dohnanyis Einschätzung der Geschichte geht über die Kontinuität hinaus, die Fonty seinerseits in der deutschen Geschichte sieht. Deshalb begleitet er weiterhin die kommende Einheit mit den hervorgerufenen Erinnerungen, um damit Vergangenes besser zu emotionalisieren. Nur auf diese Weise kann er auf die Gefahren der kommenden Einheit hinweisen, die damals bei der Einheit im Jahre 1871 gedroht hatten.

Solche belastenden Rückblicke rufen auch bei dem Tagundnachtschatten Hoftaller Fragen hervor. Ironisierend wendet er sich an Fonty: »Sollte das etwa Ihr Beitrag zur kommenden Einheit sein? Zackig und forsch. Hab's noch im Ohr: ›Die Linden hinauf erdröhnt ihr Schritt, Preußendeutschland fühlt ihn mit…‹« (*Feld*, 20)

Fonty und Hoftaller besingen Preußens kriegerische[115] Vergangenheit einstimmig durch Rückblenden und färben die Herbstsensation vom November 1989 auf diese Weise mit preußischen Ressentiments. Hier sind die Intentionen beider Figuren klar: Vom Preußentum ausgehend, werden erschütternde Vergleichsbilder entwickelt, um auf diese Weise die zukünftige Einheit an den Pranger zu stellen. Da die Einheit 1871 militärisch bzw. blutig zustandekam, müßte auch die heißersehnte neue Einheit etwas Gewalttätiges an sich haben. Fonty bringt in diesem Rahmen Preußens Hauptfiguren ins Spiel, deren Namen jenen Militarismus[116] verkörpern:

115 Zum Militarismus Preußens können folgende Worte Gerhard Friedrichs ins Gewicht fallen: »(…) Wer in Preußen von der Armee sprach, sprach immer auch von der Dynastie und dem Staat – und umgekehrt: Preußen hat sich als Militärstaat verstanden, und seine Könige zeigten sich am liebsten in Uniform. Dies eben ist die ›preußische Welt‹, in der der Dichter [Fontane, L.B.R.] lebte«. (Gerhard Friedrich, *Fontanes preußische Welt. Armee – Dynastie – Staat.* Herford 1988, S. 50).

116 Wenn von preußischem Militarismus die Rede ist, denkt man ohne Zögern an Edwin Hans Karl Freiherr von Manteuffel (1809 bis 1885): »Chef des preußischen Militärkabinetts von 1857 bis 1865, eine der Hauptstützen der von Wilhelm I. und Kriegsminister Roon gegen den Willen der liberalen Landtagsmehrheit betriebenen Militärorganisationen von 1860, mit der durch Ausschaltung der aus der Zeit der Freiheitskriege stammenden Landwehr und ihrer meist bürgerlichen Offiziere der konservativ-monarchische Charakter des Heeres erhalten bzw. wiederhergestellt werden sollte. Manteuffel war auch politisch als extremer Monarchist aktiv. Gestorben als Feldmarschall und Statthalter von Elsass-Lothringen.« (von Klaus Becker, S. 45).

»Er (Fonty) zitierte den Grafen Schwerin[117] und dessen Fahne, den alten Derflinger, die Generäle Zieten und Seydlitz, obendrein alle Schlachten von Fehrbellin[118] über Hohenfriedberg bis Zorndorf. Schon wollte er Preußens Siege und gelegentliche Niederlagen an die Standarten berühmter Regimenter knüpfen und des Großen Friedrich besungene Haudegen mit knappem Zitat vorführen – ›Herr Seydlitz bricht beim Zechen den Flaschen all den Hals, man weiß, das Hälsebrechen verstund er allenfalls…‹-, da wurde Fonty, der bereits Atem zum Balladenton sammelte und samt Stock die Arme hob, von hinten angestupst.« (*Feld*, 22)

Skeptischer fügt Fonty hinzu: »Da haben Sie' s (…) Nur sowas ist wichtig. Schlachten, Siege, Sedan[119] und Königgrätz[120] sind null und nichtig. Alles Mumpitz und ridikül. Deutsche Einheit, reine Spekulation! Die erste gelungene Schnürsenkelschleife jedoch, die zählt.« (*Feld*, 22f.)

117 »(...) Als Gegenpol zur philiströsen Kleinbürgerexistenz eines Apothekergehilfen suchte Fontane seine künstlerische Identität zu finden, indem er dem Verfall der ›preußischen Idee‹ in der Periode des Vormärz ein echtes Preußentum gegenüberstellte. Unter dem Einfluß des Grafen Strachwitz (1812 bis 1847), einem auf die Kehrseite gefallenen Herweghn, dichtete Fontane seine glorifizierenden Preußenballaden, in denen er die Feldherren Zieten, Seydlitz und Schwerin verherrlichte.

118 Der »Große Kurfürst« Friedrich Wilhelm (1620 bis 1688) siegte 1675 bei Fehrbellin über die Schweden

119 Zu den Kämpfen in Sedan, die zu den ersten blutigen des deutsch- preußischen Kriegs zählen, notiert Michael Salewski: »(...) Leichtsinn oder überschäumende patriotische Begeisterung – man weiß nicht, warum die ersten Grenzschlachten von Weißenburg, Wörth und Spichern fast ›wie von selbst‹ in Gang kamen. Die Franzosen zogen sich zurück, Bazaine nach Metz, Mac Mahon in Richtung Châlons. Zwei deutsche Armeen schnitten diesem dann den Rückweg ab, in den äußerst blutigen, auf viele Teilnehmer wie ein Schock wirkenden Schlachten von Vionville, Mars la Tour, Gravelotte, St. Privat fiel schon eine Vorentscheidung. Die Entscheidung war dann Sedan: Hier gelang Moltke zum ersten und einzigen Mal in seiner Karriere tatsächlich ein ›Cannae‹; die Niederlage der vollkommen eingeschlossenen Verbände Mac Mahons am 1. September galt bis in die Tage des ersten Weltkrieges hinein als ›klassische‹ Vollendung jener strategischen Grundvorstellungen, wie sie zuerst Clausewitz zu Beginn des Jahrhunderts entwickelt hatte. Fortan wurde ›Sedan‹ zu einem militärischen wie psychologischen Symbol. Jeder Nachfolger Moltkes mußte sich an ›Sedan‹ gleichsam messen lassen; es war wohl dieses fast traumatisch wirkende Ereignis, das später den Grafen Scheiffen von einem Super- Sedan, einem gigantischen ›Cannae‹ träumen ließ. Sedan hinterließ aber auch im deutschen Selbstverständnis tiefe Spuren. Gewiß wurde der ›Sedantag‹ erst später, ausgerechnet auf Vorschlag des so ›humanen‹ evangelischen Pfarrers von Bodelschwingh, zum offiziellen Feiertag – wenn Millionen von Deutschen den 2. September Jahr für Jahr feierten, so wirkte das auf die zutiefst schockierten Franzosen wie das immer neue Aufreißen einer alten Wunde(...).« (Michael Salewski, *Deutschland – Eine politische Geschichte. Von den Anfängen bis zur Gegenwart*. Band 2, 1815–1990. München 1993, S. 91–92.

120 Am 3.7. 1866 hat bei Königgrätz in Böhmen die entscheidende Schlacht im Preußisch-Österreichischen Krieg stattgefunden.

Aus welchem Grund Fonty eine so große Aversion gegen die Wende verbreitet, versucht er seinem Tagundnachtschatten vorzuführen. Fonty ist nämlich der Meinung, daß der jüngsten Revolution das Pulver ausgegangen (*Feld*, 54) sei. Eine solche These soll er auch am 4. November 1989 auf dem Alexanderplatz vertreten haben, wo: »ich nach all den blitzgescheiten, plötzlich mutigen und nun freiheits-besoffenen Rednern aufs Podest gerufen wurde, von wo ich dann meine notwendigerweise skeptisch eingetrübte Rede gehalten habe: ›Ist alles Trug und Blendwerk!‹ Denn daß Parolen wie ›wir sind das Volk!‹ wetterwendisch sind, war mir sicher. Man mußte nur ein einziges Wörtchen austauschen, und schon war die Demokratie weg und die Freiheit da (…)« (*Feld*, 54) Fonty fügt auch hinzu: »In Deutschland hat die Einheit immer die Demokratie versaut!« (*Feld*, 55) Dafür habe er Beifall bekommen.

Mit deutlichen Worten untermauert Fonty die Idee der Wiederholung bzw. der fatalen Wiederholung der deutschen Geschichte. Er deutet alle Einheitsversuche der Deutschen – vom Preußentum bis zum Dritten Reich – an, die sich alle blutig vollzogen haben. Aus diesen Gründen hält Fonty die hinterlassenen Spuren der deutschen Geschichte für eine existenzielle Last, die keinen Ausweg ermöglicht. Es ist daher kein Zufall, daß er auch die Herbstrevolution im Jahre 1989 mit der Revolution von 1848 in Beziehung setzt. 1848 war »viel Geschrei und wenig Wolle.« Gerade deshalb stellt Fonty eine Bilderreihe von 1848 bis zum 9. November 1989, dem Tag des Falls der Berliner Mauer, her. Die ins Gedächtnis gerufenen Bilder seien vergleichbar mit »den Neuruppiner Steindrucken, die den Sieg von Sedan, die Kaiserproklamation im Schloß von Versailles, sogar die Tage der Pariser Kommune, dann aber den Einzug der siegreichen Regimenter durch das Brandenburger Tor bebildert haben.« (*Feld*, 97)

Die weitere Einschätzung der deutschen Wende aus einer militärisch-kriegerischen Perspektive bekommt apokalytische Töne, wenn Fonty, der ehemalige Kriegsberichterstatter, seine Erinnerungen an die französischen Feldzüge präzise vor Augen führt:

»(…) Altes und Neues aus Frankreich zu berichten. Anfangs nur Gravelotte und Sedan, dann aber Schlag auf Schlag: Blitzsiege, Umfassungsschlachten, Guderians Panzer, Lufthoheit bis zu den Pyrenäen, Sedan und Metz diesmal fast kampflos gefallen, über die Marne weg, Paris, Paris! Und dann die Fernsicht von der Atlantikküste über normanische und bretonische Ebbestrände nach England rüber, zum feindlichen Vetter. Und Frankreichs Küste vorgelagert die Inseln, zu denen Oléron zählt und besonders ist: viele stimmungsvolle Berichte.« (*Feld*, 119)

Diese »stimmungsvollen Berichte«, die Theo Wuttke in Büchern dokumentiert, bestätigen seine Horrorvision von Preußens Vergangenheit aufs deutlichste:

»(…) Zwölf[121] Jahre lang hatte der Unsterbliche, im Dienst eines geistigen Verlegers, Kriegsbuch nach Kriegsbuch geschrieben: ein jedes dickleibiger und mehr todbringendem Wissen vollgepropft; denn noch ergiebiger als der dänische und der österreichische Feldzug war der Krieg gegen Frankreich gewesen. Auf zweitausend Seiten wurde keine Schlacht, keine Belagerung, kein Scharmützel ausgelassen. Nicht nur Armeen und Regimenter, sondern auch Bataillone und Kompanien fanden Erwähnung, sofern ihre Verluste an Offizieren und Mannschaften groß genug waren.« (*Feld*, 72)

Daß Fonty von den Erfahrungen der gescheiterten Revolution von 1848 sowie von seinen Kriegserfahrungen geprägt ist, durchzieht die Romanwelt wie ein roter Faden. Die Schattenseiten des Preußentums machen aus der Fonty-Figur einen großen Wende-Skeptiker. Es stellt sich die Frage, ob der preußische Geist, der vom Militarismus dominiert war, ohne Nuancen und Bedenken in die Wendeepoche versetzt werden kann. Es ist unbestritten, daß Preußen drei Kriege führte: den preußisch-dänischen Krieg von 1864, den preußisch-österreichischen Krieg von 1866 und den preußisch-französischen Krieg von 1870/71. Letzterer mündet in die Ausrufung des Zweiten Deutschen Reiches im Versailler Palast von Paris. Dies waren Einigungskriege, die das Ziel verfolgten, aus den deutschen Splitterstaaten eine homogene Nation zu bilden. Kann ein solcher historischer Rahmen des Einheitswillens im Preußentum mit der deutschen Wende gleichgesetzt werden, ohne die demokratischen politischen Institutionen in der Bundesrepublik Deutschland zu mißachten und auch ohne Gefahr zu laufen, anachronisch zu argumentieren? Ist die Leutnantsmanie[122] des Preußentums vergleichbar mit der

121 Hier bezieht sich die Darstellung von neuem auf die historische Figur Theodor Fontane, wie von Klaus Becker belegt: »Neben den *Wanderungen durch die Mark Brandenburg* schrieb Fontane in den sechziger und siebziger Jahren die Bücher über die Kriege von 1864 bis 1870/71 und den Erlebnisbericht über seine Kriegsgefangenschaft. Zwölf Jahre lang von 1864 bis 1876 habe ich nur in dieser Zeit- und Kriegsgeschichte gelebt.« (v. Klaus Becker, Theodor Fontane, *Irrungen Wirrungen*. In: Königs Erläuterungen und Materialien, Band 330. Hollfeld 1987, S. 11.

122 Der preußische Leutnant war das Symbol »einer dem Schein, der Äußerlichkeit verfallenen Welt«, die Fontane verabscheute, wie einer seiner Briefe an seine Frau Emilie nachweist: »Zahllose langbeinige Leutnants, mit ihrem mephistohaften langen Krötenspieß an der Seite, die ganzen Kerle überhaupt wie hagre karikierte Spanier aussehend, laufen in der Potsdamer Straße auf und ab und zwingen mich wieder zu einem beständigen Kopfschüt-

Staatssicherheit der DDR? In Preußen handelte es sich um einen Militarismus, dessen Borniertheit und Provinzdenken, aber auch extremen Patriotismus Fontane kritisierte.[123] In der DDR hatte man mit einer Staatssicherheit zu tun, die zwar eine Diktatur durch dubiose Mittel unterstützte, aber keinen Befreiungskrieg zu führen vermochte. Zwar handelt es sich in *Ein weites Feld* nicht darum, das Preußentum und die Wendeszene gleichzusetzen. Genauer: Es ist nicht die Rede von Identität, sondern von Geschichtskontinuität. Eine solche Kontinuität setzt aber voraus, daß der historische Rahmen des 19. Jahrhunderts Ähnlichkeiten mit dem 20. Jahrhundert in Deutschland aufweist. Das hat auch zur Folge, daß Bundeskanzler Kohl ein anderer Otto von Bismarck wäre, wobei die Differenzen zwischen beiden

teln. Und das findet man fein und schön! Ich habe kein Organ für all dies Wesen und mir wird immer erst wieder wohl, wenn ich zehn bis 3 Uhr nachts mit meinem Freunde Stanley um den Victoria- Nyanza- See herumfahre...« (An Emilie, 11. Juni 1879. Zitiert von Gerhard Friedrich. In: *Fontanes preußische Welt. Armee- Dynastie- Staat.* Herford 1988, S. 267.

123 Über Gründe, weshalb Theodor Fontane Preußens Armee im Visier hatte, notiert Gerhard Friedrich: »Fontanes Militarismus-Kritik beginnt bereits kurze Zeit nach dem Abschluß der beiden Bände über den Krieg gegen Frankreich. Die Entwicklung der Lage in Preußen nach 1871 macht den Umschwung in Fontanes Denken begreiflich. Er ist nicht nur zu erklären aus seiner tiefen Enttäuschung und Verstimmung nach 1876. Er ergibt sich stärker noch aus der veränderten Rolle, die das Militär spielte. Über ein halbes Jahrhundert war seit dem letzten Sieg des preußischen Heeres vergangen. Und die damaligen Siege waren errungen worden im Militärbündnis mit den übrigen europäischen Mächten, die, nach der endgültigen Niederlage Napoleons, nicht daran gedacht hatten, Preußen für die ungeheuren Opfer, die es gebracht hatte, angemessen zu entschädigen. Die Geschicklichkeit Metternichs und die Raffinesse Talleyrands hatten das bei den Verhandlungen in Wien vor allem zu verhindern gewußt. So beendete die preußische Armee die Befreiungskriege zwar siegreich, aber ohne die Möglichkeit, das ausgesogene und ausgeblutete Land im Rahmen ihrer Kräfte und Einsichten mitgestalten zu können. Scharnhorst war tot, Blücher, Gneisenau, Boyen und Grolman verschwanden alsbald in der Versenkung, denn ihre Vorstellungen von einer im Volk wurzelnden Armee wurden zurückgedrängt zugunsten der alten Armeekonzeption, in der für den Gedanken eines ›Volkes in Waffen‹ kein Platz war, wo der König in der Armee vielmehr ein Instrument sah, das seine Herrschaft – auch gegen das Volk – zu stützen hatte. Wie anders war die Lage nach 1871! An der Spitze Preußens stand ein König, der, ohne Großmachtverbündeten, vor allem dank seiner Armee deutscher Kaiser geworden war und dessen Armee sich in dem Bewußtsein sonnen konnte, daß dieser Kaiser sich vor allem als Soldat, als preußischer Offizier empfand. Drei siegreiche Kriege, ein geeinigtes Reich, so sehr das alles Bismarck zu verdanken war, ausführendes Organ seiner kühnen Politik war allein die Armee gewesen. Und sie hatte ihre Kraft nicht aus einer besonderen Volksverbundenheit genommen, sondern die Volksverbundenheit war das Ergebnis der erfochtenen Siege gewesen, nicht aber die Voraussetzungen. Die Armee hatte wahre Sternstunden erlebt. Die Militärleidenschaft des Königs hatte die Truppe durchdrungen, und der Zeitgeist und die Umstände waren ihr zu Hilfe gekommen. Sie besaß in den Auseinandersetzungen genug Selbstbewußtsein und Energie, um sich jedem Gegner gewachsen zu fühlen, genug naiven

Figuren abgebaut würden. Ersterer ist Historiker, der das politische Geschäft diplomatisch führte. Letzterer war Militär reinsten Wassers, der das preußische Heer zum Instrument seiner Innen- und Außenpolitik machte. Zu betonen ist auch die Tatsache, daß die historische Figur Theodor Fontane die von Bismarck ausgerufene deutsche Einheit in den Anfangsjahren uneingeschränkt bewunderte. Grass′ Figur, die als alter ego Fontanes gilt, verläßt ihrerseits Deutschland nach der Einheit und persifliert erheblich » die regierende Masse in Bonn« (gemeint ist Kanzler Kohl) und deren Politik der Einheit. Grass' Figur ist viel politisierter, als Fontane es war, wie Gordon A. Craig notiert:

»Zu keiner Zeit in seinem Leben hat sich Fontane so sehr für politische Fragen interessiert, daß er sich mehr als oberflächlich mit ihnen beschäftigt hätte, und seine eigene politische Haltung war immer gekennzeichnet von Widersprüchen und einer großen Unsicherheit, da er allen politischen Parteien mißtraute. Abgesehen von wenigen Gedichten im Stile von Herweghs und einigen nicht sehr tiefschürfenden Zeitungsartikeln ergab sich aus seinem Interesse an politischen Fragen kaum etwas Bemerkenswertes. (…) Da Fontane in der Gegenwart nichts fand, das ihn hätte herausfordern können, wandte er sich immer mehr der Vergangenheit zu, und da die Politik seine Muse nicht inspirieren konnte, suchte er Inspiration in der Geschichte.«[124]

Das sind Geschichtsdifferenzen, die Grass nicht einzukalkulieren scheint, wenn er die Herbstereignisse mit der preußischen Stimmung vordergründig in Verbindung setzt.

Patriotismus, um jedem Blutopfer für diesen König bereit zu sein, genug Weltfremdheit, um jenseits aller Vergleichsmöglichkeiten jede Herausforderung anzunehmen, und genug Geist und Frömmigkeit, um in allen Siegen und Niederlagen, Triumphen und Verlusten die Anwesenheit eines Höheren zu ahnen. Diese unwiederholbare, durch keine Organisation oder Manipulation wiederherstellbare innere Verfassung der Armee war die Voraussetzung für die siegreiche Beendigung dreier rasch aufeinander folgender Kriege. (...) Fontane, seine Fähigkeit zur Analyse der politischen Gegebenheiten richtig einschätzend, hat die bedrohliche Entwicklung sehr bald erkannt, und er hat nicht gezögert auszusprechen, was ihn angesichts der ›Machtübernahme‹ durch das Militär beunruhigte. Von einem Gespräch mit einem Herrn von Mandel, dessen Kinder sie unterrichtete, hatte Mete geschrieben, von Mandel glaube, ›daß der preußische Staat durch sein alles Wichtignehmen groß geworden sei‹. Fontane stimmt dem zu: ›Dies unterschreibe ich de tout mon coeur, und der historische Sinn, den ich habe, läßt mich mit Achtung von dieser Seite unseres Staats- und Volkslebens sprechen, so weit all das der Vergangenheit angehört...‹« (Gerhard Friedrich, *Fontanes preußische Welt. Armee – Dynastie – Staat*. Herford 1988, S. 265f.).

124 Gordon A. Craig, *Über Fontane*. Aus dem Amerikanischen übersetzt von Jürgen Baron von Koskull. München 1997, S. 18–19.

Es wäre in toto nur eine Herabsetzung der unblutigen Revolution des Herbstes 1989, wenn man sie in eine militärische Tradition stellen würde, wobei zwei völlig unterschiedlich historische Umstände in Verbindung gesetzt würden. Daß auch die Staatssicherheit die Demonstrationen nicht blutig niedergeschlagen hat, wie es der Fall zuerst im März 1848, dann am 17. Juni 1953 war, weist darauf hin, daß sich der historische Hintergrund und die Situation Ende der 80er Jahre deutlich voneinander unterscheiden. Das belegt auch die Tatsache, daß die deutsche Geschichte dem Teufelskreis entkommen kann, in dem sie gefangen schien.

Kommt die deutsche Vergangenheit von der Märzrevolution bis zur deutschen Wende bei Fonty als ausweglose Routine zur Entfaltung, so daß ihm der ganze Wendeprozeß suspekt vorkommt, so artikuliert Hoftaller seinerseits dieselbe historische Kontinuität.

An dieser Stelle meiner Analyse möchte ich mich insbesondere mit der Hoftaller-Figur auseinandersetzen.

Obwohl Hoftaller den Begriff der Spionage verkörpert, koinzidiert seine Welt in vielerlei Hinsicht mit der von Fonty, da er sich parasitär bewegt. Wo Fonty auftritt, da ist auch Hoftaller. Exzelliert Fonty in der Erwähnung der kriegerischen Vergangenheit Deutschlands, macht sein Tagundnachtschatten die Drecksarbeit im Dienst sukzessiver politischer Systeme Deutschlands, sowohl als Tallhover als auch als Hoftaller. Er kultiviert zwar eine große Obsession für begabte Leute, die er zu seinem Objekt macht, wie im Fall Fonty. Letzterer beschwert sich darüber, er sei jahrzehntelang unter ideologischer Aufsicht geschurigelt worden. (*Feld*, 530) Sein Talent stellt er aber auch zur Verfügung der Geheimdienste. Im Dritten Reich bespitzelt Hoftaller Fonty, als dieser Soldat war:

»Tallhover hat (...) seiner Tätigkeit dem Reichssicherheitshauptamt zugearbeitet: so dem Amt Zwei mit einem Memorandum zur Überwachung der Kirchen jeglicher Konfession. Ab 43 betreute er, im Auftrag des Amtes Fünf, prominente Gefangene im KZ Sachsenhausen, darunter den kriegsgefangenen Sohn Stalins. Und dennoch fand Tallhover Zeit für seinen Schutzbefohlenen, den als Sonderfall geführten Gefreiten Theo Wuttke.« (*Feld*, 69f.)

Hoftaller beschränkt sich nicht nur auf Theo Wuttke, sondern er kümmert sich auch um Wuttkes Tochter: Martha Wuttke, die lange Zeit mit einem Kader der Staatssicherheit der DDR verlobt war, bekommt ein besonderes Geschenk von Hoftaller bei ihrer Hochzeit mit Hans-Martin Grundmann, einem Westgeschäftsmann im Dienst der Treuhand. Hoftaller schenkt ihr »das Relikt ihrer Parteizugehörigkeit, nämlich ne abgeschlossene Kaderakte, (...) mit nem kleinen Anhang übrigens, ihre lange Verlobungszeit betreffend. Ne Menge Hotelgeflüster.« (*Feld*, 314) Hoftaller ist es, der auch die Vermittlerrolle zwischen Fonty und seiner Enkeltochter Madeleine Aubron, der Germanistikstudentin aus Frankreich, spielt. Diese kommt zweimal zu den Wuttkes zu Besuch und erlebt die deutsche Einheit ebenfalls hautnah mit. Damit hat der Spitzel Hoftaller die Familie Wuttke unter Aufsicht. Handelt Hoftaller in allen seinen Taten als Spitzel par excellence, so tragen sein Aussehen und das von ihm geführte Leben gerade zum rätselhaften bzw. geheimnisvollen Charakter der Figur bei. Bei der Hoftaller-Figur verschmelzen Schein und Sein so miteinander, daß sie endlich zum ominösen Charakteristikum der Spionage führen. Hoftallers Aussehen verdankt man einem intertextuellen Bezug zu *L'Adultera*[125] von Theodor Fontane. In diesem Roman

»tritt ein Polizeirat Reif als Nebenfigur auf und beweist dabei eine nicht zu ignorierende Ähnlichkeit mit Hoftaller als Tallhover: ›...ein kleiner behäbiger Herr mit roten und glänzenden Backenknochen, auch Feinschmecker und Geschichtenerzähler, der, solange die Damen bei Tisch waren, kein Wässerchen trüben zu können schien, im Moment ihres Verschwindens aber in Anekdoten exzellierte, wie sie, nach Zahl und Inhalt, immer nur einem Polizeirat zu Gebote stehen...‹« (*Feld*, 100. Vgl. 2.3.2.1. Intertextualität)

Obwohl keine klaren Züge bei Hoftaller in *Ein weites Feld* zum Tragen kommen, spielt allein die Ähnlichkeit mit einem Polizisten darauf an, wie das Konstruktionsprinzip der Figur das Rätselhafte andeutet. Alles deutet darauf hin, daß dieser Mangel an Konturen sowohl bei Grass als auch bei Joachim Schädlich zum Geheimnisvollen der Hoftaller-Figur beiträgt:

»In Tallhovers Biographie wird ein Haus und dessen Küche erwähnt, desgleichen ein Keller, in dem er sich, wenn auch vergeblich, zum Tode verurteilt hat, außerdem ist von einer alten Frau die Rede, die wöchentlich einmal putzte; mehr nicht, kein Bezirk, keine Straße. Aber wir vermuteten Hoftallers Adresse in den leicht zu verwechselnden Plattenbauten im Bezirk Marzahn oder in Berlin-Mitte, wo, als Hinterlassenschaft der Arbeiter- und Bauern-Macht dicht bei dicht die Parteikader wohnten.« (*Feld*, 694)

Selbst Fonty verfügt über keine genaueren Informationen über seinen Tagundnachtschatten, der fast in seinem Dienst steht. Fonty sagt nämlich über Hoftaller:

125 *L'Adultera* ist ein Roman von Theodor Fontane, der 1882 publiziert wurde.

»Vermutlich haust mein Tagundnachtschatten in wechselnden Quartieren und mehr schlecht als recht. Keine Ahnung, wer für ihn sorgt. Von Frauen war bei ihm nie die Rede. Und kochen kann er bestimmt nicht. Kenne ihn nur mit Thermoskanne und Mettwurststullen in einer Blechdose, sein Proviant, wenn er Außendienst hatte…« (*Feld*, 694f.)

Hoftaller besitzt fast keine Autonomie. Und Marcel-Reich Ranicki ironisiert in seinem offenen Brief an Günter Grass den Mangel an Konturen Hoftallers. Wenn Grass in der Darstellung behauptet: »War Fonty ohne seinen Tagundnachtschatten vorstellbar? (…) Hoftaller war nicht sterblich«, erwidert Marcel Reich-Ranicki: »Was nicht lebt, kann nicht sterben.«[126]

Das Phantombild dieser Hoftaller-Figur bestätigt auch den geheimen Charakter ihrer Aufgaben. Die Symbolik des Nebulösen mag verdeutlichen, wie Geheimdienste, die »gesichtlosen Homunkulus«, jenseits des Sichtbaren operieren. Ihr Leben ist deswegen parasitär, weil sie die Existenz anderer zum Forschungsgebiet bzw. zum Objekt machen. Kein Emanzipationsversuch kommt hier ins Spiel. Damit bilden die Geheimdienste eine besondere Klasse vor allem in der DDR, deren Vertreter Hoftaller hier ist. Prätentiös und arrogant präsentiert sich der Protagonist in der Romanlandschaft. Wie Fonty begleitet Hoftaller auch die deutsche Wende von Anfang bis zum Ende.

Ich will auf folgende drei Aspekte eingehen, um die Dynamik des ewigen Spitzels in Grass' Roman vor Augen zu führen: den Jammer, die Anpassung und die Migration. Bei dieser Erwägung soll u.a. auch das Paar Hoftaller/Fonty erwähnt werden.

Auf den ersten Seiten der Erzählung attackiert Hoftaller die Figur Günter Schabowski, dessen Fehlinterpretation eines Beschlusses des Politbüros der SED den Mauerfall in der Nacht vom 9. bis 10. November ermöglicht hat:

»Eigentlich komisch. Typischer Fall von Machtermüdung. Nichts greift mehr. Aber wissen möchte man schon, wer den Riegel aufgesperrt hat. Na, wer hat dem Genossen Schabowski[127] den Spickzettel untergeschoben? Wer hat ihm erlaubt, ne Durchsage zu machen? Satz auf Satz rausposaunt… ›Ab heute ist…‹ Na, Fonty, wem wird das Sprüchlein ›Sesam, öffne dich‹ einge-

126 *Der Spiegel* vom 28. 8. 95. Der offene Brief Reich-Ranickis an Günter Grass machte Furore, zumal der Literaturkritiker in einer Photomontage den Roman *Ein weites Feld* auf der Titelseite des Hamburger Magazins zerriß. Die Pro- und Contra-Reaktionen darauf machten die Schlagzeilen der großen Feuilletons im Jahre 1995. Oskar Negt dokumentiert die ganze Debatte in dem Buch*: Der Fall Fonty – Ein weites Feld von Günter Grass im Spiegel der Kritik*. Göttingen 1996.

fallen sein? Wem schon? Kein Wunder, daß der Westen wie vom Schlag gerührt war, als ab 9. November Zehntausende, was sage ich, Hunderttausend rüberkamen, zu Fuß und mit ihren Trabis. Waren richtig perplex... haben Wahnsinn geschrien.... Wahnsinn! Aber so ist das, wenn man jahrelang jammert: ›Die Mauer muß weg...‹ Na, Wuttke, wer hat ›Bitteschön, schluckt uns‹ gesagt? Fällt der Groschen?« (*Feld*, 16)

Hoftaller behauptet, daß die Stasi alles organisiert hat:

»(...) War unser Plan lange schon... Wollten aber nix davon hören, diese Greise in Wandlitz, ha... Ab fünfundachtzig Eingabe über Eingabe... Alles umsonst... Und bald auf die Russen kein Verlaß mehr... Nur noch Glasnost und Perestroika... Doch ohne Sowjetmacht im Rücken... Kam nur Blaba noch... Wer zu spät... den bestraft... Ist im Prinzip ja richtig. War aber bald kein Halten mehr. Nur noch Geschrei: Wir sind das Volk! Stimmt, ne Furzidee nur, aber gefährlich... Haben handeln müssen, na, weil das mit dem Dritten Weg noch gefährlicher... Gibt's nirgendwo: Dritter Weg! Bei uns nicht, im Kapitalismus nicht. Die im Westen sahen das auch so. Also haben wir aufgemacht, na, die Mauer... Simsalabim! Und auf war sie, jadoch! Wir waren das. Wollten ne neue Lage schaffen. Waren nun angeschmiert, die mit dem Dritten Weg. Konnten sie glatt vergessen. Und wir haben schnell noch ne kleine Korrektur angebracht... Mußten ein einziges Wörtchen nur austauschen... Zuerst in Leipzig, dann überall... da sehn Sie, Wuttke, was ein simples Wort ausmachen kann... Nicht mehr das, aber ein Volk! Winziger

127 Zu Günter Schabowskis Rolle als historische Figur bei der Öffnung der Berliner Mauer schreiben Hans Bahrmann und Christoph Links folgendes: »Donnerstag, 9. November 1989 (...) Das SED-Zentralkomitee setzt unterdessen seine Plenartagung fort. (...) Am Abend tritt Politbüromitglied Günter Schabowski wieder vor die internationale Presse, um über die Ergebnisse des ZK-Plenums zu berichten. Er teilt mit, daß für Mitte Dezember eine Parteikonferenz einberufen worden sei. Auf die Frage, warum man sich für keinen Sonderparteitag entschieden habe, bei dem doch die gesamte Führung hätte erneuert werden können, meint er, dies hätte laut Statut zwei Monate Vorbereitungszeit gekostet, was für die gegenwärtige Situation zu viel wäre. Kurz vor Ende der Pressekonferenz, exakt um 19.07 Uhr, teilt Schabowski scheinbar unbeabsichtigt mit, daß die DDR die Grenzen geöffnet habe. Wilde Aufregung herrscht augenblicklich im Saal des Internationalen Pressezentrums: ›Heißt das, jeder DDR-Bürger kann jetzt frei in den Westen fahren?‹ stößt ein Reporter verwundert nach. Schabowski tut, als ob jeder der Anwesenden Bescheid wissen müßte, zieht einen Zettel hervor und verliest folgenden Text: ›Privatreisen nach dem Ausland können ohne Vorliegen von Voraussetzungen (Reiseanlässe und Verwandtschaftsverhältnisse) beantragt werden.‹ Ab morgen früh 8 Uhr könne sich jeder sein Visum bei den zuständigen Behörden abholen, erklärt er betont beiläufig.« (Hannes Bahrmann, Christoph Links, *Chronik der Wende. Die DDR zwischen 7. Oktober und 18. Dezember 1989*. Berlin 1994, S. 92f.)

Unterschied? Stimmt! Aber der hat's gebracht, na alles. Und der Westen war erst mal baff, hat aber schnell kapiert und zugelangt.« (…) (*Feld*, 409)

Hier argumentiert Hoftaller ironisch: Eindeutige historische Fakten werden aufgegriffen, in den Romanfluß eingeschaltet und zugleich erheblich deformiert. Auf diese Weise nimmt die deutsche Wende bei Hoftaller einen artifiziellen bzw. einen unwahrscheinlichen Charakter an, der zwar seine eigene poetologische Dynamik entwirft, bewußt aber die neunziger Jahre in Deutschland diffamiert. Daß die unblutige Revolution nicht mehr das Werk des DDR-Volkes, sondern das der Spitzel sein soll, gibt nicht nur Auskunft über die Süffisanz der Hoftaller-Figur, sondern auch über die scharfe Ironie, die *Ein weites Feld* durchzieht. Derlei widersprüchliche Worte überzeugen Fonty diesmal nicht, der mit Hoftaller sofort ins Gericht geht: »Wo steckten eigentlich Sie, als damals hier alles dichtgemacht wurde, querdurch?« (*Feld*, 16) Viel realistischer philosophiert Fonty: » Nichts steht für immer« (*Feld*, 17), obwohl er sich nachher widerspricht: »(…) Wird man sich noch zurückwünschen eines Tages – oder als ›kolossalen Gewinn‹ feierten: ›Ohne ist besser als mit!‹« (*Feld*, 17) Hoftaller bedauert »Systemlücken«, als habe er dem System nicht angehört. Er zieht eine klare Linie zwischen bornierten Politikern und angeblich seherischen Spitzeln, die mehrmals Patriotismus bewiesen hätten:

»Die Politik haben andere gemacht, damals wie heute. War oft genug ne Politik, die uns mißfiel, ob unter Manteuffel oder während der Herrschaft unserer führenden Genossen. Besonders die Schlußphase: kopflos. Was haben wir nicht alles versucht, um unseren Arbeiter- und Bauern-Staat vor drohendem Zerfall zu bewahren. Das nun den Klassenfeind destabilisierende Ergebnis unserer Bemühungen haben wir noch kürzlich besichtigt.« (*Feld*, 38f.)

Die Dichotomisierung zwischen politischen Versagern und den sogenannten fleißigen Spitzeln diskreditiert die politische Klasse; die Spitzel seien ihrerseits nicht für den Zusammenbruch der DDR verantwortlich. Die Distanzierung von den Politikern geht mit der Sublimierung der Spitzel einher, die sich als unfehlbar präsentieren. In diesem Sinne seien Hoftaller und seine Kollegen unambitionierten Politikern zum Opfer gefallen. Seiner Frustration läßt Hoftaller freien Lauf, denn er habe versucht, in seiner Rolle als Spion die DDR zu retten. Kein Zufall, wenn er die Wende für degoûtant hält. Er nennt sie euphemistisch »das nun den Klassenfeind destabilisierende Ereignis« (*Feld*, 38) und verfällt in den ideologisch gefärbten Sprachgebrauch der DDR-Politiker, die er für den Zusammenbruch der DDR verantwortlich hält. Hoftallers Irritation bekommt eine neue Dimension, wenn er auf die Bonner Einheitspolitik reagiert. Als historische Figur des Einheitsprozesses gilt der ehemalige Bundeskanzler Helmut Kohl. Kanzler Kohl mit seiner Strategie, die Einheit rasch[128] zu verwirklichen, wird von Hoftaller kritisiert. Er behauptet nämlich, daß die Drahtzieher, die den »Einheitsprozeß« beschleunigen wollen, sich in Bonn befinden: »Hängt alles von Bonn ab. Haben es eilig, die Herren. Einheit sofort! Doch uns sind Wahlen egal, nicht wahr, Fonty? Wahlen ändern nichts, jedenfalls nicht im Prinzip. Wir bleiben so oder so im Gespräch…« (*Feld*, 83)

Hoftaller argumentiert widersprüchlich: Einiges kann eine solche Attitüde illustrieren. Er will die ehemaligen Genossen zu Reformen aufgefordert haben. Auch er glaubt zugleich an keinen »Dritten Weg[129] «, diesen Vorschlag, den einige DDR-Intellektuelle wie u. a. Stefan Heym, Christa Wolf, Christoph Hein formulierten, um »das Vaterland zu retten.« Von Paradox zu Paradox schreitet der Spion Hoftaller in seiner Erzählung voran. Jedoch führt das changierende Agieren der Gestalt zu nichts, und der weitere Lauf der Ereignisse ist nicht mehr aufhaltbar, zumal die DDR symbolisch zum Tode verurteilt wird. Dies wird deutlich, wenn die Demonstranten den Grundstein des DDR-Regimes außer Dienst setzen und damit Hoftaller zu einer neuen Aufgabe zwingen. Der Sturm auf die Stasi-Zentrale signalisiert nicht nur einen Tabu-Bruch, sondern auch eine entscheidende Episode im Prozeß des Zerfalls der DDR.

128 Helmut Kohl entwickelt seinen Zehn-Punkte-Plan, dessen Ziel ist, kurzfristig die Einheit Deutschlands zu ermöglichen. Der Plan provozierte große Aufregung sowohl im Ausland als auch in Kohls eigenen Reihen.

129 Viele Intellektuelle glaubten zu Beginn der Herbstdemonstrationen im Jahre 1989 an eine noch mögliche Veränderbarkeit des politischen Systems in der DDR. Auf dem Alexanderplatz am 4. November 1989 vertritt Christoph Hein eine solche These: »Die Begeisterung und die Demonstrationen sind hilfreich und erforderlich, aber sie ersetzen nicht die Arbeit. Lassen wir uns nicht von der eigenen Begeisterung täuschen! Wir haben es noch nicht geschafft: die Kuh ist noch nicht vom Eis... Schaffen wir eine demokratische Gesellschaft, auf einer gesetzlichen Grundlage, die einklagbar ist,... eine Gesellschaft, die dem Menschen angemessen ist und ihn nicht der Struktur unterordnet« (Hannes Bahrmann, Christoph Links, *Chronik der Wende. Die DDR zwischen 7. Oktober und 18. Dezember 1989.* Berlin 1994, S. 80). Kein Wunder, daß Autoren wie Christa Wolf und Stefan Heym ihre große Enttäuschung gegenüber des sich rapide anbahnenden Willens des DDR-Volkes nach der Vereinigung beider deutscher Staaten zum Ausdruck bringen. An die Stelle der Parole »Wir sind das Volk« tritt später »Wir sind ein Volk.« Man denke an die bildhaft resignierten Worte Heyms nach der deutschen Vereinigung: »Die Schlange hat den Igel verschluckt.«

»(...)Nun aber, seitdem das eigentliche Zentrum der Arbeiter- und Bauern-Macht, die Festung der Staatssicherheit in der Normannenstraße, gestürmt und sogleich versiegelt worden war, stellten sich neue Aufgaben: Oft kam Hoftaller mit praller Tasche, um gerettete Vorgänge zu sichern. Während umlaufender Paternosterfahrten sprach er von ›ner zwischenzeitlichen Ablage‹, sobald Fonty ihm den einen oder den anderen Ordner geöffnet hatte. Später mußten die eingelagerten Akten verschwinden; und Hoftaller wußte, wo.« (*Feld*, 77f.)

Dieser Sturm auf die Stasi-Zentrale macht darauf aufmerksam, daß die Ära der Staatssicherheit als Institution in der DDR zu Ende ist. Dies paßt ins Profil der Siegergeschichte der Demonstranten und artikuliert zugleich ein enormes Novum. Man könnte daraus kausal schließen, der Inbegriff des Spions in der DDR, dessen Inkarnation Hoftaller ist, sei vorbei. Doch Hoftaller glaubt aus Erfahrung an das »Haubentaucherprinzip« (*Feld*, 140) und gründet eine neue Dynamik der Anpassungsfähigkeit bzw. der Kontinuität der Spionage.

Hoftallers Anpassungsfähigkeit wird im folgenden im Mittelpunkt stehen.

Diese Haltung wird bei einer Diskussion zwischen Fonty und Hoftaller offenbar. Fonty bricht mit seinem Tagundnachtschatten: Er erklärt Hoftaller und seine Clique durch die kommende Einheit für überholt:

»Und doch kommt zuallerst einmal Freiheit. Rieche sie förmlich, hat Raubtiergeruch. Gewiß, war schon immer gefährlich, und nichts war mir lächerlicher als Liberale, diese ewigen Freiheitshuber. Aber diesmal ist es anders. Mit der Freiheit wird's offen nach allen Seiten. Zweifelsohne: Die Welt lädt uns mit ihrem Lockfinger ein. Die schreckliche und einengende Zeit der ausgewählten Reisekader ist vorbei, die schöne Aussicht nicht mehr versperrt. Jawohl, Herr Kriminalkommissar Tallhover! Jawohl, Hoftaller! Jetzt, wo selbst Sie außer Dienst sein könnten, sollte Ihnen eine Reise, weiß nicht, wohin, verlockend sein. Italien, Griechenland! Reisen bildet! Was waren Sie eigentlich bis noch vor kurzem: Hauptmann? Major?« (*Feld*, 138)

Brav meldet sich Hoftaller zu Wort und setzt sich zur Wehr, wobei er seine Unsterblichkeit zum wiederholten Mal ins Spiel bringt:

»Aber, aber. Wer redet hier leichtfertig von Dienstschluß. Glauben Sie mir: Für uns gibt's kein Ende. Kaum weggepustet, sind wir schon wieder da, und zwar vollgestopft mit nem Wissen, das gut verpackt überwintern durfte. Ein Wissen übrigens, das gefragt ist und seinen Preis hat. Schon jetzt klopft Kundschaft an: Pullach, Köln, um nur naheliegende Adressen zu nennen. Hab da ne Menge Kollegen, die wollen auf allerletzten Wissensstand gebracht werden. Aber auch älteres Spezialwissen ist gefragt. Und da die Dienste schon immer gesamtdeutsch geplant und gehandelt haben, ist man gerne behilflich. Doch damit sind unsere Möglichkeiten nicht erschöpft.« (*Feld*, 138f.)

Hinzu kommt auch Hoftallers Devise: »Ohne uns kein Systemwechsel.« Dies wird auch durch den Romanverlauf bestätigt. Daraus ergibt sich, daß Hoftallers Anpassung an jedes politische System auf einer Doppellegitimation beruht: Der Protagonist selbst glaubt an seine ewige Nützlichkeit. Zudem rühmt sich Hoftaller seiner angeblichen Unsterblichkeit: »(...) Nein, Tallhover hat nicht Schluß gemacht, hat nur die Seite gewechselt, war drüben gefragt. Das hat mein Biograph leider nicht glauben wollen, hat die im Westen gängige Freiheit fehleingeschätzt, hat mich ohne Ausweg gesehen, mir ne Todessehnsucht angedichtet, als könnte unsereins Schluß machen (...)« (*Feld*, 17)

Mit diesen Worten stellt Hoftaller als Tallhover die Option von Joachim Schädlich – hier »mein Biograph« genannt – in Frage, der seine Romanfigur in den Tod stürzen ließ (Vgl. Intertextualität). Natürlich unterscheidet sich Schädlichs Sichtweise von der Grass', die die Tallhover-Figur als Hoftaller auferstehen läßt. Der Autor Günter Grass und seine Figur scheinen den überzeitlichen Mythos des Spions einstimmig zu feiern:

»Für Hoftaller gab es keine Brüche und Nullpunkte, nur fließende Übergänge. Gerne sprach er im Plural: ›Wir sind dabei, neu zu orientieren...‹ Er sagte: ›Die Dienste finden sich wieder.‹ Und: ›Unser Konzept für operative Vorgänge beginnt zu greifen.‹ Alles ging weiter, wenn auch nicht mehr seinen sozialistischen Gang; und wie nach der Einheit Hoftallers Tätigkeit im Haus der Ministerien kein Ende fand, vielmehr neuen Aktivitäten folgte, die an dieses Gebäude gebunden waren, so blieb er Fonty und mit Fonty uns auf den Fersen, als nach dem Fest wieder der Alltag begann.« (*Feld*, 482)

Daß Hoftaller sich von daher mit jeder politischen Ordnung abfinden kann, liegt daran, wie er sich selbst und der Autor Grass ihn als zeit- und systemübergreifend präsentiert. Diese Symbolik der Anpassungsfähigkeit findet formal Ausdruck in der Übernahme eines neuen Berufs in der Nacheinheitszeit: Arbeit findet Hoftaller nämlich bei der Treuhand, deren Funktion den Sieg des Kapitalismus über die Sozialmarktwirtschaft der DDR nachweist:

»Vorerst litt Hoftallers Außendienst nicht unter Schlechtwetter: Herbstlich mild blieb es nach dem dritten Oktober; und Fontys Spaziergänge hielten sich in Grenzen, weil er wieder diensttauglich war. Sogleich nach der

Verkündigung der Einheit sah er sich von banalen Alltäglichkeiten gefordert. Zwar begann man, den Arbeiter- und Bauern-Staat nun offiziell Beitrittsgebiet zu nennen, doch im ehemaligen Haus der Ministerien blieb die Arbeitskraft Theo Wuttkes in allen Räumen und Korridoren des vielgeschossigen Gebäudes gefragt (…)« (*Feld*, 484)

Es drängt sich die Frage auf, ob über Hoftaller und auch Fonty hinaus das Bild des Deutschen als eines Menschen dargestellt wird, der sich an alle politischen Systeme anpassen kann. Eine solche These wird plausibler, zumal Hoftaller und Fonty nach der Einheit Deutschlands neue Aufgaben zukommen. Hoftaller ist zuständig für den Außendienst, während Fonty als Chef der neuen Personalabteilung bestätigt wird. Beide Protagonisten stehen im Dienst der Treuhandgesellschaft und verdienen ein Fixum von 2000 DM pro Monat, was der Spion Hoftaller äußerst befriedigend findet. Seine Freude versucht er Fonty einzupflanzen:

»Kann man nicht nein sagen, Wuttke. Ist doch ne Sache. Wird selbstverständlich nach westlichem Tarif bezahlt. Demnächst sind wir Bundesbehörde und nur dem Finanzministerium unterstellt. Da guckt dann keiner mehr durch. Nur wir, Wuttke, nur wir. Außerdem bleibt Freizeit genug.« (*Feld*, 486)

Hoftallers Dekadenz beginnt eigenartigerweise in der Phase des Wendeprozesses, wo er mit der neuen politischen Ordnung umzugehen scheint. Auf die Einheit Deutschlands folgt nämlich bei der Figur eine Depressionsphase, die sie zur Migration zwingt.

Alles fängt unerwartet mit einem dieser zahlreichen Spaziergänge in Berlin an, die Hoftaller und Fonty regelmäßig in der Stadt unternehmen. Diesmal entscheiden sie sich für einen Ort, der Geschichte in der Spionage zwischen der DDR und der BRD geschrieben hat. Hoftaller und Fonty gehen zur »Glienicker Brücke, um Agentenaustausch zu spielen« (*Feld*, 490), wie einst zwischen der DDR und der BRD praktiziert wurde. Am Ende der Inszenierung kommt Hoftaller unerwartet darauf, seine eigene Natur zu hinterfragen und sich bei Fonty zu bedanken, mit dem er gespielt hat:

»(…) Ahnen ja nicht, wie deprimiert ich… Kam mir überflüssig… Gab nur noch ne traurige Figur ab… Hat mir gutgetan, dieses alberne Spielchen… Weiß jetzt wieder, was ich mal gewußt, dann vergessen hatte… Na, wie glatt das geht, Systemwechsel… Man bleibt, wer man ist… Auf beiden Seiten der Brücke… Danke, Fonty.« (*Feld*, 493)

Mit diesen Worten kommt dem Protagonisten Hoftaller ein neuer Gedanke zu: Obwohl Hoftaller einen materiellen Gewinn von der Einheit zieht, wird er sich plötzlich seiner Unveränderbarkeit bewußt, die in Unbehagen mündet. Nachdem er das neu herrschende politische System im vereinten Deutschland unterstützt hat, zweifelt Hoftaller an seiner eigenen Rolle als Spion. Der Wir-Erzähler geht auf den depressiven Seelenzustand Hoftallers ein , der fast an Selbstblamage grenzt:

»Noch nie hatten wir Hoftaller so sinnentleert und seines Dienstes überdrüssig erlebt. Plötzlich jammerte er über alles: den Undank, die ständige Mißachtung, den schlechten Ruf, die vergebliche Mühe. Seine eigene, nur bescheidene Rolle und das ihm vorgeschriebene Randdasein waren ihm nichtsnutz geworden. Überhaupt zweifelte er am Sinn der auf Staatssicherheit spezialisierten Dienste: ›Ist ne Fiktion, das Ganze!‹« (*Feld*, 483)

Hoftaller, die Inkarnation der ewigen Spionage in *Ein weites Feld* verrät damit die plötzliche Krise, die er erleidet. Sein Absturz konkretisiert sich in einer Flucht vor dem vereinten Deutschland . Hoftaller ist erschöpft, er scheint seines Berufes müde geworden zu sein. Nach dem Verschwinden Fontys, der zu seinen Vorfahren in Frankreich gegangen ist, besucht Hoftaller seinerseits das Archiv und will sich abmelden:

»Hoftaller schien aus dem Lot. Plötzlich schrie er, daß es im Innenhof hallte: aber ich will nicht mehr, will nicht mehr… Immer nur Außendienst, Außendienst… Bin schon abgemeldet, abgemeldet… Werde ganz woanders, woanders…« (*Feld*, 760)

Hoftaller behauptet auch, er habe sich schon von Fonty verabschiedet: »Jeder ging in andere Richtung;« (*Feld*, 778) Hoftallers Arbeitstelle schließt: »Den Außendienst hatten wir aufgegeben.« (*Feld*, 779) Eine Welt scheint hier zusammenzubrechen, und das markiert zugleich das Ende einer Ära.

2.3.3.2. »Wie lebt man mit soviel Größe?«[130]: Die Angst vor einem neuen deutschen Machtwillen

Fonty und Hoftaller stehen »inmitten der Masse, die sich vorm offenen Tor staute.« Es ist die Zeit »um das Silvesterfest ums Brandenburger Tor. Als planloser Eigensinn herrschte, und jeder rief, was ihm einfiel« (*Feld*, 62), wollte Fonty weg wegen der »Aufläufe, die partout Ereignis sein wollen.« Er erinnert sich daran, wie er schon »siebzig-einundsiebzig, als man hier sieg-

130 Das Zitat entnehme ich dem Roman *Ein weites Feld*: »(…)Wohin damit? Was fangen wir mit uns an? Wie lebt man mit soviel Größe?« S. 460.

reich durchmarschierte, nicht hingucken wollte...« (*Feld*, 63) Hoftaller ruft ihm ins Gedächtnis, wie ihm »nach jedem gewonnenen Krieg, auch zu dieser Parade ein säbelrasselndes Gedicht eingefallen ist.« Diesmal aber, als Hunderte Deutsche auf das flache Dach des breitgelagerten Tores gestiegen waren«, will Fonty nichts mehr hören. Denn früher sei alles das Gleiche gewesen. Fonty wisse, wie siebzig-einundsiebzig »bloße Mache war, und alles zu falschem Anlaß« gewesen sei. Der Erfolg sei den Preußen zu Kopf gestiegen, denn »Siegen macht dumm! Wollten sich groß und größer plustern.« Für die deutsche Einheit werde auch diesmal nicht besser über den Leisten kommen. Fonty ist der Meinung, die »Treibels« seien schon da. Diese »machen als erste ihren Schnitt.« Diese entwickeln in Fontys Augen die Tendenz des Hohlen, Phrasenhaften, Lügnerischen, Hochmütigen, Hartherzigen des Bourgeoisstandpunktes. (*Feld*, 63) Trotzdem schlägt die Uhr zwölf in dieser Nacht, und die Menge rief wie losgelassen Wahnsinn! »Die Tollkühnen auf dem flachen Dach des Tores sprangen hoch, wollten höher, noch höher hinaus.« (*Feld*, 64) Die Menge singt die deutsche Nationalhymne Strophe für Strophe: »Ansteckend, mitreißend folgte es anfangs noch der zugelassenen dritten Strophe: › Einigkeit und Recht und Freiheit...‹, dann aber mußte es die verdammte erste, seit letztem Krieg verfemte Strophe ›Deutschland, Deutschland, über alles...‹ sein, die dem Volk den Weg ins neue Jahr zu weisen hatte. Da war von Einigkeit und Recht und Freiheit nur noch wenig zu hören; dünnstimmig gingen sie verloren.« (*Feld*, 64) Fonty beginnt auch mitzusingen: »Sein ›über alles in der Welt‹ war auf Siegers Seite.« (*Feld*, 64) Vom Ereignis gerührt, weint Hoftaller seinerseits: »Mit glänzend rundem Gesicht sah er wie ein weinendes Kind aus. Tränen kullerten über die Backen zum Kinn, perlten ab. Ein glückliches Weinen, das erst mit dem Singen sein Ende fand.« (*Feld*, 64) Kurz danach, »bevor die Massen verliefen«, entfernen sich Fonty und sein Tagundnachtschatten. Sie unternehmen weiter ihre Berliner Spaziergänge und gehen zur Arbeit. Im Haus der Ministerien, in dem Fonty als Aktenbote tätig ist, und Hoftaller beim Sicherheitsdienst arbeitet, lenken beide ihre Aufmerksamkeit auf das Portal des Hauses und dessen »veränderte Proportionen. Der Blick auf das Portal gebe Hoftaller eine »gewisse Festigkeit«, denn er wisse, wohin er gehöre, »in Zeiten wie gegenwärtig, die sowieso auf ne gewisse Haltlosigkeit hinauslaufen.« Auch in ihm steige »Dankbarkeit auf, wenn er sehe, wie das Portal größer, immer größer werde.« Hoftaller bittet Fonty darum, sich hier zu Hause, zumindest geborgen zu fühlen (*Feld*, 67), denn ein bißchen Demut könne nicht schaden. Fonty nimmt aber Hoftallers Vorschlag wegen dauernder Bedenken nicht an: »Fonty, den das Tausendjährige Reich immer noch kränkte, blieb schroff: ›Hielt nur zwölf Jahre, wirft aber einen kolossal langen Schatten.‹« (*Feld*, 67)

Fonty weiß darüber Bescheid, wie der Gebäudekomplex, der in der Otto-Grotewohl-Straße liegt, auch »zu Zeiten des Kaiserreiches, während der Weimarer Republik« in Betrieb war. Er habe sowohl »die auf drei Kriegen beruhende Einheit Deutschlands« als auch den Zweiten Weltkrieg überlebt:

»Ab 1935 ging der binnen Jahresfrist errichtete Großbau in die Geschichte ein. Im Taumel erster Siege wurde von hier aus die Lufthoheit verkündet. Als am Ende des Zweiten Weltkrieges das Regierungsviertel in Trümmern lag, blieb der Koloß, frei von sichtbaren Schäden, ›wie ausgespart‹ übrig. Welch ein Angebot in dürftiger Zeit!« (*Feld*, 68)

Im zweiten Stockwerk trifft Hoftaller Fonty, der »mit erneuter Aktenlast zustieg.« Das tägliche Paternostergespräch bleibt beim Treffen einseitig, denn nur Fonty redet von »seinem Brief an James Morris, einen englischen Freund«, wobei er unerwartet die Besetzung Indiens durch England in den Mittelpunkt rückt: »Die englische Herrschaft in Indien muß zusammenbrechen, und es ist ein Wunder, daß sie bis auf den heutigen Tag gehalten hat. Sie stürzt, nicht weil sie Fehler oder Verbrechen begangen hätte – all das bedeutet wenig in der Politik -, nein, sie stürzt, weil ihre Uhr abgelaufen ist...« (*Feld*, 192)

Für Rußland aber sei nach Fontys Ansicht keine Uhr abgelaufen. Vielmehr glaube er an dessen baldige Wiedergeburt:

»(...) Aber auch Rußland wird nur eine Episode sein..., um sogleich und nach geflissentlicher Aussparung Amerikas auf die Gegenwart und deren Abstürze zu kommen: ›Was wir hier als Fall der Mauer und Kollaps der Sowjetunion erleben, bedeutet nicht Ende; nein, ein sich auf sich selbst besinnendes, nationales, religiöses und dem uralt Überlieferten angepaßtes Leben wird schließlich triumphieren. Schrecklich und unerlaubt dumm, ich weiß. Aber dieser hier nur angedeutete Werdeprozeß vollzieht sich, wohin man blickt, in der ganzen Welt.‹« (*Feld*, 193)

Hoftaller, der sich bisher zurückhält, kommt endlich zu Wort, als beide »den Paternoster im ersten Stockwerk verlassen.« Er rät Fonty, »sich nicht zu erhitzen«, weil »die Welt ja einigermaßen noch halte.« Das sei aber kein Grund zur Nachlässigkeit: »(...) Damit ist nicht zu spaßen. Aufpassen sollten wir, höllisch aufpassen! Habe übrigens ne ähnliche Meinung, was den neuesten Groß- , Klein- und Kleinstnationalismus betrifft. Doch wollen wir dabei Amerika nicht vergessen. Und eines Tages wird China...« (*Feld*, 193)

Man beginnt nach der Einheit damit, »den Arbeiter- und Bauern-Staat nun offiziell Beitrittsgebiet zu nennen.« (*Feld*, 484) Einige Zeit danach, auf einer Uferpromenade an der Oder formuliert Hoftaller den Wunsch, daß keine Grenze nach der Wiedervereinigung Deutschlands in Frage gestellt wird; in diesem Rahmen erklärt er die deutsch-polnische Grenze für definitiv: »›Wer Frankfurt an der Oder hat, hat Berlin!‹ rief er, um nochmals die Endgültigkeit der Grenze mit Polen zu besiegeln: ›Tatsache! Da rüttelt keiner mehr dran!‹« (*Feld*, 500) Ironischerweise fügt Hoftaller hinzu:

»Keine Grenze hält ewig. Vorgestern noch war alles dicht: Mauer, Friedenswall, Eiserner Vorhang, Minen, Stacheldraht, Todesstreifen... Und heute? Alles fließt. Nichts ist mehr sicher. Schon brauchen wir weder Visum noch Paß, um rüberzukommen, friedlich natürlich. Passen Sie auf: Sogar die Dienste werden noch gesamteuropäisch. Muß man locker sehen, das Ganze. Grenzen halten nur auf.« (F, 500)

Hoftaller warnt das wiedervereinigte Deutschland vor einem Anspruch auf Vergrößerung. Deshalb wendet er sich an Fonty: »Dann wies auch er mit allerdings kurzem Finger in Richtung Osten: ›Trotzdem, muß überschaubar bleiben. Diese Weite müssen wir abschirmen, das heißt sichern, bevor der große Ansturm kommt. Sehe Polen als ne Art Grenzmark oder, besser, als vorgeschobenes Bollwerk, denn was von da hinten auf uns zukommt, Wuttke, ist ne echte Herausforderung. Der Osten ist weit!‹« (*Feld*, 500)

Fonty stimmt seinem Tagundnachtschatten zu aus Angst vor ehemaligen furchtbaren Erfahrungen, die sich wiederholen könnten: »Dem Nationalen haftet immer etwas Enges an.« (*Feld*, 500) Präziser argumentiert er, indem er sich auf Vergangenes beruft: »In Deetz schlug man 1806 einen Franzosen tot, wie man einen Pfahl in die Erde schlägt oder mit noch viel weniger Grund. Und jetzt sind es Polen und Vietnamesen, die man, je nach Belieben, zu Tode prügelt. Kenne doch meine Deetzer; in Deutschland ändert sich nichts...« (*Feld*, 500)

Fonty wird inzwischen von der Treuhand entlassen. Sein Brieffreund nimmt sich das Leben, und der Treuhandchef wird ermordet. Bitter schreibt er an seine Enkeltochter, die ein paar Wochen nach der deutschen Einheit nach Frankreich zurückgegangen ist:

»(...) Ich muß raus, weg, weit weg! Mir geht es wie weiland dem Brieffreund Friedlaender, dem ein ehrengerichtliches Verfahren – dämliche Offiziersgeschichte, doch nicht mit der Affäre Dreyfus zu vergleichen – den Atem eng gemacht hat; natürlich spielte, daß er Jude war (ein seit dem Feldzug in Frankreich mit dem Eisernen Kreuz dekorierter), eine gewisse Rolle.

Womit ich bei Professor Freundlich bin: Er ist tot. Ach, Kind, um mich ist es leer geworden. Ihn hat hier nichts mehr halten können; und auch meine Wenigkeit befindet sich auf dem Sprung. Alles sagt mir: Nichts wie raus aus dem Land, in dem für alle Zeit Buchenwald nahe Weimar liegt, das nicht mehr meines ist oder sein darf, in dem mich zu wenig hält. Schon die alte Frau von Wangenheim hat das furchtbar richtig gesehen, als sie mit ihrem allerkatholischsten Gesicht sagte: ›Preußen-Deutschland birgt keine Verheißung!‹« (*Feld*, 671)

Wie sich der Machtwille manifestiert und wie die damit verbundene Angst vor einem neuen deutschen Nationalismus und dessen Folgen reflektiert werden, wird herausgearbeitet.

Fonty und Hoftaller bleiben der These treu, die bisher im Romanverlauf formuliert wird: Immer wieder malen sie den Wendeprozeß in schwarzen Farben. Ihre Einstellung kreist immer um Vergangenes und Gegenwärtiges, um daraus pessimistische Perspektiven abzuleiten. Der gewonnene Krieg Preußens gegen Frankreich betont noch einmal vor allem das Selbstquälerische. Damals wollte sich Fonty »siebzig-einundsiebzig« die Siegesparade nicht anschauen, obwohl er bei jedem Sieg »ein säbelrasselndes Gedicht« in Worte gefaßt hat. Diesmal ist Fonty von dem »planlosen Eigensinn« nicht begeistert, der bei der Öffnung des »breitgelagerten Tores« bzw. des Brandenburger Tores stattfindet. Daß Fonty auf das Ereignis nicht enthusiastisch reagiert, bezieht sich auf die verkehrte psychologische Dimension, die der Sieg über Frankreich annimmt. Dieser Sieg sei 1870/71 den Preußen zu Kopf gestiegen. Das sei »bloße Mache«; und alles sei »zu falschem Anlaß gewesen.« Von daher weiß Fonty: »Siegen macht dumm.« Obwohl die deutsche Wende und die daraus entstandene Einheit keinen kriegerischen Sieg darstellt, würde sie »auch diesmal nicht besser über den Leisten kommen.« (*Feld*, 63) Zwar vergleicht indirekt Fonty den preußischen Militarismus mit den »Treibels«, die den Topos des Hohlen, Phrasenhaften, Lügnerischen, Hartherzigen, des Bourgeoisstandpunktes (*Feld*, 63) auf den Tisch legen. Der leitmotivische Charakter solcher Bedenken, die den deutschen Militarismus ausgräbt, erscheint jedoch nicht innovativ (Vgl. zur historischen Bedeutung der Fonty/Hoftaller-Konstellation). Das Novum liegt darin, daß »die verdammte erste, seit letztem Krieg verfemte Strophe« der deutschen Nationalhymne ›Deutschland, Deutschland über alles...‹« von Fonty betont wird: »Sein ›über alles in der Welt‹ war auf Siegers Seite.« (*Feld*, 64) Deutlich kommt bei Fonty der absichtliche Machtwille der Deutschen zur Sprache, wobei er die »verdammte Strophe« evoziert und der fairen »Einigkeit und Recht und

Freiheit« wenig Beachtung beimißt. Die deutsche Einheit würde in aller Klarheit diese übertriebene Dominanz hervorrufen, die im Dritten Reich Ausdruck in der »Lebensraum-Politik« fand. Denkt man daran, welche Folgen die Politik des »Lebensraums« verursachte, dann malt Fonty in indirekter Linie die deutsche Einheit als neuen Ausdruck des deutschen Machtwillens, der sich in topographischen Ansprüchen niederschlagen würde. In diesem Rahmen warnt Hoftaller vor einer Infragestellung der Grenze zu Polen; Hoftaller liegt am Herzen, »diese Weite zu sichern, bevor der große Ansturm kommt.« Das von ihm gebrauchte Personalpronomen »wir« – diese Weite müssen wir sichern - läßt sich wie ein Appell an alle Deutschen auffassen. Da der Zweite Weltkrieg als unmittelbare Folge des Angriffs der Hitlertruppen auf Polen am 1. September 1939 ausbrach, bekommt Hoftallers Anliegen eine besondere Signifikanz. Fonty gibt sich seinerseits aber keinen Illusionen hin, denn »in Deutschland ändert sich nichts.« Jetzt wird diese Unveränderbarkeit Deutschlands durch das Bild eines Landes der Gegensätze belegt, in dem »Buchenwald nahe Weimar liegt.« Das Konzentrationslager Buchenwald erinnert an die Bestialität des Dritten Reiches, der Weimar als Kulturstadt gegenübersteht. Von neuem kommt eine Dämonisierung der deutschen Einheit bei Fonty zur Entfaltung, indem er das Ereignis mit dem »Tausendjährigen Reich« gleichstellt, das »nur zwölf Jahre hielt, aber einen kolossal langen Schatten wirft.« Die Dramatik trägt auch Züge der Ironie der Geschichte, zumal das Hitlerreich zur Spaltung Deutschlands geführt hatte. Hier wird auf den Teufelscharakter der deutschen Geschichte hingewiesen, der in *Ein weites Feld* zum Dogma erhoben wird. Alle nationalistisch gefärbten Konnotate, die aus der Lebensraum-Ideologie des Dritten Reiches hervorgehen, überschatten damit die deutsche Einheit. Das gilt zum Beispiel für die Ausländerfeindlichkeit, die Fonty im vereinten Deutschland für ein brennendes Thema hält. Wenn der Antisemitismus im Hitlerreich seinen Adelsbrief erwarb, keimt der Fremdenhaß auf deutschem Boden akuter wieder auf: »Und jetzt sind es Polen und Vietnamesen, die man, je nach Belieben, zu Tode prügelt.« (*Feld*, 500) Fonty selbst will diesem Antisemitismus zum Opfer gefallen sein. Mit »Gebrüll und Bierdunst« hätten die ›Skins‹ ihn angegriffen: ›Juden raus‹, obwohl er »märkischer« aussehe. Doch hebt Fonty seinen »Wanderstock, kramte ein wenig Mut und mein Etappenfranzösisch zusammen – ›Allez, mes enfants!‹, dann deutlicher: ›Imbéciles!‹ – und weg waren sie.« (*Feld*, 672) Fontys Absicht ist es stets, die Nacheinheitsszene zu verteufeln. Dafür legt er auch Wert darauf, Übertriebenes und Unwahrscheinliches einzuschalten. Diese Szene mag in eine solche Strategie des Desavouierens eingestuft werden. Denn daß der siebzigjährige Fonty nur mit einem Wanderstock vier ›Skins‹ zur Flucht bezwingt, grenzt ans Irreale, dem auch in der Romanlandschaft viel Bedeutung beigemessen wird. (Vgl. 2.3.2.2. Das Phantastische) Es geht nicht darum, die Wirklichkeit widerzuspiegeln, sondern sie zu karikieren und damit die Wende und die damit verbundene deutsche Einheit ins Lächerliche zu ziehen. Die Darstellung distanziert sich von dem, was sich in der Realität ereignet. Jeder Bezug auf die Fakten ist ein Versuch der Demontage. (Vgl. 2.3.2.1. Intertextualität) Dies drückt sich in der Groteske aus, mit der die Szenen vorgestellt werden. Die Ironie und das Irreale haben zum Ziel, alles zu übersteigern, um auf diese Weise die verkehrte Seite der Ereignisse zu betonen. Das bagatellisiert aber das rechtsextremistische Problem nicht, das in der deutschen Einheitsszene mehrmals zu politischen Stellungnahmen[131] führen konnte.

Dem sich verändernden Heimatland gegenüber, »das nicht mehr Fontys ist oder sein darf«, zeigt sich Fonty skeptisch; er entscheidet sich für das Exil in Frankreich. In einem imaginären Brief an seine Enkeltochter Madeleine Aubron, die inzwischen nach Frankreich zurückgekehrt ist, geht Fonty gegen das vereinte Deutschland hart vor. Schon zu Beginn seines Schreibens trifft er seinen Entschluß: »Ich muß raus, weg, weit weg.« Der Rest des Briefs versucht es dann, die Entscheidung zu begründen. Er führt darin Belege vor. Fonty trauert um den toten Freund Freundlich, der Jude ist und keine Stelle an den Universitäten findet: zum einen wegen seines angeblichen Judentums, zum anderen der Evaluierung wegen. Aus diesem Grund begeht Prof. Dr. Freundlich Selbstmord. Für Fonty ist dieser Tod zuviel. Um ihn herum sei es leer geworden. Darüber hinaus weiß er von seinem Erfahrungsraum, daß Preußen-Deutschland keine Verheißung berge. Fonty verläßt das vereinigte Deutschland, ohne eine Therapie vorzuschlagen. Es bleibt zu fragen, ob die Konstruktion hier über die wohlbekannten Gemeinplätze der historischen Dokumentation sowie der Publizistik hinausgeht.[132] Denn das, was

131 Der Rechtsextremismus erregte so viel Besorgnis, daß die Idee im Bundestag diskutiert wurde, ob man nicht einfach die NDP verbieten könnte. SPD-Ministerpräsident Sigmar Gabriel in Hannover und Bayerns CSU-Ministerpräsident Edmund Stoiber zeigen sich in diesem Einsatz dezidiert. Es geht aber um einen langen Prozeß, so der Bundesgerichtshof in Karlsruhe, der den Fall prüft. Endlich scheiterte das Verfahren.

132 In der im Bundestag am 21. Juni abgegebenen Regierungserklärung plädiert Kanzler Kohl für eine unbeschränkte Zustimmung des Einheitsvertrags von seiten der Abgeordneten; er äußert sich auch nachdrücklich über den definitiven Charakter der deutsch-polnischen Grenze: »(...) Ein Deutschland, das sich in Freiheit vereinigt, wird niemals eine Be-

hier dargeboten wird, wird nicht in Grenzen des Differenzierten gehalten. Zwar ist bekannt, wie das Dritte Reich mit seiner Lebensraum-Ideologie die Katastrophe des Zweiten Weltkrieges herbeigeführt hat. Zwar herrschte im Hitlerreich der Antisemitismus. Daß aber versucht wird, jene Affinität zwischen Machtmißbrauch und dessen Folgen im »Tausendjährigen Reich« und der deutschen Nacheinheitsbühne herzustellen, trägt Züge des Plakativen. Daß das wiedervereinigte Deutschland beispielsweise keine Gebietsansprüche mehr haben durfte, dokumentieren in aller Deutlichkeit die Regierungser-

drohung, dafür um so mehr ein Gewinn für Europa und alle unsere Partner sein. Von deutschem Boden werden Frieden und Freiheit ausgehen! Gerade auch in unserem Verhältnis zu unseren Nachbarn im Osten – vor allem zu Polen und zur Sowjetunion – wollen wir dies deutlich machen. Zusammen mit dem polnischen Volk müssen wir uns – im wachen Bewusstsein für die Belastungen der Vergangenheit – der großen Aufgabe stellen, für die junge Generation unserer beiden Völker eine Zukunft in Frieden und gemeinsamer Freiheit zu gestalten. Das polnische Volk soll wissen: Ein freies und vereintes Deutschland will Polen ein guter Nachbar, ein zuverlässiger Partner auf dem ›Weg nach Europa‹ sein. Dazu gehört, daß Grenzen nicht in Zweifel gezogen und nicht verschoben werden. Nur wenn sie unumstritten sind, verlieren sie ihren trennenden Charakter. Wir wollen Grenzen einen neuen, einen zukunftsweisenden Charakter verleihen – nicht den der Trennung, sondern den der offenen Wege und der Begegnung in Freiheit. Der Deutsche Bundestag richtet heute – gemeinsam mit der Volkskammer der DDR – eine unmißverständliche Botschaft an Polen: Die Grenze Polens zu Deutschland, so wie sie heute verläuft, ist endgültig.« (Regierungserklärung, abgegeben von Bundeskanzler Dr. Helmut Kohl am 21. Juni 1990 im Deutschen Bundestag zur zweiten und dritten Beratung des Vertrags vom 18. Mai 1990 über die Schaffung einer Währungs-, Wirtschafts- und Sozialunion zwischen der Bundesrepublik Deutschland und der Deutschen Demokratischen Republik, zu den äußeren Aspekten der deutschen Einheit und zu den deutsch-polnischen Beziehungen. In: *Die Vereinigung Deutschlands im Jahr 1990. Eine Dokumentation.* Herausgeber: Presse- und Informationsamt der Bundesregierung, Bonn, Welckerstraße 11, April 1991, S. 50.

133 Entschließung des Deutschen Bundestags vom 21. Juni 1990 zur deutsch-polnischen Grenze: »Der Deutsche Bundestag verabschiedete am 21. Juni 1990, am Vortag der zweiten Zwei-plus-Vier-Gesprächsrunde zwischen den Außenministern der Vier Mächte (USA, Großbritannien, Frankreich, UdSSR) und den beiden deutschen Außenministern in Ostberlin, auf Antrag aller Bundesfraktionen die im folgenden wiedergegebene Entschließung zur deutsch-polnischen Grenze. Eine gleichlautende Erklärung wurde von der Volkskammer der DDR am selben Tag abgegeben.
Der Deutsche Bundestag
– Im Bewußtsein seiner Verantwortung vor der deutschen und europäischen Geschichte,
– fest entschlossen, dazu beizutragen, die Einheit und Freiheit Deutschlands zu vollenden, damit Deutschland als gleichberechtigtes Glied in einem vereinten Europa des Rechts und der Menschenrechte dem Frieden und der Freiheit der Welt dienen wird, in dem Bestreben, durch die deutsche Einheit einen Beitrag zum Aufbau einer Europäischen Friedensordnung zu leisten, in der Grenzen nicht mehr trennen und die allen europäischen Völkern ein vertrauensvolles Zusammenleben und umfassende Zusammenarbeit zum Wohle aller sowie dauerhaften Frieden, Freiheit und Stabilität gewährleistet,
– im Bewußtsein, daß dem polnischen Volk durch Verbrechen, die von Deutschen und im

klärung, die Kanzler Kohl im Bundestag am 21. Juni 1990 abgab, und die Entschließung[133] des Deutschen Bundestags am selben Tag zur deutsch-polnischen Grenze. Insistiert Hoftaller auf der Sicherung der deutsch-polnischen Grenze, wobei er sich an alle Deutschen durch ein kollektives »wir« wendet, scheint es doch, als verlöre er die verschiedenen Etappen auf dem Weg zur deutschen Einheit aus den Augen. Geht man Hoftallers Anliegen auf den Grund, so stellt sich heraus, daß seine Bedenken eher auf der Glaubwürdigkeit Deutschlands und der Deutschen überhaupt als auf der juristi-

deutschen Namen begangen worden sind, schreckliches Leid zugefügt worden ist,
– im Bewußtsein, daß Millionen von Deutschen, die aus ihrer angestammten Heimat vertrieben wurden, großes Unrecht geschehen ist,
– in dem Wunsche, daß im Gedenken an die tragischen und schmerzlichen Seiten der Geschichte auch ein vereintes Deutschland und die Republik Polen die Politik der Verständigung und Versöhnung zwischen Deutschen und Polen konsequent fortsetzen, ihre Beziehungen im Blick auf die Zukunft gestalten und damit ein Beispiel für gute Nachbarschaft geben,
– in der Überzeugung, daß dem Engagement der jungen Generation bei der Aussöhnung beider Völker besondere Bedeutung zukommt,
– in der Erwartung, daß die frei gewählte Volkskammer der DDR gleichzeitig eine gleichlautende Erklärung abgibt,
gibt seinem Willen Ausdruck, daß der Verlauf der Grenze zwischen dem vereinten Deutschland und der Republik Polen durch einen völkerrechtlichen Vertrag endgültig wie folgt bekräftigt wird: Der Verlauf der Grenze zwischen dem vereinten Deutschland und der Republik Polen bestimmt sich nach dem »Abkommen zwischen der Deutschen Demokratischen Republik und der Republik Polen über die Markierung der festgelegten und bestehenden deutsch-polnischen Staatsgrenze“ vom 6. Juli 1950 und den zu seiner Durchführung und Ergänzung geschlossenen Vereinbarungen (Vertrag zwischen der Deutschen Demokratischen Republik und der Volksrepublik Polen über die Abgrenzung der Seegebiete in der Oderbucht vom 22. Mai 1989; Akt über die Ausführung der Markierung der Staatsgrenze zwischen Deutschland und Polen vom 27. Januar 1951) sowie dem »Vertrag zwischen der Bundesrepublik Deutschland und der Volksrepublik Polen über die Grundlagen der Normalisierung ihrer gegenseitigen Beziehungen« vom 7. Dezember 1970.
– Beide Seiten bekräftigen die Unverletzlichkeit der zwischen ihnen bestehenden Grenze jetzt und in der Zukunft und verpflichten sich gegenseitig zur uneingeschränkten Achtung ihrer Souveränität und territorialen Integrität.
– Beide Seiten erklären, daß sie gegeneinander keine Gebietsansprüche haben und solche auch in Zukunft nicht erheben werden.
– Die Bundesregierung wird aufgefordert, diese Entschließung der Republik Polen förmlich als Ausdruck auch ihres Willens mitzuteilen“. (*Die Vereinigung Deutschlands im Jahr 1990. Eine Dokumentation*, S. 63).
Die oben zitierte Entschließung »wurde von allen Fraktionen – CDU/CSU, F.D.P., SPD, Die Grünen – beantragt. An der namentlichen Abstimmung nahmen 505 von insgesamt 519 Abgeordneten teil. Die Entschließung wurde mit 487 Stimmen angenommen. Fünfzehn Abgeordnete sprachen sich gegen die Entschließung aus, drei enthielten sich. Die am 18. März 1990 frei gewählte Volkskammer der DDR gab am 21. Juni 1990 eine gleichlautende Erklärung ab«.(*Die Vereinigung Deutschlands im Jahr 1990. Eine Dokumentation*, S. 63.)

schen Regelung der Oder-Neiße-Linie beruhen. Außerdem stellt sich die Frage, ob die errichteten Konzentrationslager, in denen fast 6 Millionen Juden ums Leben kamen, mit den Schändungen jüdischer Friedhöfe und Synagogen der heutigen Einheitsszene gleichzusetzen sind. Fonty, der Geschichtsskeptiker, übt auch Kritik am deutschen Nationalismus.

2.3.3.3. Nationalismus ohne Nation? Zum Streit zwischen Fonty und seiner Enkeltochter Madeleine Aubron um den Begriff Nation

Fonty und seine Enkeltochter Madeleine Aubron besuchen das Fontane-Archiv. Das geschieht »an einem der letzten Septembertage.« Die Besucher und die Archivmitarbeiter werden im Rahmen eines Spiels dazu aufgefordert, Zitate vorzuführen. Plötzlich verletzt Fonty die Spielregeln, indem er von Deutschland spricht: »Aber die Deutschen – wenn sich irgendwas auftut – zerfallen immer gleich wieder in zwei Teile.« (*Feld*, 460) Unerwartet wird damit das Thema Einheit ins Spiel eingeführt: »Und schon waren wir beim Thema. Es ging um das größer werdende Vaterland, also um jenes hübsche Geschenk, das uns gemacht worden war, sich aber bald als unpraktisch und sperrig erweisen sollte: Wohin damit? Was fangen wir mit uns an? Wie lebt man mit soviel Größe?« (*Feld*, 460)

Ein großer Streit bricht aus, wobei der Gegensatz zwischen Großvater und Enkeltochter deutlich wird. Der Disput zwischen Madeleine Aubron und Fonty bezieht sich auf den Begriff Nation. Für die Enkeltochter wird das vereinte Deutschland eine Nation bilden; »Und damit basta!« Fonty vertritt aber eine völlig andere Meinung: »Fonty war als erklärter Feind des ›ledernen Borussentums‹ dennoch Preuße genug, um jegliche Einheit kleinteilig aufzulösen und dem Begriff Nation, den er als bloße Chimäre abtat, eine ordentliche und möglichst von der Vernunft bestimmte Verfassung vorzuziehen: ›Zweifelsohne fehlt uns eine Konstitution, die nicht nur dem Westen paßt.‹« (*Feld*, 460) In diesem Punkt treffen beide aufeinander: Madeleine Aubron »wirft den Deutschen selbstquälerische Verrücktheit, Fonty den Franzosen selbstgerechten Chauvinismus vor. Rief sie: ›Vive la France!‹ gab er ›Hoch lebe Brandenburg!‹ zurück«.

Der Kollektiv-Erzähler, dem »der Anschluß« bevorsteht, schweigt. Der Streit zwischen Aubron und ihrem Großvater findet keine Lösung; die Enkeltochter greift ihre Muttersprache auf, Fonty spricht ein »kümmerliches Etappenfranzösisch«. Die Mitarbeiter des Fontane-Archivs entscheiden sich ihrerseits für Russisch, das »im Arbeiter- und Bauern-Staat für alle Schüler obligat gewesen war: mit unserem verordneten Russisch, dessen Schönheit wir nicht verleugnen wollen. Nach schnell überwundener Hemmung wagten wir den Versuch. Einer verstand es, auswendig Puschkin nach Originaltext zu zitieren. Nun steuerte jeder, der eine Turgenjew, der andere Tschechow, ich Majakowski aus dem Stegreif bei. Eine unserer Damen war des Polnischen mächtig und bot ein Gedicht von Tadeusz Rózewicz, die andere Kollegin hatte aus abgebrochenem Studium sogar ein wenig Chinesisch – sie sagte ›Mandarin‹ – aufbewahrt und deklamierte ein kurzes Poem des großen Vorsitzenden Mao. Der Archivleiter behalf sich mit Latein: Ovid oder Horaz.« (*Feld*, 460f.)

Die Diskussion führt zu keinem Konsens: »Schließlich gelang es, den Streit um Einheit und Nation vielsprachig zu begraben. Bald lachten alle, am Ende auch Großvater und Enkeltochter, nun wieder auf deutsch.« (*Feld*, 461)

Inwiefern der Madeleine/Fonty-Streit um den Begriff Nation die deutsch-französische Differenz zum Konzept Nation illustriert, soll im folgenden im Mittelpunkt stehen.

Fonty versucht wie immer, seine These historisch zu belegen. Auf seine historische Erfahrung gestützt, argumentiert Fonty, die Deutschen seien zur Nation nicht fähig. Jedes Angebot führe immer zur Spaltung. »Aber die Deutschen – wenn sich irgendwas auftut – zerfallen immer gleich wieder in zwei Teile.« (*Feld*, 460) Diese These wird von Fonty zum Anlaß genommen, um den »unpraktischen Charakter« »des größer werdenden Vaterlands« zu betonen. Außerdem wird die Wiedervereinigung Deutschlands als »ein schönes Geschenk« präsentiert. Mit Ironie wird versucht, die Rolle der Siegermächte des Zweiten Weltkriegs in der ganzen Konstellation für entscheidend zu halten bzw. aufzuwerten. Das bezweckt eine Doppelstrategie: zum einen wird die Idee von neuem vertreten, die Wende sei das Werk der ostdeutschen Geheimdienste und anderer Supermächte und nicht das der Bürger in der DDR. Zum zweiten wird in indirekter Linie die Einheitspolitik »der regierenden Masse« in Bonn als wertlos wahrgenommen. Beim Kollektiv-Erzähler geht es damit vor allem um ein Generalisieren des Schikanierens, das tatsächlich auf besorgniserregenden Fragen basiert (»Wohin damit? Was fangen wir mit uns an? Wie lebt man mit soviel Größe?«), die Auskunft darüber geben, wieviel Unsicherheit der Einheitsprozeß mit sich bringt. Es sind drei Fragen, die eigentlich kein Novum hier darstellen, die aber die ganze Problematik des Romans, d.h. die Frage des Bedenkentragens zur deutschen Vereinigung, akzentuieren. Darüber hinaus ist innovativ zu wissen, ob »soviel

Größe« eine Nation bildet. Um diesen Streitpunkt kreist die unerwartet scharfe Polemik zwischen Madeleine Aubron und Fonty. Dem Streit wird Brisanz verliehen, zumal Aubron und Fonty Frankreich und Deutschland im Romanfluß vertreten. Damit werden zwei völlig von der Geschichte geprägte Bestimmungen des Begriffs Nation in die Diskussion eingeschaltet. Madeleine Aubron setzt problemlos Einheit und Nation in Korrelation; sie beruft sich dabei auf ihre Erfahrung als Französin, die den 14. Juli als Nationalfeiertag hat. Denkt man daran, daß der 14. Juli 1789 das Symbol der im Sturm auf die Bastille errungenen Demokratie darstellt, so überträgt Madeleine Aubron das französische Schema auf deutsche Verhältnisse. Aus Naivität wird vergessen, daß Deutschland bisher keinen Nationalfeiertag im französischen Sinne hat, sondern nur den Sedanstag und den 17. Juni zelebrierte. Ersterer erinnert an den Sieg über Frankreich; letzterer evoziert den Volksaufstand in der ehemaligen DDR. Eine solche These untermauert auch Marie-Claire Hoock-Demarle in ihrer Rezension zu *Ein weites Feld* :

«(...) Pour la jeune Madeleine, la réunification est chose acquise, une normalité dans l'histoire allemande, et les festivités du 3 octobre qui mettent dans une triste colère Wuttke/Fonty s'assimilent, aux yeux de Madeleine, à celles du 14 juillet. Ignorant, en bonne Française, que l'Allemagne n'a connu d'autres célébrations officielles que le jour de la victoire de Sedan et le 17 juin, elle se réjouit de voir enfin l'Allemagne accéder dans son unité retrouvée à cette chose normale à toute nation bien constituée, un *Feiertag*, une Fête nationale: ‹Pour ce qui est de l'unité allemande, je ne peux dire qu´une chose: dans la perspective française, elle apparaît comme un événement normal, peut-être pas vraiment souhaitable mais pourtant acceptable. Au contraire de Grand-père, qui est plein de réticences, moi je me réjouis de l'unification.›»[134]

Fonty bringt seinerseits eine Gegenthese ins Spiel: Ein Problem bei der deutschen Einheit sieht er darin, daß das Grundgesetz des vereinten Deutschlands aus keinem Grundkonsens hervorgeht. Ein Entwurf, der den beiderseitigen Willen treffen würde, nennt Fonty »eine ordentliche und möglichst von der Vernunft bestimmte Verfassung.« Leider kommt Fonty zur Feststellung, daß den Deutschen eine Konstitution, die nicht nur dem Westen passe, zweifelsohne fehle. Fonty stößt hiermit eine Debatte um die Notwendigkeit oder die Überflüssigkeit einer neuen Verfassung für das vereinte Deutsch-

134 Marie-Claire Hoock-Demarle, L'Allemagne, la France, toute une histoire ?: Günter Grass : Du *Tambour* au prix Nobel. In : Magazine littéraire, Nr. 381. Novembre 1999, P. 55.

land in den politischen und juristischen Kreisen in Deutschland an. In dieser Diskussion bezieht Fonty Stellung zugunsten eines neu definierten Grundgesetzes, das auch auf die ostdeutsche Besonderheit Rücksicht nehmen würde. Aus diesem Grund verfällt Fonty ins Provinzdenken, wobei er die Verbundenheit mit seinem Land Brandenburg trotzig proklamiert. Das gilt als Replik auf Aubrons Stolz, Französin zu sein, und auf ihre Fähigkeit, den Begriff Nation besser zu begreifen: Wenn Aubron ›Vive la France!‹ ruft, erwidert Fonty ›Hoch lebe Brandenburg!‹ Daraus geht hervor, der Begriff Nation sei im Fall von Deutschland eine »bloße Chimäre.« Fonty macht sich unmittelbar zum Sprachrohr einer These, die dem Autor Günter Grass selbst am Herzen lag. Die Idee einer »Konstitution, die nicht nur dem Westen paßt«, suggeriert eine konföderative Struktur, die Grass mehrmals formulierte. Darauf kommt er auch in dem Magazin *Der Spiegel* zu sprechen:

»(...) Mir ist gerade in diesen Tagen eine Rede eingefallen, die ich auf Einladung des Presseclubs Bonn Ende der sechziger Jahre oder Anfang der siebziger Jahre gehalten habe und die damals viel Widerspruch fand. Sie hieß: *Von der kommunizierenden Mehrzahl.* Und damals habe ich, mit anderen Worten als heute, ein Nebeneinander und Miteinander, DDR mit BRD, zu formulieren versucht. In den *Kopfgeburten* komme ich neben dem Thema Dritte Welt immer wieder auf das, was vor der eigenen Haustür liegt, zurück; in diesem Buch ist auch der Begriff der Kulturnation zum erstenmal vorformuliert.«[135]

Grass, der den deutschen Nationalismus bzw. »den deutschen Chauvinismus« nicht zu ertragen vermag, beruft sich auf deutsche Vergangenheit und schlägt vor, eine neue Staatsform zu entwickeln: »(...) Da hilft kein Rückblick auf das Deutsche Reich, sei es in den Grenzen von 1945, sei es in den Grenzen von 1937; das ist alles weg. Wir müssen uns neu definieren.« Auf Grass' Konzept der Konföderation komme ich weiter unten zurück. Wenn Günter Grass in aller Deutlichkeit die deutsche »Kulturnation« vorzieht, die die »kommunizierende Mehrzahl« ermöglicht, findet die Polemik zwischen Madeleine Aubron und Fonty keine plausible Lösung. Vielmehr wird an die aufgeworfene Frage durch eine Finte partiell herangegangen und das Problem somit verschoben. Wenn die Kontrahenten einen mehrsprachigen Disput einschalten, anstatt das Problem definitiv zu lösen, umgehen sie den

135 Viel Gefühl, wenig Bewußtsein. Der Schriftsteller Günter Grass über eine mögliche Wiedervereinigung Deutschlands. In: *Der Spiegel* 47/1989, S. 80.

schwierigen Charakter der Debatte über den Begriff Nation. Die aufgeworfene Frage bleibt am Ende nämlich unbeantwortet, wenn alle in Gelächter ausbrechen: »(...) Der Archivleiter behalf sich mit Latein: Ovid oder Horaz. Schließlich gelang es, den Streit um Einheit und Nation vielsprachig zu begraben. Bald lachten alle, am Ende auch Großvater und Enkeltochter, nun wieder auf deutsch.« (*Feld*, 461) Marie-Claire Hook-Demarle erklärt die unversöhnliche Differenz zwischen der trotzkistischen Studentin Madeleine Aubron und Fonty durch die Stilisierung eines Clichés. Die Jakobiner und die Trotzkisten hätten eine oberflächliche Wahrnehmung der deutschen Wirklichkeit, die sie ohne Bedenken mit der französischen gleichstellten. Aubron erklärt nämlich: »Ohne ein starkes Deutschland schläft Frankreich ein.« (*Feld*, 465) Fonty sei in ihren Augen ein hartnäckiger Vertreter des kleindeutschen Ideals, das 1848 zur Entfaltung kam:

«Entre le jacobinisme teinté de trotzkisme de la jeune étudiante francaise – ce qui représente un cliché assez courant dans la perception allemande de cette génération en France – et l'idéal *kleindeutsch* à la 1848 du brave Fonty, plus que jamais identifié à son idole Fontane, il n'ya pas de conciliation possible. Seul le jeu de la langue, exprimé à coup de citations de grands auteurs apaisera le débat sans le clore.»[136]

136 Marie-Claire Hoock-Demarle, L'Allemagne, la France, toute une histoire ? Günter Grass: Du *Tambour* au prix Nobel. In: Magazine littéraire, Nr. 381, Novembre 1999, p. 55.

2.3.4. Einheit oder Kolonisierung? Trauer um das »Abwickeln der DDR«

2.3.4.1. Treuhand oder, wenn »der Sieg über den Kommunismus den Kapitalismus tollwütig gemacht hat.»[137]

Im vereinten Deutschland kommt das Wort ›abwickeln‹ in Gebrauch. Es bezeichnet die Aufgabe, die die neu gegründete Treuhandgesellschaft leistet, denn: »Auf Verlangen des Runden Tisches sollte sie das Volkseigentum schätzen. Doch nun – und seitdem des Volkes Eigentum zur Chimäre erklärt war – sah sich die Treuhand vor neue Aufgaben gestellt.« (*Feld*, 484)

Fonty und Hoftaller, die bei der Treuhand arbeiten, helfen auch beim Abwickeln. Ersterer wird als Chef der Personalabteilung bestätigt; letzterer ist für den Außendienst zuständig. Hoftaller ist mit seiner neuen Lage zufrieden. Mit Gelassenheit wendet er sich an Fonty: »Kann man nicht nein sagen, Wuttke. Ist doch ne Sache. Wird selbständig nach westlichem Tarif bezahlt. Demnächst sind wir Bundesbehörde und nur dem Finanzministerium unterstellt. Da guckt dann keiner mehr durch. Nur wir, Wuttke, nur wir. Außerdem bleibt Freizeit genug.« (*Feld*, 486) Sehr schnell kommt Fonty zur Feststellung, die Treuhand habe viel zu tun, denn alles solle westlicher Optik genügen. Es handle sich um »einen Enthauptungsprozeß«, der viel Schmerz mit sich bringt. Die Treuhand fordere »Platz für dreitausend Arbeitskräfte«, man habe ihr das Ziel gesetzt, »in möglichst kurzer Zeit alles, was unter entwertetem Begriff nunmehr herrenlos sei, zu privatisieren.« Das Wort ›Privatisieren‹ ergebe sich aus der Tätigkeit des Abwickelns. Die ganze DDR, von Fonty »Beitrittsgebiet« genannt, solle »als Anschlußmasse« erfaßt werden. »Zwischen der Oder und der Elbe, der Ostsee und dem Erzgebirge« sei Altlast aufzulisten. Das sei eine Aufgabe für Giganten, »zumal dieses gesetzliche Muß allerorts und besonders dort, wo Industriebetriebe noch immer als volkseigen firmierten, radikale Schrumpfung« vorschreibe und einer Leitstelle bedürfe, von der aus der bis vor kurzem herrschende Zentralismus abzuwickeln sei. Fonty, der sich dessen bewußt ist, daß nichts mehr von dem »Beitrittsgebiet« übrigbleiben sollte, schreibt in seiner Eigenschaft als Berater: »Was weg muß, muß weg, doch hüten wir uns davor, Topfpflanzen, die

137 Zitiert nach *Ein weites Feld*, S. 674.

immerhin Mauer und Stacheldraht überlebt haben, brutal abzuwickeln.« (*Feld*, 487)

Trotz Fontys Warnung geht die Treuhand ihrer »Sanierungsaufgabe« erbarmungslos nach. Bald aber häufen sich Skandalfälle, so daß ihr Werk auf publizistische Kritik stößt:

»So war es. Das stand in allen Zeitungen. Die Treuhand lag unter Beschuß. Moloch oder Monstrum wurde sie genannt. Es hieß, sie privatisiere rücksichtslos, sei eine Kolonialbehörde, unterliege keiner parlamentarischen Kontrolle und lasse überall, besonders in den Außenstellen die Handschrift alter und neuer Seilschaften erkennen. Weil sich hier und dort westliche Immobilienhaie und östliche Wendehälse zusammengetan hatten, wurde höhnisch von ›gesamtdeutscher Kungelei‹ gesprochen. Was Halle betraf, fiel das Wort ›schwäbische Mafia‹. Selbst in behutsamen Kommentaren lispelten Fragesätze: Soll denn jegliche Konkurrenz abgewürgt werden? Wird etwa die Devise ›Bereichert Euch!‹ des Liberalismus neuester Modeschrei sein? Wann endlich erwägt der Chef der Treuhand seinen längst fälligen Rücktritt?« (*Feld*, 610f.)

Jedoch tritt der Chef der Treuhand nicht zurück. Auf Fonty, der zu ihm freundliche Beziehungen pflegt, wirkt er zwar mächtig, aber auch unter Druck. Er besitze eine »kolossale Machtfülle«, die niemand gutheißen könne. Seine Entscheidungen über Menschen und Eigentum ernten Haß überall. Mit den Skandalfällen hätten sich »die Treuhand und ihre namhafte Spitze viele Feinde, sogar einige Feinde zuviel« gemacht. Angesicht der angespannten Lage habe Fonty von neuem gewarnt: »Wo Haß gegen Härte steht, liegt das Motiv auf der Hand.« (*Feld*, 615) Einige Zeit danach wird der Treuhandchef, dieser »Prügelknabe«, ermordet. Der habe »zwar das Gesetz auf seiner Seite, aber nicht das Leben.« In einem Brief an seine Enkeltochter Madeleine Aubron trauert Fonty um seinen angeblichen Freund:

»Mein liebes Kind, nun ist sie geschehen, die nicht mehr rückrufbare Tat. Beim Vollzug eines Gedankens, der allzu rechtgläubig sein Ziel suchte, fiel der Schuß; und dennoch geht das Leben weiter, als habe man diesen Verlust einkalkuliert, als fordere der freie Markt diesen Preis; entsprechend unbekümmert gibt sich die Börse.« (*Feld*, 625)

Eine Frau ersetzt den toten Chef der Treuhand, ohne daß die »Sanierungsarbeit« nachläßt. Im Gegenteil. Die Nachfolgerin beschleunige den Prozeß des Abwickelns. Das Volkseigentum sei zügiger und in schärferer Gangart abgewickelt worden. Was mal Osten gewesen sei, gehe Stück für Stück in westlichen Besitz über – der nenne sich privat. Nur die Schulden, für die niemand zu haben sei, seien bei der Treuhand geblieben. Inzwischen bittet die Treuhandchefin Fonty darum, das »so häßliche Wort ›Abwickeln‹« durch ein neues zu ersetzen, »das den grausam benannten Vorgang zu freundlichem Klang verhelfen« solle. Nach langer Reflexion findet Fonty keine Lösung. Danach verbreitet er die Nachricht beim Fontane-Archiv, die Treuhand schreibe einen Wettbewerb aus; gesucht sei noch immer »das bessere Wort für das leidige ›Abwickeln.‹« Jeder könne sich beteiligen. Die Archivmitarbeiter finden ihrerseits kein Ersatzwort. Fonty wird inzwischen gekündigt. Sein Schwager, Heinz-Martin Grundmann, Marthas Ehemann, der auch Mitarbeiter der Treuhand ist, stirbt bei einem Autounfall. Von daher kommt Fonty zu der Überzeugung, in Deutschland sei keine Bleibe mehr. Schließlich inszeniert er anläßlich eines sehr breiten Vortrags den symbolischen Brand der Treuhand und geht zu seinen Vorfahren nach Frankreich.

Es wird die Frage erörtert, inwiefern Fonty seine Attacke auf die Treuhandgesellschaft formuliert. Ich will auch gleichzeitig belegen, wie er der wirtschaftlichen Demontage der DDR eine Träne nachweint.

Fonty hebt die Kluft zwischen der eigentlichen Aufgabe der von dem »Runden Tisch« ins Leben gerufenen Treuhandgesellschaft und »den neuen aufgestellten Aufgaben« hervor. Von der anfänglichen Schätzung des »Volkseigentums« bis zu der unerwartet hartnäckigen Privatisierungswelle der ostdeutschen wirtschaftlichen Infrastruktur, die endlich »zur Chimäre erklärt worden ist«, geht Fonty dem angeblichen Verrat an der DDR auf den Grund. In der Privatisierung sieht er einen Vorwand zum Enteignungsprozeß und zur Pervertierung der Treuhandanstalt, die ihrer Substanz beraubt wird. Von daher gilt die »Chimäre« als Instrument für ein riesiges »Schnäppchen«[138], das Arbeitsplätze, Skandalfälle, Jammern fordert, ohne daß die Maßnahmen die Verbesserung der wirtschaftlichen Lage im Ostteil Deutschlands ermöglichen. An die Stelle der ostdeutschen »Chimäre« tritt eine »Sanierungsaufgabe«, auch »Enthauptungsprozeß« genannt. Diese Begriffe dokumentieren die Brutalität und die Unmenschlichkeit der Treuhand. Fonty rekurriert von neuem auf die deutsche Geschichte, um daraus eine Korrelation abzuleiten: »Laut Einheitsvertrag trat das Treuhandgesetz in Kraft, und mit ihm wurde ein Wort aufgewertet, das schon einmal von umfassender Bedeutung gewesen war: solange das Dritte Reich dauerte und überall Besitz und Vermögen

138 *Ein Schnäppchen namens DDR* ist der Titel einer Rede, die Günter Grass am 2. Oktober 1990 vor den Fraktionen der Grünen und Bündnis 90 im Reichstag hielt.

der Juden in Deutschland unter Treuhand gestellt wurde.« (*Feld*, 484) Es werden damit alle historisch negativen Konnotate auf das Wort Treuhand übertragen. Die Tätigkeiten der Treuhandgesellschaft werden mit der Enteignung der Juden im Dritten Reich verglichen, und Fonty findet in indirekter Linie eine Affinität zu dem Antisemitismus. Über den Topos der deutschen Geschichte als Kontinuität wird hier Auskunft gegeben. Sein Blick vermeidet jedoch jede Typisierung zwischen bösen Westlern und ehrlichen Ostlern, denn es handle sich um eine ›gesamtdeutsche Kugelei‹.

Mit viel Ironie werden die Hauptfiguren Fonty und Hoftaller mitten in die Landschaft dieser angeblichen Mogelpackung gestellt. Das Konstruktionsprinzip bezweckt, die Treuhandgeschichte von innen zu beurteilen. Der Leser erhält hiermit nähere Informationen aus Fontys Perspektive, der selbst bei der Treuhand angestellt ist. Aus dieser Selbstblamage heraus formt sich eine scharfe Kritik an der Nacheinheitsduplizität:

»(…) Da ist sie und nähert sich Frau Jenny Treibel, um ihr mit unschuldigstem Gemmengesicht die tausendeinste Abwicklung vorzuschlagen: ein ganz besonderes Schnäppchen. Welch ein Gedränge! Ordensbrüste, Schleppsäbel, Stehkragen. Geheim- und Kommerzienräte, hinter denen die Vorstände der Großbanken stecken, glänzen durch Anwesenheit, gleichfalls der Schwefelgelbe, erkennbar am Kragen der Halberstädter Kürassiere, der seinen Bleichröder mitgebracht hat, einen Krösus, den heutzutage die Dresdner Bank stützt. Kredithaie und Bankrotteure, Pumpgenies! Sie können sicher sein: Rubehn, gestern noch pleite, ist heute in Festlaune und obenauf…« (*Feld*, 754)

Freut sich die eine Figur Hoftaller über die neue finanzielle Lage, so geht Fonty seinerseits bald auf Distanz. Sein Blick führt von daher in die morbide Welt der ›deutschen Mafia‹, die sich als dubiose Struktur in seinen Augen präsentiert. Fonty nimmt komischerweise den Chef der Treuhand, »den Prügelknaben« in Schutz, attackiert aber »die regierende Masse« in Bonn, die von der Idee besessen ist, in die Geschichte einzugehen. Die Nachfolgerin, die den ermordeten Treuhandchef ersetzt, setzt den Enthauptungsprozeß fort, ohne daß Hoffnung im »monetären Beitrittsgebiet« wächst. Im Gegenteil. Nach seiner erfolglosen Suche nach einem schöneren Wort von der Chefin entlassen, brennt Fonty die Treuhandgesellschaft symbolisch anläßlich eines Vortrags »im Kesselhaus der Kulturbrauerei nieder«: »(…) Da lagert Zunder genug! Jemand reimte aus dem Stegreif: ›Von Stasi und von Treuhand erlöst uns heut ein Großbrand.‹« (*Feld*, 758) Fontys Schwager, Hans-Martin Grundmann, der im Dienst der Treuhand arbeitet, stirbt auch bei einem Autounfall. Mit viel Pessimismus, Skepsis und Bedenken stellt die Erzählung damit eine Parabel des Scheiterns dar, in deren Mittelpunkt die Schattenseiten der kapitalistischen Ideologie stehen. Diese Erzählhaltung entspricht der These, die der Autor Grass selbst explizit in einer kurzen Rede wenige Monate vor der deutschen Wiedervereinigung zur Sprache bringt:

»Die westliche Ideologie des Kapitalismus, die jeden anderen ideologischen Ismus ersatzlos gestrichen sehen will, spricht sich wie hinter vorgehaltener Pistole aus: entweder Marktwirtschaft oder...Wer hebt da nicht die Hände und ergibt sich den Segnungen des Stärkeren, dessen Unanständigkeit so sichtbar durch Erfolg relativiert wird.«[139]

Polemisch rechnet er mit der im vereinten Deutschland herrschenden Wirtschaftsordnung ab: »(...)Welcher Stumpfsinn hat uns angestiftet, den Zuwachs von sechzehn Millionen Deutschen nach Art der Kleinkrämer zu verrechnen und dem Unrecht des Realsozialismus das hausgemachte Unrecht des Kapitalismus draufzusatteln?«[140] Dieses Doppelunrecht bringt Kurt Drawert seinerseits auf die folgende Formel: »Ein Betrug wechselt den anderen ab.«[141] Seine Machtlosigkeit und seine Frustration über die deutschdeutsche Szene, in der »der Zug abgefahren ist[142] « und die kapitalistische Ordnung zur Norm erklärt wird, deutet Fonty hier in der Konstruktion an, indem er sich des Symbols des Brands zur Katharsis bedient. Dem Tod, dem Betrug, der Heuchlerei gegenüber, die den Kapitalismus zu charakterisieren scheinen, bekommt der Brand der kapitalistischen Zentrale eine Doppel-

139 Günter Grass, Kurze Rede eines vaterlandslosen Gesellen. In: *Ein Schnäppchen namens DDR. Letzte Reden vorm Glockengeläut.* München 1993, S. 15. Diese Rede wurde in der Evangelischen Akademie Tutzing am 2. Februar während des Kongresses *Neue Antworten auf die deutsche Frage* gehalten.

140 Günter Grass, *Rede vom Verlust. Über den Niedergang der politischen Kultur im geeinten Deutschland.* Göttingen 1992, S. 54.

141 Kurt Drawert, Haus ohne Menschen. In: Zeitmitschriften. Frankfurt am Main 1993, S. 94.

142 Dieser bildhafte Ausdruck machte Furore in der deutschen Presse zu der Zeit der Kontroverse zwischen Anhängern einer raschen Wiedervereinigung Deutschlands und bedenkensvollen Meinungsträgern, zu denen auch Günter Grass gehörte. Er selbst resümiert die Diskussion wie folgt: »Dieses Bild wird seit Wochen bemüht: der abgefahrene Zug in Richtung deutsche Einheit, den niemand mehr aufhalten könne. Merkt selbst Rudolf Augstein nicht, daß einem nicht mehr aufzuhaltenden Zug, einem Zug also, den kein Signal mehr stoppen kann, das Zugunglück vorprogrammiert ist?« (Günter Grass, Der Zug ist gefahren – aber wohin? In: *Ein Schnäppchen namens DDR. Letzte Reden vorm Glockengeläut.* München 1993, S. 15.)

bedeutung. Es geht darum, tabula rasa mit »Stasi« und »Treuhand« zu machen, wobei das Gebäude, das beide Begriffe verkörpert und das im vereinten Deutschland als Sitz der Treuhand dient, symbolisch in Flammen aufgeht. Der Brand kann auch als eine Trotzhandlung wahrgenommen werden, zu deren Folge Fonty in ein viel menschlicheres Land geht. Er verläßt nämlich Deutschland, »denn mittlerweile setzt hier alles auf Gewalt, die Treuhand voran.« Es geht schließlich bei Fonty darum, durch die Erwähnung des Kapitalismus und dessen Inbegriff Treuhand ein semiotisches Potential des Desavouierens ins Spiel zu bringen. Weint er dem Abwickeln bzw. der Zerstückelung der DDR eine Träne nach, dann malt er sich zugleich die psychologische Dramatik aus, die er für die Bürger im Ostteil Deutschlands nach der Einheit unerträglich findet. In diesem Sinne belegt Fonty die von Uwe Haus erwähnte Enttäuschung Christa Wolfs, die den Aufbau der Demokratie nach der Einheit bedichtet als »dunkle wilde Jagd… Genagelt/ ans Kreuz der Vergangenheit. / Jede Bewegung /treibt/ die Nägel/ ins Fleisch.«[143]

2.3.4.2. Die Wiedervereinigung hätte anders aussehen können: Langfristige Konföderation als Alternative zum schnellen »Anschluß«

Nach dem Tag der deutschen Wiedervereinigung bzw. »nach dem dritten Oktober« beginne man, »den Arbeiter- und Bauern-Staat nun offiziell Beitrittsgebiet zu nennen.« Die Heimat von Fonty und Hoftaller ist damit liquidiert. Fonty und sein Tagundnachtschatten versuchen der Frage nachzugehen, was zum Ende der DDR geführt habe. Im Gespräch mit Hoftaller erklärt Fonty, wie die DDR selbst auf ihr Fortbestehen verzichtet habe, um anschließend Westdeutschland stören zu können:

»(…) ›Sanfte Revolution‹ war das Wort. Aber nur deshalb floß kein Blut, weil die Arbeiter- und-Bauernmacht nicht mehr Staat sein wollte, vielmehr beschloß, in dem anderen aufzugehen, auf daß wir nun dem vergrößerten Weststaat – dank unserer Mitgift, dem Knacks in der Biographie – zur Last fallen werden, bis der an sich selbst gescheiterte Kommunismus seinen Zwillingsbruder, den jetzt noch vital auftrumpfenden Kapitalismus, gleichfalls in die Grube gezogen haben wird.« (*Feld*, 563f.)

143 Uwe Haus, Deutsche und Deutschland im Wandel der Zeit. In: *Schreiben im heutigen Deutschland. Die literarische* Szene *nach der Wende*. Herausgegeben von U. E. Beitter. Frankfurt am Main, Berlin (u.a.) 1997, S. 6.

Damit Westdeutschland seinerseits Pleite macht, solle es in Hoftallers Augen infiziert werden. Am Einheitsabend, als Madeleine Aubron und Hoftaller singen, kommt er plötzlich auf diese Infektionen zu sprechen:

»‹Ach was, Wuttke! Soviel Freude muß man auskosten, hält ja nicht lange. Und wenn wir schon alle Brüder sind, dann richtig. Müssen die wissen drüben, daß wir ansteckend sind. Die sagen Schrott zu uns, wir machen aus denen Schrott. Die zahlen, wir zahlen zurück, mit Ostviren, ha! Jadoch! Ansteckend sind wir – wie die Freude. Mal richtig zugepackt und umschlungen – komm, Bruder! – , und schon sind alle infiziert drüben. Die wollen uns verwesten, wir verosten die einfach. Hier ein Küßchen – schmatz! -, da ein Küßchen – schmatz! -, und schon sind sie schwach auf der Brust – wie wir. Springt über so ein Funke, von mir aus Götterfunke. Bin schon Feuer und Flamme… Kenne keine Parteien mehr, nur noch Deutsche, überall Deutsche…‹

Hoftaller konnte kein Ende finden. Immer schlimmere Krankheiten, Seuchen sogar, Pest, Cholera fielen ihm vereinigend und nützlich ansteckend ein, so viele Folgen der brüderlichen Umarmung. Energie ging von ihm aus.« (*Feld*, 473)

Die Einheit sei nicht nur Infektionsphase, sondern auch ein teures Affenspiel. Wie Affen umschlingen, so würden es auch Ostdeutsche machen: Wen sie umschlingen, der werde sie nicht los, nie mehr los. Deshalb warnt Hoftaller die Westler davor, sich zu früh zu freuen. Die gegenwärtige Freude werde schon noch vergehen, es sei keine reine Freude. Diese Einheit, die die Westler »um jeden Preis« sollen gewollt haben, werde sie »Milliarden kosten«. Das werde eine gerechte Rechnung für den Westen sein, der »alles nach Plan« hat laufen lassen. Die »regierende Masse« und die »Treuhand« bzw. »die Sanierungsmaschinerie« hätten alles in Ostdeutschland für »Schrott« erklärt. In diesem Rahmen erinnert sich Fonty gut daran, was der Westen seit Monaten sage: »Schrott. Von Rostock bis Karl-Marx-Stadt: ne einzige Schrotthalde.« Alles sei »kolossal ideologisches Gewäsch«, was die Westler da sagten. In der Ergänzung von Fontys Gedanke bedauert Hoftaller, daß er und die Seinen der Schrott-Ideologie des Westens zum Opfer gefallen seien:

»Die drüben haben uns fix und fertig gemacht. Kein Wunder! Die gaben das Tempo an, wir mußten Schritt halten. Mußten wir gar nicht, dachten nur, daß wir unbedingt mußten, na, wettlaufen, wettrüsten, bis wir außer Puste ausgelaugt, leergeschrappt waren. Nun ist das ganze schöne Volkseigentum für die Katz… Was alles die Treuhand gegrapscht hat, verscherbeln will. Ein Schnäppchen machen nennen die das. Ist aber ne Schande… Werden auf Null gebracht… Ehrenwort, Wuttke, genau das stand in unserem Bericht, daß der Klassenfeind uns auf Schrottwert kriegen will…« (*Feld*, 517f.)

Gerade das vom Westen zur »Schrotthalde« erklärte Heimatland vergleicht Hoftaller mit der »unausweichlichen Grube«, die er und Fonty während ihrer Berliner Ausflüge besuchen:

»(…) Stimmt! So sah es zum Schluß überall aus. War ne Staatspleite, Endstation! Nur noch Minus unterm Strich. Das stand jedenfalls in unsren Berichten an die führenden Genossen: Nichts mehr da, ausgebeutet bis zum Gehtnichtmehr.« (*Feld*, 517) Von daher sei die untergegangene Heimat nichts mehr als »monetäres Beitrittsgebiet.« Ob aber ein Staat besser sei, als zwei waren, werde sich nach Fonty noch zeigen. Was nach der einzigen, unteilbaren Republik schmecke, könne den Deutschen im nachhinein sehr verübelt werden, denn es sei nichts schrecklicher als eine »gesamtdeutsche Husumerei.« Auf jeden Fall fielen die Deutschen, wenn sich irgendwas auftue, ohnehin wieder in zwei Teile.

In dieser »schrecklichen gesamtdeutschen Husumerei«, in der Geld und Lüge nebeneinander stünden, ist Fonty nicht begeistert von dem »Hurrageschrei« und den »Flottenparaden; nicht zu reden von den ›blühenden Landschaften‹, die uns pünktlich zum Wahltermin die regierende Masse versprochen hat…« (*Feld*, 655)

Fonty glaubt an nichts mehr: Weder an das Genie »der regierenden Masse«, das auf Lügen fuße, noch an das Ergebnis der Bundestagswahl, das inzwischen bekanntgegeben wird. Dieses Ergebnis, zu dem er »partout nicht beitragen wollte«, bestätige nicht nur die Zahlen vorausgegangener Stimmenzählungen, sondern zugleich die gesamtdeutsch übergreifenden Geld-, was heißen soll Machtverhältnisse. Endlich »sollte man die Regierungsgeschäfte der Bundesbank anvertrauen.«

Nachfolgend soll die Frage erörtert werden, wie die Romanhandlung die Kritik an dem deutschen Wiedervereinigungsprozeß weiter übt. Zwar sind im Laufe meiner Studie bereits einige Bedenken mehrmals zur Sprache gebracht worden, jedoch wird die vorliegende Auslegung exemplarisch Wert darauf legen, wie die Erzählung den 3. Oktober und darüber hinaus die Nacheinheitszeit wahrnimmt. Welche Alternative ins Spiel gebracht wird, die letztendlich umgesetzt werden konnte, soll aufgezeigt werden.

Der 3. Oktober, der die offizielle Wiedervereinigung Deutschlands markiert, wird in *Ein weites Feld* auf der ganzen Linie negativ bewertet. Wie ein morbider Tag präsentiert sich der Einheitstag, weil in ihm kein Anzeichen der deutsch-deutschen Dynamik gesehen wird. Vielmehr bekommt der 3.

Oktober eine einseitig-verkäufliche Dimension, zumal die Erzählung ihn als Sinnbild des DM-Triumphs reflektiert. Hier haben nämlich Deutschmark und westpolitische Arroganz Vorrang. Das Kohl/-Bundesbank-Binom tritt als abstoßend in Erscheinung; und gerade das finden Fonty und Hoftaller moralisch unerträglich. Der schwarze Humor, mit dem die Protagonisten Fonty und Hoftaller den 3. Oktober verbinden, verdeutlicht die sarkastische Einstellung des Romans zur deutschen Einheit. Zum einen macht Hoftaller die DDR selbst für ihren Untergang verantwortlich, auf daß sie Westdeutschland unterminieren könne. Bedenkenlos widerspricht er sich, indem er die von »drüben« zur Verantwortung zieht, die die Ostler »fix und fertig« gemacht hätten. Fonty seinerseits interpretiert das »kolossal ideologische Gewäsch« als Mittel der Westler, um »das gesamte Beitrittsgebiet als Anschlußmasse« zu behandeln. Das Textgerüst, in dem anscheinende Widersprüche, ironisierende Wichtigtuerei Hoftallers und kapitalistisch ominöse Geschäfte dicht nebeneinander stehen, verschärft die Kritik an den Schattenseiten des Einheitsprozesses. In dieser dubiosen Einheitswelt zeigt sich Fonty perplex; er stellt explizit die Ostler als Opfer dar, denen man eine neue Ideologie eingepflanzt habe. Gerade das »kolossal ideologische Gewäsch«, das der Überheblichkeit der DM und der Bundesbank Platz macht, stellt Fonty an den Pranger. Auch er geht mit der fiktiven Figur Kohl ins Gericht. Alles sei bei der Kohl-Figur nur Lüge, nicht zuletzt die versprochenen »blühenden Landschaften.« Die Lüge bezweckt hier politisch-egoistische Ambitionen. Das verdeutlicht in Fontys Augen die Tatsache, daß die deutsche Einheit als eine Mogelpackung zu sehen ist, die jede Wahrheit ausschließt. Es ist konsequenterweise kein Wunder, wenn das Ergebnis der gesamtdeutschen Bundestagswahl keine Beachtung bei Fonty findet. Das Ergebnis, »zu dem er partout nicht beitragen wollte«, verkörpert die Manipulation des politischen Geschäftes durch die DM, deren Inbegriff die Bundesbank ist. Die Bundesbank wird von der Kohl-Figur instrumentalisiert und damit in den Dienst eigener politischer Interessen gestellt. Politische Lügner, Demagogen aller Ressorts, dunkle Geschäfte bilden damit die Grundlage des Wiedervereinigungsprozesses, bei deren Gestaltung die Ostdeutschen nicht mitzuwirken haben. Als Vertreter Ostdeutschlands drückt Fonty seine Machtlosigkeit nur in der Schwarzseherei aus. Demonstrativ verbreitet er Zweifel für die Nacheinheitszeit: »(...) Was nach der einigen, unteilbaren Republik schmeckt, könnte uns doch sehr verübelt werden.« Eine künftige mögliche Spaltung des schon wiedervereinten Deutschlands schließt Fonty ein: »(...) Außerdem fallen die Deutschen, wenn sich irgendwas auftut, ohnehin wieder in zwei Teile« (*Feld*, 656), prophezeit Fonty. Was Hoftaller seinerseits voraussieht, soll auch in diese pessimistische Richtung eingestuft werden.

Hoftaller diagnostiziert allerlei Infektionen bei dem Zusammenwachsen der Deutschen; diese schweren Krankheiten würden zu dem unvermeidlichen Kollaps »des Klassenfeinds« bzw. des westlichen kapitalistischen »Zwillingsbruders« führen. Wenn die Prognosen von Fonty und Hoftaller pessimistische Visionen für das vereinte Deutschland zur Sprache bringen, so erhoffen sie sich wenig von der Nacheinheitszeit. Das Ziel ist es, das Bild einer gescheiterten Wiedervereinigung en gros wie en détail zu liefern. Nur auf diese Weise kann eine bessere Möglichkeit bzw. eine Art gedankliche Umdrehung der Geschichte suggeriert werden. Grass' Figuren bringen Larmoyanz, Beschwerde, Protest und Frustration ins Spiel. Es bleibt zu fragen, ob diese Trauerarbeit die Kluft zwischen ihren eigenen unrealisierten Vorstellungen und dem erfolgten Einheitsprozeß widerspiegelt. Gerade darin fängt die Utopie in *Ein weites Feld* an, an die ich herangehen möchte.

Die zweistimmige Kritik an dem »Anschlußprozeß« entwickelt eine utopische Denkweise, die als eine Alternative zum »Beitrittsschema« wahrgenommen werden kann. Bei der deutschen Wiedervereinigung, die Fonty und Hoftaller wie eine Fehlgeburt erscheint, ist deutlich, wie der Mangel an einer neuen deutsch-deutschen Verfassung als Motiv aufgegriffen wird. Fontys Einschätzung und die von Grass treffen sich an diesem Punkt. Der Autor Grass mischte sich massiv in die Problematik eines neuen Grundgesetzes ein, wie er am 16. Juni 1990 betonte:

»(...) Entsprechend schnell wurde der Verfassungsentwurf des Runden Tisches, mit dessen Hilfe sich die DDR als gleichgewichtiger Verhandlungspartner legitimieren sollte, zum Altpapier erklärt. Abermals soll es ruckzuck gehen. Wozu haben wir den Artikel 23? Wir haben ihn, um ihn anzuwenden und den Schlußartikel des bundesdeutschen Grundgesetzes vergessen zu machen; denn dieser Artikel verpflichtet die Deutschen, im Falle möglicher Einheit, zu einer neuen, demokratisch erarbeiteten Verfassung. Und wie das Machwerk ›Staatsvertrag‹ an allen demokratischen Gremien vorbei durchgepaukt wurde, soll nun, mit Hilfe des Anschlußartikels 23, die Verpflichtung zur neuen Verfassung ausgehebelt werden: ein Gaunerstück, das Beifall findet, geht flott inszeniert über die Bühne. Widerstand rührt sich kaum noch. Mein Beitrag zu dieser Versammlung und konstituierenden Sitzung ist das Angebot, mitzuarbeiten, auch wenn ich weiß, daß nur noch ein unverdrossenes Häuflein dem bevorstehenden Verfassungsbruch widerspricht. Denn

Verfassungsbruch ist es, wenn der Artikel 146 mißachtet und nicht angewendet wird. Vorbeugend sollte jetzt schon die Verfassungsklage vorbereitet und gegebenenfalls eingereicht werden. Ich jedenfalls will keinem Deutschland meine Stimme geben, das auf Verfassungsbruch beruht. Wer den Artikel 23 als Ermächtigungsgesetz mißbraucht, darf sich nicht wundern, wenn ihn die deutsche Geschichte einholt.«[144]

Anschließend erläutert Günter Grass seine Vision von einem Grundgesetz, die er für das vereinigte Deutschland bevorzugen würde:

»(…) Diese Geschichte mahnt uns, den abschließenden Auftrag des Grundgesetzes ernst zu nehmen und zur Bildung einer verfassunggebenden Versammlung aufzurufen, in der sich alle Bürger – die Bürger hier, die Bürger dort – als demokratisch legitimiert wiedererkennen. Eine verfassunggebende Versammlung, deren Werk dem Volk zur Abstimmung vorgelegt werden muß, bildet in sich die letzte Möglichkeit, den zur D-Mark-Herrschaft verflachten Einigungsprozeß mit neuen Gedanken zu gestalten und unter demokratische Kontrolle zu bringen.«[145]

Für Grass geht es hier in erster Linie um ein Denunzieren des juristisch-einseitigen Charakters der deutschen Wiedervereinigung und darüber hinaus um die Kritik am Primat des Westens. Seine Bedenken richten sich nicht nur gegen die Durchführung des Einheitsprozesses, die er zur Einbahnstraße erklärt. Diese einseitige Gestaltung der deutschen Einheit durch den Westen leidet auch für Grass an einem Mangel an Substanz, die vor allem einen deutsch-deutschen Konsens ausmachen mußte. Auf diese Vorwürfe kommt er bis heute zurück. Auf die Frage der Zeitung *Die Zeit* an Günter Grass elf Jahre nach der Wiedervereinigung, ob er nicht wiedervereinigt werden wolle, bleibt seine Stellungnahme unverändert, obwohl er manches auch revidiert hat:

»Was ich gesagt habe, weiß ich. Ich bin nie gegen die Wiedervereinigung gewesen, mit keinem Wort. Ich bin gegen die Form gewesen, in der sie vollstreckt worden ist, und diese Kritik bleibt. Was eine bestimmte Befürchtung betrifft, habe ich mich Gott sei Dank geirrt. Ich habe befürchtet, daß die so vollzogene Vereinigung, das heißt die ausschließliche Bemühung, des Arti-

144 Günter Grass, Bericht aus Altdöben. In: *Ein Schnäppchen namens DDR. Letzte Reden vorm Glockengeläut.* München 1993, S. 37f. Die Rede hält Günter Grass am 16. Juni 1990 im Berliner Reichstag anläßlich der konstituierenden Sitzung des *Kuratoriums für ein demokratisch verfaßtes Deutschland.*
145 Ebd. S. 39

kels 23, der Anschluß der DDR an die Bundesrepublik, die Gefahr in sich birgt, daß es zu einem neuen Zentralismus kommt. Das sehe ich heute nicht mehr so. Ich habe gesagt: Wer die Wiedervereinigung will – und da schloß ich mich ein – , muß Auschwitz mitdenken. Dabei bleibe ich bis heute. Selbst der leiseste Ansatz eines Rückfalls – und wir haben einen mörderischen Rechtradikalismus im Land, desgleichen Politiker, die ihn auf demagogische Weise fördern – gibt Anlaß, diese Besorgnis auszusprechen und wachsam zu bleiben.«[146]

Grass verfolgt weiterhin das Ziel, die Wiedervereinigung mit den Schattenseiten der deutschen Geschichte zu verbinden. Der Begriff Anschluß trägt nämlich dazu bei, den Einheitsprozeß sowohl historisch wie ideologisch pejorativ zu färben und ihn schließlich in Verruf zu bringen. Nolens volens verweist Grass darauf, wie das Dritte Reich seinerseits Österreich annektiert hatte. Gerade um diese Wiederholung der deutschen Geschichte bzw. des »Anschlusses« vermeiden zu können, bezog Grass unumwunden Stellung. Seine Utopie fußt auf einer Interpretation der Präambel des Grundgesetzes: »Im Grundgesetz steht nichts von der Wiedervereinigung; in der Präambel ist die Rede von der Einheit der Deutschen, und für die bin ich auch.«[147]

Härter wirft Grass jedem, »der vom Wiedervereinigungsgebot redet, vor, daß er die Verfassung nicht kennt.« Daraus geht hervor, warum er vor allem mit Kohl sowohl als historischer als auch als fiktiver Figur bricht:

»Ich glaube, der Bundeskanzler kennt sie (die Verfassung, L.B.R.) gar nicht. Aber schon ein rascher Blick würde ihn lehren, daß dieser Begriff Einheit vieles erlaubt, vieles möglich macht. Mehr erlaubt als diese Entweder-oder-Forderungen, die in Deutschland schon viel kaputtgemacht haben. Da hält sich die eine Seite faul an den Status quo und sagt: Aus Gründen der Sicherheit in Mitteleuropa muß es bei der Zweistaatlichkeit bleiben. Dann gibt es die andere Liga, die sich immer zur Zeit oder zur Unzeit auf Wiedervereinigung verständigt. Dazwischen aber liegt die Möglichkeit, eine Einigung zwischen den beiden deutschen Staaten herbeizuführen. Das käme dem deutschen Bedürfnis und Selbstverständnis entgegen, und auch unsere Nachbarn könnten es akzeptieren. Also keine Machtballung im Sinne von Wiedervereinigung, keine weitere Unsicherheit im Sinne von Zweistaatlichkeit,

146 Günter Grass, So bin ich weiterhin verletzbar. In: Zeitliteratur (Literaturbeilage der Zeitung *Die Zeit)* 4. 10. 2001, S. 65.
147 Viel Gefühl, wenig Bewußtsein. Der Schriftsteller Günter Grass über eine mögliche Wiedervereinigung Deutschlands. In: *Der Spiegel* 47/1989, S. 75.

Ausland zu Ausland, sondern vielmehr eine Konföderation zweier Staaten, die sich neu definieren müßte. Da hilft kein Rückblick auf das deutsche Reich, sei es in den Grenzen von 1945, sei es in den Grenzen von 1937; das ist alles weg. Wir müssen uns neu definieren.«[148]

Die Alternative einer Konföderation, die Grass vorschlägt, bildet keine originelle Idee; Karl Jaspers formulierte schon in den 50er Jahren diesen Wunsch, der nicht in Erfüllung gehen konnte. Grass greift Jaspers' Idee auf und emotionalisiert sie. Sein Plädoyer für ein Fortbestehen der DDR gründet auf der Besonderheit dieses Landes, von der die Bundesrepublik hätte lernen müssen:

»Die DDR kann uns etwas geben, ja, einen Impuls. Sieht es bei uns denn so blendend aus? Ist denn bei uns das, was in der Verfassung steht, so deckungsgleich mit dem, was Verfassungswirklichkeit bedeutet? Ist bei uns der arme Mann oder der nicht betuchte Mann in der Lage, vor unseren Gerichten seinen Rechtsstandpunkt, sein Recht durchzukämpfen? Gehörten nicht Geld dazu, gehörten nicht hochdotierte Anwälte dazu, um Recht durchzusetzen in der Bundesrepublik? Gibt es diese Art von Ungleichheit nicht in einem skandalös großen Maß in einem reichen Land? Hätten wir nicht allen Anlaß, den neuen, den gewaltlos revolutionären Impuls, der von der DDR ausgeht, auf uns zu übertragen?«[149]

Damit hätte der Ost-West-Antagonismus in eine föderative Struktur münden können. Ein solches Beispiel führt Grass im Roman an, wenn seine Figur Fonty den Friedhof der für Preußen-Deutschland im Krieg gegen Frankreich 1870/71 gefallenen Soldaten hugenottischer Abstammung in Brandenburg besucht. Diese heißen u.a. »Reclam, Bonnin, Harnier, Hugo, Sarre.« Auf dem Friedhof sagt Fonty noch weitere feierliche Versprechungen wie ein Gedicht auf; und gar nicht verwunderlich ist es, daß Fonty zwischen den fünftausend ›réfugiés‹, die sich infolge der angebotenen Toleranz zwischen knapp zehntausend märkischen Berlinern ansiedelten, direkte Vorfahren fand und herbeirief, unter ihnen einige der Emilie Rouanet-Kummer: ›Ohne uns Kolonisten und, zugegeben, die Schlacht von Fehrbellin, als die Schweden eins aufs Haupt bekamen, wäre wohl nichts aus Preußen geworden. Habe deshalb immer das hugenottische Herkommen gegen das dumpfe Borussen-

148 Viel Gefühl, wenig Bewußtsein. der Schriftsteller Günter Grass über eine mögliche Wiedervereinigung Deutschlands. In: *Der Spiegel* 47/1989, S. 75.
149 Vgl. *Der Spiegel* 47/1989, S. 77.

tum gestellt. Will davon nicht lassen. Meine Ahnenwiege hat im Languedoc und in der Gascogne gestanden. War doch der Vater ein Gascogner wie aus dem Buche: voll Bonhommie, dabei Phantast.«(*Feld*, 146)

Eine solche These vertritt auch Marie-Claire Hook-Demarle:

»(...) L'unité allemande implique dès lors quelque chose de plus que le simple rapprochement jusqu'à ce que fusion s'ensuive des deux parties Est/Ouest, des deux républiques se revendiquant de la nation allemande, la fédérale et la démocratique. Elle implique la conscience d'une histoire bâtie dans la longue durée et de cela, l'histoire des Hugenots témoigne, entre autres. De plus, le rappel de la venue, puis de la lente et complète intégration des Hugenots dans l'Allemagne n'a rien de fortuit, il suggère un modèle pour un processus en douceur dont devrait, aux yeux de Grass, s'inspirer le processus de réunification, tout en soulignant l'absolue nécessité d'y impliquer tous les éléments constitutifs de l'histoire de l'Allemagne, ceux d'hier et d'aujourd'hui, les composantes endogènes et étrangères. »[150]

Auf die Frage, was denn eigentlich die DDR spezifisch in eine wie auch immer geartete Zweisamkeit der beiden deutschen Staaten einbringen könne, antwortet Grass pathetisch:

»Etwas, das vielleicht jedem aufgefallen ist, etwas, das uns hier fehlt: ein langsameres Lebenstempo, entsprechend mehr Zeit für Gespräche. Eine interne Nischengesellschaft (ich glaube, der Ausdruck geht auf Günter Gaus zurück) ist da entstanden, etwas Biedermeierliches wie zu Metternichs Zeiten. Etwas, von dem ich nicht weiß, ob es mit der Öffnung zur Straße und zur Demokratie hin nicht schon wieder vorbei ist.«[151]

Daraus geht hervor, daß Grass' Vision von der deutschen Wende und von der daraus entstandenen Wiedervereinigung eine romantische Utopie entwickelt. Es geht darum, die Wirklichkeit nicht bloß darzustellen, wie sie ist, sondern wie sie sein sollte. Die Nachahmung à la Aristoteles[152] kommt von daher hier nicht in Frage. Der Dichter gibt der Distanzierung und der Phan-

150 Marie-Claire Hoock-Demarle, L' Allemagne, la France, toute une histoire ? Günter Grass : *Du Tambour* au prix Nobel. In: *Magazine littéraire* Nr. 381. Novembre 1999, S. 54.
151 Günter Grass, Viel Gefühl, wenig Bewußtsein, S. 77.
152 Aristoteles' Begriff »Mimesis« setzt ja etwas Faktisches voraus – Realität des Lebens, die sich in Fiktion adäquat nachahmen ließe". Vgl. Heide Hollmer/Albert Meier, Wie ich das mit der Mauer hingekriegt habe. Der 9. November in Thomas Brussigs *Helden wie wir* und in Thomas Hettches *Nox*. In: Deutsche Akademie für Sprache und Dichtung. Jahrbuch, Göttingen 1999. Sonderdruck, S. 131.

tasie beim Schaffen den Vorzug. Die romantische Utopie läßt sich damit als Gegenpol zur klassischen Dichtung wahrnehmen, die die Welt in ihrer Wirklichkeit widerspiegelt. Der Roman *Ein weites Feld* rekonstruiert die deutsche Wende nicht. Vielmehr greift er den ganzen Prozeß an; er verspottet, plaudert und betrachtet die ganze Konstellation von oben herab. Jedes sich Ins-Ereignis-Hineinfühlen bleibt aus. Grass feiert nicht mit; er reißt dem Einheitsprozeß vielmehr die Maske ab. Wenn er sich auf der Verliererliste einträgt, so zieht er die Hauptakteure der deutschen Einheit zur Verantwortung, die die friedlich in Gang gesetzte Revolution pervertiert hätten. Was er anschließend verrät, mag als Ansätze ausgelegt werden, die er sich gewünscht hätte. In diesem Sinne suggeriert *Ein weites Feld* eine Bilderflut des Wunsches, die fast an den Idealismus grenzt. Daß am Ende des Romans die beiden Hauptfiguren das vereinte Deutschland verlassen, kann in diesem Sinne interpretiert werden. Hoftaller begibt sich entweder nach Havanna oder Miami. Fonty fährt nach Frankreich, von wo er eine Postkarte ans Fontane-Archiv schickt: »Mit ein wenig Glück erleben wir uns in kolossal menschenleerer Gegend. La petite trägt mir auf, das Archiv zu grüßen, ein Wunsch, dem ich gerne nachkomme. Wir gehen oft in die Pilze. Bei stabilem Wetter ist Weitsicht möglich. Übrigens täuschte sich Briest, ich jedenfalls sehe dem Feld ein Ende ab...« (*Feld*, 781)

Fonty und Hoftaller kehren dem vereinten Deutschland den Rücken und weigern sich, einen Kompromiß zu schließen. Das Exil beider Hauptprotagonisten leistet eine Art Katharsis bzw. eine Trauerarbeit. Vater Briest in *Effi Briest* ist es gewohnt, seine Unfähigkeit, die Welt zu verstehen, auf die folgende Formel zu bringen: »Das ist ein weites Feld.« Fonty spielt die Worte Briests herunter, indem er auf der Postkarte ankündigt, er sehe dem Feld ein Ende ab. Ob Fonty die Wirklichkeit – so wie sie ist – akzeptiert oder nicht, deutet er nicht klar an.

2.4. Ost-West- Ähnlichkeiten

2.4.1. Bezug auf die Vorwendezeit

In der folgenden Untersuchung wird ermittelt werden, inwiefern sich die drei fokussierten Autoren Erich Loest, Brigitte Burmeister und Günter Grass in ihren jeweiligen Werken treffen. Die erste Gemeinsamkeit scheint mir die der Zeit vor der Wende zu sein.

Erich Loest bezieht sich auf die Vorwendezeit, um die Wende zu erklären. Dazu greift er weit in die Vorgeschichte zurück. Die Romanhandlung, in der »damals« und »heute« alternieren, rekonstruiert die Geschichte des Stasi-Generals Alexander Bacher und seiner Familie, die er auf den Untergang der DDR überträgt. Neunmal benutzt Loest das Temporaladverb »damals«: 1957 (*Nikolaikirche*, 46); 1957 (*Nikolaikirche*, 74); 1958 (*Nikolaikirche*, 99); 1943 (*Nikolaikirche*, 107); 1968 (*Nikolaikirche*, 159); 1984 (*Nikolaikirche*, 266); 1968 (*Nikolaikirche*, 290); 1932 (*Nikolaikirche*, 336) und 1968 (*Nikolaikirche*, 393).

Anhand dieser Rückblicke gibt die Erzählung Auskunft über den Lebenslauf des »Genossen Albert Bacher.« Die Aufgabe, der er nachgeht, beginnt in Form eines Prologs im März 1985. In diesem Jahr bekommt er von einem anonymen Stasi-General den Auftrag, gegen »die ideologische Diversion« hart vorzugehen:

»(...) Knien Sie sich vor allem da rein, Genosse Bacher. Ziel der Maßnahmen ist, über alle wichtigen Personen im Sektor der ideologischen Diversion einen lückenlosen Überblick zu gewinnen und zu wissen, wen wir im Ernstfall aus dem Verkehr ziehen müssen.« (*Nikolaikirche*, 8) Als Schwerpunkte kämen auch dazu: »Nikolaikirche, Michaeliskirche, Theologisches Seminar und das Dorf Königsau, dazu Gruppen und Grüppchen, die neuerdings aus dem Boden schössen.« (*Nikolaikirche*, 8)

Der Roman versucht zu erklären, wie es zur Wende gekommen ist. Daß Loest Vergangenes aufruft, erleichtert nicht nur die Wahrnehmung des Vater-Sohn-Verhältnisses, sondern motiviert auch den Dissens von Staat und Kirche. Es handelt sich bei Loest darum, Gegenwärtiges im Lichte des Vergangenen zu legitimieren, um damit die beiden Komponenten als ergänzend zu präsentieren. *Nikolaikirche* vermeidet es, die Vorwendezeit gegen die Nachwendezeit auszuspielen. Dazu gewinnt die deutsche Wende eine Dynamisierung bzw. einen beweglichen Charakter: Der Leser verfolgt den ganzen Prozeß von den Anfängen bis zum Höhepunkt, der in *Nikolaikirche* dem 9. Oktober 1989 entspricht. Während Loest jede Gegenüberstellung von Vergangenheit und Gegenwart ausschließt, schlägt Grass' *Ein weites Feld* die Gegenrichtung ein. Die Protagonisten Fonty und Hoftaller erinnern sich nur an das Einstige, um das Gegenwärtige in Verruf zu bringen. Die sogenannten deutschen Befreiungskriege (1864: gegen Dänemark; 1866: gegen Österreich; 1870/71: gegen Frankreich), die Weimarer Republik, das »Dritte Reich«, liefern im Roman keinen Anlaß zur Legitimation der deutschen Einheit. Die Bilderflut, die kriegerische Erinnerungen hervorruft, wird funktionalisiert: sie spielt die Rolle einer Warnung vor den gleichen Geschichtsfehlern. Diese Horrorvision von einst wird mit schwarzem Humor geschildert. Diese Erzählhaltung, die Seriosität und Ironie in Verbindung setzt, verleiht der Handlung die gleiche Dynamik wie in *Nikolaikirche.* Mal werden die ostdeutschen Geheimdienste für die deutsche Wende verantwortlich gemacht; mal sei es die DDR selbst, die auf das Brüderland zugegangen sei, damit am Ende ein riesiger deutsch-deutscher Kollaps vorkommt. Keine klare Distanzierung von der ostdeutschen Vergangenheit, keine Rechtfertigung der deutschen Wende im Lichte dessen, was damals war, kommt hier zur Sprache. Das, was in *Ein weites Feld* mit deutlichen Worten persifliert wird, erstreckt sich von der wilhelminischen Zeit bis zum »Dritten Reich«. Jede klare Attacke auf das DDR-Erbe wird vermieden: Als Freddy Wuttke, Fontys Sohn, sich über die untergegangene DDR mokiert, erwidert Fonty sofort: »(...) Was heißt hier Unrechtsstaat! Innerhalb dieser Welt der Mängel lebten wir in einer kommoden Diktatur. Glaub mir, Emilie, da drüben, ob nun in Wuppertal oder Bonn, wird auch nur mit Wasser gekocht.« (*Feld*, 324f.) Diese Relativierung der Lebensumstände in der DDR ermöglicht implizit eine Akzeptanz der »kommoden Diktatur«, die damit nicht schlimmer als andere Länder sei. Halten Grass' Figuren in *Ein weites Feld* ein Plädoyer für das Fortbestehen der DDR, lehnen sie konsequent die gegenwärtige Einheitsform ab, die die Spuren ihres Landes löscht. Aus diesem Grund verlassen Fonty und Hoftaller das vereinte Deutschland, das sie nur als das Werk des Westens empfinden. Darin liegt die Differenz zwischen Brigitte Burmeisters Protagonisten in *Unter dem Namen Norma* und Grass' Kontrahenten. Marianne Arends und ihre Freundin Norma sowie die meisten Mitbewohner vom Ostberliner Hof gestalten einen Balanceakt. Wenn sie die damalige Zeit aufrufen, so setzen sie sie in Verbindung mit der Nacheinheitszeit. Bei ihnen geht es darum, einen lückenlosen Blick auf das Damalige und das Gegenwärtige zu werfen. Auf diese Weise kommen sie zur Feststellung, daß es im vereinten Deutschland immer noch Grund zum Klagen gibt. Das vereinte Deutschland entspricht ihren Wunschvorstellungen nicht. Schwarz, eine Mitbewohnerin von Marianne, faßt diese Enttäuschung zusammen: »So hatten wir uns die Erneuerung nicht vorgestellt, wieder auf Kosten der Schwachen, der Dünnhäutigen, und das sind ja nicht wenige, studieren Sie mal die Statistiken, steht alles da, schwarz auf weiß.« (*Norma*, 42) Die Erwähnung der Vorwendezeit dient dazu, die Diskrepanz zwischen Wunsch und Wirklichkeit zu verschärfen, ja unerfüllte Träume zu stilisieren. Das schließt aber bei den Figuren jede Umdrehung der Geschichte aus, denn »wer die vierzig Jahre überstanden hat, dem kann es nur besser gehen«. Die Rückblicke bei Burmeister führen die Figuren dazu, mit dem Gegenwärtigen optimistisch umzugehen in der Hoffnung auf bessere Perspektiven für die Zukunft; diese optimistische Vision stellt sich als Gegenpol zu den Schwarzsehern Fonty und Hoftaller dar. Während Fonty und Hoftaller keinen Hehl aus ihrem Pessimismus machen, ziehen Burmeisters Figuren in *Unter dem Namen Norma* die Ostler zur Verantwortung, was die Vergangenheit betrifft. Auf diese Weise können sie über die 40 gemeinsam verbrachten Jahre hinausgehen, um sich besser ins vereinte Deutschland einzuleben. Natürlich gilt das nicht für Johannes, den Ehemann der Ich-Erzählerin Marianne; dieser hält sich nach der Einheit in Mannheim auf, findet dort einen neuen Job und bricht mit Ostdeutschland und dessen Vergangenheit. Daß aber Johannes dem vereinten Deutschland den Rücken nicht zukehrt wie die beiden Ostler Fonty und Hoftaller, darin liegt der Unterschied zwischen Grass und Burmeister. Brigitte Burmeister geht einen Kompromiß ein und zeigt sich als bodenständiger. In der Gestaltung ihrer Utopie, die ein besseres Zusammenwachsen der Deutschen entfaltet, hat sie auch den Sinn für die Realpolitik. Grass jedoch lehnt seinerseits jede Ausgewogenheit ab, obwohl seine Protagonisten Fonty und Hoftaller opportunistischer Natur sind. Burmeister kann als realistische Utopistin dargestellt werden, Grass als bloßer Idealist. Vielleicht kommt es daher, daß Burmeister als authentische Augenzeugin die 40 Jahre DDR-Geschichte besser einzuschätzen weiß als Grass. Dieser beobachtet aus der Distanz, versetzt sich deshalb in die Haut eines Ostlers, der »die Serie vierzig Jahre« miterlebt hat. Diese Lücke schließt Grass mit seinen weiten Rückblicken. Dort, wo Loest und Burmeister ihre Beobachtungen auf das Aktuelle, d. h. auf die unmittelbar vergangene DDR-Geschichte beschränken, überschreitet Grass die Grenzen. Sein Anliegen ist es, hundert Jahre deutsche gemeinsame Vergangenheit zu evozieren, ohne besonderes Gewicht auf die Vergangenheit der DDR zu legen. Im großen und ganzen wird bei Loest,

Grass und Burmeister die Vorwendezeit zur Sprache gebracht. Jeder versucht auf seine Weise, sie zu funktionalisieren je nach den jeweilig verfolgten Zielen. Eine andere Gemeinsamkeit liegt auch darin, wie die drei Autoren die Wende als Volksdienst schildern.

2.4.2. Wende als Volksleistung

In Loests *Nikolaikirche* ist deutlich, wie religiöse Menschen, in friedlichen Bewegungen organisiert oder als einzelne Bürger, sich für die Wende einsetzen. Die Anonymität der Helden trägt zur Kollektivierung des Engagements bei. Die »Schwerpunkte«, die den »Sektor der ideologischen Diversion« bilden, sprechen in dieser Hinsicht für sich. Es sind: »Nikolaikirche, Michaeliskirche, Theologisches Seminar und das Dorf Königsau, dazu Gruppen und Grüppchen, die neuerdings aus dem Boden schössen.«(*Nikolaikirche*, 8) Auch wenn einige Vertreter der kirchlichen Hierarchie beim Namen genannt werden, gilt die Wende vor allem als Massenbewegung. Pfarrer Reichenbork, der trotz seiner Leukämie »die Medizin für keine exakte Wissenschaft hielt«, (*Nikolaikirche*, 54) sowie Pfarrer Ohlbaum, der überzeugt ist, »daß Gott alles sieht und weiß und sich merkt« (*Nikolaikirche*, 147), halten nur den Glauben des Volkes wach. Dieses DDR-Volk ist es gerade, das bei den Demonstrationen, bei der Verteilung von Flugblättern, dem Entzünden von Kerzen im Roman gefeiert wird. Das Volksengagement drückt sich auch in der dialogisch gefärbten Handlung aus. *Nikolaikirche* charakterisiert sich nämlich durch die häufigen Gespräche, die die anonymen Helden bei der Gestaltung ihrer Strategie führen. Hinzu kommt der Gebrauch des Personalpronomens »Wir«. Die Protagonisten selbst stufen ihre Taten als kollektive ein:

»Wir bitten dich, Herr, für die Kinder und Jugendlichen, für die Studenten an Hochschulen und Universitäten, daß Wehrerziehung, GST-Lager und Zivilverteidigung in ihnen nicht die Sehnsucht nach Gewalt hervorrufen. Gib ihnen Kraft, daß wir Spannungen in Familie, Kirche und Gesellschaft ohne Gewalt lösen.« (*Nikolaikirche*, 186) Oder auch: »Wir bitten dich, daß keine neuen Raketen in der BRD stationiert werden und das Raketenübergewicht der Sowjetunion, wie angeboten, reduziert werden kann, daß die eingesparten Mittel zum Schutz der Umwelt eingesetzt werden, damit wir friedlich miteinander leben und innere und äußere Nöte der Menschen beseitigen können. Herr, bewahre uns vor Angst und Haß.« (*Nikolaikirche*, 187)

Damit wird die Wende allen egoistischen Charakters beraubt. Es handelt sich jedes Mal darum, den Massencharakter hervorzuheben, um auf diese

Weise Auskunft darüber zu geben, wie die Sprache der Straße sich endlich durchsetzen konnte. Ausdrücke wie »liebe Gemeinde« (*Nikolaikirche*, 499), »diese Massen« (*Nikolaikirche*, 499), »die Leute« verbreiten auch den Dienst des Volkes. Dazu mag auch das Romanende – *Nikolaikirche* endet am 9. Oktober 1989 mit einer riesigen Demonstration in Leipzig – als der Höhepunkt des Lobs auf das DDR-Volk ausgelegt werden.

Genauso wie Loest erkennt Brigitte Burmeister die Volksleistung, obwohl die Wende nur im Rückblick zur Sprache kommt. Unter der sich engagierenden Menge in Burmeisters Roman befindet sich auch die Ich-Erzählerin. Marianne Arends ist ebenso an den Demonstrationen beteiligt gewesen wie ihr Mann Johannes, Johannes' Freund Max und Norma, die Freundin von Marianne. Marianne schildert ihren persönlichen Einsatz mit deutlichen Worten: »Freiwillig gingen wir zu Demonstrationen. Wir lasen Zeitungen wie noch nie. Im Fernsehen schalteten wir um von West auf Ost. Jetzt behielten wir Sendezeiten, Sendereihen, Namen von Moderatorinnen und Kommentatoren der beiden Programme, die wir ohne Umstände die eigenen nannten.« (*Norma*, 197) Diese Schilderung gibt zu erkennen, daß Marianne und die anonymen Helden der deutschen Wende sich dezidiert für politische Veränderungen in der DDR einsetzen. In diesem Rahmen sagt Marianne zur Öffnung der Mauer: »Ich dachte an die Novembernacht, an all die Menschen auf der Straße, an den Mann, der auf der Mauer gestanden, mit einem Glas Sekt in der Hand, und gesungen hatte, laut und rein...« (*Norma*, 22f.)

Diese »Novembernacht« nennt Norma ihrerseits »ein Straßenfest für alle« und betont dadurch den Massencharakter der deutschen Wende. Um die in dieser Nacht herrschende Stimmung deutlich zu machen, redet Marianne von den »Mauerpartys«, vom ganzen »Jubel«, von »Geschenken«. Solche Wörter registrieren das ganze Volkspathos bzw. die Katharsis, die sich bei der Wende ereignet hat.

Burmeister und Grass treffen sich in der Rekonstruktion des Wendeprozesses mittels Rückblick. Zu Beginn von Grass' Roman hat sich die Wende vollzogen. Erkennt er das Herbstereignis als Leistung des DDR-Volkes, dann bleibt sein Blick an der Oberfläche. Seine Schilderung vermeidet jede Emotionalisierung, wie sie bei Loest und bei Burmeister zu beobachten ist. Vielmehr gestaltet Grass eine Mischung aus Ironie und Bedenken, die den Roman von Anfang an bis zum Ende durchzieht. Er hat Gründe für diese ironisierende Darstellung: Sein Anliegen ist, durch Sarkasmus die Euphorie zu verringern, die gewollt oder ungewollt sich anläßlich der deutschen Wende beim Volk manifestiert. Ganz zu Beginn von *Ein weites Feld* macht Fonty deutlich, daß die große Freude ihn nicht interessiert, die der Fall der Mauer beim DDR-Volk hervorruft. Fonty schreibt nämlich an seine Tochter Martha Wuttke, »die ihrer angegriffenen Nerven wegen in Thale am Harz zur Kur war«. Im Brief erzählt Fonty sehr schnell von der Öffnung der Berliner Mauer: »(...) Mama hat sich natürlich zu Tränen verstiegen, während mir solche Ereignisse, die partout groß sein wollen, herzlich wenig bedeuten. Eher setze ich aufs aparte Detail, zum Beispiel auf jene jungen Burschen, unter ihnen exotisch fremdländische, die als sogenannte Mauerpicker oder Mauerspechte den zweifelsohne begrüßenswerten Abbruch dieser kilometerlangen Errungenschaft teils als Bildersturm, teils als Kleinhandel betreiben; sie rücken dem gesamtdeutschen Kunstwerk mit Hammer und Meißel zu Leibe, auf daß jedermann – und es fehlt nicht an Kundschaft – zu seinem Souvenir kommt.« (*Feld*, 10f.)

Fontys Worte dokumentieren, daß er von Anfang an auf jedes Pathos verzichtet. Er achtet nur auf die Kommerzialisierung der schon gefallenen Mauer. Das Mauergeschäft findet nämlich nur Beachtung bei Grass' Figur. Was aber dazu führt, wird verschwiegen. Auch der 4. November, an dem die größte Demonstration auf dem Alexanderplatz stattfindet, gibt Fonty Anlaß, sich selbst zu zelebrieren. Auch hier schenkt er der Euphorie keine Aufmerksamkeit, die bei den meisten Demonstranten spürbar ist:

»Natürlich darf der 4. November nicht fehlen, der Tag der tausend Transparente und viel zu vielen Redner, die in immer größeren Sprechblasen ein klein wenig Hoffnung machen. Heym klagt bitter. Die Wolf sucht Nähe zum Volk. Müller warnt: ›Machen wir uns nichts vor...‹ Die Schauspielerin Spira sagt ein Gedicht auf. Und dann, nachdem ein jüngerer Autor namens Hein jegliche Euphorie kleingeredet hat, werde ich aufs Podium gerufen: ›Fonty soll reden!‹ Ja, ich sprach zu den Fünfhunderttausend auf dem Alex. ›Es sind die Imponderabilien, die die Welt regieren!‹ rief ich durchs Mikrophon. Und dann berief ich die achtundvierziger Revolution: ›Viel Geschrei und wenig Wolle !‹ Ob jemand meine Warnrufe verstanden hat? Und schon kam der uns Deutschen so eingefleischte 9. November, aber diesmal mit Anlaß für fröhliche Folgen (...)« (*Feld*, 97)

Zwar wird die Leistung des Volkes betont, wenn Fonty von »Fünfhunderttausend auf dem Alex« redet. Er zeigt sich aber sofort als Störenfried mit seinen »Warnrufen.« Dort soll er auch gesagt haben: »Eine sanfte Revolution ist keine« (*Feld*, 351) und stellt zugleich die ganze Vorgehensweise des DDR-Volkes in Frage. Hoftaller, der Tagundnachtschatten Fontys, spielt seinerseits ebenso wenig mit klaren Worten auf die Leistung des Volkes in der deutschen Wende an. Vielmehr jongliert Hoftaller zwischen Ironie und Faktendiffamierung: Zum einen macht er die ostdeutschen Geheimdienste verantwortlich für die Öffnung der Berliner Mauer: »(...) Nur noch Geschrei... Wir sind das Volk! Stimmt, ne Furzidee nur, aber gefährlich...Haben handeln müssen, na, weil das mit dem Dritten Weg noch gefährlicher... (...) Also haben wir aufgemacht, na, die Mauer... Simsalabim! Und auf war sie. Jadoch! Wir waren das. Wollten ne neue Lage schaffen.« (*Feld*, 409) Zum anderen hält Hoftaller die ›sanfte Revolution‹ für möglich, »weil die Arbeiter- und Bauern-Macht nicht mehr Staat sein wollte.« (...) (*Feld*, 564) Die Demonstranten nennt auch Hoftaller »protestantische Kirchenmäuse, die Montag für Montag und immer mit Kerzen und Leidensblick...« (*Feld*, 635) Damit bestreitet Grass in *Ein weites Feld* nicht die Leistung des DDR-Volkes. Wenn er Loest und Burmeister im Einsatz der DDR-Bürgerinnen und Bürger für die Wende zustimmt, verdirbt er jedoch das kollektive Pathos, wenn sich vor allem Politiker einmischen, um die vom Volk in Gang gesetzte Revolution für politische Ziele auszunutzen. Daraus ergibt sich, daß nicht der Anfang bzw. nicht die Demonstrationsquelle bei Grass entscheidend ist, sondern das, was daraus gemacht wird.

Alles in allem zeichnen die Ostautoren Loest und Burmeister mit ihrer Darstellung der Wende ein ungeschränktes Lob auf das Engagement des DDR-Volkes. Diese Augenzeugen von innen (zwar lebte Loest seit 1981 in Bonn, er bleibt aber als ehemaliger Bautzen-Gefangener ein Kenner der ostdeutschen gesellschaftlichen und politischen Wirklichkeit und fühlt sich deshalb dem Volk sehr nah) beweisen Sentimentalität und Bewunderung. Der Westler Grass bestreitet seinerseits die Leistung des Volkes nicht, wie seine Worte in *Der Spiegel* kurz vor der Wiedervereinigung es bestätigen:

»Es war ein doppelter Druck. Ein Druck der Auswanderung und ein Druck der Protestveranstaltungen, die sich zur Revolution angeweitet haben. Das sind Massen gewesen, wie es sie noch nie auf den Straßen der DDR gegeben hat. Am 16./17. Juni 1953, der kein Volksaufstand war, vielmehr ein Arbeiteraufstand, aber in beiden Teilen Deutschlands verfälscht worden ist, dort zur Konterrevolution und hier nach Adenauers Sprachregelung zum Volksaufstand, waren nur 350000 Menschen auf den Straßen.«[153]

153 Viel Gefühl, wenig Bewußtsein. Der Schriftsteller Günter Grass über eine mögliche Wiedervereinigung Deutschlands. In: *Der Spiegel* 47/ 1989, S. 75.

Jedoch überschattet die Satirisierung der formalen deutschen Einheit die Leistung des DDR-Volks einigermaßen in *Ein weites Feld.* Dieser Konsens über den friedlichen Einsatz der Massen drückt sich auch bei der Einschätzung des Einheitsprozesses aus.

2.4.3. Grundkonsens über den Einheitsprozeß

Erich Loest läßt die Handlung seines Romans am 9. Oktober 1989 enden. Wenn er die Demonstrationen bzw. den Einsatz des DDR-Volks exemplarisch darstellt, äußert er sich nicht über eine mögliche zukünftige Einheit Deutschlands. Jede Prognose von Einheit ist in Loests *Nikolaikirche* verschwiegen. Mit anderen Worten: Ob er dafür oder dagegen ist, vermag der Leser nicht einzuschätzen. Eine solche Haltung kontrastiert mit den wertenden Stellungnahmen in *Unter dem Namen Norma* von Brigitte Burmeister und *Ein weites Feld* von Günter Grass.

In *Unter dem Namen Norma* von Brigitte Burmeister leiden die Figuren unter den Folgen der deutschen Einheit. Sie leben »im deutschen Theater der Gegenwart, in der die Schwester der Schwester, die Schwägerin dem Schwager, wer wem auch immer, eine Gemeinheit sagt, vielleicht nicht kränkender als früher gesagte, anderswo vernommene, aber diesmal der Tropfen, der das Faß zum Überlaufen bringt.« (*Norma*, 159)

Es ist von daher folgerichtig, daß der Gedanke an die deutsche Einheit keinen Enthusiasmus bei der Ich-Erzählerin Marianne verursacht: »Der Herbst ging dahin, die Nation wurde vereint. Johannes und ich machten Urlaub in Ligurien. Normas Freundin Barbara und zwei weitere Zahnärztinnen gründeten eine Gemeinschaftspraxis. Den Winter über wußte Norma nicht, wo ihr der Kopf stand vor lauter Behördengängen und Umbauten.« (*Norma*, 199) Diese kurzen, sukzessiven Sätze, die einen beschleunigten Rhythmus schildern, signalisieren keine Euphorie. Dieser bewußt kalkulierte, kalte Blick verschärft die Ressentiments, die die Ostfiguren empfinden: »Unterm Strich plusminus Null für ihresgleichen, früher betrogen und heute wieder und jedesmal von den eigenen, erst den Klassenbrüdern, nun den Landsleuten, mit denen man unbedingt vereint sein wollte.«(*Norma*, 85) Die Ostprotagonisten fühlen sich auch wie »unglückliche Höhlenbewohner«; es ist dennoch von keiner Infragestellung der deutschen Einheit die Rede bei ihnen. Vielmehr entfalten die Kontrahenten in *Unter dem Namen Norma* Alternativen, die Werte für ein besseres Gemeinleben tradieren, ohne daß sie dabei das Einheitsprinzip umdrehen wollen. In diesem Rahmen kann die rhetorisch gehaltene Rede von Max am Ende des Romans interpretiert werden. Darin ermutigt er Marianne und Norma und darüber hinaus die »Ehemaligen«, (gemeint sind die Ostdeutschen), optimistisch nach vorne zu schauen, um auf diese Weise Solidarität und Freundschaft umzusetzen. Nirgendwo suggeriert Max eine Rückkehr ins Damals. Vielmehr akzeptiert er die neue Ordnung nach der Vereinigung in der Hoffnung auf bessere Zeiten:

»Liebe Freundinnen. Wir leben in bewegten Zeiten. Soviel Anfang war noch nie, und alles im Eimer. Die Vergangenheit ostelbisch Trümmer und Morast, die Zukunft allgemein vielleicht nur kurz.« (*Norma*, 281) Max sieht keinen »Grund, sich zu beklagen. Bei wem auch? Die Obrigkeit und alle, die in diesem Land etwas zu tun oder zu sagen haben, geben ihr Bestes.« (*Norma*, 282; Vgl. 2.2.6.1.4. Das Zusammenwachsen erfordert Solidargemeinschaften)

Max warnt deshalb vor dem »Horror vacui«, lädt mit deutlichen Worten zu positiver Einstellung ein:

»Fürchten wir nicht das Knäuel, sondern fürchten wir den Alexander oder wie auch immer, der sich anheischig macht, es mit einem Hieb zu durchschlagen. Blicken wir beherzt in die Zukunft, kurz oder lang, erheben wir die Blicke zum bestirnten Himmel über uns und die Gläser auf euren Freundschaftsbund.« (*Norma*, 283) Der Optimismus im vereinten Deutschland drückt sich auch in der Tatsache aus, daß Burmeisters Figuren im vereinten Deutschland trotz der Alltagsschwierigkeiten weiter leben. Zwar verläßt Johannes, Mariannes Ehemann, Ostberlin und hält sich in Mannheim auf. Die meisten Ostberliner halten jedoch dem Ostteil Treue. Das ist nicht der Fall bei Günter Grass, obwohl er in *Ein weites Feld* keine prinzipielle Demontage der deutschen Einheit intendiert.

In *Ein weites Feld* gestalten die Hauptprotagonisten Fonty und Hoftaller Rückblicke, die jeden Gedanken an eine neue Einheit Deutschlands belasten. Fonty äußert sich in dieser Richtung. Zwar drückt er schon zu Beginn des Romans seine Bedenken gegenüber dem Ereignis aus, »das partout wichtig sein will.« Seine Befürchtung nimmt aber alarmierende Töne an, »als das Wort ›Einheit‹ mehr an Kurswert gewann.« Von daher warnt er davor, daß die Einheit von damals sich mit ähnlichen Folgen wiederholen würde. Fontys Warnung reflektiert jedenfalls keine Ablehnung der deutschen Einheit. Wenn er und Hoftaller dem Lamento verfallen bleiben, zielen sie nicht darauf, das Zusammenwachsen der Deutschen zu verhindern. Im Gegenteil scheinen die beiden, wenn stellenweise schwarzseherisch, jedoch das Einheitsprinzip zu akzeptieren. Nur mit solchen provokativen Worten hoffen sie darauf, den

Wendeprozeß positiv zu beeinflussen. Von Anfang an des Romans bis zum Tag der deutschen Einheit bemühen sich Fonty und Hoftaller darum, über die Schattenseiten der schon erfolgten »auf drei Kriegen beruhenden Einheit Deutschlands« zu unterrichten. Daß ihnen keiner Gehör schenkt, mündet später in eine klägliche Resignation. Gerade deshalb prophezeit Fonty in der Nacht der großen Freude pessimistisch: »Niemand siegt ungestraft. War siebzig-einundsiebzig nicht anders. Deutsche Einheit ist immer die Einheit der Raffkes und Schofelinskis.« (*Feld*, 411) In der Ergänzung dieser pessimistischen Vision sieht Fonty in der vollzogenen Einheit den »Spaltpilz« und bemerkt sofort: »Unsere Republik ist nun weg«. Ab diesem dritten Oktober, seit dem man die DDR offiziell »das Beitrittsgebiet« nennt, häufen sich Ereignisse, die Fonty und Hoftaller als logische Konsequenzen einer formal gescheiterten Wiedervereinigung einzuschätzen vermögen:

– Die Treuhand wickelt das ab, was als DDR-Erbe gelten kann.

– Der Treuhandchef wird infolge dieser unmenschlichen Privatisierungsmaschinerie ermordet.

– Hans-Martin Grundmann, Fontys Schwager, der auch Mitarbeiter der Treuhand ist, stirbt bei einem Autounfall.

– Freundlich, Juraprofessor und Fontys Freund, begeht Selbstmord infolge seiner Frühverrentung.

Endlich findet Fonty den Ausweg aus dieser Blamage in einem inszenierten Brand. Er geht nach Frankreich, Hoftaller macht sich auf den Weg nach Amerika. Grass' Figuren distanzieren sich von der formalen Einheit Deutschlands, ohne das Einheitsprinzip selbst in Frage zu stellen. Grass und Burmeister treffen sich in der Denunzierung der Konsequenzen der Einheit Deutschlands. Brigitte Burmeister, die Ostdeutsche, und der Wesdeutsche Günter Grass machen vor allem in einer oder in anderer Weise auf die Folgen der Einheit aufmerksam. Beide akzeptieren zwar die deutsche Einheit, sie behalten aber die Schattenseiten des Prozesses im Auge. Während Burmeisters Figuren trotz dieser Folgen zum Optimismus einladen, wobei sie ihr Schicksal verantwortungsvoll übernehmen, schließen Grass' Kontrahenten keinen Kompromiß. Daß aber Fonty und Hoftaller das vereinte Deutschland schließlich verlassen, suggeriert eher Frustration als Ablehnung des Konzeptes Einheit.

Nach den Ost-West-Ähnlichkeiten will ich an die Differenzpunkte zwischen den Ostlern und Günter Grass herangehen.

2.5. Ost-West-Differenzen

2.5.1. Ostalgie

Die Liebe zum Ostteil Deutschlands findet Ausdruck sowohl in *Nikolaikirche* als auch in *Unter dem Namen Norma*. Die Protagonisten in *Ein weites Feld* setzen ihrerseits keine klaren Signale. Bei Erich Loest begibt sich ein Teil der anonymen Wendehelden massenweise ins Ausland. Trotz dieser großen Ausreisewelle ist deutlich, wie innerhalb der Kirche selbst kritische Stimmen sich erheben, die für das Bleiben plädieren. Pfarrer Ohlbaum zählt zu denjenigen, die sich zwar für die Wende einsetzen, das Weggehen aber ausschließen. Seine Predigt, die von einem IM aufgenommen wird, mag in diesem Sinne gewertet werden:

»Was ermutigt zum Bleiben? Es wäre leichter zu formulieren: Was verpflichtet dazu? Aber schon beim Wort ›Verpflichtung‹ schalten ja viele ab. Darum sage ich: Was ermutigt uns? Soll ich Heimat und Vaterland rühmen? Aber in einem geteilten Land und bei einer Bleibe, die für viele Menschen von Kriegsfolgen diktiert ist, davon zu sprechen, hört sich ohnehin problematisch an. Wie finde ich den Weg zum Bleiben? Bestimmt nicht über das lückenlose Abriegeln der Grenzen, nicht über eingeforderte sogenannte Selbstverpflichtungen, nicht über einen inflationär entwerteten Begriff der Treue zum Vaterland, und nicht, indem stupid behauptet wird, der Sozialismus sei dem Kapitalismus überlegen. Ich finde den Mut zum Bleiben nur bei einer Ermutigung zu Wort und Tat. Besonders denke ich an eine Situation, von der wir im Johannesevangelium lesen. ›Da fragte Jesus die Zwölf: Wollt auch ihr weggehen? Da antwortete ihm Simon Petrus: Herr, wohin, zu wem sollen wir gehen? Du hast das Wort des ewigen Lebens, und wir haben geglaubt und erkannt, daß du der Heilige Gottes bist‹ (...) Ja, liebe Freunde, wohin sollen wir gehen? Wo ist das Land unsere Träume, der Erfüllung? Ich kann das Gelobte Land auf unserem Globus nicht finden. Gott ist nicht systemgebunden, nicht abhängig von Pässen und Visa. Er ist in umfassendem Sinn grenzüberschreitend. Also lebt er auch bei uns in der DDR.« (*Nikolaikirche*, 143f.)

Pfarrer Ohlbaum plädiert nicht für ein passives Dableiben, sondern für eine kritische Einstellung zum eigenen Vaterland, die nur zur Tat bewegen kann:

»Unter diesen Umständen (...) seh ich sinnvolles Bleiben, das nicht von äußerer Anpassung und innerer Emigration bestimmt ist, kein gleichgültiges Hinnehmen, enttäuschtes Ertragen oder verbittertes Sich-Abfinden. Es kann ein kritisches Bleiben sein, gekennzeichnet von dem Bemühen um kollektiven Protest und um die stetige Balance zwischen Sich-Einmischen und Sich-Verweigern, Widerstand und Ergebung, getragen vom Vertrauen in Jesus. Für mich war und bleibt es eine positive Herausforderung, in der DDR zu leben. Hier haben wir Erfahrungen gesammelt und kennen alle Argumente und Verhältnisse. Wer sonst könnte in diesem Land etwas ändern? Manchen schwebt die Vision eines reformierbaren Sozialismus vor. Man wird sehen. Im Psalm fünfundsechzig heißt es in den Versen sechs bis neun: ›Gott, unser Heil, der du bist die Zuversicht aller auf Erden und fern am Meer, der du die Berge festsetzest in deiner Kraft, der du stillst das Brausen des Meeres und das Toben der Völker, du machst fröhlich, was da lebet im Osten und im Westen.‹ Diese Erfahrung wünsche ich uns hier im Osten und denen im Westen. Amen.« (*Nikolaikirche*, 144f.)

Damit gründet die Fähigkeit zu bleiben in der Dynamik des Handelns, die Loests Roman durchzieht. Pfarrer Ohlbaum resümiert nämlich seine Vision, die den Druck von innen verschärft, denn »Ortswechsel hilft dir nicht aus deiner Haut (…)«. Daß dieses kritische Bleiben am Ende des Romans sich durchsetzt, belegt nicht nur ihre Effizienz, sondern auch die verbreitete Ostalgie, die den Willen zu demokratischen Veränderungen veranlaßt. Diese Art Heimatliebe unterscheidet sich gleichzeitig von der Haltung einiger Protagonisten in *Nikolaikirche*. Das betrifft beispielweise die Figur Honecker, die sich ironisch über die Ausreisewelle äußert:

»Wir weinen denen keine Träne nach. Oder Krenz? Klare Verhältnisse. Wenn die nach den ersten Enttäuschungen wiederkommen, müssen sie sich bei Wohnraum und Arbeit hinten anstellen. Die Wohnungen von denen müssen sofort wieder belegt werden, wer nicht in einer Woche zurück ist, soll bleiben, wo der Pfeffer wächst, das sollte in der Aktuellen Kamera mal deutlich gesagt werden.« (*Nikolaikirche*, 449; Vgl. 3.1.4.3. Frauen in der Wende)

In der Ergänzung des Gedankens Honeckers drücken sich Marianne Bacher und die Figur Kläsert aus. Als erste kommt Marianne zu Wort:

»Marianne Bacher saß ohne ein Wort. Peinlich wirkte es auf sie, wie sich da DDR-Bürger anschmierten. Fuhren mit ihren Autos nach Ungarn in den Urlaub, denen ging es doch nicht schlecht, nun schmissen sie alles weg, was ihnen der Staat geboten hatte. Alles war gesichert: Neubauwohnung und Arbeit und Studienplatz für die Kinder. Genossen darunter. Nun heulten sie vor Glück. Widerlich.« (*Nikolaikirche*, 449)

Kläsert attackiert ihrerseits : »Würdelos, schimpfte Frau Kläsert. Hatte bei denen die sozialistische Erziehung gar nichts genutzt? (...) ›Guck sie dir doch an, den mit seiner Bierwampe und die mit dem dicken Hintern, fehlte bloß noch, daß die behaupteten, sie hätten in der DDR hungern müssen!‹« (*Nikolaikirche*, 449) Hinter dieser gewaltsamen Kritik an den Ausreisenden ahnt man das Nahen realsozialistischer Propaganda-Reflexe, die Ulrich Greiner sarkastisch »die toten Seelen des Realsozialismus«[154] nennt. Es handelt sich bei den oben genannten Figuren darum, eher nostalgisch ideologisch gefärbte Interessen zu vertreten, als Heimatliebe zu demonstrieren, wie es Pfarrer Ohlbaum zu erkennen gibt. Die Ostalgie entspricht hier der Treue zur SED und läßt sich deshalb als Gegenpol zum kritischen Bleiben Ohlbaums wahrnehmen. Eine solche Präsentation der Ostalgie verdanken wir dem immer differenzierenden Blick Erich Loests auf die Wende: Mitten in der Wende zeichnet Loest nämlich eine Konstellation von Ostfiguren , die nicht alle um den demokratischen Wandel in der DDR bemüht sind. In diesem Rahmen mögen die drei Protagonisten Marianne Bacher, Kläsert, und Honecker als Nostalgiker der ehemaligen politischen Ordnung ausgelegt werden.

Die Ostalgie ist auch präsent in *Unter dem Namen Norma* von Brigitte Burmeister. Das Romanpersonal lebt hier weiter auf dem Ostberliner Hof nach der Wiedervereinigung in voller Marginalisierung, »am Rande des Niemandslandes, vorbei an Scharen von Stadtwanderern«, »an einer Ecke.« Dieses »Höllenleben« kontrastiert mit der faszinierenden West-Welt, die Marianne anläßlich ihres Besuchs bei Johannes in Mannheim entdeckt. Trotzdem kommt sie in den Osten zurück und bewegt sich in einer von ihr bekannten Atmosphäre auf dem Ostberliner Hof. Sie kannte

»die Geräusche, das Aushaken der Türkette, deren schweres Ende gegen den Pfosten schlug, wo bestimmt eine abgeschabte eingekerbte Stelle ist, das Rasseln der Schlüssel am Bund, das Knacken und Klicken der Schlösser, wenn der Sicherheitsschlüssel zweimal, dann der Drücker gedreht, dabei an der Tür gerüttelt wurde, als müßte sie bereits vor dem Öffnen aufgehen.« (*Norma*, 9)

Burmeisters Ostfiguren pflegen ein enges Verhältnis zu ihrem Heimatland, obwohl es offiziell verlorengegangen ist. Sie versuchen deshalb manchmal, sich die Stimmung von damals ins Gedächtnis zu rufen. Das

154 Ulrich Greiner, Die toten Seelen des Realsozialismus sollen dort bleiben, wo der Pfeffer wächst. In: *Die Zeit*, 22. Juni 1990.

drückt sich beispielsweise in den Versammlungen, dem »dauernden Gerede« von früher, aus, wobei »nicht Formfragen, sondern Fakten, Schuld oder Unschuld« diskutiert werden. Solche Gesprächskreise sind eine DDR-Tradition und entfalten damit eine Rekonstruktion der Stimmung von damals. Gerade eine solche Stimmung auf dem Ostberliner Hof vermißt die Ich-Erzählerin im Westen. Am Ende des Romans hört Marianne nach dem eintägigen Aufenthalt bei Johannes »die gewöhnlichen Geräusche«. Sie »blieb im Hof stehen, sah den huschenden, springenden Katzen zu und wünschte dabei, daß zuguterletzt Emilia käme (...) (*Norma*, 286) Das Ende der Romanhandlung vermittelt den Eindruck der Gelassenheit, der Rückkehr zu sich selbst. Endlich darf man vom Sich-selbst-Wiederfinden reden. Daß der Roman auf dem Berliner Hof endet, auf dem er zwei Tage zuvor begonnen hat, verschärft die enge Verbindung Mariannes an ihre originelle Umgebung bzw. an das Ostambiente. Während die Ich-Instanz eine topographische Treue zu Ostdeutschland in *Unter dem Namen Norma* unter Beweis stellt, gehen die Protagonisten in *Ein weites Feld* die Gegenrichtung. Fonty und Hoftaller verlassen nämlich die Ostheimat, obwohl beide als Ostdeutsche den ganzen Wendeprozeß vom Mauergeschäft bis zur Einheit hautnah begleiten. Der Opportunismus von Fonty und Hoftaller gestaltet keine klare Linie zwischen Heimatliebe und ständiger Anpassungsfähigkeit. Zwar wohnt Fonty lange im Prenzlauer Berg, Hoftaller im Hauptquartier der Parteikader. Auch er lehnt es ab, mit Martha Grundmann und Emilie Wuttke nach Schwerin umzuziehen. Zweimal aber versucht Fonty, nach England zu emigrieren, bis er endlich seiner Enkeltochter mitteilt: »In Deutschland ist keine Bleibe mehr.« (*Feld*, 675) Wegen der politischen Veränderung und den damit verbundenen Folgen, die er für unerträglich hält, geht Fonty ins Exil nach Frankreich; Hoftaller entscheidet sich für Amerika. Darin liegt ein Differenzpunkt in der Heimatliebe zwischen Burmeisters Protagonisten und denen von Grass. Erstere fühlen sich auch weiterhin ihrer verlorenen Heimat verbunden und trotzen den sich anbahnenden Schwierigkeiten der Nacheinheitszeit; was letztere anbelangt, so läßt die Ostalgie mit den ersten Problemen im wiedervereinten Deutschland nach. Dazu muß betont werden, daß die Haßliebe von Fonty und Hoftaller sich nicht nur auf das Ostgebiet beschränkt, sondern das ganze Deutschland betrifft.

2.5.2. Oberflächliche DDR-Darstellung bei Günter Grass

Dieser Teil meiner Arbeit wird versuchen, anhand einiger Textsituationen aufzuzeigen, wie Günter Grass das Bild der DDR rekonstruiert. Gleichzeitig soll deutlich werden, wo die Differenz zwischen den ostdeutschen Autoren und ihm bei einer solchen Schilderung liegt.

In *Ein weites Feld* liefert Günter Grass ein Panorama der hundertjährigen deutschen Geschichte. Diese Mischung aus Preußentum, Weimarer Republik, »Drittes Reich« und DDR hat zum Nachteil, die Realität in der DDR bloß oberflächlich zu dokumentieren. Dort, wo Loests Figuren um Veränderungen in ihrer Heimat kämpfen, und dort, wo Burmeister vom »kleinkarierten Dreibuchland« redet, entwirft Grass seinerseits ein Bild des Relativierens. Dazu entwickelt er Bilder und Gegenbilder, die gerade diesen Stoff des Differenzierten liefern. Hoftaller ist zum Beispiel der Meinung, die Wende sei von den ostdeutschen Geheimdiensten ermöglicht worden: Er und seine Clique hätten die »Genossen unter Zugzwang gesetzt und dafür gesorgt, das kindische Gegröle ›Wir sind das Volk‹ durch ›Wir sind ein Volk‹ zu ersetzen. Dem zerfallenen Mythos des »Realsozialismus« steht der des »Realkapitalismus« bei Grass gegenüber. Wenn auch Friedrich Wuttke über das Ende der DDR folgendermaßen spottet: »Nun, nach dem Debakel der materialistischen Lehre, dürste die Menschheit nach religiöser Sinngebung«, reagiert Fonty hart darauf: »(...) Was heißt hier Unrechtsstaat! Innerhalb dieser Welt der Mängel lebten wir in einer kommoden Diktatur. Glaub mir, Emilie, da drüben, ob nun in Wuppertal oder Bonn, wird auch nur mit Wasser gekocht.« (*Feld*, 324f.)

Hinter den ironisierenden Worten der Figuren zeichnet sich die Kunst des Relativierens, des Gleichgewichts ab, die Grass hier favorisiert. Sein Blick auf die DDR verharrt in den Grenzen des wenn nicht Geduldeten, so doch Akzeptierbaren. Ein solches Verständnis für den Arbeiter- und Bauern-Staat widerspricht dem Panaroma, das Loest und Burmeister in ihren jeweiligen Romanen aufspannen. Loests Figuren in *Nikolaikirche* setzen sich für demokratische Perspektiven ein und wollen damit ihr DDR-Trauma loswerden. Max, eine Figur in *Unter dem Namen Norma*, redet von »verpaßten Gelegenheiten (...) aus der Serie ›Vierzig Jahre‹«. Im Lichte dessen, was damals war, ermutigt Max Marianne und Norma dazu, selbstbewußt und optimistisch nach vorn zu blicken. Trotz der »Opfer unserer unblutigen Revolution« ist Schwarz, Mariannes Mitbewohnerin, überzeugt, es könne für den besser werden, der »die vierzig Jahre überstanden« habe. Damit scheinen die beiden

Ostautoren den Zerfall oder das Scheitern der DDR nicht zu relativieren. Vielmehr läßt sich ein Unbehagen, d. h. eine existentielle Last, in dem DDR-Erbe bei ihren Figuren spüren. Jedes Aufpolieren des DDR-Bildes wird sowohl bei Loest wie bei Burmeister ausgeschlossen. Auch wenn Fonty in *Ein weites Feld* unter der Überwachung von Hoftaller leidet, zeigt er seinerseits Verständnis für die »kommode Diktatur«. Daß darüber hinaus Fonty und Hoftaller am Ende des Romans das vereinigte Deutschland verlassen, generiert einen Stoff, der gerade diese »kommode Diktatur« mit dem Nacheinheitsdeutschland kontrastiert. Auf diese Weise suggeriert das Exil von Fonty und Hoftaller ein Andeutungspotential, das dem zerfallenen DDR-Mythos eine Träne nachweint. Daß Grass' Protagonisten Deutschland nach der Einheit verlassen, bedeutet nämlich:

1) daß der Arbeiter- und Bauern-Staat viel erträglicher als das vereinte Deutschland gewesen ist. Die Frage, ob eine solche These vertretbar ist, gehört zur historischen Debatte. Das Exil verliert die IM-Dramatik aus den Augen, die die Ostler Loest und Burmeister in *Nikolaikirche* und *Unter dem Namen Norma* bewußt und verschärft betonen.

2) Ein anderer Faktor wird von Fonty und Hoftaller übersehen. Der Zusammenprall zweier divergierender Kulturen kommt immer derjenigen Kultur zugute, die über die besseren Argumente verfügt. In diesem Rahmen kann die Ende der 80er Jahre am Boden liegende DDR mit dem wirtschaftlichen Riesen BRD nicht gleichgesetzt werden.

3) Das Exil von Fonty und Hoftaller vermittelt den Eindruck, als wären die demokratischen Werte Westdeutschlands viel problematischer als die sozialistischen der DDR. Im Klartext entscheiden sich Fonty und Hoftaller deutlich für eine Infragestellung des politischen Geschäftes, das die ganze Welt in Bewegung setzte: Hier wird die Form der Einheit nur attackiert. Über die fiktiven Figuren Fonty und Hoftaller hinaus ist interessant zu fragen, ob eine solche Haltung überhaupt repräsentativ für die herrschende Meinung in den neuen Ostländern nach der Wiedervereinigung ist.

2.6. Schluss

Ziel dieser Arbeit war zu untersuchen, welche Spuren das zeitgeschichtliche Faktum *Wende* und die daraus resultierende deutsche *Vereinigung* in der Romanliteratur hinterlassen haben. Generell wird die Frage in neuer Variation aufgeworfen, welche Haltung die Deutschen gegenüber einem Thema einnehmen, das schon in den 50er Jahren scharf polemisch diskutiert worden war. Zu dieser Zeit ging man der Fragestellung nach, ob eine einzige Nation auf Dauer geteilt bleiben sollte, zumal zwei deutsche Staaten als Folge des Kalten Krieges nach dem Zweiten Weltkrieg ins Leben gerufen worden waren. In diese kurz nach dem Zweiten Weltkrieg entfachte Diskussion um eine mögliche Wiedervereinigung beider deutscher Staaten hatte sich der Philosoph Karl Jaspers eingemischt. Wichtig war in seinen Augen, daß die Westdeutschen die Freiheit in der DDR fördern sollten. Denn eine sofortige Wiedervereinigung war vor dem Horizont der deutschen Vergangenheit unmöglich. Erst nach der Freiheit in der ehemaligen Sowjetzone, wo die Ostdeutschen unter einer diktatorischen politischen Ordnung litten, konnte eine konföderative Struktur zwischen beiden Teilen denkbar sein bzw. in Gang gesetzt werden. Selbstverständlich stieß Jaspers' Position auf scharfe Kritik von seiten derjenigen, die den Einheitswillen nie aufgegeben hatten. Diese Polemik dominierte in den 50er Jahren. Natürlich folgten auf diese erste Polemik andere politische Vorschläge. Fakt ist aber, daß sich wenig in der BRD und in der DDR zum Thema Wiedervereinigung bewegt hatte, trotz der offiziellen Positionen, die alle zu Beginn der Gründung beider Staaten um ein neues Zusammenwachsen der Deutschen bemüht waren.

Da das Wende-Genre ein breites Spektrum darstellt, das sowohl Publizistik, Lyrik, Essays, Manuskripte integriert, konnte ich meine Reflexion nicht nur auf die primär gewählte Romangattung eingrenzen. Aus dieser ganzen Konstellation heraus war für mich entscheidend, einzukalkulieren, ob und wie die unterschiedlich aufgestellten Argumentationen meine Thesen bekräftigen, erweitern, aber auch ihnen widersprechen konnten. In dieser deutsch-deutschen Debatte ist auffallend, wie sich die Standpunkte zwar voneinander unterscheiden, nirgendwo jedoch die deutsche Wende als solche in Frage gestellt wird. Die aus der Wende entstandene Wiedervereinigung wird ihrerseits formal attackiert. Das betrifft auch die Folgen des Zusammenwachsens der Deutschen. Diese Einschätzung der deutschen Wende und der Wiedervereinigung wird in einer oder anderer Weise in den drei analysierten Romanen *Nikolaikirche*, *Unter dem Namen Norma* ebenso wie *Ein weites Feld* geschildert. Sicherlich hat die Nähe zwischen diesen zeitgeschichtlichen Fakten und literarischer Phantasie die Aufgabe der Schaffenden nicht erleichtert, wie Heide Hollmer mit Recht konstatiert:

»(...) Kaum war die Mauer geöffnet, hatten in der DDR freie Wahlen stattgefunden, war die Währung umgestellt und – am 3. Oktober 1990 – der Beitritt der Fünf neuen Länder zur Bundesrepublik Deutschland vollzogen, da wurde von der etiketten-freudigen Literatur schon lautstark der große Wenderoman eingeklagt. Ausgerechnet die Poesie sollte den Schlüssel zur Unglaublichkeit der Ereignisse liefern. Ausgerechnet von den Schriftstellern erwartete man die Deutung des Unbegreiflichen. Sie sollten eine Antwort geben auf die Rätsel der Tages-Politik, die inzwischen bereits Geschichte war, und das weit verbreitet Wahnsinns-Gestammel in wohlgesetztere Worte und Geschichten fassen. Nach all ihren postmodernen Experimenten legte man den Dichtern nahe, sich auf die alte aristotelische Definition der Literatur zurückzubesinnen: es gelte nun, das Allgemeine der Geschichte zu verdichten, das tatsächliche Geschehen im literarischen Kunstwerk verstehbar zu machen. Gewiß keine einfache Aufgabe! (...)«[155]

Loest, Burmeister und Grass haben diese schwierige Aufgabe auf ihre Weise bewältigt, indem eine literarische Ästhetik des Sich-Erinnerns zur Entfaltung gekommen ist. Brigitte Burmeisters Heldin Marianne macht andauernd auf die Schwierigkeiten der deutschen Wiedervereinigung aufmerksam. Auf die Folgen des Zusammenwachsens in Ostdeutschland wird vor allem Gewicht gelegt. Wenn die Protagonisten niemals auf den Optimismus verzichten, so sind sie auch darum bemüht, östliche Identität und Authentizität in der neuen Gesellschaftsordnung, in der sie sich betrogen fühlen, zu suchen. Es handelt sich um eine Trauerarbeit, deren Stationen Julia Kormann wie folgt zusammenfaßt:

»Identitätskonstruktionen, die bisher relativ stabil waren, wurden erschüttert. Basiswissen, das das Verhältnis des Individuums zur Gesellschaft strukturierte, verlor seine orientierende Kraft. Lebenskonzepte und Zukunftsentwürfe mußten den rasch sich ereignenden Veränderungen angepaßt werden. Auf der Suche nach Orientierung durchlief die erschütterte Identität die ersten Stadien der Trauerarbeit. Doch die Ablösung vom quasi-religiösen Glaubenssystem des real existierenden Sozialismus und die Öffnung des

155 Heide Hollmer, Von den Schwierigkeiten, den ›Wahnsinn‹ zu erzählen- die deutsche Literatur zum ›Mauerfall‹ und zur ›Wende‹. In: Manuskript für eine Sendung der Reihe ›Sonntag um Sechs‹. Südwestrundfunk (SWR). September 2000, S. 5f.

dichotomischen Weltbildes, das für das Verständnis der DDR grundlegend war, erforderten mehr Zeit als zur Verfügung stand. Spätestens, nachdem mit der Volkskammerwahl im März 1990 die Würfel im politischen Spiel gefallen waren, trat Verlust an die Stelle hoffnungsvoller Zukunftsprojektionen; das Gefühl erneuter Fremdbestimmung löste die Befreiung aus vergangener Fremdbestimmung ab (...).«[156]

Diese Identitätskrise drückt sich in der Satirisierung der Nacheinheitszeit bei Burmeister in der Tradition des französischen Nouveau Roman aus, indem sie auf eine gebrochene Erzählstrategie hinarbeitet. Erich Loest verbindet seinerseits historische Realität und Fiktionalität, um endlich die weit zurückliegenden Gründe der politischen Umbruchssituation in der DDR gegen Ende der 80er Jahre zu schildern. Loest steht in der Bewegung der Littérature engagée à la Jean-Paul Sartre. Es geht nicht darum, die Kunst um der Kunst willen zu gestalten, sondern das Literarische orientiert sich an der Denunzierung der Schattenseiten der politisch-gesellschaftlichen Ordnung. Nur anhand der herben Kritik hofft der Dichter auf Veränderungen. In diesem Zusamenhang zieht Erich Loest vor den breiten Massen in der DDR seinen Hut, die die Wende ermöglicht haben. Seine Helden sind keine Politiker, sondern einfache und anonyme Bürger, die als Menschen aus Fleisch und Blut mit erheblichen Schwächen gelten können. Ihre Unzulänglichkeiten werden aber mit Hinblick auf ihre Leistungen minimiert, vor allem am 9. Oktober, an dem sie massenweise demonstriert und die DDR befreit haben. Es ist daher kein Zufall, wenn Loest seinen Roman an diesem Tag enden läßt.

Im Gegensatz zu Erich Loest erhebt Günter Grass die deutsche Geschichte zum Dogma einer fatalen Kontinuität in der Tradition des Preußentums. Grass ist sehr pessimistisch. Von den bravourösen Montagsdemonstrationen, die Loest exemplarisch reflektiert und Burmeister in Gedanken rekonstruiert, ist kaum die Rede in *Ein weites Feld.* Vielmehr greift Günter Grass in die weite Geschichte zurück, korreliert Vergangenes mit der Wendeszene. Wenn sein Roman eine große Integrationskraft beweist, indem erheblich unterschiedliche Erzählmotive (u.a. Geschichtserzählung, entliehene Figuren, Auferstehung von historischen Figuren) in die Handlung eingeschaltet werden, so lenkt er die Aufmerksamkeit des Lesers auf die geschichtliche und politische Komplexität der deutschen Tatsachen, bei denen sich die Vergangenheit nicht nur nicht vergeht, sondern auch die Deutschen zu einer Trauerarbeit in jeder entscheidenden Epoche ihres Lebens einlädt. Die Ironie, die mit Theodor Fontane, dem letzten Überlebenden des deutschen

Realismus, ihren Adelsbrief im 19. Jahrhundert erwarb, macht die Erzähltechnik bei Grass aus. Auf diese Weise wird Seriosität im Plauderton gestaltet, um gestürzte Hoffnungen – was die formale Wiedervereinigung angeht – unter Beweis zu stellen. »In Deutschland hat immer die Einheit die Demokratie versaut«, gibt er wie eine Sentenz zu lesen; oder auch: »Preußen-Deutschland birgt keine Verheißung...« (*Feld*, 309)

Aus dieser von einem Autor zum anderen variierenden Einschätzung der deutschen Wende geht hervor, wie ein einziges zeitgeschichtliches Ereignis der Phantasie jedes Schaffenden ausgesetzt wird. Wenn das historische Faktum unbestreitbar ist, so betonen die drei involvierten Autoren Aspekte des Ereignisses, bei denen sie eine bedeutende Signifikanz sehen. Das, was das Ende des Kalten Krieges in Deutschland 1989 konkretisierte, ist von daher nicht das Entscheidende. Warum solche erzählerischen Differenzen bei den Autoren auftauchen, hinterfragt Heide Hollmer wie folgt:

»Die enormen Unterschiede, sich dem Material ›Mauerfall‹ und ›Wende‹ anzunähern, legen nahe, daß diesem komplexen Geschichtsereignis letztlich nur die erzählerische Vielfalt literarisch gerecht werden kann, nicht ein einzelner Text. Zeitgeschichte ist eben im ausgehenden 20. Jahrhundert nicht mehr einsträngig, mit absoluter Gültigkeit und unbedingtem Wahrheitsanspruch, nacherzählbar. Uns bleibt lediglich die eine Konsequenz, die Thomas Hettche in seinem Roman *Nox* auf eine treffende Formel gebracht hat: ›Erinnerung entsteht auf neue Weise‹, denn ›es gibt keine Spur mehr jenseits der Speicher‹.«[157]

Julia Korman erkennt diese erzählerische Vielfältigkeit der Wendeliteratur und deren Besonderheit in der gesamten deutschsprachigen Literatur der 90er Jahre: »(...) so bleibt abzuschließend festzustellen, daß die Literatur nach 1989 in ihrer Vielfältigkeit sich nahtlos einfügt in die deutschsprachige Literatur der 90er Jahre und dabei dennoch ihre Eigenheit bewahrt, die aus dem Rekurs auf den spezifischen Referenzrahmen der sich verändernden Realität stammt.«[158]

156 Julia Kormann, *Literatur und Wende. Ostdeutsche Autorinnen und Autoren nach 1989.* Herausgeber: Klaus-Michael Bogdal, Erhard Schütz, Jochen Vogt. Wiesbaden 1993, S. 393.
157 Heide Hollmer, Von den Schwierigkeiten, den ›Wahnsinn‹ zu erzählen- die deutsche Literatur zum ›Mauerfall‹ und zur ›Wende‹. In: Manuskript für eine Sendung der Reihe ›Sonntag um Sechs‹. Südwestrundfunk (SWR). September 2000, S. 54.
158 Julia Kormann, *Literatur und Wende. Ostdeutsche Autorinnen und Autoren nach 1989.* Herausgeber: Klaus-Michael Bogdal, Erhard Schütz, Jochen Vogt. Wiesbaden 1993, S. 393.

Aus dieser unterschiedlichen literarischen Wahrnehmung des Wende-Diskurses ist meine Fragestellung erwachsen. Das Sich-Fragen hat hier den Vorteil, über das deutsch-deutsche Pathos hinaus einen neutralen Blick auf ein Thema zu werfen, das die ganze Welt in Atem hielt. Gerade hier taucht die anthropologische Dimension der Arbeit auf: Das Sich-Fragen trägt nämlich Züge des Zugangs zu einer fremden Kultur in einer Umbruchssituation.

Darin sehe ich den wichtigsten Aspekt meiner Arbeit und darüber hinaus der Literatur. Die Literatur spielt nicht nur die Rolle des Kulturträgers, sondern auch des Sprachrohrs der Toleranz. Kennenlernen, um besser verstehen zu können, um auf diese Weise Vorurteile abzubauen: Das scheint mir die beste Botschaft, die diese Reflexion über die deutsche Wende vermittelt hat. Wünschenswert bleibt bei mir als Bürger der Republik Elfenbeinküste und darüber hinaus als Afrikaner, daß mein Kontinent von der Wiedervereinigung der Deutschen lernt. Nur auf diese Weise können die willkürlichen Grenzen der Kolonialzeit überwunden werden. Daraus könnte ein Stoff für afrikanische Schriftsteller entstehen, kurz: eine afrikanische Wende am Beispiel der deutschen Wende könnte die literarisch Schaffenden zur Inspiration bewegen.

2.7. Literaturverzeichnis

2.7.1. Primärliteratur

Braun, Volker: *Der Wendehals*. Roman. Frankfurt am Main 1995.

Brussig, Thomas: *Am kürzeren Ende der Sonnenhallee*. Roman. Berlin 1999.

Burmeister, Brigitte: *Unter dem Namen Norma. Roman*. Stuttgart 1994.

Chmidt, Christa: *Raunächte*. Roman. Berlin 1996.

Fontane, Theodor: *Effi Briest*. Roman.

Grass, Günter: *Ein weites Feld*. Roman. Göttingen 1995.

Hettche, Thomas: *Nox*. Roman. Frankfurt am Main 1995.

Königsdorf, Helga: *Gleich neben Afrika*. Erzählung. Berlin 1992.

Liebmann, Irina: *In Berlin*. Roman. Köln 1994.

Loest, Erich: *Nikolaikirche*. Roman. München 1995 (ungekürzte Ausgabe).

Ortheil, Hans-Josef: *Blauer Weg*. Roman. München, Zürich 1996.

Schädlich, Hans Joachim: *Tallhover*. Roman. Hamburg 1986.

Titze, Marion: *Unbekannter Verlust*. Roman. Berlin 1994.

Wolf, Christa: *Was bleibt*. Erzählung. Frankfurt am Main 1990.

Wolf, Christa: *Wo ist euer Lächeln* geblieben? Berlin 1990.

2.7.2. Sekundärliteratur

2.7.2.1. Zeitungsartikel

Birkenseer, Karl/Stuber Manfred: Simpel oder Simplizianisch? Langweiliger Zettelkasten oder literarische Urkunde der Einheit? In: *Mittelbayerischer Zeitung*, 26.8.95.

Biski, Jens: Spaniens Himmel. In: *Berliner Zeitung*, 10.11. Febraur 2001, S. 1.

Braun, Michel: Fremd in einem Dschungel, der Deutschland heißt. Rezension zu *Unter dem Namen Norma*. In: *Basler Zeitung*, 5.10.1994.

Döbler, Katharina: *Unter dem Namen Norma*, ein Wende-Roman von Brigitte Burmeister. In: *Die Zeit*, 4. November 1994, S.4.

Dohnanyi, Klaus von: Offener Brief an Günter Grass. In: *Der Stern*, 14.09.1995.

Demarle, Hoock Marie-Claire : L'Allemagne, la France, toute une histoire ? Günter Grass : Du *Tambour* au prix nobel. In : *Magazine littéraire* Nr.381. Novembre 1999, pp 53–55.

Grass, Günter: So bin ich weiterhin verletztbar. In: *Die Zeit*, 4.10.2001, S.63–66.

Greiner, Ulrich: Die toten Seelen des Realsozialismus sollen dort bleiben, wo der Pfeffer wächst. In: *Die Zeit*, 22.06. 1990.

Hensel, Kerstin: Ost? West? Brigitte Burmeisters Roman *Unter dem Namen Norma*. In: *Freitag*: die Ost-West-Wochenzeitung Nr.38. 1990.

Kaiser, Hella: Die Tugend der Rücklosigkeit. Die Schriftstellerin Brigtte Burmeister. In: *Stuttgarter Zeitung* 1994.

Reich-Ranicki, Marcel: Mein lieber Günter Grass. in: *Der Spiegel*, 28.8.1995.

Richter, Michael: Geschichte der DDR. In: *Informationen zur politischen Bildung*, 231, 2.Quartal 1991, S. 46.

Rosenlöcher, Thomas: Ich schreibe, um anwesend zu sein. In: *Kieler Nachrichten*, 25. Mai 200, S.32.

Seibt, Gustav: Die Uhr schlägt, das Käuzchen ruft. Da muß doch ein Zusammenhang bestehen. Günter Grass legt seinen Roman zur Wiedervereinigung vor. In: *Frankfurter Allgemeine Zeitung*, 19.8.95.(Rez. Zu *Ein weites Feld*)

Schwartz, Leonore: Brigitte Burmeister reflektiert die Zeit nach der Wende. In: *Saabrücker Zeitung*, 18. April 1995. (Rez. Zu *Unter dem Namen Norma*)

Soldat, Hans-Georg: Wenn Geschichte beginnt… *Unter dem Namen Norma*. Brigitte Burmeister schrieb den Roman der deutschen Vereinigung. In: *Berliner Zeitung*, 4. Oktober 1994 (Ausgabe zur Leipziger Buchmesse), S. 35.

Teuflische Idiotie. In: *Der Spiegel* 42/1995, S. 264.

Thuswaldner, Werner: Große Geschichte und Privates im Zietraffer. *Ein weites Feld* – Neuer Roman von Günter Grass. In: *Salzburger Nachrichten*, 26.8.1995.(Rez. zu: *Ein weites Feld*).

Törne, Dorothea von: Haben Sie noch die Mauer im Kopf, Frau Burmeister? In: *Der Tagesspiegel*, Dezember 1995.

Viel Gefühl, wenig Bewußtsein. Der Schriftsteller Günter Grass über eine mögliche Wiedervereinigung Deutschlands. In: *Der Spiegel* 47/1989, S. 80.

Weizsäcker, Richard von: Herzensbrücke zur inneren Einheit. Scala 5/Oktober-November 1991, S. 4.

2.7.3. Sonstige Sekundärliteratur

Alldred, Beth: Two contrasting perspectives on german unification: Helga Schubert und Brigitte Burmeister. In: *German Life and Letters*, Nr. 50; April 1997, S. 165–181.

Augstein, Rudolf/ Grass, Günter: *Deutschland, einig Vaterland? Ein Streitgespräch*. Göttingen 1990.

Arnold, Heinz Ludwig: *Einigkeit und aus Ruinen. Eine deutsche Anthologie*. Frankfurt am Main 1990.

Bahrmann, Hannes/Links, Christoph: *Chronik der Wende. Die DDR zwischen 7. Oktober und 18. Dezembe*r. Berlin1989.

Becker, Klaus von. *Theodor Fontane. Irrungen, Wirrungen*. In: Königs/Erläuterungen und Materialien. Hollfeld 1987.

Beitter, E. Ursula (Hg.): *Schreiben im heutigen Deutschland. Die literarische Szene in Deutschland nach der Wende*. New York. Waschington, D.C./ Baltimore, Bern, Frankfurt am Main, Berlin, Vienna, Paris 1997, S. XIII-XXii.

Böll, Heinrich: *Wo habt ihr bloß gelebt?* Drescher (Hg.) 1989.

Brandt, Willy: Vorwort zu Jaspers' Schrift: *Freiheit und Wiedervereinigung*. München/Zürich
1990, S. I-IV.

Craig, Gordon A. *Über Fontane*. Aus dem Amerikanischen übersetzt von Jürgen Baron von Koskull. München1997.

Czechowski, Heinz: Die überstandene Wende. In: *Von einem Land und vom andern. Gedichte zur deutschen Wende*. Herausgegeben von Karl Otto Conrady. Frankfurt am Main/Leipzig 1993, S 7.

Duden. Das große Wörterbuch der deutschen Sprache in 10 Bänden, 3., völlig neu bearbeite und erweiterte Auflage. Herausgegeben vom Wissenschaftlichen Rat der Dudenradaktion, Bd 4. Dudenverlag in Mannheim-Leipzig-Wien-Zürich 1999, S. 1905.

Foucault, Michel: *Les mots et les choses: Une archéologie des sciences humaines*. Paris 1996. P.27–28.

Friedrich, Gerhard: *Fontanes preußische Welt. Armee-Dynastie-Staat*. Herford 1988.

Grass, Günter: Ein Schnäpchen namens DDR. Letzte reden vorm Glockengeläut. München 1999.

Gruettner, Mark Martin: *Intertextualität und Zeitkritik in Günter Grass' Kopfgeburten und die Rättin.*1997.

Haack, Dieter (Hg.): *Das Wiedervereinigungsgebot des Grundgesetzes*. Köln 1989.

Hermes, Daniela (Hg.) :*Günter Grass, Die Deutschen und ihre Dichter*. München 1995.

Hollmer, Heide: Von den Schwierigkeiten, den ›Wahnsinn‹ zu erzählen – die deutsche Literatur zum ›Mauerfall‹ und zur ›Wende‹. Manuskript für eine Sendung der Reihe ›Sonntag um Sechs‹. Südwestrundfunk (SWR) September 2000, S. 1- 60.

Hollmer, Heide/Meier, Albert: Wie ich das mit der Mauer hingekriegt habe. Der 9. November in Thomas Brussigs *Helden wie wir* und in Thomas Hettches *Nox*. In: Deutsche Akademie für Sprache und Dichtung. Jahrbuch 1999. Göttingen, S. 112–131.

Jaspers, Karl: *Freiheit und Wiedervereinigung*. München/Zürich 1990.

Kaufmann, Eva: Handlung ohne erkennbaren Grund? Brigitte Burmeisters *Unter dem Namen Norma*. In: *Neue Deutsche Literatur*. Januar 1994, S. 175–177.

Königsgrätz: Am 3.7.1866 findet bei Königsgrätz in Böhmen die entscheidende Schlacht im Preußischen Österreichischen Krieg statt.

Kormann, Julia. *Literatur und Wende. Ostdeutsche Autorinnen und Autoren nach 1989*. Herausgegeben von: Klaus-Michael Bogdal, Erhard, Schütz, Jochen Vogt. Wiesbaden 1999.

Lämmert, Eberhardt: *Bauform des Erzählens*. Stuttgart 1970.

Lorou, Blé Richard: *Die Rezeption der Wiedervereinigung beider deutscher Staaten in dem Magazin Der Spiegel. Vom Fall der Mauer (9.Oktober 1989) bis zum Tag der deutschen Einheit (3.Oktober 1990)*. Abidjan 1994, S 52.

Mampel, Siefreid: *Die sozialistische Verfassung der Deutschen Demokratischen Republik*. Frankfurt am Main 1982.

Meier, Albert: Bundesrepublik und DDR in zeitkritischen Nachkriegsromanen. In: Kulturelle Identitäten in der deutschen Literatur des 20. Jahrhunderts. Herausgegeben von Heinrich Detering, Herbert Krämer. 1998, S. 59–68.

Niederhoff, Oliver: *Die Darstellung der deutschen Wende in Unter dem Namen Norma von Brigitte Burmeister und Tanz am Kanal von Kerstin Hensel*. Kiel 1999.

Negt, Oskar (Hg.): *Der Fall Fonty. Ein weites Feld im Spiegel der Kritik*. Göttingen 1996.

Richter, Steffen: *Brigitte Burmeister*. In: Heinz Ludwig Arnold (Hg.): KLG. Kritisches Lexikon zur deutschen Gegenwartsliteratur. München, text+kritik.

Rykner, Arnaud: *Théâtres du Nouveau Roman*. Sarrautre, Pinget, Duras. José Corti 1988.

Schoeps, J. Karl-Heinz: Erlöst von der DDR? Erich Loest und die Wende. In: *Schreiben im heutigen Deutschland. Die literarische Szene in Deutschland nach der Wende*. Frankfurt am Main, Berlin (u.a.) 1997, S. 167–189.

Schulze, Stefan: *Der fliegende Teppich bietet wenig Raum. Schriftstellerinnen der ehemaligen DDR vor, während und nach der Wende. Brigitte Burmeister, Jayne-Ann Igel, Helga Königsdorf, Angela Krauß und Christa Wolf. Biographische, textkritische und literatursoziologische Diskurse*. Leipzig 1997.

Soldat, Hans-Georg: Die Wende im Spiegel der zeitgenössischen Literatur. In: *German Life and Letters*, Nr.50; April 1997, S. 133–154.

Thierse, Wolfgang: SPD-Politiker und Bundestagspräsident. Als ehemaliger DDR-Bürger nahm Thierse entscheidend an den Herbstereignissen in seinem Land 1989 teil.

Anhang

(Neun Fragen an den Schrifsteller Erich Loest: Das Gespräch mit Erich Loest wurde in Form eines Fragebogens geführt, den ich ihm im Februar 2000 schickte. Einige Tage später bekam ich die schriftlichen Antworten des Autors, dem ich hiermit danken möchte.)

Lorou: Der Titel Ihres Romans *Nikolaikirche* erweckt den Eindruck, als wären Sie ein religiöser Autor. Wie wichtig ist die Religion in Ihrem literarischen Schaffen?

Loest: Ich bin nicht religiös.

Lorou: Woran liegt es, daß Sie die Wende aus einer theologischen Perspektive verarbeiten? Ist eine solche Denkweise nicht prekär im Hinblick auf die Konstellation vieler Ereignisse, die die Wende ermöglichten?

Loest: Die Kirchen waren sehr wichtig als außerstaatliche Organisation.

Lorou: Fiktion und Realismus fließen in der Romanhandlung ineinander. Hängt das zusammen mit dem besonderen Charakter des Wende-Stoffs und mit Ihrer ehemaligen Tätigkeit als Journalist?

Loest: Es ist die Methode unzähliger historischer Romane.

Lorou: Die Familie Bacher (Vater Albert, Frau Marianne Bacher, Sohn Alexander Bacher, Tochter Astrid Protter) handelt in der von Ihnen entwickelten Logik der Typisierung. Finden Sie die Bachers repräsentativ genug für die ehemalige DDR-Gesellschaft?

Loest: Solche überzeugten, im Apparat arbeitenden Familien gab es reichlich.

Lorou: Wie erklären Sie die Tatsache, daß Ihr Roman mit der riesigen Leipziger Demonstration vom 9. Oktober 1989 endet?

Loest: Das war der Höhepunkt dieser Entwicklung.

Lorou: Sie zählen, soweit ich weiß, zu den Autoren, die dem DDR-Untergang keine Träne nachgeweint haben, obwohl Sie Ihrer Heimatstadt Leipzig sehr verbunden waren. Fühlten Sie sich eher als Leipziger oder als DDR-Bürger?

Loest: Ich war immer Leipziger, lange Zeit aber Feind der DDR.

Lorou: Wie schätzen Sie die Rolle der Frauen bei der Wende ein?

Loest: Sie waren sehr tapfer.

Lorou: Wie beurteilen Sie die Wende-Vorkommnisse rückschauend 10 Jahre nach der Wiedervereinigung?

Loest: Sie beendete den Kommunismus in Deutschland.

Lorou: Wie sind Sie gerade zu dem Zusammenwachsen der Deutschen eingestellt?

Loest: Ich wußte immer, das braucht mindestens 25 Jahre.

Lorou: Herr Loest, ich danke Ihnen für dieses Gespräch.

Stefanie Wehnert
Literaturmuseen im Zeitalter der neuen Medien

Leseumfeld – Aufgaben – Didaktische Konzepte

256 Seiten, Broschur, Format 13,5×21 cm
ISBN 3-933598-38-9, € 24,90

Die Herausforderungen für Literaturmuseen werden immer komplexer. Im Multi-Media-Zeitalter können sich die Gedenkstätten nicht mehr nur als bloße Archive und Forschungsstätten verstehen und sich auf das »Sammeln« und »Bewahren« beschränken. Vor dem Hintergrund einer zunehmenden Marginalisierung von Literatur kommen der didaktischen Aufbereitung der Inhalte und innovativen Ausstellungskonzepten immer größere Bedeutung zu.

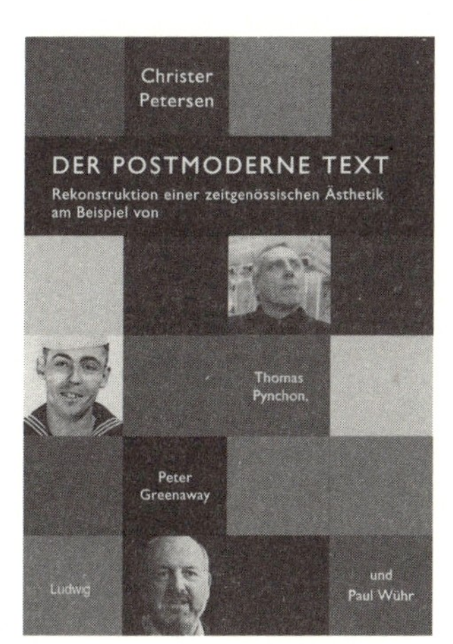

Christer Petersen
Der postmoderne Text

Rekonstruktion einer zeitgenössischen Ästhetik am Beispiel von Thomas Pynchon, Peter Greenaway und Paul Wühr

328 Seiten, Broschur
Format 14,8×21 cm,
ISBN 3-933598-67-2, € 24,90

Der Diskurs der Postmoderne erweist sich nach wie vor als unübersichtlich und wird in starkem Maße von semantischer Vagheit und modischer Applikationsfähigkeit geprägt. In Synthese aus textanalytischer Praxis, Theoriekritik und literaturgeschichtlicher Fragestellung analysiert die vorliegende Untersuchung mit interdisziplinärer, wie auch medien- und gattungsübergreifender Methode. So wird die »Postmoderne« als anwendungsorientierter Begriff und empirisch überprüfbares Merkmalsraster für kulturwissenschaftliche Fragestellungen zurückgewonnen.